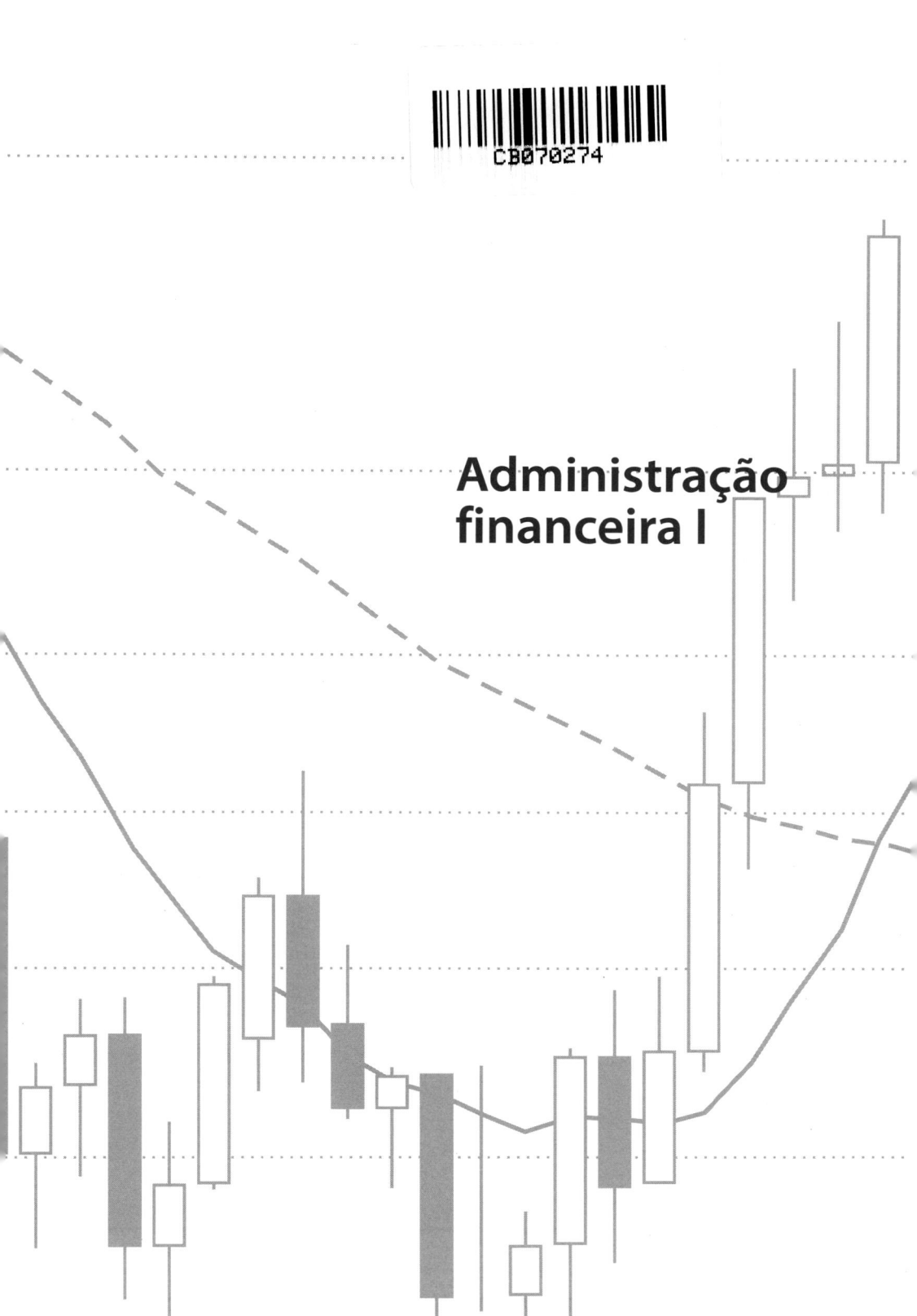

Administração financeira I

COLEÇÃO **FGV**  UNIVERSITÁRIA

Administração financeira I

finanças para empreendedores e iniciantes

JOSÉ CARLOS ABREU

 FGV | EDITORA IDE

Copyright © 2015 José Carlos Abreu

Direitos desta edição reservados à
EDITORA FGV
Rua Jornalista Orlando Dantas, 37
22231-010 — Rio de Janeiro, RJ — Brasil
Tels.: 0800-021-7777 — (21) 3799-4427
Fax: (21) 3799-4430
editora@fgv.br — pedidoseditora@fgv.br
www.fgv.br/editora

Impresso no Brasil / *Printed in Brazil*

Todos os direitos reservados. A reprodução não autorizada desta publicação, no todo ou em parte, constitui violação do copyright (Lei nº 9.610/98).

Os conceitos emitidos neste livro são de inteira responsabilidade dos autores.

1ª edição – 2015

Coordenação editorial e copidesque: Ronald Polito
Revisão: Victor da Rosa e Marco Antonio Corrêa
Editoração eletrônica: FA Editoração
Capa: aspecto:design

Ficha catalográfica elaborada pela
Biblioteca Mario Henrique Simonsen/FGV

> Abreu, José Carlos
>   Administração financeira I: finanças para empreendedores e iniciantes / José Carlos Abreu. – Rio de Janeiro : Editora FGV, 2015.
>   426 p. – (Coleção FGV universitária)
>
>   Inclui bibliografia.
>   ISBN: 978-85-225-1801-2
>
>   1. Administração financeira. 2. Finanças. I. Fundação Getulio Vargas. II. Título. III. Série.
>
>   CDD – 658.15

Sumário

Introdução 7

Como ler este livro 11

PARTE I: Planejando a empresa (a empresa ainda não existe) 19
    Capítulo 1-A: Os personagens discutem os objetivos 21
    Capítulo 1-B: Os objetivos da empresa: *stakeholders*, ética, governança, mercados 43
    Capítulo 2-A: Os personagens discutem o orçamento 91
    Capítulo 2-B: Introdução aos demonstrativos contábeis: balanço, orçamento, DRE 109
    Capítulo 3-A: Os personagens discutem os riscos 145
    Capítulo 3-B: Risco e retorno dos investimentos — taxa do custo do capital 161

PARTE II: Operando a empresa (a empresa já foi criada e agora estamos operando) 197
    Capítulo 4-A: Os personagens discutem os fluxos de caixa 199
    Capítulo 4-B: Fluxos de caixa das operações, dos sócios e dos credores 225
    Capítulo 5-A: Os personagens discutem quanto vale o negócio 269
    Capítulo 5-B: Fundamentos de avaliação de empresas 279

Capítulo 6-A: Os personagens discutem como fazer análises   323

Capítulo 6-B: Critérios para análise de projetos de investimentos   333

Capítulo 7-A: Os personagens discutem como praticar mais   397

Capítulo 7-B: Exercícios de aplicação das finanças: prática no dia a dia do mercado   399

ANEXO: Fórmulas para resolver anuidades para quem não gosta de usar calculadora   425

Introdução

O desafio de escrever um livro de administração financeira para leigos é sem dúvida algo que, pelo desafio, mexe com os profissionais de finanças, assim como mexe com os profissionais de qualquer área, quando se tornam autores. Como passar os conhecimentos? Como passar para o leitor leigo as técnicas, as práticas e a visão de algo que conhecemos ao longo de tantos anos de experiência?

O livro deve ser estimulante o suficiente para captar e manter a atenção do leitor. O livro deve ser simples e didático o suficiente para o leitor poder entender os modelos, os conceitos e os procedimentos. O livro deve ser técnico o suficiente para passar conhecimentos necessários à tomada de decisão bem fundamentada. E também deve ser prático e ter exercícios e exemplos os mais diversos para o leitor estar apto a replicar o que aprendeu em sua empresa.

Todos os anos as pesquisas do Sebrae mostram que 80% das empresas que são abertas acabam fechando nos primeiros cinco anos. A maior causa do fechamento dessas empresas é a falta de conhecimento administrativo gerencial. Este livro espera ajudar a mudar essas estatísticas.

Aprendizagem baseada em problemas (ABP)

Este livro utiliza em muitos capítulos a metodologia intitulada *problem based learning* (PBL).

O livro propõe e expõe um caso para estudo aos leitores e na sequência abre um espaço para debates e reflexões. Os leitores, por sua vez, em grupos ou individualmente, identificam o problema, interpretam, debatem e então elaboram e fazem as perguntas que devem ser respondidas para solucionar o problema identificado. Devemos lembrar que, muitas vezes, uma pergunta leva a outra pergunta e assim sucessivamente, e lembrar também que uma pergunta errada ou mal formulada leva a respostas que não ajudam a decidir nada. Uma vez conhecendo a pergunta "certa" que deve ser respondida, fica mais fácil. Os leitores então investigam, debatem, interpretam e produzem as possíveis justificações e soluções ou resoluções, ou recomendações. Na sequência, o livro apresenta as soluções, os procedimentos e os desenvolvimentos técnicos mais aceitos e mais utilizados no mercado para as situações e os casos apresentados. Essa é a nova tendência de aprendizagem baseada em problemas (ABP).

Estrutura do Livro I

O livro *Finanças empresariais I* está estruturado em duas partes contendo sete capítulos: seis capítulos com conteúdo (conceitos e modelos), sempre com exercícios, mais um sétimo capítulo com exercícios e casos para praticar.

A parte I (Planejando a empresa) trata de assuntos e temas ligados ao planejamento, orçamento e projeção e é constituída dos três primeiros capítulos. A parte II (Operando a empresa) trata de assuntos e temas ligados à operação do dia a dia da empresa e é constituída de quatro capítulos.

Cada capítulo tem a seguinte formatação:

A: História dos amigos criando sua empresa + exemplo numérico da empresa

B: Modelos e conceitos + exercícios resolvidos e propostos

Os capítulos contêm os seguintes temas e assuntos:

Capítulo 1: Os objetivos da empresa: *stakeholders*, ética, governança, mercados

Capítulo 2: Introdução aos demonstrativos contábeis: balanço, orçamento, DRE

Capítulo 3: Risco e retorno dos investimentos — taxa do custo do capital

Capítulo 4: Fluxos de caixa das operações, dos sócios e dos credores

Capítulo 5: Fundamentos de avaliação de empresas

Capítulo 6: Critérios para análise de projetos de investimentos
Capítulo 7: Exercícios de aplicação das finanças: prática no dia a dia do mercado

Por sua vez, cada capítulo é dividido em duas partes: A e B. A história (nosso romance) está nos capítulos A. A teoria, os modelos e os conceitos estão nos capítulos B. A estrutura final das partes e capítulos, portanto, ficou assim:

Parte I: Planejando a empresa (a empresa ainda não existe)
Capítulo 1-A: Os personagens discutem os objetivos
Capítulo 1-B: Os objetivos da empresa: *stakeholders*, ética, governança, mercados
Capítulo 2-A: Os personagens discutem o orçamento
Capítulo 2-B: Introdução aos demonstrativos contábeis: balanço, orçamento, DRE
Capítulo 3-A: Os personagens discutem os riscos
Capítulo 3-B: Risco e retorno dos investimentos — taxa do custo do capital

Parte II: Operando a empresa (a empresa já foi criada e agora estamos operando)
Capítulo 4-A: Os personagens discutem os fluxos de caixa
Capítulo 4-B: Fluxos de caixa das operações, dos sócios e dos credores
Capítulo 5-A: Os personagens discutem quanto vale o negócio
Capítulo 5-B: Fundamentos de avaliação de empresas
Capítulo 6-A: Os personagens discutem como fazer análises
Capítulo 6-B: Critérios para análise de projetos de investimentos
Capítulo 7-A: Os personagens discutem como praticar mais
Capítulo 7-B: Exercícios de aplicação das finanças: prática no dia a dia do mercado

Ao final, incluímos um anexo com fórmulas para resolver anuidades para quem não gosta de usar calculadora.

Como ler este livro

Este livro apresenta um grupo de amigos que resolvem criar uma empresa. A cada capítulo (na parte A) os amigos se reúnem e discutem as dúvidas e dificuldades inerentes ao processo empreendedor e apontam suas dúvidas de como avaliar e analisar financeiramente os passos a serem dados e os investimentos a serem realizados. E a cada capítulo, na sua sequência (na parte B), são apresentados os modelos e os conceitos das finanças com exemplos resolvidos e exercícios propostos que ajudam a solucionar os problemas e as dúvidas que os amigos encontram.

Todo esse processo de criação da nova empresa, o surgimento das dúvidas, o processo de aprendizagem e toda a história se desenvolvem ao longo de seis capítulos. A evolução da história é sincronizada com a parte conceitual. O leitor, ao longo do livro, vai acompanhar a elaboração completa de um projeto financeiro empresarial, além dos exemplos e exercícios de cada capítulo. Este projeto começa do início, começa do zero, no capítulo 1, e segue por todos os capítulos, passo a passo, até o capítulo 6.

Os empreendedores: introdução às finanças corporativas

Um grupo de pessoas (Maria, José, Ana, Paulo e Isabel) resolve montar um negócio novo, a partir da vontade e do senso de oportunidade. Acompanhe, participe e aprenda finanças com a SAGA desse grupo em suas aventuras e descobertas ao imaginar, criar e administrar uma empresa. O que buscam? Por que investir para montar um negócio?

Este livro convida você para uma viagem pelo mundo das finanças empresariais acompanhado desse grupo de pessoas, que querem montar uma empresa, ao longo dos processos da percepção de oportunidade, concepção, determinação de objetivos, criação, montagem, implantação, desenvolvimento, operações, manutenção, reinvestimentos, crescimento de uma empresa. Desde o início até a sucessão para as próximas gerações.

Investidores, aplicadores, proprietários, sócios são pessoas comuns como eu e como você

- Maria quer investir os recursos financeiros que vai receber por conta de uma indenização, ela busca uma aplicação. Maria não tem pressa, mas quer recuperar seu investimento em no máximo quatro anos com um bom lucro.
- José não está satisfeito com o retorno de 14% a.a. do investimento que fez em ações de um banco na bolsa de valores e busca alternativas. Além disso, José só quer investir em algo que possa ter uma boa valorização no futuro.
- Ana quer abrir um negócio para ser a executiva e dona do seu próprio negócio. Ana só não sabe é se os recursos de que dispõe são suficientes para ser dona do próprio negócio.
- Paulo vislumbrou a oportunidade de montar um negócio que ele gostaria de administrar: uma empresa fabricante de sanduíches para vender às empresas de aviação comercial. Paulo não tem muitos recursos, mas ele acha que é fácil levantar recursos no mercado financeiro. Ele só não sabe como fazer.
- Isabel pensa em investir os recursos que ela tem aplicados em títulos (RF) do Tesouro Nacional que pagam uma taxa de 12% a.a. Ela pode obter 9% ao ano na caderneta de poupança. Isabel não gosta muito de assumir riscos desnecessários. Porém, ela gostaria de aplicar em algo que rendesse mais.

São diversas e variadas as razões que levam uma pessoa a investir seus recursos em uma empresa, negócio ou aplicação financeira:

a) Algumas pessoas visam retorno financeiro
b) Algumas pessoas querem montar um empreendimento para atender a uma demanda existente ou uma oportunidade que surge
c) Algumas pessoas gostariam de ser donas (proprietárias) do próprio negócio
d) Algumas pessoas preferem trocar seus investimentos para outra aplicação melhor

Quando as pessoas investem são chamadas de investidores.
Os investidores são os donos ou proprietários dos seus investimentos.
Quando as pessoas iniciam um negócio são chamadas de empreendedoras.

O caso a ser estudado

Maria, José, Ana, Paulo e Isabel resolveram montar uma empresa. Como vimos, cada um tem suas razões particulares. A proposta inicial (a única ideia que apareceu até o momento) é a ideia que Paulo teve de investir na montagem de uma empresa para fabricar e vender sanduíches para empresas aéreas. E agora, vamos empreender?

O empreendedor

Que tipo de empreendedor são nossos amigos? Em 2007, J. C. Dornelas publicou o livro *Empreendedorismo* onde classifica os oito tipos mais comuns de empreendedores:

- empreendedor nato: é aquele que nasce com forte inclinação para construir empresas e negócios a partir do nada.
- empreendedor que aprende: é aquele que inicia sua careira em alguma organização e em determinado momento encontra uma oportunidade de negócios.
- empreendedor serial: é aquele que tem como motivação abrir novos negócios, cria o negócio, implanta o conceito e, quando o negócio entra em uma fase mais estável, ele vende o empreendimento e se lança em nova criação.

- empreendedor corporativo: é aquele que empreende dentro de uma corporação, cria um departamento novo, desenvolve um setor, ou uma nova linha de produtos.
- empreendedor social: é aquele que se envolve em causas humanitárias, tendo como missão construir um futuro melhor para a sociedade.
- empreendedor por necessidade: é aquele que se viu obrigado a abrir seu próprio negócio por falta de opção (falta de emprego, baixa especialização, economia local fraca...). Em geral, esse empreendedor monta negócios com baixa barreira de entrada.
- empreendedor planejado: é aquele que vislumbra uma oportunidade de negócio, planeja em detalhes seus movimentos, analisa todas as opções e alternativas disponíveis e escolhe as melhores. Então, aguarda o melhor momento para iniciar.
- empreendedor herdeiro: é aquele que herda um negócio e passa a dirigi-lo. Em geral, esse tipo de empreendedor fracassa por ser mau administrador. Por isso, recomenda-se a contratação de executivos no mercado para assumir seu lugar.

Podemos classificar Maria, José, Ana, Paulo e Isabel como empreendedores planejados.

Identificando o problema e fazendo as perguntas certas

Existe uma grande diferença entre a teoria e a prática, ou seja, entre a sala de aula e o mundo real. Na sala de aula o professor relata uma situação, faz a pergunta e nos fornece os dados para que possamos analisar, calcular conforme os modelos e fórmulas ensinadas e então nós apresentamos uma resposta. No mundo real é diferente, é muito mais difícil. Para início de conversa, no mundo real nem sabemos qual é a pergunta a ser feita. O gestor, o executivo, o empreendedor têm de fazer para eles próprios as perguntas, para serem respondidas por elas (ou eles) mesmos. E se fizermos a pergunta errada, obteremos a resposta errada.

Vamos, a título de ilustração, mostrar alguns exemplos comparativos.

Na sala de aula o professor coloca a situação e pergunta:

— Quanto será o imposto de renda a pagar no regime do lucro presumido?

No mundo real

— Estarei enquadrado em algum regime de tributação? Caso positivo, em qual?

Na sala de aula o professor coloca a situação e pergunta:

— As vendas são "tantas", o preço de venda unitário é "tanto". Qual é o faturamento?

No mundo real

— Vou vender o quê? Para quem? Quantas unidades? A que preço?

Este livro é voltado também para ajudar o aluno a fazer as perguntas certas. Cada empreendedor, investidor, tem diferentes razões para querer fazer este investimento de montar uma empresa. O mais indicado é fazer e responder algumas perguntas antes de seguir adiante.

- Pergunta a) Os investidores são racionais?
- Pergunta b) O que pretendem e qual é o objetivo de cada um dos investidores?
- Pergunta c) O investimento proposto atende aos objetivos dos investidores?

Pergunta a) Os investidores são racionais?

Uma pergunta leva a outra pergunta: o que é um investidor racional?

Dicionário de português: racional

i) relativo a ou dotado de razão
ii) diz-se de quem toma atitudes razoáveis, baseadas na razão, de quem raciocina
iii) razoável, é algo que pode ser deduzido usando-se a razão

Dicionário financeiro: investidor racional
Investidores racionais têm comportamento previsível, pois procuram investimentos com maior retorno aliado ao menor risco. Investidores racionais

escolhem investir em projetos com a melhor relação custo-benefício. Investidores racionais tomam decisões de investimentos baseados nas informações e nos resultados das análises mais atualizadas e mais completas possíveis.

Então vamos assumir que este é um grupo de investidores racionais. Por que assumir que são racionais? Por uma razão de lógica. Se forem investidores irracionais, não vão tomar as melhores decisões. O negócio não vai ser rentável e pode ficar inviável. Nesse caso, o investimento proposto não vai atender aos objetivos dos investidores e então já poderemos responder negativamente a todas as outras perguntas.

Pergunta b) O que pretendem e qual é o objetivo de cada um dos investidores?

Maria, economista, casada com Romeu, quer investir os recursos financeiros que vai receber por conta de uma indenização; ela busca uma aplicação. Maria não tem pressa, mas quer recuperar seu investimento em no máximo quatro anos com um bom lucro. O objetivo de Maria é investir para obter um bom retorno em até no máximo quatro anos. Então, precisamos determinar qual é o prazo para o retorno que esse investimento proporcionará a Maria.

José, médico, solteiro, não está satisfeito com o retorno de 14% a.a. do investimento que fez em ações de um banco e busca alternativas. Além disso, José só quer investir em algo que possa ter uma boa valorização no futuro. O objetivo de José é obter um retorno superior a 14%. Então precisamos determinar se esse investimento proporcionará a ele uma taxa de retorno superior a 14% e qual o potencial para valorização.

Ana, contadora, divorciada, quer abrir um negócio para ser a executiva e dona do seu próprio negócio. Ana só não sabe é se os recursos de que dispõe são suficientes para ser dona do próprio negócio. O objetivo de Ana é ser executiva e dona do seu próprio negócio. Então precisamos determinar quanto Ana vai ter de investir para ser dona desse negócio.

Paulo, engenheiro, solteiro, vislumbrou a oportunidade de montar um negócio que ele gostaria de administrar: uma empresa fabricante de sanduíches para vender a bordo de aviões. Paulo não tem muitos recursos, mas ele acha que é fácil levantar recursos no mercado financeiro. Ele só não sabe como fazer. O objetivo de Paulo é levantar os recursos necessários no mercado financeiro para montar e administrar o próprio negócio. Então precisamos determinar como e quanto Paulo deverá obter no mercado financeiro para fazer o investimento.

Isabel, advogada, solteira, pensa em investir os recursos que ela tem disponíveis hoje na sua conta-corrente em títulos (RF) do Tesouro Nacional que pagam uma taxa de 12% a.a. Isabel não gosta muito de assumir riscos desnecessários. Porém, ela gostaria de aplicar em algo que rendesse mais. O objetivo de Isabel é obter uma renda maior do que 12% a.a. que ela já obtém em aplicação de renda fixa garantida pelo governo. Então precisamos determinar o nível de risco e o retorno que ela poderá obter nesse investimento.

Pergunta c) O investimento proposto atende aos objetivos dos investidores?

A pergunta mais importante que todo investidor quer fazer antes de investir é sempre esta.

Precisamos estudar e analisar em detalhes o negócio sendo proposto. Para responder a essa pergunta, precisaremos determinar a viabilidade financeira e econômica, o risco, a taxa de retorno, o prazo para se obter o retorno do valor investido, o potencial de valorização, o lucro ou o prejuízo que é esperado obter, o valor necessário a ser investido para montar o negócio, como financiar, quais os impostos que serão devidos... Precisamos estudar e analisar entre outras características e fazer algumas análises. Somente após essas análises, e então conhecendo melhor o negócio e suas projeções de resultados, poderemos concluir se o investimento atende aos objetivos dos investidores. É para responder a esse tipo de questões do dia a dia das pessoas e das empresas que estudamos finanças.

Um livro diferente

Em cada um dos sete capítulos teremos:

- ❑ História de nossos amigos empreendendo a criação da empresa
- ❑ Aplicação numérica dos assuntos do capítulo ao exemplo da empresa

- Perguntas-chave para o capítulo
- Explicações, modelos, conceitos e exemplos numéricos
- Exercícios diversos com gabarito completo e exercícios com as respostas
- No último capítulo teremos exercícios e pequenos casos para praticar

Neste livro vamos praticar como fazer as perguntas financeiramente relevantes.

Iremos acompanhar nossos amigos na busca pelas informações necessárias. Vamos fazer os cálculos e as análises. Junto a eles, chegaremos a conclusões importantes. E então vamos poder tomar as melhores decisões para criar e desenvolver o negócio.

A cada capítulo veremos como surge um problema ou uma dúvida e como resolvê-los. Vamos usar o exemplo da empresa Sanduíches Voadores do início ao fim do livro, tal como um fio condutor. E a cada capítulo, logo após a apresentação do tópico conceitual e do exemplo da empresa Sanduíches Voadores, teremos exercícios diversos com gabaritos e resposta para você treinar. Para fazer esses exercícios é necessário que você conheça a matemática financeira básica (PV, FV, PMT, i, n, VPL, TIR, Sistema Price, Sistema Sac) e saiba como utilizar uma calculadora financeira ou planilha eletrônica para fazer os exercícios.

Bons estudos!
Boa leitura!

Finanças para empreendedores iniciantes: uma visão prática e aplicada

+ Análise financeira completa de uma empresa
+ 200 exercícios com gabaritos comentados e respostas
+ Provas antigas de MBA para treinamento

Finalmente, um livro que torna acessível ao leitor leigo em administração entender os conceitos, modelos e práticas financeiras que permitem entender finanças, analisar projetos e fazer bons negócios. Basta conhecer o básico de matemática financeira e saber usar a calculadora financeira!!!

PARTE I
Planejando a empresa (a empresa ainda não existe)

Capítulo 1-A
Os personagens discutem os objetivos

Isabel sempre quis ter uma empresa. Ela estava lendo um dicionário quando José, rindo muito, perguntou como alguém pode "ler" um dicionário! Isabel então mostrou o que estava lendo: "Palavras, estou querendo entender melhor o significado das palavras, pois meu sonho é montar uma empresa. Eu não entendo nada de empresas nem finanças nem produção, mas eu tenho esse sonho! E mais ainda, eu quero mesmo é ser executiva financeira da minha empresa, quero entender os mercados financeiros, quero tomar as decisões financeiras na minha empresa e por isso sei que vou ter que estudar muito. José, você não quer me ajudar? Não quer ser o meu GURU financeiro e me ensinar o que você sabe?". E comentou apontando para o dicionário: "Muitas pessoas não sabem direito o que dizem as palavras ou usam as palavras erradas, principalmente em relação à vida empresarial. Por exemplo, as pessoas nem sabem direito o que é ser empresário ou o que faz um empreendedor! E mostrou para José: "Veja, olha que legal o que já aprendi agora lendo este dicionário... e não pegue mais no meu pé por gostar de 'ler' dicionários!".

Empresário: em.pre.sá.rio
adj (empresa+ário) V empresarial. sm **1** Pessoa que se estabelece com uma empresa ou indústria, tomando a seu cargo a execução de um trabalho. **2** Pessoa que, objetivando lucro, investe capital na realização de espetáculos artísticos, esportivos etc.

Empreendedor: em.pre.en.de.dor
adj (*empreender*+*dor²*) **1** Que empreende. **2** Que se aventura à realização de coisas difíceis ou fora do comum; ativo, arrojado. *sm* **1** Aquele que empreende. **2** Aquele que toma a seu cargo uma empresa.

José entendeu que Isabel era um tipo diferente de pessoa. Ela é daquelas pessoas que vão ter sucesso na vida empresarial, pois são pessoas que reconhecem quando não sabem os assuntos e querem aprender.

A dificuldade inicial de qualquer pessoa ou grupo de pessoas leigas em administração ou gestão de empresas, quando resolvem criar, montar ou comprar uma empresa, é a falta de informação e a falta de conhecimento. Geralmente, não sabem e não entendem o que é uma empresa e para que serve uma empresa.

Diferentes pessoas olham para a posse ou propriedade de empresas com as mais diferentes interpretações; algumas pessoas veem numa empresa uma maneira de ficar rico, outras, uma maneira de trabalhar, ou uma maneira de não trabalhar, talvez um cabide de empregos, ou uma forma de se gabar para os amigos; alguns acham que é um monte de problemas, para alguns um sonho, para outros um pesadelo, ou um mistério...

E, por incrível que pareça, é muito frequente as pessoas não conversarem, não pensarem nem debaterem as importantes questões fundamentais e específicas de uma empresa, que realmente devem ser consideradas antes de qualquer decisão empresarial, tais como:

- Por que razão vamos comprar, montar ou criar essa empresa?
- Quais são os objetivos dessa Empresa?
- Existe demanda do mercado para o produto que vamos produzir?
- Quem será nosso cliente? Quem será nosso fornecedor?
- Quais serão e quanto vão custar as instalações necessárias?
- Como vamos financiar essas instalações? Como vamos pagar esses financiamentos?

Além disso, faltam conhecimentos gerais básicos para a grande maioria dos interessados em serem empreendedores. Conhecimentos gerais tais como:

- Quais são as funções do administrador da empresa?
- Quais são as formas de constituição das empresas no Brasil?
- O que é o mercado financeiro? Para que serve? Como funciona?
- Como funciona a tributação das empresas no Brasil?
- Qual é a documentação necessária?

Fazendo uma analogia:

- É como se alguém quisesse ser paraquedista. Mas não sabe o que é um paraquedas, nem sabe como usar, nem conhece as características técnicas...
- É como se alguém quisesse ser pianista. Mas não sabe o que é um piano, não sabe tocar piano, não conhece as notas musicais, não conhece os tipos de piano que existem...
- É como se alguém quisesse ser motociclista. Mas não sabe o que é uma motocicleta, o que é um motor, qual combustível usa, não sabe as regras do trânsito, qual a habilitação e a documentação necessárias...

O início de tudo

Como geralmente acontece, aproveitando o churrasco dos amigos no fim do ano, Maria, José, Ana, Paulo e Isabel resolveram conversar sobre um assunto, que era o preferido para as reuniões, e sobre o qual já falavam havia anos: montar uma empresa. Cada um desses amigos tem suas razões pessoais, seus objetivos particulares, suas motivações e desejos para montar uma empresa.

Maria, José e Isabel querem investir os recursos que eles têm disponível para obter um retorno periódico mensal (lucros ou dividendos) sobre os investimentos. Então sonham em investir em uma empresa lucrativa e que, portanto, proporcione bons retornos.

Ana e Paulo pensam diferente. Eles querem ser executivos, querem administrar um negócio e, de preferência, um negócio próprio. Ana e Paulo sonham com o orgulho de serem empresários e serem os executivos de suas próprias empresas. Isso preocupa Maria, José e Isabel, pois eles acreditam que devem montar uma empresa para dar resultados, não para dar empregos aos amigos (ou sócios).

Maria falou alto para que todos ouvissem que, se Ana e Paulo querem um emprego, ela pode dar uma carta de referência para eles procurarem emprego em algum lugar. A discussão se acalorou quando Isabel perguntou a Ana e Paulo se poderiam no futuro ser despedidos do cargo de administradores se forem incompetentes. José, que até então estava calado, sugeriu organizar a conversa.

Hoje, felizmente, Maria que é administradora experiente tomou a frente para tentar conduzir um debate de forma mais eficaz que permitisse aos amigos chegar a alguma conclusão. Maria propôs conduzir essa reunião de maneira mais produtiva. Ela cortou algumas folhas de papel A4 no meio e deu dois pedaços de papel em branco para cada um dos amigos, incluindo ela mesma, e disse: "Escrevam sem se identificar em um dos papéis o que, como e quanto pretendem aplicar ou investir no negócio e no outro papel escrevam o que esperavam receber como retorno desse investimento". Após alguns minutos, Maria recolheu os papéis e fez o seguinte resumo do que os amigos escreveram:

Aplicações e investimentos:

- Investir na empresa aplicando de uma só vez o valor que recebeu pela venda de um outro patrimônio (três amigos)
- Investir uma poupança periódica aplicando na empresa mensalmente o que puder economizar
- Investir tempo e trabalho como administrador, funcionário, consultor, técnico...

Recebendo como retorno:

- Visa ser sócio e receber um fluxo de caixa mensal no futuro como forma de retorno do investimento (dois amigos)
- Visa ser sócio e aguardar a consolidação, estabilização e valorização da empresa para vender sua participação e fazer um bom lucro
- Visa a satisfação de administrar o seu próprio negócio
- Visa ter o próprio negócio para ficar livre do patrão e dos chefes e poder trabalhar para si mesmo

Com este pequeno jogo de palavras Maria quebrou o gelo e fez com que os amigos começassem a pensar de uma forma mais organizada a ideia da empresa.

Objetivos da empresa

Maria, José e Isabel querem investir para obter retorno sobre os investimentos. Então buscam criar uma empresa lucrativa e que proporcione retornos. Porém, Ana e Paulo querem ser executivos, administrar um negócio próprio. Isso preocupa Maria, José e Isabel, pois eles acreditam que devem montar uma empresa para dar resultados, não para dar empregos aos amigos (ou sócios). Maria disse que, se Ana e Paulo querem um emprego, ela pode dar uma carta de referência para eles procurarem emprego em outro lugar. A discussão se acalorou quando Isabel perguntou a Ana e Paulo se poderiam no futuro ser despedidos do cargo de administradores se forem incompetentes. Paulo se defendeu atacando: "Você está me chamando de incompetente???".

José, que até então estava calado, achou melhor intervir: "Calma, gente!!!! Vamos colocar o nosso cérebro para funcionar, nem que seja só um pouquinho. Uma empresa só deve ser criada se tiver como finalidade melhorar a vida dos investidores, das pessoas da sociedade (*stakeholders*), da comunidade e isso se dá por meio da criação de valor. A criação de valor e a geração de riqueza ocorrem quando uma empresa junta diferentes partes (capital, matéria-prima, trabalho, tecnologia, conhecimento...) que em conjunto valem mais do que cada parte separadamente".

Fazendo uma analogia:

a) um relatório de uma firma de consultoria vale mais do que separadamente o trabalho do digitador, o papel, a tinta da impressora, o envelope utilizado...
b) um automóvel novo que sai de uma montadora vale mais do que os metais, as borrachas, os vidros e os plásticos utilizados em sua montagem...
c) uma pizza calabresa servida na sua mesa em um restaurante vale mais do que simplesmente a soma dos valores individuais dos diversos insumos:

o queijo, a calabresa, a massa da pizza, a mão de obra do cozinheiro, a luz utilizada para aquecer o forno, o aluguel da mesa e das cadeiras...

Uma empresa, quando é capaz de criar produtos (bens ou serviços) que tenham um valor maior do que suas partes componentes, cria riqueza e como consequência agrega valor para os investidores. Isabel recorreu novamente ao dicionário e mostrou aos amigos.

Os objetivos da empresa: dicionário

Objetivo: ob.je.ti.vo
adj (*objeto+ivo*) *sm* **1** Meta ou alvo que se quer atingir. **2** Mira, fim, fito. **3** *Mil* Posição estratégica a ser obtida, propósito a ser satisfeito por uma operação militar; alvo de uma operação militar. **4** *Gram* Caso que representa o objeto direto do verbo. *O. comum, Sociol*: consenso; alvo compartilhado, consciente ou inconscientemente, pelos membros de um grupo.

Empresa: em.pre.sa
(*ê*) *sf* (*ital impresa*) **1** Ação árdua e difícil que se comete com arrojo. **2** Empreendimento, cometimento, negócio. **3** Sociedade organizada para a exploração de uma indústria ou comércio; estabelecimento, casa: *Empresa industrial. Empresa mercantil. Empresa de transportes*. **4** *Dir Trab* Organização do capital e do trabalho, empenhada em atividade econômica. **5** Aqueles que administram ou dirigem uma associação. *Sistema de livre e.*: aquele em que há plena liberdade empresarial na indústria e no comércio, sem outra interferência do Governo, a não ser quanto às normas gerais necessárias à salvaguarda do interesse público e à solidez da economia nacional.

Empresas públicas e empresas privadas

Maria perguntou se esta empresa que estavam criando seria uma empresa pública. E completou: "Pois fabricariam produtos a serem consumidos pelo público que viaja de avião".

José então explicou que ser empresa pública ou empresa privada não depende de quem vai consumir os produtos. Depende sim de onde vem o capital e de quem controla. E preparou um pequeno texto bem legal para ilustrar os amigos:

> Empresa pública é empresa controlada pelo Estado. Empresa pública é empresa criada com dinheiro do governo, recursos públicos provenientes de arrecadação. Os objetivos da empresa pública podem ser os mais diversos, tais como: fabricar aviões, fabricar papel, fabricar aço, gerar eletricidade, administrar transportes de pessoas ou de cargas, prestar serviços de saúde e educação. Pode ser federal, estadual ou municipal.
> Empresa privada é empresa controlada por uma pessoa ou um grupo de pessoas. Empresa privada é empresa criada com dinheiro particular, recursos dos seus investidores (sócios ou credores). Os objetivos da empresa privada podem ser os mais diversos, tais como: fabricar aviões, fabricar papel, fabricar aço, gerar eletricidade, administrar transportes de pessoas ou de cargas, prestar serviços de saúde e educação. Pode ser empresa limitada ou sociedade anônima.
> Existem também as empresas de economia mista que são criadas com um *mix* de recursos públicos e recursos privados e que também podem ter os mais diversos objetivos, tais como, no Brasil, a Petrobras, empresa de energia que trabalha com extração e refino de petróleo.

Isabel entendeu e na sequência perguntou se essas preocupações com criação de valor existem no caso das empresas públicas. Preocupação com receitas e despesas, preocupação com resultados, preocupação com prazos devem ser preocupações dos executivos das empresas públicas e das empresas privadas.

José foi enfático: "É importante mencionar que empresas públicas têm uma responsabilidade muito maior em apresentar resultados, dar retorno sobe os investimentos, gerar riqueza e criar valor do que as empresas privadas". Maria disse que sempre leu e ouviu falar o contrário, lê nos jornais que empresa pública pode desperdiçar dinheiro, pois "o governo é quem paga". José defendeu que isso está errado, e convidou a todos os amigos a entender o porquê:

Quando um grupo privado de pessoas (chamados investidores ou empreendedores) decide por si mesmo poupar parte da sua renda particular e usar parte do seu tempo de lazer com a família para unidos montar uma escola (ou uma clínica medica, ou uma oficina, ou um restaurante...), a decisão foi deles, o sacrifício é deles e se eles resolverem não fazer um bom serviço e jogar fora tanto esforço, dinheiro, tempo e trabalho, o prejuízo é somente deles.

Pelo outro lado, o governo cobra compulsoriamente os tributos, impostos e taxas dos seus cidadãos. Compulsoriamente, pois o cidadão não tem escolha. Então, quando o governo decide investir estes recursos (que são recursos dos seus cidadãos contribuintes) para montar uma fábrica de computadores, um hospital, uma clínica, uma escola, é obrigatório que esse investimento tenha que melhorar a vida do investidor (digo contribuinte, digo cidadão...), tenha que agregar valor à vida do cidadão, tenha que dar retorno e maximizar a riqueza da sociedade, pois o dinheiro não é do governo, o dinheiro é do cidadão, é da sociedade.

E quem são os investidores nessas empresas? No caso de empresas públicas, os investidores são a população que paga impostos, ou seja, os cidadãos, os contribuintes. No caso das empresas privadas S.A., são os acionistas. No caso de empresas privadas limitadas (Ltda), são os cotistas.

Proprietários *versus* administradores

Ana e Paulo se convenceram: uma empresa só deve merecer investimentos se for para criar e agregar valor e também se puder proporcionar retorno suficiente e adequado aos investidores. Caso contrário, disse José, seria muito caro gerar empregos dessa maneira. Melhor e mais barato é fechar uma empresa que proporciona prejuízo e procurar emprego em outra empresa.

Maria, José, Ana, Paulo e Isabel perceberam também que a área de influência de uma empresa é muito maior do que imaginavam. As responsabilidades da empresa para com a sociedade vão muito além dos seus produtos e seus funcionários.

Isabel, a advogada, deu sua opinião no debate dizendo: "Devemos ter muita atenção para dividir a propriedade e a administração de uma empresa, projeto ou negócio. Em muitas empresas os proprietários também são os seus administradores. Porém são papéis diferentes e muitas vezes com interesses conflitantes".

Fazendo uma analogia:
Podemos fazer uma analogia entre o administrador X dono da empresa (acionista) da mesma maneira que podemos fazer uma analogia entre o motorista e o dono do carro. Algumas atribuições e responsabilidades são inerentes ao proprietário (pagar o IPVA, pagar as prestações do carro, por exemplo) e outras inerentes ao motorista (ter habilitação legal, respeitar as leis do trânsito). Muitas vezes o dono do carro também é o motorista, e isso não reduz nem elimina nem cria, não aumenta, nem diminui nenhuma das atribuições.

O papel da ética empresarial: o que é a ética

Ana, que é muito educada, gentilmente pediu a palavra; obviamente, com a gritaria da festa, ninguém deu bola para ela. Ela insistiu por meia hora até que gritou: "TODOS VOCÊS, CALEM A BOCA. QUERO FALAR. SILÊNCIO. EU VOU FALAR NEM QUE TENHA QUE OBRIGAR VOCÊS A ME OUVIREM!!!! Eu quero falar sobre ética. Vou falar sobre ética nas empresas".

Isabel comentou baixinho (talvez por medo): "Falar em ética com essas ameaças não me parece muito ético... mas vamos ouvir".

Ana, muito educada, como quase sempre, pediu a palavra para falar sobre o que é ética:

> Ética e moral têm sido muito mencionadas ultimamente, porém a maioria das pessoas nem sempre tem ideia do que significam. Muitas pessoas acreditam que ser antiético ou faltar com a ética é fazer algo que não agrada a outra pessoa. Ética não tem nada a ver com GRITAR ou não gritar, com ser feio ou bonito, malvestido ou bem-vestido. Ética tem muito mais a ver com a postura do indivíduo e da empresa perante as situações do dia a dia.

> Chamamos de ÉTICA o conjunto de coisas que as pessoas fazem quando todos estão olhando. O conjunto de coisas que as pessoas fazem quando ninguém está olhando chamamos de CARÁTER.
>
> Oscar Wilde

Podemos começar com um resumo: Moral está relacionada com as regras de uma sociedade. A ética é uma reflexão sobre a moral. Ana resume dizendo que uma empresa ética:

- Não faz propaganda enganosa
- Não vende produtos que sabe serem defeituosos
- Não se furta às suas responsabilidades nem a reparar seus erros
- Se preocupa com o bem-estar da comunidade em torno
- Se preocupa com eventuais impactos ambientais
- Cumpre as regras morais

Uma empresa ética, se inadvertidamente cometer algum erro, tão logo perceba, corrige o erro, faz *recall* e repara os eventuais danos causados.

Ter ética não é ter ou não ter problemas, pois qualquer empresa pode ter problemas e não vai ser por isso que será mais ou menos ética. Ter ética depende é da postura assumida pela empresa quando surgem os problemas. Uma empresa ética sempre vai ter uma postura de:

- focar em resolver o problema
- ajudar a amenizar as consequências (por exemplo, abrir um canal de comunicação)
- procurar encontrar uma solução para que o problema não se repita

Não importando qual foi o agente responsável pelo problema, se por culpa ou não, se por omissão ou desconhecimento, se por dolo ou não.

O autor.

Problema do agente: um conflito de interesses

Paulo lembrou a todos que sabem, e explicou aos que não sabem, que deveriam estar atentos para o problema do agente, pois as empresas apresentam esse conflito de interesses.

O administrador de uma empresa é um agente que trabalha para o proprietário da empresa. Um administrador que seja proprietário, se tiver outros sócios que não sejam administradores também, é um agente desses outros sócios trabalhando para maximizar a riqueza deles. Uma vez que a propriedade e a administração são separadas, existe um conflito de interesses.

Funcionários (gerentes, diretores, executivos, gestores, supervisores, superintendentes) representam a empresa em diversas atividades, tomando decisões de comprar, vender, fazer investimentos, contratar e demitir, lançar produtos novos, retirar produtos de linha.

Em princípio, esses funcionários deveriam tomar as melhores decisões para a empresa. Porém, na prática, muitas vezes esses funcionários tomam as decisões que sejam melhores para si mesmos, não as melhores decisões para a empresa.

Por exemplo: foi desenvolvido e disponibilizado no mercado um sistema que permite reduzir em muito o número de gestores da empresa além de colocar a direção da empresa online 24h por dia. Ao implantar esse sistema na empresa, dois gestores poderão fazer o trabalho de 10 gestores a qualquer hora do dia ou da noite. A lucratividade da empresa certamente vai disparar. A decisão caberá aos atuais gestores. E se você fosse o dono, faria diferente?

Por exemplo: um auditor independente e estrangeiro que nunca veio ao Brasil vai embora hoje e nunca mais vai voltar, descobriu e te falou que a empresa na qual você é um dos diretores concede férias para a diretoria muito acima do praticado pelas outras empresas do mercado em termos de tempo e remuneração. Você é diretor da empresa, não gosta dos acionistas. Os acionistas também não simpatizam com você. A decisão de cortar ou não suas férias cabe a você. E se você fosse o dono da empresa, faria diferente?

A esse conflito de interesses chamamos conflito do agente. Como podemos ter certeza que os nossos executivos estarão tomando as melhores decisões para si mesmos ou para a empresa?

As funções do administrador financeiro da empresa: a administração financeira

O grupo resolveu então passar para o próximo ponto na reunião. Paulo tomou a palavra e colocou na reunião de forma clara as funções que se esperam do executivo financeiro, quer seja sócio ou empregado da empresa. O executivo financeiro deve ser uma pessoa capacitada que consiga vislumbrar todas as oportunidades de investimento disponíveis no mercado a cada momento, que seja capaz de analisar essas oportunidades para separar as boas das ruins e também deve ser capaz de ranquear ou classificar entre as boas oportunidades quais as melhores.

Nasce uma empresa!

Vamos criar uma empresa. Paulo propôs que eles fizessem um ensaio geral. "Eu serei o executivo financeiro de nossa empresa! Vou fazer as perguntas mais importantes que todos os empreendedores fazem ANTES de iniciar." E então perguntou aos futuros sócios: "Vamos fabricar o quê? Como? Para quem? Quando? Por quanto? Onde? Fabricar com que nível e qual padrão de qualidade? Vamos montar uma fábrica ou comprar uma fábrica que já exista? Até que ponto vamos verticalizar (ou terceirizar) nossa produção?".

Maria conduziu o debate e o raciocínio do grupo de uma forma intuitiva, fácil e inteligente. Sugestão de Maria: "Vamos começar definindo O QUE vamos produzir. Muitas vezes começamos por pensar naquilo que temos mais oportunidades ou familiaridade ou experiência prévia... Por afinidade, muitas vezes os empreendedores já têm bem definido se pretendem fazer ou se gostariam de fazer algo na área de produção de bens ou na área de prestação de serviços".

Isabel, que já teve um restaurante na família, sugeriu: "Então, vamos produzir produtos alimentícios, de fácil produção, simples e de baixa tecnologia. Pode ser uma montadora de sanduíches". O raciocínio de Isabel foi bem lógico: "Esse tipo de negócio, operacionalmente falando, é um negócio bem simples, compraremos de fornecedores externos: pão, queijo e presunto e montaremos sanduíches variados".

E completou a ideia com uma dúvida: "Gente, o que vocês acham, vamos vender no varejo para vendedores ambulantes, revender na praia e estádios de futebol, bares, lanchonetes...? Ou vamos vender no atacado para fábricas, empresas aéreas...". José decidiu: "Acho que devemos procurar grandes clientes, pode ser, por exemplo, vender para empresas de aviação!!! Considerando que estaremos trabalhando com produtos alimentícios, que envolvem muita responsabilidade do fabricante, é mais seguro ou menos arriscado vender alimentos para alguém que tem melhores condições operacionais de cuidar direitinho da preservação desse produto alimentício".

Sugestão de Paulo: "Vamos alugar um espaço, adaptar para ser uma montadora de sanduíches... Vamos precisar de local para estoques, geladeiras, área para manuseio dos alimentos, área para estoque de produtos acabados, área para estoque de matéria-prima...".

Começando do início o projeto da fábrica de sanduíches

É assim que se iniciam as empresas. Nascem de uma ideia, uma demanda, uma necessidade, uma oportunidade, um desejo que, depois de muita discussão e conversa, se transformam em empresas reais. Resumindo as conclusões do nosso grupo até agora:

- Vamos fabricar sanduíches
- Para vender às empresas aéreas
- Vamos começar as vendas tão logo nossa fábrica esteja pronta
- O padrão de qualidade é ditado pelo cliente (vamos ver o contrato)
- Podemos alugar ou comprar as instalações, precisamos é analisar qual a melhor alternativa.

Paulo estava ansioso para dar logo um nome para a empresa: "Adoro nomes, adoro dar nomes às coisas. Acho que as coisas e as empresas criam uma personalidade quando têm um nome, e vamos querer e precisar de um nome forte".

Vamos fazer um festival de sugestões e escolher a melhor; Isabel sugeriu Sanduichão da Bebel. Ana disse que tanto faz. José sugeriu "Sanduíche

Saúde" ou talvez "Maria & José, Sanduíches". Maria disse: "Não sei, é tudo igual". Paulo sugeriu "Sanduíches Voadores".

Paulo não se conteve e disse: "Gente, tanto faz, ou não sei, não é resposta. Quando abrimos mão de escolher um nome, estamos transferindo nosso direito de escolha para outra pessoa, apenas isso. Agora que seremos sócios temos que cuidar de nossa empresa. Mais do que isso, temos que estar envolvidos, não abriremos mão de nosso direito de fazer nossas escolhas. Disso vai depender o sucesso de nossa empresa assim como depende o sucesso de todas as instituições humanas".

OK, levamos uma bronca. E agora? Qual nome escolhemos? Maria, José, Ana, Paulo e Isabel sabem que muitas vezes o nome da empresa é um verdadeiro drama para as pessoas escolherem. Mas não foi o caso. Ana comentava com os amigos desde o primeiro dia que vão fazer sanduíches para quem voa por aí a bordo dos aviões das companhias aéreas. José fez duas propostas de nome, uma delas, que o nome fosse: "Maria & José, Sanduíches Voadores". Então, quando Paulo propôs o nome *Sanduíches Voadores* foi aceito por unanimidade no mesmo instante. Foi ovacionada pelos demais. Pronto, nome resolvido!

DI × DF: decisões de investimento *versus* decisões de financiamento

Maria e Paulo estavam conversando sobre investimentos e financiamentos. Paulo disse que para ele essas duas palavras eram sinônimas. Maria deu um grito que assustou a todos: "NÃO. Não tem nada a ver. Muita gente acha isso, mas você que vai ser nosso sócio tem que saber direitinho. É só prestar atenção nas palavras, veja: investimento é relativo a como, quanto, onde e o que investir. Financiamento é relativo a como, quanto, onde e o que financiar".

Fazendo uma analogia:
O assunto: você vai comprar uma geladeira nova.
Decisão de investimento: decisões relativas a qual modelo, tamanho, fabricante da geladeira?

Decisão de financiamento: decisões relativas a como financiar essa compra: crédito da loja CDC? Cartão de crédito? Pagar com recursos que estão aplicados na poupança?

A forma de constituição da empresa

Chegou a hora de formalizar se é mesmo para valer a criação da empresa. Para se criar uma empresa, e a sociedade e o governo saberem de sua existência, a empresa tem que ter existência oficial. Essa existência oficial se inicia quando os investidores (empreendedores, sócios) elaboram e assinam um contrato de constituição de empresa.

Inicialmente, os amigos (futuros sócios) devem decidir sobre qual a forma jurídica de constituição da empresa. José nunca havia pensado sobre isso. Mas Paulo, que já tinha experiência, conduziu essa parte da reunião. Uma das primeiras decisões que os investidores devem tomar é quanto à forma de constituição da empresa que desejam montar.

No Brasil, os principais tipos de empresa quanto à sua constituição são:

a) empresário "individual" (ex-firma individual): voltada para um indivíduo
b) sociedade limitada: voltada para pequenas empresas
c) sociedade anônima: voltada para grandes empresas
d) sociedade simples (ex-sociedade civil): voltada para classes profissionais

Maria pensou e disse: "Que legal. Nunca soube que era assim que se podia escolher como montar uma empresa! Vamos ter que pensar um pouco. É muita informação nova para um dia só! Estou aprendendo muito!".

Os amigos se reuniram e foram estudar um pouco mais os conceitos e os modelos no capítulo (Teoria 1). Mais tarde, o grupo (dos investidores Maria, José, Ana, Paulo e Isabel) decidiu por unanimidade que deveria montar a empresa sob a forma de uma sociedade limitada.

Tributação nas empresas no Brasil

Maria estava muito preocupada com os impostos. Sempre ouviu falar que no Brasil os impostos são terríveis, com alíquotas muito altas. José e Ana estavam também muito preocupados com a situação tributária da futura empresa. Isabel, que já estudou tributos, disse: "Calma gente. Vou explicar para vocês". E Isabel explicou calmamente ao grupo o que é um tributo, o que é um imposto e como funciona no Brasil. Isso acalmou o grupo. Vejamos o que Isabel disse:

> É muito importante esta preocupação de todos. Curiosamente, no Brasil que tem uma das mais altas taxas de tributação do mundo, as empresas e indivíduos usam muito pouco os princípios do planejamento tributário. Mais curioso ainda é que países com alíquotas de IR menores que 15% utilizam muito mais serviços de tributaristas do que o Brasil.

Os amigos foram estudar um pouco mais os conceitos e modelos de tributação no Brasil no capítulo (Teoria 1) e somente então decidiram por unanimidade que deveriam iniciar as operações optando pelo regime de lucro presumido e, conforme o negócio fosse evoluindo, estudariam a possível alteração para o regime de lucro real. Obviamente, os cálculos dos tributos deveriam ser feitos período a período para ver quando e se deveriam fazer a alteração.

Decisão do grupo

Os investidores Maria, José, Ana e Paulo, após estas explicações de Isabel e já bem mais calmos, decidiram por unanimidade que deveriam iniciar as operações optando pelo regime de lucro presumido e conforme o negócio fosse evoluindo estudariam a possível alteração para o regime de lucro real.

O capital para abertura das empresas

Paulo desde o início da reunião disse que dispõe de poucos recursos financeiros, mas que não via problemas em obter os recursos necessários nos mercados financeiros. José perguntou qual era o conhecimento e a experiência de Paulo com o mercado financeiro. Paulo disse que não tinha.

Todos do grupo riram, mas José pediu calma e pediu a palavra para explicar aos amigos e futuros sócios o que é o mercado financeiro.

O modo mais fácil e mais simples para um grupo de pessoas, que se reúne com objetivos de montar uma pequena empresa, obter capital é cada um aportar a quantia que tem disponível. Esses são recursos dos sócios e são chamados de capital próprio. Isso pode funcionar para empresas e projetos pequenos, mas para projetos mais ambiciosos, que necessitem de investimentos maiores, esse modo de captar capital não é muito eficiente.

Pode acontecer que a quantia de que essas pessoas dispõem não seja suficiente para financiar a montagem do negócio. Nesse caso, a solução é recorrer aos mercados financeiros. Neles encontramos as instituições que podem suprir ou fornecer os recursos necessários. Talvez nossos amigos empreendedores precisem recorrer ao mercado financeiro para obter (ou completar) o capital necessário.

O mercado financeiro

Como o próprio nome diz, trata-se de um mercado. Vamos ao dicionário.

Mercado: mer.ca.do
sm (*lat mercatu*) **1** Lugar público onde se compram mercadorias postas à venda. **2** Ponto onde se faz o principal comércio de certos artigos. **3** Centro de comércio. **4** O comércio. **5** *Econ* Esfera das relações econômicas de compra e venda, de cujo ajuste resulta o preço. **6** *Econ* Meio onde certos produtos são aceitos; centro de comércio. *M. de futuros, Econ*: compra e venda especulativa de *commodities*, para recebimento ou entrega futura; mercado futuro. *M. de moedas, Econ*: mercado em que os investidores compram e vendem moedas fortes como dólar, marco alemão, libra esterlina, iene e franco.

As próximas perguntas a serem feitas são: os clientes pagarão à vista? Ou irão pedir prazo para pagar? E se concedermos prazos para o cliente pagar suas dívidas em uma data futura, e no dia do vencimento o cliente não pagar? Como funciona esse negócio de crédito?

Análise de risco de crédito

José explicou que uma empresa no dia a dia das suas operações normais costuma conceder crédito aos seus clientes por uma série de razões:

a) Os clientes muitas vezes não têm caixa para comprar seu produto e pagar à vista. Se você exigir pagamento apenas à vista, o cliente somente poderá comprar de você daqui a algum tempo quando já tiver caixa para pagar pelos seus produtos. Essa é uma razão para que empresas concedam crédito: ajudar seus clientes a não ficar sem seus produtos.

b) Os concorrentes muitas vezes oferecem prazos para os clientes pagarem pelos produtos. Então, se você somente faz vendas à vista, terá uma desvantagem competitiva significativa. Essa é outra razão para que empresas concedam crédito: não ficar em posição de desvantagem perdendo clientes para a concorrência por causa de concessão de prazos.

risco^1: ris.co^1

sm (*der* regressiva de *riscar*) **1** Traço feito a lápis, pena, pincel etc.; risca. **2** Planta para uma construção; debuxo, delineação. **3** *Reg* (Bahia) Linha do horizonte visual. **4** *pop* Facada, navalhada, picada. *R. de união: V traço de união.*

risco^2: ris.co^2

sm (*ital rischio*) Possibilidade de perigo, incerto mas previsível, que ameaça de dano a pessoa ou a coisa. *R. bancário, Com*: o que decorre do negócio entre banqueiros ou entre o banco e os correntistas. *R. profissional, Dir*: perigo inerente ao exercício de certas profissões, o qual é compensado pela taxa adicional de periculosidade. *A risco de, com risco de*: em perigo de. *A todo o risco*: exposto a todos os perigos. *Correr risco*: estar exposto a.

Concedendo o crédito

Muitas vezes o cliente precisa, gostaria ou quer comprar, mas não dispõe e recursos para pagar à vista. O que o empresário faz? Não vende? Manda o cliente comprar no concorrente e só deixa comprar com você novamente quando ele puder pagar à vista? Resposta: o empresário vende sim para seu cliente e faz condições parecidas com as condições que os concorrentes praticam. Às vezes concede um pouquinho mais de prazo, às vezes um pouco mais de produtos e mercadorias vendidas. Conclusão, não dá para evitar e trabalhar diferente. Precisamos saber como analisar e em que condições conceder crédito aos clientes.

No caso da "nossa" empresa que vai fabricar sanduíches e vender para empresas de aviação, podemos ter como certo que nesse mercado de aviação as empresas vão sim pedir prazo, que deverá ser da ordem de 30 dias fora o mês. Esse é um termo comercial que significa que o prazo para pagar a mercadoria será de 30 dias a partir do fim do mês da entrega.

O risco de inadimplência é extremante baixo nesse segmento.

A concessão de crédito ao cliente permite aumentar as vendas. Entretanto, a concessão indiscriminada pode levar a altos níveis de vendas associado com altos níveis de inadimplência, gerando prejuízos à empresa. Quando falamos em risco de crédito, a preocupação é com dois aspectos: análise de crédito, que significa analisar se o cliente é um bom pagador, e política de crédito, que significa quais limites de montantes e prazos para pagamento vamos conceder. Fazemos a análise de crédito e a política de crédito para chegar ao ponto ótimo nas exigências para concessão de crédito.

Obtemos as informações sobre nossos clientes para fazer a análise de crédito de diversas fontes, tais como: demonstrações financeiras se for empresa, ou contracheque se for pessoa física assalariada, *bureaux* de créditos, trocas diretas com associações locais (ex-clientes, clientes…), consulta bancária (nos bancos com os quais o cliente opera: saldos médios, pontualidade…).

Alterações nos padrões de crédito devem acarretar mudanças no volume de vendas. Se os padrões de crédito forem afrouxados, deve-se esperar um crescimento nas vendas; por outro lado, se ocorrer um aperto nas condições de crédito, deverá se esperar uma redução nas vendas. Em direção oposta, comporta-se o número de devedores incobráveis.

A probabilidade (ou risco) de uma conta tornar-se incobrável aumenta com a maior flexibilização dos padrões de crédito, afetando os lucros negativamente. Efeitos opostos podem ser esperados com o aperto nos padrões de crédito.

Precisamos lembrar também que, quando concedemos crédito ou quando afrouxamos a política de concessão de crédito, aumentamos a quantidade de faturamentos (receitas) de que adiamos os recebimentos. Em outras palavras, aumentamos os recebíveis. Como consequência, podemos ficar sem recursos no caixa da empresa (dinheiro). Se isto acontecer, precisaremos emitir duplicatas e descontar essas duplicatas para antecipar esses recebíveis. Carregar ou manter duplicatas a receber acarreta um custo à empresa, equivalente aos ganhos que se deixa de obter em outras aplicações, decorrente da necessidade de comprometimento de fundos com esse ativo (contas a receber são um ativo). Por falta de capital de giro, uma empresa pode precisar descontar parte ou às vezes todas as duplicatas para antecipar os recebíveis.

Resumindo o que foi decidido hoje

Algumas conclusões importantes foram atingidas:
a) Os amigos e futuros sócios se convenceram que uma empresa só deve merecer investimentos se criar e agregar valor, se puder proporcionar retorno suficiente e adequado aos investidores.
b) Os amigos e futuros sócios decidiram criar uma fábrica de sanduíches para vender para as empresas aéreas.
c) O grupo decidiu por unanimidade que deveriam montar a empresa sob a forma de uma sociedade limitada.
d) Os investidores Maria, José, Ana e Paulo, após estas explicações de Isabel e já bem mais calmos, decidiram por unanimidade que deveriam iniciar as operações optando pelo regime de lucro presumido e conforme o negócio fosse evoluindo estudariam a possível alteração para o regime de lucro real.
e) O nome da empresa já foi escolhido: Sanduíches Voadores.
f) Vamos conceder crédito para nossos clientes, mas não precisamos nos preocupar muito com isso, pois o histórico de inadimplência é baixo.
g) Os investidores decidiram por unanimidade que deveriam iniciar as operações optando pelo regime de lucro presumido e conforme o negócio fosse evoluindo estudariam a possível alteração para o regime de lucro real.

E quanto vou ganhar?

Maria fez essa pergunta assim, na lata, todos se surpreenderam. Mas José disse:

> Calma, gente, Maria está certa. Quando fazemos qualquer investimento, de tempo ou dinheiro, queremos saber quanto vamos ganhar. Se vocês tiverem uns minutos eu explico para vocês. Suponham que Maria foi aplicar (investir) R$ 1.000,00 em uma aplicação financeira de renda fixa no banco AAA. O gerente do banco informou a Maria que ela vai ganhar uma taxa fixa (por isso o nome renda fixa) de 20% ao ano. Vamos ver quanto Maria vai ganhar e quanto ela vai ter no total ao final de 1 ano.
>
> Maria investiu hoje   R$ 2.000,00   (chamamos de valor presente do investimento)
>
> Os juros são: 20% de R$ 2.000,00
>
> Fazendo as contas, obtemos 0,2 × 2.000 = R$ 400,00   (chamamos juros)
>
> Então Maria vai receber R$ 400,00 a título de juros, que são o retorno do investimento. Maria vai ter um total de seu investimento inicial de volta mais os juros desta aplicação:
>
> Total ao final de um ano: R$ 400,00 + R$ 2.000,00   (chamamos de valor futuro)

José terminou a breve explicação mostrando então que o valor futuro sempre será o valor presente mais os juros (retorno) da aplicação. José escreveu então em um pedaço de papel e deu para cada um dos sócios. Estava escrito:

> Relação fundamental da matemática financeira: VF = VP + Juros

Maria disse: "Que professor bom este nosso José!!! Tornou fácil algo que eu sempre tinha medo, mas agora entendi tudinho".

José propôs então que todos estudassem o capítulo 1-B que vem logo a seguir para fazermos uns exercícios numéricos para ajudar a fixar o que tratamos até aqui.

Bons estudos!

Capítulo 1-B

Os objetivos da empresa: *stakeholders*, ética, governança, mercados

Os objetivos da empresa: o retorno do investidor

Quando pessoas de forma isolada ou em grupo se unem e mobilizam esforços, recursos e conhecimentos (financeiros, materiais, técnicos e mão de obra) para montar uma empresa para produzir bens, produtos ou serviços, com vistas a atender uma demanda, necessidade do mercado, são chamadas de empresários.

A empresa reúne todos esses esforços de uma forma racionalizada de tal maneira que seus produtos valem mais do que simplesmente um amontoado de partes e peças. Isso se chama agregar valor. Uma empresa tem como um dos seus objetivos fundamentais agregar valor ao longo das etapas de suas operações.

Na medida em que uma empresa agrega valor ao longo das etapas de suas operações, cria riqueza para seus investidores, pois o valor dos produtos acabados é maior do que simplesmente o custo dos insumos utilizados.

Os objetivos da empresa (Stephen Ross. *Administração financeira: atlas*)

❑ Os objetivos tradicionais da empresa e por decorrência dos seus gestores, executivos e administradores são maximizar a riqueza dos investidores e criar valor para os investidores. Os investidores são os proprietários, acionistas, cotistas, donos, sócios.

- Os objetivos modernos da empresa incluem também, além do anterior, a preocupação com todos os *stakeholders*.

Uma empresa só deve merecer investimentos se for para criar riqueza e agregar valor, se puder proporcionar retorno suficiente e adequado aos investidores e também aos *stakeholders*.

Os *stakeholders*

Significado da palavra *stakeholder*: *stakeholders* são as pessoas que de alguma forma estão interessadas, ou estão envolvidas, direta ou indiretamente afetadas.

- Os *stakeholders* (Assaf Neto. *Finanças corporativas: atlas*) de uma empresa são as pessoas que, de alguma forma, estão envolvidas com a empresa ou sentem seus efeitos. Os *stakeholders* são os clientes, fornecedores, sócios, administradores, funcionários, vizinhos, comunidade do entorno, prestadores de serviços, terceirizados e outros.
- Atualmente, além dos seus objetivos tradicionais, as empresas estão cada vez mais preocupadas em cuidar dos interesses, não unicamente dos sócios, mas de todos os envolvidos, os *stakeholders*. Essa atenção e cuidado, dependendo de quem é o *stakeholder*, não é unicamente o de maximizar sua riqueza, mas pode ser de preservar seu bem-estar, ou pelo menos não causar ou reduzir o mal-estar, e na medida do possível ajudar a melhorar a sua qualidade de vida.

As responsabilidades da empresa para com a sociedade vão muito além dos seus produtos e seus funcionários.

Proprietários *versus* administradores

Em muitas empresas os proprietários também são seus administradores. Porém são papéis diferentes e muitas vezes com interesses conflitantes. Devemos ter muita atenção para dividir a propriedade e a administração de uma empresa, projeto ou negócio. Vamos definir melhor para deixar mais claro quais são as atribuições e responsabilidades, ônus e bônus de cada um:

- O proprietário é o dono do negócio. O proprietário investe o capital necessário, assume os prejuízos quando e se acontecerem ou ocorrerem, banca o risco do negócio até que se torne lucrativo. O proprietário não tem hora para começar a trabalhar nem hora para terminar. O proprietário não tem salário, nem férias, nem décimo terceiro. Em contrapartida, o proprietário recebe lucros ou dividendos quando tudo funciona bem.
- O administrador é quem administra o dia a dia do negócio, ou seja, supervisiona, orienta e dirige os funcionários da empresa, faz a gestão do negócio e toma as decisões necessárias. Resumindo, o administrador é o executivo que executa as tarefas. O administrador tem carteira assinada, horário para trabalhar, recebe salário, férias e décimo terceiro e ainda pode receber uma participação extra na forma de bônus por desempenho.

O papel da ética empresarial

A ética empresarial se refere aos padrões de conduta ou julgamento moral aplicáveis a quem se dedica às atividades empresariais e comerciais.

A ética empresarial pode ser vista como o comportamento da empresa, nas suas operações e ações quando age de acordo com os princípios morais e as regras aceitas pela coletividade.

A ética empresarial, para pequenas e grandes empresas, é fator importante para a sua sobrevivência e crescimento.

As organizações estão percebendo a necessidade de utilizar a ética, para que o "público" as identifique, encontre aderência entre a prática e o discurso e tenha uma melhor imagem do seu "slogan", que permitirá, ou não, um crescimento da relação entre fornecedores, funcionários, clientes e investidores.

É fundamental ter consciência de que toda a sociedade deve se beneficiar da ética aplicada dentro da empresa, bem como os clientes, os fornecedores, os sócios, os funcionários e o governo local.

Quando a empresa tira vantagem de clientes, abusando do uso dos anúncios publicitários, por exemplo, de início ela pode ter um lucro em curto prazo, mas a confiança será perdida, forçando o cliente a consumir produtos da concorrência. Além disso, recuperar a imagem da empresa não vai ser fácil como da primeira vez.

A ética na empresa visa garantir que os funcionários saibam lidar com determinadas situações e que a convivência no ambiente de trabalho seja agradável. De forma ética.

O lucro e a ética

O lucro é a parte mais importante de uma organização e ao mesmo tempo a mais sensível do ponto de vista dos *stakeholders*, por isso exige cuidado no momento do planeamento para sua obtenção.

Não existe nada errado em obter lucro, afinal empresas com fins lucrativos dependem do lucro para sobreviver e continuar a produzir e oferecer e vender bens, produtos ou serviços.

Não tem problema nenhum uma empresa cobrar preços maiores, menores ou iguais aos preços dos concorrentes no mercado. Não tem problema nenhum uma empresa cobrar como taxa de intermediação 1%, 5%, 10%, 20% ou 99%, por exemplo. Desde que informe claramente aos envolvidos, clientes, consumidores, as regras, os preços e as taxas.

Antiético é prestar o serviço sem informar direito ao cliente sobre as taxas, e somente após o serviço concluído cobrar as taxas, principalmente se as taxas de sua empresa forem mais elevadas do que as taxas praticadas no mercado para serviços semelhantes.

Generalizando, significa que: enganar, enrolar, dar informações erradas ou não informar corretamente aos clientes, fornecedores, funcionários e demais *stakeholders* como forma de aumentar os lucros é ser antitético.

Ter conhecimento de que o produto ou serviço é defeituoso, tem prazo de validade vencido e assim mesmo vender ou entregar como meio de aumentar os lucros é ser antiético.

Enganar seus clientes não é uma boa conduta para a empresa que almeja se desenvolver e crescer perante a concorrência.

Podemos então dizer que a obtenção dos lucros é uma consequência direta da satisfação dos clientes e dos diversos *stakeholders* (envolvidos), pois é objetivo fundamental das empresas obter lucro.

A ética na prática do dia a dia das empresas

A empresa ou entidade deve buscar sempre contribuir para o desenvolvimento comunitário, praticando diariamente, a cada ato, a cidadania e a responsabilidade social. Se ferir a cidadania, atenta contra a ética empresarial.

Internamente praticamos a ética empresarial, recrutando, selecionando, desenvolvendo e formando profissionais e executivos que compartilham dessa filosofia, tendo relacionamento democrático com os diversos públicos, adotando o consumo responsável, respeitando as diferenças, cultivando a liberdade de expressão e a lisura nas relações comerciais.

Utilizar de posições de poder para praticar abuso econômico, constranger adversários que exprimem ideias distintas, desrespeitar os funcionários, impor condições adversas de trabalho, agredir o meio ambiente ou usar procedimentos escusos para obter lucros e vantagens adicionais é antiético.

Na área financeira a violação dos padrões éticos pode assumir várias formas. Mas muitas vezes, simplesmente, são crimes, tais como: contabilidade criativa, projeções financeiras enganosas ou manipuladas, gestão de recursos não contabilizados (conhecido como caixa 2), usar influência interna na empresa para se beneficiar de opções retroativas, uso de *inside information*, pagamento de propinas ou gratificações que não sejam públicas, divulgadas e conhecidas.

Por exemplo, dar 10% de gorjeta ao garçom que te serviu no restaurante não é antiético. Porém dar 10% de gorjeta ao garçom para furar a fila no restaurante é antiético.

Não confundir falta de ética com atitudes criminosas, tais como: corrupção, manipulação de balanços, formação de cartéis, roubo ou furto, desfalque, apropriação indevida... não configura falta de ética, configura sim crime.

Ética: Instituto Ethos

A ética não é um valor acrescentado, mas intrínseco da atividade econômica e empresarial, pois esta atrai para si uma grande quantidade de fatores humanos e os seres humanos conferem ao que realizam, inevitavelmente, uma dimensão ética. A empresa, enquanto instituição capaz de tomar decisões e como conjunto de relações humanas com uma finalidade determinada, já tem, desde seu início, uma dimensão ética.

Uma ética empresarial não consiste somente no conhecimento da ética, mas na sua prática. E este praticar concretiza-se no campo comum da atuação diária e não apenas em ocasiões principais ou excepcionais geradoras de conflitos de consciência. Ser ético não significa conduzir-se eticamente quando for conveniente, mas o tempo todo. [Instituto Ethos. *A ética nas organizações*. 2001. p. 12]

Problema do agente: um conflito de interesses

Os interesses da empresa e os interesses dos seus administradores (gestores) são diferentes. A essa diferença de interesses, ou conflito de interesses, chamamos problema do agente.

O administrador de uma empresa é um agente que trabalha para o proprietário da empresa. E deveria, portanto, estar preocupado em maximizar a riqueza do proprietário (investidor). Porém, na prática, observamos que o administrador está mais preocupado em maximizar seus próprios resultados, seu próprio nível de bem-estar, seu próprio nível de conforto.

O mesmo conflito se aplica caso o administrador também seja proprietário. Ou caso tenha outros sócios, que não sejam administradores. Nessa circunstância, o sócio gerente também é um agente dos outros sócios (não gerentes) e deveria se portar como tal. Em um aspecto, essa pessoa é igual aos outros na qualidade de sócio; em outro aspecto, é empregado dos sócios.

Em outras palavras: uma vez que a propriedade e a administração são separadas, existe um conflito de interesses. Esse conflito de interesses é chamado de problema do agente ou problema de agência. Os administradores procuram maximizar sua própria riqueza e seu bem-estar, tais como manutenção do próprio emprego, seus direitos trabalhistas e sua segurança. Quando deveriam focar em maximizar a riqueza dos acionistas. É dessa divergência que nasce o que chamamos de conflito do agente.

Por exemplo: suponha que a empresa não está passando por uma fase muito boa. O administrador contratado já comprou suas passagens para as férias (é um direito trabalhista). Porém se o administrador for o dono do negócio, provavelmente, as férias serão adiadas.

Para atenuar o problema do agente (*agency*, em inglês) muitas empresas oferecem planos e amarram a remuneração dos seus administradores ao valor das ações ou medidas equivalentes, tais como LPA (lucro por ação). Dessa forma, buscam fazer com que o administrador se preocupe com a maximização do valor das ações e, por consequência, a maximização da sua própria riqueza.

As funções do administrador financeiro da empresa: a administração financeira

Os executivos financeiros executam tarefas tais como: observar e analisar o cenário econômico, planejar ações, avaliar e analisar oportunidades de investimentos, definir as estratégias financeiras das empresas. Cabe aos executivos financeiros tomar decisões que afetam profundamente as empresas. Decidir sobre como obter e onde captar recursos. Decidir sobre onde aplicar os recursos disponíveis. Decidir sobre a viabilidade econômica e financeira de se fazer lançamentos de novos produtos, abrir ou fechar filiais, fazer ou não parcerias e *joint ventures* com concorrentes ou fornecedores. Decidir sobre quando e quanto investir em máquinas e equipamentos, e mais uma infinidade de outras atividades de caráter decisório financeiro.

Os executivos financeiros devem ter sempre em mente que seu objetivo maior é criar valor e maximizar a riqueza dos investidores.

DI x DF: decisões de investimento *versus* decisões de financiamento

Como consequência direta das funções do administrador financeiro, podemos resumir em DUAS as principais atividades e responsabilidades do administrador ou executivo financeiro: decisões de investimento (DI) e decisões de financiamento (DF) no dia a dia.

As decisões de investimento (DI) são decisões que envolvem decisões de onde, quando e quanto investir: aquisição de máquinas e equipamentos, compra de matéria-prima, contratação de pessoas e treinamentos, entre outros dispêndios. São decisões que envolvem gastos.

As decisões de financiamento (DF) são decisões relacionadas com quanto, onde e como obter e captar os recursos para financiar os investimentos. As empresas (ou projetos), mesmo que ainda estejam no papel, precisam conhecer as necessidades de investimentos e as disponibilidades de recursos (capital) necessárias para financiar suas atividades. Para financiar seus investimentos e suas atividades, as empresas só dispõem de duas fontes de recursos: capital próprio (sócios) e capital de terceiros (credores).

Exemplo de decisão de investimento: concessão de crédito

DI (Decisão de onde Investir) é onde investir os recursos da empresa; uma importante decisão de investimento é na concessão de crédito aos nossos clientes. Quando financiamos nossos clientes, estamos "dando" aos clientes um prazo para pagar os produtos que nós vendemos para eles. Isso é bom, pois demonstra nossa confiança nos clientes e ajuda a fidelizar o cliente. É bom pois permite que o cliente possa comprar hoje, mesmo que não tenha recursos disponíveis hoje. Conceder crédito tem uma série de vantagens, porém, por outro lado, quando permitimos que o cliente leve nossos produtos sem pagar, deixando para ele pagar depois, corremos sim um risco de inadimplência. Precisamos estabelecer uma política de crédito e procedimentos de como analisar solicitações de crédito:

- Análise de crédito: é analisar o perfil dos tomadores de crédito. É fazer essa análise utilizando o critério dos cinco Cs, dar pontuação para cada item para aprovar ou reprovar e ainda classificar os clientes de acordo com seu perfil.
- Política de crédito: é determinar as melhores condições da concessão do crédito, tais como prazos para pagamento. Determinamos essas melhores condições fazendo as contas da relação custo/benefício para afrouxar ou apertar as condições de financiamento. Determinações quanto à seleção, padrões, critérios e condições de crédito. Exigências maiores para a concessão de crédito buscam reduzir o risco de inadimplência.

Uma empresa, no curso das suas operações normais, precisa conceder crédito aos seus clientes. Esse crédito, geralmente, segue o mesmo padrão que a concorrência oferece.

A concessão de crédito ao cliente permite aumentar as vendas. Entretanto, a concessão indiscriminada pode levar a altos níveis de vendas e, quando associada aos altos níveis de inadimplência, acaba gerando prejuízos à empresa. A análise de crédito é a análise que fazemos para chegar ao ponto ótimo nas exigências para concessão de crédito.

Como e onde obter as informações para fazer a análise de crédito

- Demonstrações financeiras (pessoas jurídicas)
- Contracheque (pessoas físicas)
- *Bureaux* de créditos (Serasa)
- Informações diretas com associações locais (ex-clientes, clientes, fornecedores...)
- Consulta bancária (bancos nos quais o cliente opera, saldos médios, pontualidade...)

Análise e classificação de crédito

Procedimento que produz uma pontuação capaz de refletir o potencial financeiro global de um solicitante de crédito, que resulta de uma média ponderada dos pontos relativos a características financeiras e creditícias. Os analistas de investimentos ou os financiadores, quando analisam um pedido de crédito, concentram-se nos cinco Cs; são eles:

1. Caráter: aspectos como talento, confiabilidade, honestidade são sempre mencionados quando da definição de caráter. O histórico de crédito é muito importante, na medida em que um cadastro ruim normalmente elimina o candidato. Em contrapartida, um cadastro perfeito não conta pontos: é tido como obrigação de qualquer um.

2. Capacidade de *cash flow* (fluxo de caixa): os financiadores precisam acreditar que o fluxo de caixa será adequado para cobrir o pagamento da

dívida enquanto ela durar. Análise dos demonstrativos financeiros com ênfase nos índices de liquidez e endividamento.

3. Colaterais (garantias): nenhum financiador tomará decisão de emprestar dinheiro baseado somente em garantias. Porém, após a análise dos outros aspectos, tentará conseguir as melhores garantias possíveis. Podem ser: alienações fiduciárias, hipotecas de ativos tangíveis e, o mais importante, a garantia dada pelo aval pessoal do tomador. Neste último, o que os financiadores querem de fato é um sinal de comprometimento real do tomador em relação à responsabilidade pelo pagamento da dívida.

4. Contribuição: raciocinando pelo absurdo, nenhum financiador concordaria em financiar 100% de uma operação. O empresário que tenta esse tipo de operação está agindo como se dissesse ao financiador: "Alô, financiador, tenho um bom negócio, não quero apostar o meu dinheiro nele. Porém, gostaria que você apostasse o seu". O financiador precisa "ver" o tomador colocando seu próprio capital na operação, agindo como se dissesse: "Alô, financiadores, vejam, eu confio tanto no meu negócio, que estou colocando R$ X, preciso que vocês me emprestem R$ X ou R$ 2 X". Normalmente uma relação de 2:1 (para débito:crédito) é considerada normal. Para indústrias com altas taxas de fracassos, como restaurantes e moda, a relação deve ser menor. Para indústrias com baixo índice de fracassos, como imóveis e vestuário, a alavancagem pode ser normal com relações de 4:1.

5. Condições: condições macroeconômicas e os cenários empresariais vigentes que possam afetar a saúde operacional e econômica do mercado e do cliente com reflexos na capacidade de liquidar suas obrigações.

Conforme um cliente tenha como resultado da análise o seu crédito aprovado pelos padrões vigentes de uma empresa ou conforme os padrões vigentes mudem, é necessário aos gestores entenderem que alterações nos padrões de crédito devem acarretar mudanças no volume de vendas. Se os padrões de crédito forem afrouxados, deve-se esperar um crescimento nas vendas. Por outro lado, se ocorrer um aperto nas condições de crédito, deverá se esperar uma redução nas vendas. Em direção oposta, comporta-se o número de devedores incobráveis.

Além disso, com mudanças nos níveis das vendas, muda o volume de capital de giro da empresa "empatado" nas duplicatas a receber. Carregar ou manter duplicatas a receber acarreta um custo à empresa, equivalente aos ganhos que se deixa de obter em outras aplicações, decorrente da necessidade de comprometimento de fundos com este ativo (contas a receber é um ativo). Por falta de capital de giro, uma empresa pode precisar descontar parte ou, às vezes, todas as duplicatas para antecipar os recebíveis. Esse desconto tem um alto custo em termos de juros.

Política de crédito

A probabilidade (ou risco) de uma conta tornar-se incobrável aumenta com a maior flexibilização dos padrões de crédito, afetando os lucros negativamente. Efeitos opostos podem ser esperados com o aperto nos padrões de crédito. Vamos ver como quantificar uma política de crédito para podermos tomar decisões

Exemplo: Caso Valdha.
A Valdha, fabricante de acessórios para telefones celulares, está atualmente vendendo um produto por R$ 11 a unidade para seus atacadistas. As vendas do mês mais recente, todas realizadas a crédito, foram de 70 mil unidades. O custo variável unitário é R$ 8,00 e o custo fixo total é de R$ 150.000,00.

A empresa Valdha está pretendendo flexibilizar os padrões de crédito mediante a concessão de um aumento no período médio de cobrança (prazo de cobrar dos seus clientes atacadistas) do seu nível atual de 30 para 45 dias. Com essa medida espera-se um acréscimo de 10% nas vendas (aumentando para 77 mil unidades mensais) e um aumento no nível atual de devedores incobráveis de 1% para 2% sobre as vendas.

Por falta de capital de giro, a empresa Valdha tem que antecipar todos os recebíveis. Então a Valdha recorre a empresas de *factoring*, emite duplicatas das notas fiscais e desconta essas duplicatas. A taxa de juros simples que as *factorings* cobram para descontar as duplicatas é de 3% ao mês (desconto simples). Deve a Valdha flexibilizar seus padrões para concessão de crédito?

Solução: para determinar se a Valdha deve adotar padrões de crédito mais flexíveis, é necessário calcular os seus efeitos positivos e negativos (ganhos e perdas) na empresa para verificar se no conjunto vale a pena ou não adotar padrões de crédito mais flexíveis.

A) Vamos inicialmente calcular as vantagens: contribuição adicional no faturamento
   Aumento de vendas: 7 mil unidades
   Preço de venda: R$ 11,00
   Aumento no faturamento: R$ 77.000,00

B) Aumento nos custos variáveis
   Plano atual vendas de 70 mil unidades. CV total é 70 mil × 8 = R$ 560.000,00
   Plano atual vendas de 77 mil unidades. CV total é 77 mil × 8 = R$ 616.000,00
   Aumento no CV total é de R$ 56.000,00

C) Incremento nos custos com desconto de duplicatas
   Plano atual (30 dias de prazo): 70 mil unidades a R$ 11 cada = faturamento total mensal R$ 770.000,00. O custo para descontar estas duplicatas é 0,03 × 770 mil × 1 mês = R$ 23.100,00. Ou seja, posto que todas as vendas são a prazo, precisamos descontar R$ 770.000,00 todos os meses a uma taxa de juros simples de 3% a.m. pelo prazo de um mês.
   Plano proposto (45 dias de prazo): 77 mil unidades a R$ 11 cada = faturamento total R$ 847.000,00. O custo de descontar estas duplicatas é 0,03 × 847 mil × 1,5 mês = R$ 38.115,00.
   O incremento nos custos com descontos de duplicatas é R$ 38.115,00 − R$ 23.100,00 = R$ 15.015,00.

D) Custo marginal dos devedores duvidosos
   Plano atual: 0,01 × R$ 11 × 70 mil   =   R$ 7.700,00
   Plano proposto: 0,02 × R$ 11 × 77 mil   =   R$ 16.940,00
   Custo marginal com devedores incobráveis = R$ 9.240,00

Resultados da flexibilização
Contribuição adicional ao faturamento	R$ 77.000,00
Aumento nos custos variáveis	– R$ 56.000,00
Custo adicional com juros para desconto	– R$ 15.150,00
Custo incremental marginal com incobráveis	– R$ 9.240,00
Contribuição líquida	– R$ 3.255,00 (negativo)

Resposta: não devemos aceitar essa mudança, pois haverá contribuição negativa no valor de R$ 3.255,00 com a flexibilização das condições de crédito.

Lista de exercícios 1.1: conceituais

1. Explique resumidamente quais são os objetivos de uma empresa.
2. Quem são os *stakeholders* de uma empresa?
3. Quais são as diferenças entre as funções dos proprietários e as funções dos administradores da empresa?
4. O que é a ética empresarial?
5. O que significa "problema do agente"?
6. Quais são as funções do administrador financeiro da empresa?
7. O que é uma decisão de investimento?
8. O que é uma decisão de financiamento?
9. O que é política de crédito?
10. Como é feita uma análise de crédito?
11. Quais são os cinco Cs para fazer uma análise de crédito?

Solução da lista de exercícios 1.1: conceituais

Neste capítulo, no próprio texto de onde foram diretamente retiradas essas perguntas.

Lista de exercícios 1.2: política de crédito

1) A CPW, fabricante de pneus, está, atualmente, vendendo seu único modelo de pneu que fabrica por R$ 50 a unidade. As vendas (todas a

prazo) do mês mais recente foram de 100 mil unidades. O custo variável unitário é R$ 30,00 e o custo fixo total é de R$ 200.000,00.

A empresa está pretendendo flexibilizar os padrões de crédito e espera-se que essa medida acarrete um acréscimo de 10% nas vendas, para 110 mil unidades mensais, um aumento no período médio de cobrança do seu nível atual de 45 para 60 dias, e um aumento no nível atual de devedores incobráveis de 2% para 3% sobre as vendas. Por falta de capital de giro, a empresa desconta todas as duplicatas para antecipar os recebíveis. A taxa de juros simples que os bancos cobram para descontar as duplicatas da empresa é de 5% ao mês (desconto simples). Deve a CPW flexibilizar seus padrões para concessão de crédito?

2) A WWW, empresa de software, está atualmente vendendo seu único modelo de produto que produz por R$ 400,00 a unidade. As vendas atualmente estão ao nível de 20 mil unidades mensais. Por questões comerciais, 70% das vendas são realizadas a prazo. O prazo médio concedido é de 45 dias para a cobrança. A empresa está pretendendo flexibilizar os padrões de crédito mediante um aumento no período médio de cobrança do seu nível atual para 60 dias na média. Com essa medida espera-se um acréscimo de 10% nas vendas. Como consequência, espera-se um aumento no nível atual de devedores incobráveis de 2% para 3% sobre as vendas a prazo. Por falta de capital de giro, a empresa costuma descontar duplicatas para antecipar 60% dos recebíveis (vendas a prazo). A taxa de juros simples que os bancos cobram para descontar as duplicatas da empresa é de 5% ao mês (desconto simples). O custo variável unitário é R$ 140,00 e o custo fixo total é de R$ 400.000,00 ao mês. Deve a WWW flexibilizar seus padrões para concessão de crédito?

3) A BEE, apiário modelo, está atualmente vendendo seu único modelo de produto que produz por R$ 6,00 a unidade. As vendas atualmente estão ao nível de 400 mil unidades mensais. Por motivos comerciais, 80% das vendas são realizadas a prazo. O prazo médio concedido é de 45 dias para a cobrança. A empresa está pretendendo flexibilizar os padrões de crédito mediante um aumento no período médio de cobrança do seu nível atual para 60 dias na média. Com essa medida, espera-se um acréscimo de 20% nas vendas. Como consequência, espera-se um

aumento no nível atual de devedores incobráveis de 2% para 4% sobre as vendas a prazo. Por falta de capital de giro, a empresa costuma descontar duplicatas para antecipar 70% dos recebíveis (vendas a prazo). A taxa de juros simples que os bancos cobram para descontar as duplicatas da empresa é de 5% ao mês (desconto simples). O custo variável unitário é R$ 2,00 e o custo fixo total é de R$ 80.000,00 ao mês. Deve a BEE flexibilizar seus padrões para concessão de crédito?

4) A CAU, chocolates finos, está atualmente vendendo seu único modelo de produto que produz por R$ 2,00 a unidade. As vendas atualmente estão ao nível de 100 mil unidades mensais. Por questões comerciais 80% das vendas são realizadas a prazo. O prazo médio concedido é de 45 dias para a cobrança. A empresa está pretendendo flexibilizar os padrões de crédito mediante um aumento no período médio de cobrança do seu nível atual para 60 dias na média. Com essa medida, espera-se um acréscimo de 10% nas vendas. Como consequência, espera-se um aumento no nível atual de devedores incobráveis de 2% para 5% sobre as vendas a prazo. Por falta de capital de giro, a empresa costuma descontar duplicatas para antecipar 100% dos recebíveis (vendas a prazo). A taxa de juros simples que os bancos cobram para descontar as duplicatas da empresa é de 6% ao mês (desconto simples). O custo variável unitário é R$ 1,00 e o custo fixo total é de R$ 50.000,00 ao mês. Deve a CAU flexibilizar seus padrões para concessão de crédito?

5) A AGV, empresa de software, está atualmente vendendo seu único modelo de produto que produz por R$ 400,00 a unidade. As vendas atualmente estão ao nível de 20 mil unidades mensais. Por motivos comerciais, 70% das vendas são realizadas a prazo. O prazo médio concedido é de 45 dias para a cobrança. A empresa está pretendendo flexibilizar os padrões de crédito mediante um aumento no período médio de cobrança do seu nível atual para 60 dias na média. Com essa medida, espera-se um acréscimo de 10% nas vendas. Como consequência, espera-se um aumento no nível atual de devedores incobráveis de 2% para 3% sobre as vendas a prazo. Por falta de capital de giro, a empresa costuma descontar duplicatas para antecipar 60% dos recebíveis (vendas a prazo). A taxa de juros simples que os bancos cobram para descontar

as duplicatas da empresa é de 5% ao mês (desconto simples). O custo variável unitário é R$ 140,00 e o custo fixo total é de R$ 400.000,00 ao mês. Deve a AGV flexibilizar seus padrões para concessão de crédito?

Solução da lista de exercícios 1.2: política de crédito

1) Solução CPW. Para determinar se a CPW deve adotar padrões de crédito mais flexíveis, é necessário calcular seu efeito sobre a contribuição adicional aos lucros, decorrentes das vendas, o custo do investimento marginal em duplicatas a receber e o custo marginal com devedores incobráveis.

Contribuição adicional aos lucros
Aumento de vendas: 10 mil   unidades
Lucro marginal: R$ 50 – 30 = 20   por unidade
Lucro adicional: R$ 200.000,00   total

Incremento nos custos com desconto de duplicatas
Plano atual (45 dias de prazo)
100 mil unidades a R$ 50 cada = faturamento total mensal = R$ 5.000.000,00
O custo para descontar estas duplicatas é 0,05 × 5.000.000 × 1,5 mês = R$ 375.000,00
Ou seja, posto que todas as vendas são a prazo, precisamos descontar R$ 5.000.000,00 todos os anos, a uma taxa de juros simples de 5% ao mês, pelo prazo de um mês e meio.

Plano proposto (60 dias de prazo)
110 mil unidades a R$ 50 cada = faturamento total = R$ 5.500.000,00
O custo para descontar estas duplicatas é 0,05 × 5.500.000 × 2 meses = R$ 550.000,00
O incremento nos custos com descontos de duplicatas é R$ 175.000,00
Custo marginal dos investidores duvidosos
Plano proposto   0,03 × R$ 50 × 110.000   =   R$ 165.000,00
Plano atual   0,02 × R$ 50 × 100.000   =   R$ 100.000,00
Custo marginal com devedores incobráveis   R$ 65.000,00

Resultados da flexibilização
Contribuição adicional aos lucros pelas vendas   R$ 200.000,00
Custo adicional com desconto   − R$ 175.000,00
Custo incremental marginal com incobráveis   − R$ 65.000,00
Contribuição líquida   − R$ 40.000,00

Resposta: haverá contribuição NEGATIVA no valor de R$ 40.000,00 com a flexibilização das condições de crédito. Conclusão: não devemos flexibilizar as normas para concessão de crédito.

2) Solução WWW. Para determinar se a empresa deve adotar padrões de crédito mais flexíveis, é necessário calcular seu efeito sobre a contribuição adicional aos lucros decorrentes das vendas, o custo do investimento marginal em duplicatas a receber e o custo marginal com devedores incobráveis.

a) Contribuição adicional aos lucros
   Aumento nas vendas = + 2.000
   Lucro marginal unitário R$ 260,00
   Lucro total adicional 2.000 × R$ 260 = R$ 520.000,00

b) Incremento nos custos com descontos de duplicatas
   70% das vendas totais são a prazo
   60% das vendas a prazo são descontadas
   42% das vendas totais são descontadas

	Plano Atual	Plano Proposto
Total de vendas	20.000	22.000
Vendas a prazo (70%)	14.000	15.400
Vendas à vista (30%)	6.000	6.600
Vendas descontadas (60%)	8.400	9.240

Plano atual 45 dias de prazo: 8.400 unidades a R$ 400,00 cada. Significa um faturamento total mensal de R$ 3.360.000,00. O custo para descontar todas essas duplicatas é 5% vezes 1,5 mês × R$ 3.360.000,00 = R$ 252.000,00

Plano proposto 60 dias de prazo; 9.240 unidades a R$ 400,00 cada.
Significa um faturamento total mensal de R$ 3.696.000,00. O custo para descontar todas essas duplicatas é 5% × 2 meses × R$ 3.696.000,00 = R$ 369.600,00.
O incremento nos custos com desconto de duplicatas é R$ 117.600,00

c) Incremento nos custos marginais com devedores duvidosos
Plano proposto 3% (das vendas a prazo, que incorrem em incobráveis) × R$ 400,00 × 15.400 unidades = R$ 184.800,00 de perdas com incobráveis.
Plano atual 2% (das vendas a prazo, que incorrem em incobráveis) × R$ 400,00 × 14.000 unidades = R$ 112.000,00 de perdas com incobráveis.
Custo marginal com devedores incobráveis de R$ 72.800,00

Resposta: resultados da flexibilização do crédito
a) Contribuição adicional pelo aumento nas vendas   R$ 520.000,00
b) Custo adicional com desconto   R$ 117.600,00
c) Custo incremental com devedores duvidosos   R$ 72.800,00
   Contribuição positiva de   R$ 329.600,00
Sim, devemos flexibilizar as normas para concessão de crédito.

3) Solução BEE. Resultados da flexibilização do crédito
   a) Contribuição adicional pelo aumento nas vendas   R$ 320.000,00
   b) Custo adicional com desconto   R$ 60.480,00
   c) Custo incremental com devedores duvidosos   R$ 53.760,00
      Resultado: contribuição positiva de   R$ 205.760,00
Sim, devemos flexibilizar as normas para concessão de crédito.

4) Solução CAU. Resultados da flexibilização do crédito
   a) Contribuição adicional pelo aumento nas vendas   R$ 10.000,00
   b) Custo adicional com desconto   R$ 6.720,00
   c) Custo incremental com devedores duvidosos   R$ 5.600,00
      Resultado: contribuição negativa de   – R$ 2.320,00
   Não devemos flexibilizar as normas para concessão de crédito.

5) Solução AGV

Para determinar se a empresa deve adotar padrões de crédito mais flexíveis, é necessário calcular seu efeito sobre a contribuição adicional aos lucros decorrentes das vendas, o custo do investimento marginal em duplicatas a receber e o custo marginal com devedores incobráveis.

a) Contribuição adicional aos lucros.
   Aumento nas vendas = + 2.000
   Lucro marginal unitário R$ 260,00
   Lucro total adicional 2.000 × R$ 260 = R$ 520.000,00

b) Incremento nos custos com descontos de duplicatas
   70% das vendas totais são a prazo
   60% das vendas a prazo são descontadas
   42% das vendas totais são descontadas

	Plano Atual	Plano Proposto
Total de vendas	20.000	22.000
Vendas a prazo (70%)	14.000	15.400
Vendas à vista (30%)	6.000	6.600
Vendas descontadas (60%)	8.400	9.240

Plano atual 45 dias de prazo; 8.400 unidades a R$ 400,00 cada. Significa um faturamento total mensal de R$ 3.360.000,00. O custo para descontar todas essas duplicatas é 5% × 1,5 mês × R$ 3.360.000,00 = R$ 252.000,00.
Plano proposto 60 dias de prazo; 9.240 unidades a R$ 400,00 cada. Significa um faturamento total mensal de R$ 3.696.000,00. O custo para descontar todas essas duplicatas é 5% × 2 meses × R$ 3.696.000,00 = R$ 369.600,00. O incremento nos custos com desconto de duplicatas é R$ 117.600,00.

c) Incremento nos custos marginais com devedores duvidosos
   Plano atual 2% (das vendas a prazo, que incorrem em incobráveis) ×R$ 400,00 × 14 mil unidades = R$ 112.000,00 de perdas com incobráveis.

Plano proposto 3% (das vendas a prazo, que incorrem em incobráveis) × R$ 400,00 × 15.400 unidades = R$ 184.800,00 de perdas com incobráveis.
Custo marginal com devedores incobráveis de R$ 72.800,00.

Resposta: resultados da flexibilização do crédito
a) Contribuição adicional pelo aumento nas vendas R$ 520.000,00
b) Custo adicional com desconto R$ 117.600,00
c) Custo incremental com devedores duvidosos R$ 72.800,00
Contribuição positiva de R$ 329.600,00
Sim, devemos flexibilizar as normas para concessão de crédito.

A forma de constituição da empresa

Uma das primeiras decisões que os investidores devem tomar é quanto à forma de constituição da empresa que desejam montar. No Brasil, os principais tipos de empresa quanto à sua constituição são:

a) empresário "individual" (ex-firma individual)
b) sociedade limitada
c) sociedades anônimas
d) sociedades simples (ex-sociedade civil)

a) empresário "individual" (ex-firma individual): é o negocio que pertence a uma pessoa, que opera seu próprio lucro. São normalmente registradas como microempresas de simples constituição. São tipicamente pequenos negócios como: lanchonetes, mercearias, sapatarias, oficinas mecânicas etc. No Brasil essas empresas emergem da informalidade quando os negócios começam a aumentar. O ativo e o passivo (máquinas, estoques, contas a pagar etc.) podem ser transferidos para outra pessoa jurídica, porém a empresa, em si, é intransferível. Portanto, não pode ser vendida, nem admite sócios. Esse tipo de empresa se extingue com o falecimento do proprietário.

b) sociedade limitada: a sociedade limitada é o tipo mais comum e usual de empresa coletiva. É constituída por dois ou mais sócios administrando ou não determinada empresa, cujas atividades podem ser industrial/comercial/serviços, e a responsabilidade de cada um é limitada à parcela do capital social que integralizar, mas um dos sócios terá sua responsabilidade ilimitada. A partir de então, a sociedade limitada passou a ser enquadrada como sociedade personificada empresarial. Esta definirá a participação no capital social de cada um, responsabilidade, administração, objetivo da atividade, data de início, participação nos resultados, obrigações etc.

c) sociedades anônimas: são geralmente grandes empresas com capital diluído entre muitos acionistas. O capital social de uma S/A é dividido em ações, portanto, ação representa a menor fração do capital social de uma S/A. Os sócios das sociedades anônimas são denominados acionistas. As S/A podem ser de capital fechado ou aberto. As de capital fechado, normalmente empresas de origem familiar, são aquelas cujas ações estão nas mãos de poucas pessoas físicas, e não são comercializadas em bolsas de valores. As de capital aberto são empresas cujas ações são comercializadas em bolsas de valores, estando, portanto, acessíveis a qualquer interessado.

d) sociedades simples (ex-sociedade civil): são constituídas por dois ou mais profissionais liberais, que tenham objetivos comuns. Por exemplo, contadores, médicos, dentistas, engenheiros, advogados etc. As sociedades personificadas simples podem ou não ter fins lucrativos. Registro: as sociedades simples devem ter o seu contrato social registrado no Registro Civil das Pessoas Jurídicas (Cartório de Registro Civil). As sociedades de advogados obrigatoriamente devem ser sociedades personificadas simples, por exigência do art. 16 do Estatuto da Advocacia. Responsabilidade: a responsabilidade do sócio administrador será ilimitada, a não ser que haja no contrato social cláusula de responsabilidade solidária.

Tributação das empresas no Brasil

Os tributos formam a receita da União, estados e municípios. Os tributos são classificados como impostos, taxas, contribuições e empréstimos compulsórios. O Imposto de Renda, por exemplo, é um tributo, assim como a taxa do lixo cobrada por uma prefeitura e a antiga Contribuição Provisória sobre Movimentação Financeira (CPMF). Impostos podem ser utilizados pelo governo onde o governante julgar necessário. Taxas e contribuições têm destinação certa. Por exemplo: a taxa de lixo só pode ser aplicada nos serviços de coleta, transporte e tratamento do lixo, a taxa de incêndio só pode ser aplicada nos serviços de treinamento, máquinas e equipamentos de prevenção a incêndios.

Os impostos podem ser diretos ou indiretos. No primeiro caso, são os contribuintes que devem arcar direta e explicitamente com a contribuição, como ocorre no Imposto de Renda. Quando um cidadão paga um imposto direto, faz um pagamento separado no valor do imposto. Já os indiretos incidem sobre o preço das mercadorias e serviços. Quando um cidadão paga um imposto indireto, o pagamento desse imposto já está embutido no preço que paga por uma mercadoria.

O imposto de renda é calculado multiplicando a alíquota do imposto de renda pela base tributável. Dependendo da forma de constituição, o governo permite às empresas escolher por uma de duas diferentes formas de calcular a base tributável:

- Base tributável sobre o lucro presumido
- Base tributável sobre o lucro real (se o faturamento for até 48 milhões/a.a.)

Base tributável sobre o lucro presumido:

A regra é: o governo presume que o lucro da empresa é uma percentagem (prefixada e conhecida) do faturamento bruto da empresa e sobre esse lucro presumido aplica a alíquota do IR. É muito mais simples do que calcular a base tributável sobre o lucro real.

Base tributável sobre o lucro real:

A regra é: o contador calcula o lucro da empresa subtraindo do faturamento todas as despesas operacionais, depreciações e despesas financeiras;

sobre este lucro contábil (baseado nas reais e efetivas despesas da empresa) aplica a alíquota do IR. É muito mais complexa do que calcular a base tributável sobre o lucro presumido.

Se sua empresa fatura até o limite de R$ 48 milhões por ano, a opção de escolher uma forma ou outra é da empresa, então você deve calcular em qual forma paga menos imposto de renda.

A forma de tributação depende da forma de constituição da empresa. Dependendo da forma escolhida para constituir a empresa, o empresário poderá ter diferentes formas de tributação.

a) empresário "individual" (ex-firma individual)
   ❏ Base tributável sobre o lucro presumido

b) sociedade limitada: o empresário pode optar
   ❏ Base tributável sobre o lucro presumido
   ❏ Base tributável sobre o lucro real (se o faturamento for até 48 milhões/a.a.)

c) sociedades anônimas
   ❏ Base tributável sobre o lucro real (qualquer faturamento)

d) sociedades simples (ex-sociedade civil)
   ❏ Base tributável sobre o lucro presumido

Introdução aos mercados financeiros e de capitais

O mercado financeiro

Os mercados financeiros são os mercados onde indivíduos ou empresas que têm recursos financeiros sobrando emprestam a indivíduos ou empresas que têm necessidade de tais recursos financeiros. Essa intermediação é feita pelas instituições financeiras; bancos, corretoras ou distribuidoras, por exemplo.

No mercado monetário, o dinheiro depositado em bancos por poupadores é remunerado pelas instituições financeiras com uma taxa de juros para aplicadores. A instituição financeira utiliza os recursos depositados para financiar setores da economia que precisam de recursos. Por esses financiamentos, os bancos cobram do tomador do empréstimo (no caso, as empresas) uma taxa de juros para tomadores.

A diferença entre a taxa de juros de captação e a taxa de juros de aplicação é o *spread* bancário. Esse *spread* é a remuneração bruta das instituições financeiras, serve para cobrir seus custos operacionais, fixos e variáveis, e também cobrir o risco da operação. Quanto maior for o risco de o banco não receber de volta o dinheiro, maior será o *spread*.

O mercado de capitais

O mercado de capitais faz parte do mercado financeiro. No mercado de capitais, os recursos dos poupadores são destinados à promoção do desenvolvimento econômico de forma direta, isto é, sem intermediação de instituições financeiras. É no mercado de capitais que as empresas captam recursos vendendo diretamente a acionistas ações das empresas. É no mercado de capitais que as empresas que precisam de recursos conseguem obter recursos vendendo ações nas bolsas de valores e recebendo diretamente dos acionistas o valor pago pelas ações. Ou por meio da emissão de outros títulos, sempre vendidos diretamente aos poupadores/investidores. Dessa forma, os investidores acabam emprestando o dinheiro de sua poupança a empresas, também sem a intermediação bancária.

Mercado financeiro × mercado de capitais

No mercado financeiro, os diversos investidores (os que têm excesso de recursos) depositam seus recursos nas instituições financeiras (bancos) e, em troca, recebem juros como remuneração. No mercado financeiro, as instituições financeiras garantem aos investidores os juros e o retorno do principal.

As instituições financeiras, os bancos, por exemplo, aplicam esses recursos fazendo empréstimos aos tomadores que necessitam de recursos. Os bancos cobram juros por esses empréstimos e são os únicos responsáveis por cobrar e receber de volta os juros e o principal ao final dos períodos dos empréstimos. Os aplicadores e os tomadores não se conhecem. Os prejuízos decorrentes de eventuais inadimplências são bancados pelos bancos.

Exemplo:
Roberta aplica em um fundo de renda fixa do banco A, R$ 10.000,00, para receber 9% de juros ao ano por dois anos. André aplica em um fundo de renda fixa do banco A, R$ 20.000,00, para receber 10% de juros ao ano durante dois anos. O banco A, por sua vez, empresta R$ 30.000,00 para a empresa Alfa, cobrando uma taxa de juros de 20% ao ano por um prazo de dois anos. Roberta, André e a empresa Alfa não se conhecem. O banco A é o único responsável pela cobrança do empréstimo que fez à empresa Alfa. Se a empresa Alfa não pagar ao banco A, os investidores Roberta e André não têm nada a ver com isso, não sofrem as consequências disso e recebem do banco A os juros combinados na data combinada.

No mercado de capitais é bem diferente, os tomadores de recursos vendem ações diretamente aos investidores. Os intermediários (tais como bolsas de valores, corretoras e distribuidoras, entre outras) cobram uma comissão ou taxa de corretagem. Os investidores sabem quais ações de quais empresas estão comprando. Investidores e tomadores conhecem uns aos outros. Nesse caso, os intermediários (bolsas de valores, corretoras e distribuidoras, por exemplo) NÃO garantem os resultados dos investimentos. Se as ações de uma empresa não pagarem os dividendos ou os juros esperados, o prejuízo é apenas do investidor.

Exemplo:
Roberta compra, na bolsa de valores, R$ 10.000,00 em ações da empresa Alfa, na bolsa de valores utilizando a corretora XX, e esperando receber 10% como dividendos anuais. André compra, na bolsa de valores, R$ 20.000,00 em ações da empresa Alfa, na bolsa de valores utilizando a corretora YY, e esperando receber 10% como dividendos anuais. A empresa Alfa recebeu, pela venda das ações, R$ 30.000,00 dos acionistas Roberta e André, pela venda das ações projetando pagar 10% como dividendos anuais. Se a empresa Alfa não pagar os dividendos esperados, ou mesmo se

as ações perderem valor, Roberta e André ficam com o prejuízo. Roberta e André conhecem a empresa Alfa, pois escolheram comprar ações da empresa Alfa. As corretoras XX e YY, e a bolsa de valores não garantem nada para Roberta e nem para André.

No mercado de capitais, a captação de recursos por empresas é mais barata, pois não há necessidade do pagamento de *spread* aos bancos. O captador recebe os recursos diretamente do investidor. No mercado, o investidor pode vender o título no mercado para outro investidor e receber de volta seus recursos a qualquer tempo. Por outro lado, no entanto, se a empresa tomadora falir, o investidor perde seu dinheiro.

No mercado financeiro, a captação de recursos por empresas é mais cara, pois há necessidade do pagamento de *spread* aos bancos. Pelo outro lado, o investidor, porém, não corre risco de perda (prejuízo) se uma ou mais empresas paras as quais o banco emprestou falir. O tomador dos empréstimos recebe os recursos do banco e o banco capta os recursos junto aos investidores. O investidor recebe de volta seus recursos do banco onde investiu sem ter contato com as empresas com as quais o banco negocia os empréstimos. O investidor só vai ter algum risco se a falência for sistêmica.

Lista de exercícios 1.3: conceitual

1) Quais são as principais formas de constituição das empresas no Brasil?
2) Quais são as formas de tributação nas empresas no Brasil?
3) Por que razão o mundo acadêmico é simplificado?
4) O que é o mercado financeiro?
5) O que é o mercado de capitais?
6) Quais são as principais diferenças?

Solução da lista de exercícios 1.3: conceitual

Neste capítulo, no próprio texto de onde foram diretamente retiradas estas perguntas.

Matemática financeira para ser executivo financeiro? É muito difícil?

Calculando o retorno do investidor: quanto vou ganhar com isso?

José explicou: "Não! Não é difícil. Pelo contrário. A matemática financeira é uma ferramenta muito fácil de auxílio à tomada de decisão financeira ótima e também auxilia você a medir quanto está ganhando (ou perdendo)".

Existe o valor do dinheiro no tempo (VDT)

Qualquer valor monetário (um real, por exemplo) vale mais HOJE do que esse mesmo valor monetário no mês que vem, ou no ano que vem. Por quê? Porque você pode aplicar HOJE esses recursos e ganhar juros com essa aplicação. Se você somente receber esses valores no futuro, perderá o possível resultado dessa aplicação. Vejamos o exemplo:
Suponha que você tem duas alternativas:
A) Receber R$ 1.000,00 hoje.
B) Receber R$ 1.000,00 daqui a 30 dias. É a mesma coisa? Tanto faz?

Vamos verificar em detalhes para ficar bem claro este assunto

Alternativa A) Recebendo R$ 1.000,00 hoje você poderá (na hipótese mais simples e conservadora) aplicar na caderneta de poupança (que paga um retorno de 0,7% ao mês). Você terá então, ao final de 30 dias, R$ 1.000,00 mais os juros de R$ 7,00.

Alternativa B) Se você receber esses mesmos R$ 1.000,00 ao final de 30 dias, terá somente os R$ 1.000,00. Você terá perdido os R$ 7,00. Por essa razão dizemos e podemos afirmar que existe valor do dinheiro no tempo (VDT).

Qual é o fundamento (princípio) da matemática financeira?

Existe o valor do dinheiro no tempo. Um real hoje vale mais do que um real no futuro.

Partindo da premissa de que existem aplicações financeiras disponíveis (poupança, CDB), podemos aplicar um real hoje e, então, no futuro, teremos um real mais os juros dessa aplicação. Os juros remuneram a aplicação do dinheiro ao longo do tempo.

Exemplo: se você pode aplicar R$ 100,00 a uma taxa de juros de 10% ao mês, ao final de um mês de aplicação você terá R$ 110,00.

Conclusão:
R$ 100,00, hoje, equivalem a R$ 110,00 daqui a um mês.
R$ 100,00, hoje, NÃO são a mesma coisa que R$ 100,00 daqui a um mês.
Receber R$ 100,00, hoje, vale mais do que receber R$ 100,00 daqui a um mês.

Repetindo com mais alguns exemplos de aplicação desse princípio para fixar

1) Suponha que você esteja vendendo um equipamento por R$ 100,00. Você recebe duas propostas: a proposta "A" é um pagamento à vista de R$ 100,00 e a proposta "B" é um pagamento de R$ 105,00 daqui a um mês. O que é melhor? Receber R$ 100,00, hoje, ou receber R$ 105,00, daqui a um mês?
Resposta: se a taxa de juros para aplicações é 10% ao mês, você deve preferir receber os R$ 100,00 à vista (proposta "A"), pois poderá aplicá-los e, em um mês, terá R$ 110,00, que é mais do que os R$ 105,00 da proposta "B".

2) Suponha que você esteja vendendo um equipamento por R$ 100,00. Você recebe duas propostas: a proposta "X" é um pagamento à vista de R$ 100,00 e a proposta "Y" é um pagamento de R$ 120,00 daqui a um mês. O que é melhor? Receber R$ 100,00, hoje, ou receber R$ 120,00 daqui a um mês?
Resposta: se a taxa de juros para aplicações é 10% ao mês, você deve preferir receber os R$ 120,00 daqui a um mês (proposta "Y"), pois, se aceitar a proposta "X" (R$ 100,00, hoje) e aplicar o valor, você terá, ao fim de um mês, R$ 110,00, que é menos do que estaria recebendo pela proposta "Y".

Os objetivos da empresa 71

A linguagem financeira dos valores que entram e saem da empresa!

Para auxiliar nas nossas representações, veja como é um exemplo de representação gráfica de um fluxo de caixa. O movimento de dinheiro (fluxo de caixa) pode ser como nesse exemplo representado graficamente para facilitar a comunicação da seguinte forma: seta para cima é entrada de recursos, seta para baixo é saída de recursos.

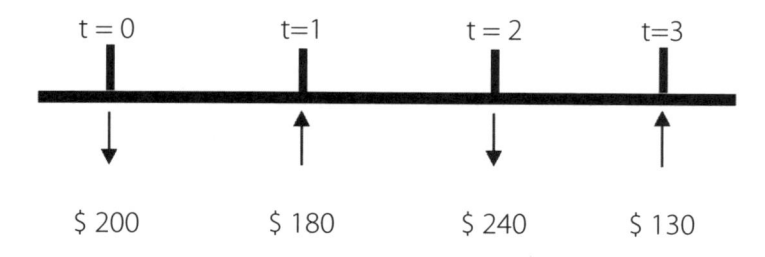

```
    t = 0        t = 1        t = 2        t = 3
     |            ↑            |            ↑
     ↓            |            ↓            |
    $ 200       $ 180        $ 240        $ 130
```

Juros, capital e montante

Operações financeiras envolvem dois valores. O primeiro identifica a quantia que uma das partes (tomador) necessita. O segundo define o valor a ser devolvido à outra parte (credor) ao término do prazo da operação. Exemplo: você vai investir R$ 200,00 em um fundo que remunera à taxa de 30% ao ano. Quanto você terá em 1 ano?

Cálculo dos juros

Juros = VP × taxa de juros = 200 × 0,3 = 60

```
    t = 0                              t = 1
     |                                  ↑
     ↓                                  |
    VP R$ 200                        R$ 200 VP
                                     R$ 60 Juros
                                     R$ 260 VF
```

Conclusão: **VF = VP + Juros**

VF é o montante obtido ao final da aplicação

VP é o principal investido

Podemos escrever como os antigos: **Montante = Principal + Juros**

Capitalização

É o ato de adicionar os rendimentos da aplicação ou empréstimo, os JUROS, ao principal. Podemos calcular os JUROS de duas formas; simples ou composta. No regime de juros simples, os juros de cada período são sempre calculados sobre o capital inicial (principal). No regime de juros compostos, os juros de cada período são sempre calculados sobre o saldo de cada período (montante).

No mundo real, não temos muitas aplicações práticas para o conceito dos juros simples. A maioria das operações financeiras (mais de 90% das operações no mundo real) é realizada com a capitalização a juros compostos. Por essa razão, vamos apresentar os juros simples apenas como informação. Se você precisar em algum ponto na sua carreira trabalhar com juros simples, você deve fazer um curso da matemática financeira completo.

a) Juros simples

No regime de juros simples, o valor dos juros a serem pagos é definido no início da operação financeira (tomada de empréstimo ou aplicação). O valor dos juros simples é calculado, uma única vez, sobre o capital inicial (principal) no início da operação financeira. E enquanto durar a operação financeira, os juros permanecem constantes e não são novamente recalculados. Independentemente se o montante da operação aumentou ou diminuiu ao longo do tempo. Por essa razão, a aplicação do regime de juros simples é muito limitada e tem um mínimo de sentido apenas no curtíssimo prazo e apenas se os juros devidos não forem pagos antes do encerramento da operação.

Os objetivos da empresa

Exemplo: um poupador investiu R$ 100,00, fazendo uma aplicação que lhe renderá juros simples com taxa de 10% a.a. simples. Qual será o saldo, ao final de quatro anos?

Ano	Saldo início do ano	Taxa juros	Base para cálculo	Juros do período	Saldo final do ano
1	R$ 100,00	10%	R$ 100,00	R$ 10,00	R$ 110,00 (⇒ próx. ano)
2	R$ 110,00	10%	R$ 100,00	R$ 10,00	R$ 120,00 (⇒ próx. ano)
3	R$ 120,00	10%	R$ 100,00	R$ 10,00	R$ 130,00 (⇒ próx. ano)
4	R$ 130,00	10%	R$ 100,00	R$ 10,00	R$ 140,00 (⇒ final)

b) Juros compostos

No regime de juros compostos, o valor dos juros a serem pagos a cada período é calculado sobre o saldo devedor atualizado da operação, a cada período. Por essa razão, a aplicação do regime de juros compostos é universal e suas operações e seus cálculos podem ser realizados com o auxílio de calculadoras financeiras. Nessa categoria, os juros de cada período são calculados sempre em função do saldo existente no início de cada respectivo período. Vejamos em detalhes.

Exemplo: considere um poupador que colocou em CDB R$ 100,00, fazendo uma aplicação que lhe renderá juros compostos com taxa de 10% a.a.. Qual será o saldo, ao final de quatro anos?

Ano	Saldo início do ano	Taxa juros	Base para cálculo	Juros do período	Saldo final do ano
1	R$ 100,00	10%	R$ 100,00	R$ 10,00	R$ 110.00
2	R$ 110,00	10%	R$ 110,00	R$ 11,00	R$ 121.00
3	R$ 121,00	10%	R$ 121,00	R$ 12,10	R$ 133.10
4	R$ 133,10	10%	R$ 133,10	R$ 13,31	R$ 146.41

Visualização da evolução de valor R$ 1.000,00 aplicado por 10 anos, a uma taxa de 10% ao ano, com capitalização simples e com capitalização composta. Podemos montar um gráfico que mostra a evolução ao longo do tempo de um capital aplicado a juros simples *versus* o mesmo capital aplicado a juros compostos.

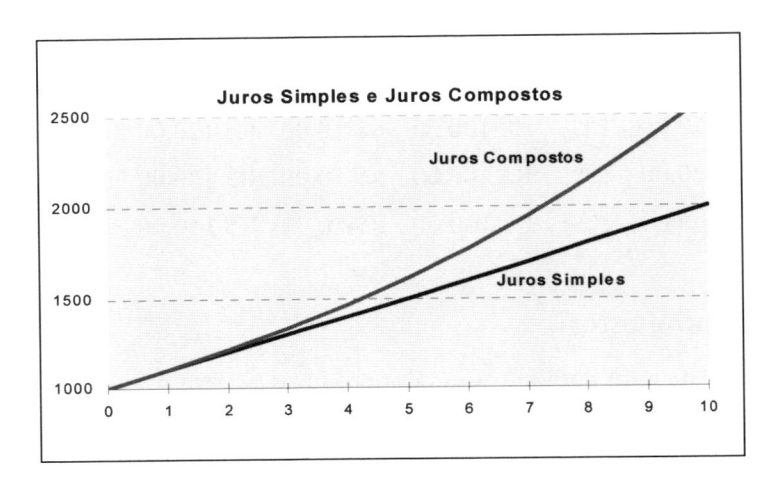

Obrigação fundamental do executivo financeiro

O executivo financeiro deve obrigatoriamente investir todos os recursos financeiros disponíveis, pois existe o VDT. O executivo financeiro deve deixar parado no caixa, em espécie, sem aplicação, apenas o mínimo estritamente necessário para as operações.

A simples disponibilidade de uma aplicação financeira (tal como a caderneta de poupança) implica que o executivo financeiro estará perdendo a oportunidade de aplicar os recursos eventualmente disponíveis e não aplicados. Toda e qualquer oportunidade perdida tem um custo muito alto. Vamos fazer umas analogias:

❑ Cozinheiro: todo cozinheiro sabe que deve guardar os perecíveis na geladeira e também sabe que deve lavar as mãos para não contaminar os alimentos.

- Médico: todo médico sabe que deve desinfetar as mãos e usar luvas para não contaminar os pacientes.
- Executivo: todo executivo financeiro sabe que existe o VDT e, portanto, não pode deixar recursos financeiros sem aplicar.

Podemos fazer nossos cálculos para a tomada de decisão administrativa financeira usando a calculadora financeira (mais recomendado) ou fazendo as contas usando a fórmula dos juros compostos.

A fórmula dos juros compostos

A fórmula que relaciona valor presente **VP**, taxa de juros **i**, prazo **n** e o valor futuro **VF** quando a capitalização é composta é:

$$VF = VP (1 + i)^n$$

Introdução ao uso da calculadora financeira HP 12 C

O uso da calculadora financeira HP 12 C é bastante simples. Não é objetivo deste livro "ensinar" a usar a HP 12 C, mas se você não conhece, pegue alguns minutos, leia o manual da sua calculadora e veja o resumo seguinte:

- Ligar e Desligar (botão no canto inferior esquerdo)
- Determinar casa Decimais (tecla f seguida do número de casa decimais)
- Inverter Ponto e Vírgula (ligar a máquina segurando a tecla do ponto)
- Fazendo as contas: 2 + 3 = 5 (ordem reversa)
- Trocando os sinais dos números (tecla CHS)
- Teclas: Brancas, Azuis e Amarelas (teclas f & g) fazem diferentes funções

Exemplo

Você vai aplicar R$ 1.000,00 em um fundo de RENDA FIXA que paga uma taxa de 20% ao ano. Quanto você vai poder sacar dessa aplicação ao final de dois anos?

Solução: Fórmula   Digitando na calculadora
         $VF = VP(1+i)^n$ 1000   VP
         $VF = 1.000(1+0,2)^2$ 20   i
         $VF = 1.000(1,2)^2$ 2   n
         $VF = 1.000(1,44)$ 0   PMT
         $VF = 1.440$ FV = ? =

Resposta: você vai poder sacar R$ 1.440,00 ao final de dois anos.

Lista de exercícios 1.4: matemática financeira

1) Suponha que você tenha pedido emprestados R$ 1.000,00, hoje, para pagar esse empréstimo com juros de 10% ao ano, capitalizados de forma composta. Qual será o valor de sua dívida em um ano?

2) Suponha que você tenha pedido emprestados R$ 1.000,00, hoje, para pagar esse empréstimo com juros de 10% ao ano, capitalizados de forma composta. Qual será o valor de sua dívida em dois anos?

3) Suponha que você tenha pedido emprestados R$ 1.000,00, hoje, para pagar esse empréstimo com juros de 10% ao ano, capitalizados de forma composta. Qual será o valor de sua dívida em três anos?

4) Suponha que você tenha pedido emprestados R$ 1.000,00, hoje, para pagar esse empréstimo com juros anuais, capitalizados de forma composta. Supondo que você deva pagar, para quitar o empréstimo, R$ 1.210,00, daqui a dois anos, qual é a taxa de juros que incide sobre esse empréstimo?

Solução da lista de exercícios 1.4: matemática financeira

1) Suponha que você tenha pedido emprestados R$ 1.000,00, hoje, para pagar esse empréstimo com juros de 10% ao ano, capitalizados de forma composta. Qual será o valor de sua dívida em um ano?

Solução: Fórmula   Digitando na calculadora
   $VF = VP(1+i)^n$ 1000   VP
   $VF = 1.000(1+0,1)^1$ 10   i
   $VF = 1.000(1,1)^1$ 1   n
   $VF = 1.000(1,1)$ 0   PMT
   $VF = 1.100$ FV = ? =

Resposta: o valor da dívida será de R$ 1.100,00.

2) Suponha que você tenha pedido emprestados R$ 1.000,00, hoje, para pagar esse empréstimo com juros de 10% ao ano, capitalizados de forma composta. Qual será o valor de sua dívida em dois anos?

Solução: Fórmula   Digitando na calculadora
   $VF = VP(1+i)^n$ 1000   VP
   $VF = 1.000(1+0,1)^2$ 10   i
   $VF = 1.000(1,1)^2$ 2   n
   $VF = 1.000(1,21)$ 0   PMT
   $VF = 1.210$ FV = ? =

Resposta: o valor da dívida será de R$ 1.210,00.

3) Suponha que você tenha pedido emprestados R$ 1.000,00, hoje, para pagar esse empréstimo com juros de 10% ao ano, capitalizados de forma composta. Qual será o valor de sua dívida em três anos?

Solução: Fórmula   Digitando na calculadora
   $VF = VP(1+i)^n$ 1000   VP
   $VF = 1.000(1+0,1)^3$ 10   i
   $VF = 1.000(1,1)^3$ 3   n
   $VF = 1.000(1,331)$ 0   PMT
   $VF = 1.331$ FV = ? =

Resposta: podemos concluir que R$ 1.331,00 é o valor equivalente a R$ 1.000,00, aplicados durante três anos a uma taxa de 10% ao ano. Por quê? Porque, se aplicarmos R$ 1.000,00, durante três anos, a uma taxa de 10% ao ano, teremos R$ 1.331,00.

4) Suponha que você tenha pedido emprestados R$ 1.000,00, hoje, para pagar esse empréstimo com juros anuais, capitalizados de forma composta. Supondo que você deva pagar, para quitar o empréstimo, R$ 1.210,00, daqui a dois anos, qual é a taxa de juros que incide sobre esse empréstimo?

Dica: não se esqueça de colocar na máquina VP com sinal diferente do VF

Solução: Fórmula   Digitando na calculadora
$VF = VP (1 + i)^n$ -1000 VP
$1.210 = 1.000 (1 + i)^2$ 1210 VF
$1.210/1.000 = (1 + i)^2$ 2 n
Raiz $1.210/1.000 = (1 + i)$ 0 PMT
$i = 10\%$ $i = ?$ =

Resposta: a taxa de juros é de 10% ao ano.

Séries de pagamentos

- Anuidades (pagamentos iguais)
- Perpetuidades
- Fluxos não uniformes

Anuidades (pagamentos iguais): uma anuidade consiste numa série uniforme de pagamentos (ou recebimentos) iguais e sucessivos feitos ao final de cada período de tempo. Pode ser uma mensalidade, semestralidade ou anuidade.

Exemplo a: suponha que você deposite R$ 100,00 hoje e mais R$ 100,00 a cada final de ano durante três anos em uma poupança que rende 10% ao ano. Quanto você poderá retirar ao final desses três anos? Nesse caso, o nosso interesse é calcular o Valor Futuro dessa anuidade.

Solução:
T=0   t=1   t=2   t=3
100   100   100   100
$VF = PV (1+i)^3 + PMT (1+i)^2 + PMT (1+i) + PMT$
$VF = 100 \times 1{,}1^3 + 100 \times 1{,}1^2 + 100 \times 1{,}1 + 100 = 464{,}10$

Ou alternativamente fazendo na calculadora obtemos:
N = 3   PMT = 100
VP = 100   i = 10% a.a.   VF = 464,10
Resposta: o valor futuro dessa anuidade é R$ 464,10.

Exemplo b: suponha que você precise retirar R$ 100,00 a cada final de ano durante três anos em uma poupança que rende 10% ao ano. Quanto você precisa ter hoje depositado nessa poupança? Nesse caso, o nosso interesse é calcular o Valor Presente dessa anuidade.
Solução:
T=0   t=1   t=2   t=3
VP = ?   − 100   − 100   − 100
VP = PMT / (1+i) + PMT / (1+i)² + PMT / (1+i)³
VP = 100 / 1,1 + 100 / 1,1² + 100 / 1,1³ = 248,68

Ou alternativamente fazendo na calculadora obtemos:
N = 3   PMT = − 100
VF = 0   i = 10% a.a.   VP = 248,68
Resposta: o valor presente desta anuidade é R$ 248,68.

Exemplo c: suponha que você emprestou R$ 2.000,00 hoje e emprestou mais R$ 100,00 a cada final de ano durante três anos ao seu cunhado. Vocês acertaram uma taxa de juros de 10% ao ano. Quanto você deverá receber ao final desses três anos? Nesse caso, o nosso interesse é calcular o Valor Futuro dessa anuidade.
Solução:
T=0   t=1   t=2   t=3
−2.000   −100   −100   −100
VF = PV (1+i)³ + PMT (1+i)² + PMT (1+i) + PMT
VF = 2.000 × 1,1³ + 100 × 1,1² + 100 × 1,1 + 100 = 2.993,00

Ou alternativamente fazendo na calculadora obtemos:
N = 3   PMT = − 100
VP = − 2.000   i = 10% a.a.   VF = 2.993,00
Resposta: o valor futuro desta anuidade é R$ 2.993,00.

Exemplo d: suponha que você deposite R$ 2.000,00 hoje na sua poupança, que rende 10% ao ano. Suponha agora que você vai retirar R$ 100,00 a cada final de ano durante três anos. Quanto você poderá ainda retirar ao final desses três anos? Nesse caso, o nosso interesse é calcular o Valor Futuro dessa anuidade.

Solução:

T=0   t=1   t=2   t=3
2.000   −100   −100   −100

VF = PV $(1+i)^3$ − PMT $(1+i)^2$ − PMT $(1+i)$ − PMT
VF = 2.000 × $1,1^3$ − 100 × $1,1^2$ − 100 × 1,1 − 100 = 2.331,00

Ou alternativamente fazendo na calculadora obtemos:
N = 3   PMT = − 100
VP = 2.000   i = 10% a.a.   VF = 2.331,00
Resposta: o valor futuro desta anuidade é R$ 2.331,00.

Lista de exercícios 1.5: matemática financeira

1) Você quer trocar seu auto velho por um auto novo. Seu auto velho foi avaliado em R$ 12.000,00 e o auto novo custa R$ 32.000,00. Você pode financiar a diferença em 12 prestações iguais mensais com uma taxa de juros de 1,99% am. Qual é o valor da prestação?
2) Qual é o Valor Presente de um conjunto de 15 pagamentos (anuidades) no valor de R$ 13.000,00 cada uma. A taxa de desconto é 25% ao ano.
3) Torradeira Carvãozinho é a melhor. Compre a sua torradeira à vista por R$ 200,00, ou a prazo com R$ 80,00 de entrada e o restante em quatro pagamentos mensais iguais com uma taxa de juros de 2,50% ao mês. Qual é o valor de cada prestação?

Solução da lista de exercícios 1.5: matemática financeira

1) Você quer trocar seu auto velho por um auto novo. Seu auto velho foi avaliado em R$ 12.000,00 e o auto novo custa R$ 32.000,00. Você

pode financiar a diferença em 12 prestações iguais mensais com uma taxa de juros de 1,99% a.m. Qual é o valor da prestação?
Solução:
Você quer achar o valor da prestação do financiamento. Então devemos buscar no enunciado as informações do financiamento. Valor financiado hoje: R$ 20.000,00. Prazo para pagar esse financiamento: 12 meses. Taxa de juros: 1,99% ao mês. Valor futuro desse financiamento após pagarmos todas as 12 prestações é zero.

20.000	PV	12	n
1,99%	i	0	VF

PMT = ? obtemos PMT = 1.890,03
Resposta: o valor da prestação é R$ 1.890,03.

2) Qual é o Valor Presente de um conjunto de 15 pagamentos (anuidades) no valor de R$ 13.000,00 cada uma. A taxa de desconto é 25% ao ano.
Solução:
Você quer achar o valor da prestação desses 15 pagamentos. Então devemos buscar no enunciado as informações desses pagamentos. Prazo é 15 anos. Valor de cada prestação (PMT) é 13.000,00. Taxa de juros é 25% ao ano. Valor presente desses pagamentos é:

13.000	PMT	15	n
25%	i	0	VF

VP = ? obtemos VP = 50.170,41
Resposta: o Valor Presente é R$ 50.170,41.

3) Torradeira Carvãozinho é a melhor. Compre a sua torradeira à vista por R$ 200,00, ou a prazo com R$ 80,00 de entrada e o restante em quatro pagamentos mensais iguais com uma taxa de juros de 2,50% ao mês. Qual é o valor de cada prestação?
Solução:
Você quer achar o valor da prestação do financiamento. Então devemos buscar no enunciado as informações do financiamento. Valor financiado hoje: R$ 120,00. Prazo para pagar esse financiamento: quatro meses.

Taxa de juros: 2,50% ao mês. Valor futuro desse financiamento após pagarmos todas as quatro prestações é zero.

120	PV	4	n
2,50	i	0	VF

PMT = ? obtemos PMT = 31,89
Resposta: o valor da prestação é R$ 31,89.

Perpetuidades

Perpetuidade é um conjunto de pagamentos (ou recebimentos) que não acabem mais. São pagamentos periódicos que duram para sempre, não têm prazo para terminar. Por isso chamamos perpetuidade. Obviamente, em uma perpetuidade o investimento fica investido para sempre.

Vejamos: considere que você investe R$ 100.000,00 em uma aplicação perpétua que paga 10% ao ano. Você vai receber a cada ano, em perpetuidade, R$ 10.000,00 a título de juros, pois R$ 100.000 × 10% = R$ 10.000.

É uma perpetuidade. Obviamente, o dia que você retirar os R$ 100.000,00 da aplicação vai deixar de receber os juros de R$ 10.000,00. É uma escolha, pois a essa taxa de 10% ao ano, R$ 100.000 hoje na mão são equivalentes a um fluxo de R$ 10.000 em perpetuidade. Então podemos dizer que receber R$ 10.000,00 periodicamente, em regime de perpetuidade, é a mesma coisa que ter hoje na mão o valor presente de R$ 100.000,00, considerando uma taxa para aplicação de 10% ao ano.

A fórmula: a fórmula que relaciona esse investimento a valor presente (hoje) com o pagamento dos fluxos em perpetuidade é:

$$VP = FC_1 / i$$

Resumindo: já aprendemos a calcular o Valor Presente de:

Um único pagamento futuro	VP =	$FC_n / (1 + i)^n$
Diversos pagamentos futuros	VP =	$\Sigma_{t=1}^{t=n} FC's/(1+i)^n$
Perpétuos pagamentos futuros	VP =	FC_1 / i

Exemplos numéricos

a) Você quer alugar um imóvel. O imóvel está avaliado em R$ 100.000,00. A taxa de retorno para aluguéis nesta região é 0,5% ao mês. Calcular o aluguel.
Solução:
VP = FC1 / i
100.000 = FC1 / 0,005
FC1 = 500,00
Resposta: o aluguel mensal é R$ 500,00.

b) Você vai alugar um imóvel. O aluguel é R$ 1.000,00. A taxa de retorno para aluguéis nesta região é 1% ao mês. Qual deve ser o valor desse imóvel?
Solução:
VP = FC1 / i
VP = 1.000 / 0,01
FC1 = 100.000,00
Resposta: o valor desse imóvel hoje é R$ 100.000,00.

c) O seu imóvel está avaliado em R$ 200.000,00. Você consegue alugar facilmente no mercado por R$ 1.000,00. Qual é a taxa de retorno que você está obtendo?
Solução:
VP = FC1 / i
200.000 = 1.000 / i
i = 1.000; 200.000 = 0,005 = 0,5% ao mês
Resposta: a taxa de retorno deste imóvel é 0,5% ao mês.

Lista de exercícios 1.6: matemática financeira — perpetuidades

1) Um imóvel vale R$ 150.000,00. A taxa de retorno é 1% ao mês. Qual é o valor do aluguel mensal?

2) Um título público, perpétuo, paga ao investidor juros mensais de R$ 1.000,00. A taxa de retorno desse título é 2% ao mês. Qual é o VP desse título?
3) Um imóvel comercial está alugado por R$ 2.000,00 mensais. A taxa de retorno para aluguel é 1% ao mês. Qual é o valor de mercado desse imóvel?

Solução da lista de exercícios 1.6: matemática financeira — perpetuidades

1) Um imóvel vale R$ 150.000,00. A taxa de retorno é 1% ao mês. Qual é o valor do aluguel mensal?
Solução:
Considerando uma perpetuidade, devemos usar a fórmula da perpetuidade. Atenção: a calculadora financeira não sabe fazer cálculo de perpetuidade. Substituindo na fórmula, temos:
$VP = FC1 / (K - g)$
$150.000 = Aluguel / (1\% - 0)$
$Aluguel = 150.000 \times 0,01 = 1.500$
Resposta: o valor do aluguel é R$ 1.500,00 mensais.

2) Um título público, perpétuo, paga ao investidor juros mensais de R$ 1.000,00. A taxa de retorno desse título é 2% ao mês. Qual é o VP desse título?
Solução:
Considerando uma perpetuidade, devemos usar a fórmula da perpetuidade. Atenção: a calculadora financeira não sabe fazer cálculo de perpetuidade. Substituindo na fórmula, temos:
$VP = FC1 / (K - g)$
$VP = 1.000 / (2\% - 0)$
$VP = 1.000 / 0,02 = 50.000$
Resposta: o valor de mercado é R$ 50.000,00.

3) Um imóvel comercial está alugado por R$ 2.000,00 mensais. A taxa de retorno para aluguel é 1% ao mês. Qual é o valor de mercado desse imóvel?
Solução:
Considerando uma perpetuidade, devemos usar a fórmula da perpetuidade. Atenção: a calculadora financeira não sabe fazer cálculo de perpetuidade. Substituindo na fórmula, temos:
VP = FC1 / (K − g)
VP = 2.000 / (1% − 0)
VP = 2.000 / 0,01 = 200.000
Resposta: o valor de mercado é R$ 200.000,00.

Fluxos não uniformes

Uma anuidade tem como característica básica o fato de ser uma série constante de pagamentos (ou recebimentos). Muitas vezes, no entanto, nos deparamos com uma série de pagamentos que são diferentes ao longo do tempo, que não têm relação entre si, especialmente na análise de fluxos de caixa de projetos de investimento de empresas.

Exemplo numérico: considere que você tem a receber o seguinte fluxo de recursos (dinheiro) nos próximos períodos:

T=0	t=1	t=2	t=3
0	294.000	616.000	938.000

Calculando o Valor Presente de um fluxo não uniforme pela fórmula

O Valor Presente de um fluxo não uniforme pode ser calculado achando-se o Valor Presente de cada fluxo individualmente, e somando-se depois todos os valores encontrados. Supondo uma taxa de juros de 20% por período, temos:

T=0	t=1	t=2	t=3
0	294.000	616.000	938.000

$VP\ (FC_1) = FC_1 / (1+i)^1 = 245.000,00$
$VP\ (FC_2) = FC_2 / (1+i)^2 = 427.777,78$
$VP\ (FC_3) = FC_3 / (1+i)^3 = 542.824,07$
Total (t=0) = 245.000,00 + 427.777,78 + 542.824,07 = 1.215.601,85

Calculando o Valor Presente de um fluxo de caixa não uniforme na calculadora

Alternativamente, podemos utilizar a calculadora financeira, ou mesmo a planilha Excel, para automatizar os cálculos necessários. Considere o mesmo fluxo anterior. O procedimento passo a passo para HP 12 C envolve o uso das teclas azuis, que são acessadas sempre que se digita a tecla "g"; é o seguinte:

1	0	g	CFo
2	294.000	g	CFj
3	616.000	g	CFj
4	938.000	g	CFj
6	20	i	
7		f	NPV

Obtemos, então, 1.215.601,85.

Sistemas de amortização

1. Sistema Price também é conhecido como Sistema Francês de amortização.
2. Sistema SAC é o sistema onde as amortizações são constantes.

Um assunto muito importante nas empresas são os sistemas de amortização utilizados no cálculo dos pagamentos dos financiamento e empréstimos.

Prestação = amortização do principal + juros do período

Sistema de amortização é um sistema qualquer pelo qual são calculadas as prestações para amortização de um empréstimo. Em outras palavras, os sistemas de amortização são as diferentes maneiras pelas quais se torna possível o pagamento de um empréstimo.

1. Sistema Price também é conhecido como Sistema Francês de amortização. Sua característica principal é apresentar prestações iguais. É bastante utilizado nos financiamentos comerciais (crédito direto ao consumidor — CDC), financiamentos imobiliários, entre outros (Richard Price, matemático inglês do século XVIII).
Exemplo: um empréstimo de R$ 100.000,00 será pago pelo sistema de amortização francês em cinco prestações mensais postecipadas. A taxa de juros é 5% a.m.

Mês	Prestação	Juros	Amortização	Saldo devedor
0	0,00	0,00	0,00	100.000,00
1	23.097,48	5.000,00	18.097,48	81.902,52
2	23.097,48	4.095,13	19.002,35	62.900,17
3	23.097,48	3.145,01	19.952,47	42.947,70
4	23.097,48	2.147,38	20.950,10	21.997,60
5	23.097,48	1.099,88	21.997,60	0,00

2. Sistema SAC é o sistema onde as amortizações são constantes. Lembrar que a amortização do principal é uma parte da prestação, enquanto a outra parte corresponde aos juros do período.

Receita para calcular a prestação SAC

a) Calcular a amortização de cada período
b) Calcular o saldo devedor de cada período após a amortização
c) Calcular os juros do período
d) Calcular a prestação somando os juros MAIS a amortização

Exemplo: um empréstimo de R$ 100.000,00 será pago pelo sistema SAC em cinco prestações mensais. A taxa de juros é 5% a.m. Calcular as prestações.

Mês	Amortização	Saldo devedor	Juros	Prestação
0	0,00	100.000,00	0,00	0,00
1	20.000,00	80.000,00	5.000,00	25.000,00
2	20.000,00	60.000,00	4.000,00	24.000,00
3	20.000,00	40.000,00	3.000,00	23.000,00
4	20.000,00	20.000,00	2.000,00	22.000,00
5	20.000,00	0,00	1.000,00	21.000,00
	Soma	100.000,00		

Lista de exercícios 1.7: matemática financeira

1) Um financiamento de R$ 120.000,00 será pago pelo sistema SAC em seis prestações anuais. A taxa de juros é 10% a.a.. Calcular as prestações.
2) Você teve de efetuar, junto à sua instituição bancária, um empréstimo no valor de R$ 2.000,00, com uma taxa de juros de 4% ao ano, para cobrir despesas hospitalares. Calcule o valor das prestações anuais que liquidariam o empréstimo em quatro anos, usando o sistema Price.
3) Você abriu uma poupança com R$ 3.000,00 e, a partir de então, ao final de cada mês, você depositou mais R$ 400,00 durante 18 meses. Assumindo que a taxa de juros da poupança seja de 1% ao mês, quanto você poderá retirar ao final do décimo oitavo mês?
4) Você abriu uma poupança com R$ 4.800,00 e, a partir de então, você retirou, ao final de cada mês, R$ 300,00, durante 15 meses. Assuma que a taxa de juros da poupança seja de 0,8% ao mês. Quanto você poderá retirar da poupança, ao final do décimo quinto mês?

Solução da lista de exercícios 1.7: matemática financeira

1) Um financiamento de R$ 120.000,00 será pago pelo sistema SAC em seis prestações anuais. A taxa de juros é 10% a.a. Calcular as prestações. Solução: vamos montar a tabela com a receita para determinar a prestação SAC.

Mês	Amortização	Saldo devedor	Juros	Prestação
0	0,00	120.000,00	0,00	0,00
1	20.000,00	100.000,00	12.000,00	32.000,00
2	20.000,00	80.000,00	10.000,00	30.000,00
3	20.000,00	60.000,00	8.000,00	28.000,00
4	20.000,00	40.000,00	6.000,00	26.000,00
5	20.000,00	20.000,00	4.000,00	24.000,00
6	20.000,00	0,00	2.000,00	22.000,00
	Soma	100.000,00		

Resposta: as prestações dos próximos seis anos são, respectivamente: R$ 32.000,00, R$ 30.000,00, R$ 28.000,00, R$ 26.000,00, R$ 24.000,00 e R$ 22.000,00.

2) Você teve de efetuar, junto à sua instituição bancária, um empréstimo no valor de R$ 2.000,00, com uma taxa de juros de 4% ao ano, para cobrir despesas hospitalares. Calcule o valor das prestações anuais que liquidariam o empréstimo em quatro anos, usando o sistema Price.
Solução:
2.000 > VP (financiamento hoje)   4 > i (taxa de juros)
0 > FV (pois liquidou o empréstimo)   4 > n (prazo de 4 anos)
PMT = ? = 550,98
Resposta: pelo sistema Price, as prestações são constantes, o valor é de R$ 550,98.

3) Você abriu uma poupança com R$ 3.000,00 e, a partir de então, ao final de cada mês, você depositou mais R$ 400,00 durante 18 meses. Assumindo que a taxa de juros da poupança seja de 1% ao mês, quanto você poderá retirar ao final do décimo oitavo mês?
Solução:
3.000 >   PV   400 >   PMT
18 >   n   1% >   i
FV = ? = 11.434,34
Resposta: você poderá retirar R$ 11.434,34 ao final do décimo oitavo mês.

4) Você abriu uma poupança com R$ 4.800,00 e, a partir de então, você retirou, ao final de cada mês, R$ 300,00, durante 15 meses. Assuma que a taxa de juros da poupança seja de 0,8% ao mês. Quanto você poderá retirar da poupança, ao final do décimo quinto mês?
Solução:
4.800 > PV   300 > PMT
15 > n   0,8% > i
FV = ? = 648,45
Resposta: você poderá retirar R$ 648,45 ao final do décimo quinto mês.

Capítulo 2-A
Os personagens discutem o orçamento

No capítulo anterior, os amigos Maria, José, Ana, Paulo e Isabel resolveram montar uma empresa, com fins de obter lucros, sob a forma de uma empresa limitada, operando no regime de lucro presumido. É hora de fazer acontecer a empresa. É hora de colocar as mãos à obra.

Ao longo do capítulo 1 acompanhamos as ideias de nossos amigos para montar uma empresa. E no capítulo 1 aprendemos muitas coisas. Porém, como sabemos que uma pergunta leva a outra pergunta, agora, neste capítulo 2, temos outras perguntas. Você vai se surpreender com a quantidade de dúvidas e perguntas que foram trazidas para o debate. Nesta semana queremos saber:

- Quanto vamos precisar investir para montar nossa empresa?
- Quanto de capital dos sócios e quanto de capital dos bancos (empréstimos)?
- Como será a disputa neste mercado? Tem concorrência? Quem serão os fornecedores?
- Alguém sabe fazer um orçamento?
- Qual será nosso patrimônio quando a empresa estiver pronta?
- Quais máquinas e equipamentos serão necessários?
- O que é um investimento de longo prazo para retorno?
- Como controlar isto tudo? Quem vai controlar isto tudo?

Depois do primeiro encontro (capítulo 1) e agora mais focados, as perguntas e as preocupações dos nossos amigos evoluíram. Agora as reuniões deixaram de ser informais em uma festa ou um churrasco entre amigos.

Agora eles se reúnem especificamente para tratar dos "negócios", para conversar, trocar ideias, estudar e debater quais seriam os próximos passos.

Quando pensamos em montar uma empresa, devemos fazer antes de mais nada um orçamento para saber quanto iremos precisar de recursos para efetivamente implantar o negócio.

Fazendo uma analogia:

Quando você quer fazer uma reforma no seu apartamento, ou quando quer fazer um conserto no seu automóvel, antes de mais nada, você solicita um orçamento, concorda? Para quê? Para saber quanto vai custar e saber se você vai ter recursos para pagar os serviços.

Isabel abriu seu dicionário.

Michaelis. Dicionário de português online
Significado de "orçamento"
Orçamento: or.ça.men.to
sm (orçar+mento^2) **1** Ação ou efeito de orçar. **2** Cálculo dos gastos a fazer com a realização de qualquer obra ou empresa. **3** Cálculo prévio da receita e despesa. *O. do Estado*: fixação das despesas públicas e estimativa da receita para um ano fiscal.

O orçamento empresarial

O que é um orçamento? Quando estamos falando de pessoas físicas, o orçamento é uma visão prévia de quanto vamos ter que pagar por determinado bem, produto ou serviço. Por exemplo: uma pessoa que vai montar uma loja para vender roupas vai querer saber quanto vai custar fazer os móveis para montar a loja.

Da mesma forma, um empreendedor, um executivo financeiro, um gestor de empresas também precisa de orçamentos para poder tomar decisões. O orçamento empresarial é uma parte do plano financeiro estratégico que inclui as projeções de receitas e despesas futuras para determinado exercício. Exercício é um período de tempo que pode ser, por exemplo: mensal, trimestral ou anual.

Os administradores de todas as entidades públicas ou privadas, com ou sem fins lucrativos, devem estabelecer objetivos e metas para um determinado período, e a partir desses objetivos devem elaborar as estimativas de quanto vão precisar, ou seja, os orçamentos, isto é, valores em moeda.

E qual o objetivo de se ter um orçamento? A razão é você saber quanto vai precisar ter à sua disposição e em que datas para poder fazer a implantação do projeto, para o devido acompanhamento e avaliação da eficiência da gestão.

Fazendo o orçamento da Sanduíches Voadores

Começando do início o projeto da fábrica de sanduíches. Todos os sócios estavam ansiosos. Parece que hoje seria um dia importante, pois seria o dia em que todos saberão quanto vai custar esse sonho. Será que teremos os recursos? Ou vamos adiar mais uma vez nossos sonhos?

Quanto vamos precisar investir?

Quais são os equipamentos e quais as instalações necessárias para produzir os sanduíches?

Posto que ninguém no grupo conhece engenharia, instalações, máquinas nem equipamentos, decidiram não perder tempo com isso. Paulo sugeriu: "Vamos contratar um especialista profissional para nos ajudar com esta parte". Para responder a essa pergunta, nossos amigos contrataram o Sr. Especialista, um especialista em instalações fabris que foi muito bem recomendado.

Assim foi feito, o especialista em instalações de fábricas, Sr. Especialista, foi contatado; e por e-mail, antes de agendar a primeira reunião com os sócios da Sanduíches Voadores, já fez algumas perguntas: "Quanto vocês pretendem vender, ou esperam vender em número de sanduíches?".

Paulo tomou a frente e disse: "Podem deixar que eu vou fazer uma pesquisa de mercado, é simples, eu vou visitar os prováveis clientes para saber qual seria sua provável demanda". Uma semana depois Paulo marcou uma reunião com os demais sócios para passar os resultados de sua pesquisa. Baseado nas visitas que fez aos prováveis clientes, Paulo considera que será possível para a Sanduíches Voadores vender 3 mil sanduíches por dia para a empresa aérea Voandon desde o início. Depois, com o passar dos meses, acredita que as vendas totais, vendendo para outras empresas aéreas, possam atingir 5 mil sanduíches por dia em seis meses e então estabilizar.

A Voandon era uma empresa aérea tradicional e muito bem vista no mercado por seu excelente padrão de qualidade em atendimento ao cliente. Todos ficaram muito felizes e animados com a possibilidade de serem fornecedores da Voandon.

Então, para obter as informações necessárias e iniciar os trabalhos, o especialista em instalações fabris Sr. Especialista fez mais uma série de perguntas, que foram sendo prontamente respondidas pelos sócios, tais como:

- O que vão fabricar?: RESP = sanduíches de queijo, presunto e misto
- VISUAL DAS Embalagens: RESP = simples com a logomarca da companhia aérea
- TAMANHO DAS Embalagens: RESP = Entrega em caixas de papelão com 200 sanduíches cada
- Logística: RESP = Fornecedores entregam na nossa fábrica
- Cliente (que vai comprar): RESP= companhias aéreas
- Consumidor: RESP = passageiros dos aviões
- Qual a capacidade de produção desejada?: RESP= dadas as considerações do departamento comercial, os sócios decidiram por instalar capacidade para 5 mil sanduíches dia.

Baseado nas informações fornecidas pelos sócios, o Sr. Especialista disse que iria realizar um projeto completo para a construção e entrega da fábrica da Sanduíches Voadores em *turn key* condições para os sócios.

A pergunta & o problema

O que é *turn key*? Antes de mais nada, vamos ver o que é *turn key*!

O Sr. Especialista explicou calmamente para todos que a expressão *turn key* vem do inglês e significa virar a chave. *Turn* = virar e *key* = chave. Para você dar partida em um automóvel e colocá-lo para funcionar, você deve colocar a chave na ignição e "virar" a chave. Para você abrir uma porta trancada, basta colocar a chave na fechadura e virar a chave.

A expressão "*Project in turn key condition*" é uma metáfora que significa um projeto ou uma fábrica que está sendo entregue em condições prontas para uso bastando virar a chave para fazer funcionar. Ou seja, um projeto completo em que não falta fazer nada, não falta construir nada, não precisa agregar nenhum outro bem ou ativo, para fazê-lo funcionar em condições normais.

Para as empresas, a condição *turn key* considera praticamente tudo, só não inclui as pessoas, o capital de giro nem os estoques. É como um carro novo, zero quilômetro, pronto para funcionar, só faltando o motorista, os passageiros e passar no posto para colocar combustível.

Orçamento projetado para implantação da Sanduíches Voadores

Uma vez explicada o que significa uma empresa nova em condição *turn key*, e baseado nas informações fornecidas pelos sócios, o Sr. Especialista realizou os estudos e então elaborou um orçamento inicial projetado para a construção e colocação da fábrica da Sanduíches Voadores em *turn key* condições:

Instalações especiais e adequações prediais	R$ 100.000,00
Máquinas e equipamentos para produção	R$ 700.000,00
Máquinas e equipamentos para administração	R$ 200.000,00
Licenças, alvarás, despachante	R$ 50.000,00
Especialista em fábrica; projeto da fábrica	R$ 50.000,00
Total	R$ 1.100.000,00

Decisões de investimento

Ana olhou para a lista e disse: "Estas são DECISÕES DE INVESTIMENTO (DI), ou seja, estamos decidindo onde investir, conforme vimos no capítulo 1. Que bonito!!! Estes serão os ativos da empresa, será operando esses ativos que a empresa vai gerar muitos lucros para todos nós investidores. Vai custar mais de R$ 1 milhão!".

Paulo perguntou se realmente é necessário um Sr. Especialista para elaborar um orçamento. "Será que alguém com conhecimentos financeiros não poderia fazer este orçamento?"

Ana explicou que para se montar um orçamento são necessárias informações externas, tais como preços de mercado de máquinas e equipamentos. Por essa razão, é necessário alguém com esse tipo de conhecimento. Finanças, por outro lado, são um conjunto de ferramentas e procedimentos de análise para suporte e auxílio na tomada de decisão.

Ana olhou para o orçamento da lista e continuou: "Estas são DECISÕES DE LONGO PRAZO. As decisões que tomamos hoje nos acompanharão por muito tempo na vida da empresa. Essas decisões são mais difíceis de reverter, pois são as decisões sobre máquinas e equipamentos que deverão durar muitos anos. Devemos pensar muito e conferir todos os cálculos e debater as decisões, pois mudar de opinião ou verificar que erramos na escolha destas máquinas, instalações ou equipamentos significa desmontar e vender máquinas que deveriam durar muitos anos e que agora venderemos a preço de máquinas usadas, devendo repô-las por máquinas novas, imediatamente, para continuar a operar, com altíssimos custos".

O especialista pediu a palavra de volta e continuou: "Dada a capacidade requerida, a área física para instalação da empresa com todos os departamentos, isto é: administração, produção, estoques, geladeiras, frigorífico, departamento comercial, refeitório, banheiros, sala para clientes, manutenção... serão 1.600 m². Vocês, os donos, os investidores, os sócios principais é que devem decidir se alugam ou compram esta área".

Uma vez que os investidores obtenham o local, o especialista em instalações fabris informa que vai precisar de 60 dias (dois meses) para fazer as obras, instalar as máquinas, os equipamentos e obter as licenças para operar.

Maria perguntou quanto custaria e quanto seria o aluguel, para que pudessem debater se iriam alugar ou comprar o local físico com 1.600 m² adequado para instalar a fábrica.

O especialista pediu mais três dias e voltou com as seguintes informações obtidas com as empresas corretoras de imóveis:

Alugar (1.600 m²) R$ 20.000,00 mensais

Comprar (1.600 m²) R$ 4.000.000,00 à vista

A partir dessas informações, o grupo marcou uma reunião para tomar as decisões.

José, muito curioso, fez as contas para saber qual seria a taxa de retorno do aluguel, dadas as informações das corretoras de imóveis: 20/4.000 = 0,005 = 0,5% ao mês.

Com essa taxa de retorno dos aluguéis tão baixa o grupo achou que era barato o suficiente para alugar. Além disso, Maria ponderou que os sócios não têm recursos no momento para montar a fábrica e ainda dispor de mais 4 milhões para comprar um prédio. Aproveitou, lembrou e sugeriu também aquilo que muitos empreendedores esquecem: "Vamos precisar de uns dois meses para fazer as obras de adaptação, pagando os aluguéis, ou então podemos tentar negociar agora no início antes de assinar os contratos de locação, negociando um prazo de carência".

A pergunta & o problema

Captando os recursos. Como e onde captar recursos?

Quanto de capital próprio e quanto de capital de terceiros?

Agora chegou a hora da verdade. Os amigos se entreolharam e ficou no ar a seguinte pergunta: teremos dinheiro para montar esta fábrica?

Maria tomou a palavra e conduziu esta parte da reunião. "Amigos", disse ela, "os custos iniciais montam a R$ 1.100.000,00 (incluindo o projeto do especialistas, licenças e alvarás de funcionamento). Precisamos ver quanto vamos ter de capital dos sócios para verificarmos se teremos ou não o capital necessário. Quanto cada um de vocês pode aportar na empresa?".

Cada sócio então colocou em um papel a quantia de seus recursos próprios que poderiam investir nesse projeto da fábrica de sanduíches:

Maria	250.000,00
José	200.000,00
Ana	65.000,00
Paulo	15.000,00
Isabel	220.000,00
Total	750.000,00

Maria fez as contas e explicou: "Este é o capital próprio. Não é suficiente para pagar a montagem da fábrica. Teremos que buscar capital de terceiros. Contas rápidas mostram que iremos necessitar de pelo menos uns R$ 350.000,00 de capital de terceiros".

José, que é administrador, fez as seguintes considerações: "Amigos, este tipo de raciocínio é muito comum ao iniciar-se uma empresa nova. Primeiro os sócios verificam quanto vão precisar investir (orçamento inicial). Depois verificam quanto cada sócio dispõe para investir e se há falta de capital. Havendo falta de capital, essa diferença será suprida por capital de terceiros, ou seja, empréstimos. Mas não é tão simples. Para determinar a melhor relação entre capital próprio e capital de terceiros, vamos precisar avançar um pouco mais em nossa empresa e em nossos estudos. Voltaremos a tratar desse tema mais para frente".

Paulo se apresentou e disse: "Necessitamos de capital de terceiros, deixa comigo!! Vou ao mercado financeiro, conheço muita gente!".

Em visitas à Caixa Econômica Federal, ao Banco do Brasil e ao BNDES, Paulo descobriu que existem linhas de financiamento de longo prazo para financiar máquinas e equipamentos (de origem e fabricação nacional) que financiam até 50% do bem sendo adquirido. As taxas de juros cobradas para essa linha de empréstimos são 12% ao ano. Quase a metade das taxas de juros praticadas pelos bancos comerciais. A empresa solicitante precisa apenas apresentar um plano de negócios perfeitamente estruturado e bem escrito. Os amigos de Paulo confidenciaram a ele que muitos recursos ficam disponíveis e nunca são utilizados devido apenas à incapacidade técnica dos solicitantes em fazer, desenvolver, escrever um plano de negócios.

A pergunta & o problema

Ana perguntou o que é um plano de negócios.

José explica: "É uma forma mais ou menos padronizada de colocar no 'papel' um projeto para apresentar aos outros sua ideia de projeto. Plano de negócios trata da apresentação do projeto ou empresa para um futuro sócio, um cliente, um fornecedor, um banco, o governo ou outros interessados. Resumindo, um plano de negócios é uma forma de apresentar ao mercado seu projeto".

Para o empresário que vai montar o projeto, serve para ordenar as ideias e colocar no papel o projeto. Serve como análise preliminar em ambiente virtual da operacionalidade do projeto e sua viabilidade. Para o leitor do plano de negócios, serve para dar uma noção ampla, geral e panorâmica da ideia (ou projeto) sendo apresentada. Deve servir para "convencer" o leitor de que a ideia é viável e trará benefícios.

O plano de negócios deve ser claro, resumido, fornecer uma visão geral da empresa ou projeto, mostrar os pontos fortes e indicar os pontos fracos. Mostrar como serão enfrentados os pontos fracos.

O objetivo do plano de negócios é apresentar a empresa (ou projeto) em uma forma sistêmica, como um todo. É motivar o leitor a se engajar na empresa (ou projeto) seja como financiador, cliente, fornecedor, poder concedente, simpatizante ou na forma necessária.

Plano de negócios é uma FORMA, mostra um ROTEIRO de se APRESENTAR um projeto para as outras PESSOAS. O plano de negócios está para um projeto ou para uma empresa da mesma forma que o *curriculum vitae* está para uma pessoa física.

Paulo então pediu a palavra e disse: "Pronto, já podemos ter um rascunho de como será o patrimônio desta empresa".

Cap. próprio	
Maria	250.000,00
José	200.000,00
Ana	65.000,00
Paulo	15.000,00
Isabel	220.000,00
Total Cap. Próprio	750.000,00
Cap. terceiros	
BNDES	350.000
Total Cap. Terceiros	350.000

Decisões de financiamento

Ana olhou para a lista e disse: "Estas são DECISÕES DE FINANCIAMENTO (DF), ou seja, estamos decidindo como financiar, estamos decidindo onde vamos obter esses financiamentos, conforme vimos no capítulo 1. Que bonito!!! Estes serão os donos da empresa, são aqueles que investirão dinheiro na empresa e, portanto, financiam as operações. São os sócios e credores da empresa".

Os administradores da empresa olham para os credores e sócios como seus chefes, aos quais devem proporcionar os retornos esperados e adequados. Para a empresa, esses valores são um PASSIVO que a empresa deve pagar e remunerar para carregar.

Fazendo o balanço patrimonial da empresa

Isabel disse então que era chegada a hora de fazer um primeiro balanço projetado para a data (zero) inicial da empresa. Ninguém sabia o que era um balanço e então Isabel rapidamente abriu o dicionário:

Balanço: ba.lan.ço
sm (de *balançar*) **1** Movimento alternado em sentidos opostos; oscilação. **2** Aparelho de diversão para balançar; em geral consiste num assento, suspenso por cordas ou correntes; balango, balouço. **3** Abalo, sacudidela, solavanco. **4** Agitação, revolta. **5** O mesmo que *ralamento*. **6** *Econ* Exposição pormenorizada do ativo e passivo de qualquer empresa comercial, sociedade ou instituição; levantamento contábil que demonstra a situação econômico-financeira de uma empresa.

Paulo olhou estes números todos no papel e ficou confuso. Pediu a Ana que explicasse de uma forma mais didática e organizada todos esses números que haviam visto e falado até agora. Ana disse:

> Muito simples, veja o que vou fazer; vou juntar TUDO o que vimos até agora em uma figura única, com DUAS colunas, lado a lado, onde você poderá visualizar todos os números da nossa empresa.

❏ Vou colocar todos os bens da empresa em uma coluna do lado esquerdo, dinheiro, máquinas equipamentos, estoques, prédios, terrenos...
❏ Vou colocar todas as dívidas e obrigações da empresa em uma outra coluna, dessa vez do lado direito, todos os recursos que a empresa obteve com sócios e credores

Chamamos essa figura única de BALANÇO da empresa. Esse será o balanço da empresa na nossa data ZERO, data do início da empresa. Veja a seguir como fica.

Balanço na data 0/0/20xx

Ativos		Passivos	
Máquinas, Equipamentos, Caixa, Instalações	1.100.000	Cap. Próprio	750.000
		Cap. Terceiros	350.000
Total ATIVOS	1.100.000	Total PASSIVOS	1.100.000

Ou o mesmo balanço mais detalhadamente.

Balanço na data 0/0/20xx

Ativos		Passivos	
Instalações especiais e adequações prediais	R$ 100.000,00	Cap. próprio	
Máquinas e equipamentos para produção	R$ 700.000,00	Maria	250.000,00
Máquinas e equipamentos para administração	R$ 200.000,00	José	200.000,00
Licenças, alvarás, despachante	R$ 50.000,00	Ana	65.000,00
Especialista em fábrica; projeto da fábrica	R$ 50.000,00	Paulo	15.000,00
		Isabel	220.000,00
Total Cap. Próprio	750.000,00	Cap. terceiros	
Total ATIVOS	1.100.000,00	BNDES	350.000,00
		Total Cap. Terceiros	350.000,00
		Total PASSIVOS	1.100.000,00

João falou: "Que ótimo. É muito legal. Entendi tudo e achei bem fácil!!! Se precisamos de dinheiro, basta pegar emprestado. Muito bom!!!!".

José foi logo esclarecendo o amigo: "Não é bem assim".

Quando precisamos de recursos de terceiros e recorremos aos mercados financeiros solicitando financiamentos (empréstimos), precisamos nos lembrar que temos que pagar de volta.

Todo empréstimo significa que alguém (o seu vizinho, por exemplo) deixou de usar recursos que tinha, investiu esses recursos em uma aplicação e espera ganhar alguns juros. A instituição financeira que recebeu esse investimento (do seu vizinho, por exemplo) pega esses recursos e empresta para clientes que precisam de recursos. Obviamente, a instituição cobra uma taxa de juros maior dos tomadores do que a taxa que paga aos aplicadores para pagar os impostos e os custos das suas operações. Essa diferença se chama *spread* bancário.

Modalidades de empréstimos nas instituições financeiras

José explicou que existem diferentes maneiras de se pagar um financiamento (ou empréstimo).

> Todos os empréstimos geram um custo que chamamos juros, o custo do empréstimo. Esses juros podem ser determinados no início do empréstimo, chamados prefixados, ou determinados no final do empréstimo na hora do pagamento, pós fixados.
>
> Além disso, os juros e o principal da dívida podem ser pagos aos poucos ao longo do tempo, ou então podemos juntar tudo, juros mais o principal da dívida, e pagar tudo de uma vez ao final.
>
> E mais, empréstimos de prazos mais longos costumam, além dos juros, cobrar também correção monetária. A correção monetária é um instrumento que adiciona ao pagamento de um empréstimo aquilo que foi corroído pela inflação durante o período do empréstimo, como forma de preservar o poder de compra de quem fez o empréstimo.

Ana comentou que acha um absurdo cobrarem correção monetária e mais os juros por um empréstimo. José que é experiente nesse tipo de comentário prontamente se colocou ao lado de Ana e disse: "Eu também acho!".

Eu acho um absurdo alguém cobrar juros e correção monetária. O problema é que nunca consegui achar algum poupador disposto a emprestar (aplicar, investir...) dinheiro a longo prazo correndo o risco inflacionário sem alguma forma de proteção, tal como a correção monetária. Vamos aproveitar que você, Ana, acha um absurdo a cobrança de correção monetária. Você emprestaria (ou aplicaria ou investiria...) seu dinheiro por três anos (por exemplo) para receber uma taxa fixa de retorno (taxa de juros) de 10% ao ano?

Ana ficou muito desconfortável e respondeu com uma pergunta: "E se a inflação deste período for de 15% ao ano? Eu vou ganhar só os 10%? Terei prejuízo. Não, eu não quero fazer esta aplicação".

José melhorou a proposta: "OK, Ana. Considere que agora a proposta é: a inflação que ocorrer, seja 15%, 14%, 16% ao ano ou qualquer outra, você vai receber, além dos juros, a correção monetária. Você topa emprestar nestas condições?".

Ana nem pestanejou, topou na hora. E José então completou: "Este é o melhor exemplo de que pimenta no olho dos outros é refresco! Na hora de pagar a correção monetária, achamos um absurdo, porém na hora de investirmos, exigimos, obviamente, a correção monetária".

Como pagaremos nossas dívidas?

Vamos recorrer ao mercado financeiro e solicitar um empréstimo de R$ 350.000,00. Como o próprio nome diz, teremos então financiando nossa empresa um volume de capital de terceiros de R$ 350.000,00. Com esse empréstimo teremos o capital total necessário à implantação do negócio. Nossa decisão agora é como pagar esse empréstimo. José propõe pagarmos o empréstimo com pagamentos Prefixados Com Cupom. A justificativa, segundo José, é o perfil de pagamentos adequado a uma empresa nova, ou seja, só pagaremos os juros fixados a cada período, deixando o principal para o final. A empresa iniciante não precisa se preocupar, por enquanto, com o pagamento do principal tendo mais folga de caixa.

Os juros! Como calcularemos os juros?

Maria ficou muito preocupada com este valor do empréstimo que considerou bastante alto: "Imagina os juros que vamos pagar!".

José ajudou: "Vamos calcular. Conforme vimos, a taxa de juros é de 12% ao ano. Lembrando da matemática financeira, os juros de cada período são calculados multiplicando a taxa de juros pelo valor que devemos".

Juros = Dívida × taxa de juros
Juros = 350.000,00 × 12% = 350.000 × 0,12 = 42.000,00 ao ano.
Fácil?

Registrando o que acontece na empresa: a contabilidade

José e Paulo explicam que a contabilidade tem, entre outras funções, registar os eventos que ocorrem na empresa: compra, venda, custos, despesas e receitas etc. Os registros contábeis são muito importantes para análises de determinação de índices, cálculo de indicadores de rentabilidade e de liquidez, auxiliar na projeção de resultados futuros, cálculos dos impostos, entre outros... Os registros contábeis sobre o passado que ocorreu na empresa são os que nos permitem a tomada de decisões sobre o futuro, nos permitem fazer o controle e a gerência eficaz.

A contabilidade das empresas está mudando muito nos últimos anos. Antigamente, cada país, às vezes cada estado ou região, tinha uma regra contábil diferente que regulava como as empresas deveriam mostrar e comunicar suas atividades e seus números para os investidores e para o fisco. Isto proporcionava um ambiente confuso e propenso a fraudes.

A contabilidade está mudando muito para tornar as demonstrações financeiras mais claras, mais uniformes e para isso uma série de regras empurra as diversas práticas contábeis no sentido de uma convergência de normas e regras.

Responsabilidade social

Uma pergunta puxa outra pergunta e quando estamos falando em abrir uma empresa ou fazer um empreendimento ou negócio, perguntas e dúvidas não faltam. Isabel quis falar das suas preocupações sobre o local da fábrica. É um local muito bonito, simples, com uma população local de baixo poder aquisitivo e a empresa vai ser a oportunidade de trabalho para muita gente da região. Porém Isabel tem uma preocupação: "E se nossa empresa não for tão positiva para a localidade e para seus cidadãos?". Paulo apartou e disse: "Não estou entendendo, como assim? Como assim não sermos tudo de bom para essa comunidade?".

Maria disse que entendia Isabel e a dúvida de Paulo:

Trata-se de uma preocupação com a responsabilidade social da nossa empresa. É algo novo, tem no máximo uns 30 anos que as empresas despertaram para essa questão. Às vezes, as empresas se instalam em uma localidade e a poluem, atraem novos trabalhadores de regiões distantes, cortam a mata, e de repente um dia vão embora e então a comunidade local fica com uma massa enorme de trabalhadores desempregados, áreas poluídas, matas devastadas. Resumindo: a região ficou pior do que antes da vinda da empresa para lá.

Uma forma de entender o que é a responsabilidade social é verificar a preocupação que as empresas devem ter de fazer com que todos os *stakeholders* fiquem em situação melhor após a empresa se instalar do que antes de a empresa se estabelecer no local. Os *stakeholders* são os envolvidos direta ou indiretamente: sócios, investidores, trabalhadores da empresa, moradores da região, vizinhos, clientes e fornecedores.

A pergunta & o problema: como controlar isto tudo? Quem vai controlar isto tudo?

Maria continua preocupada: "é muita coisa! Quem vai controlar isto tudo?".

Realmente, ela tem razão, muito sócios até deixam de fazer uma empresa com esse medo. Para algumas pessoas fazer contas, trabalhar com as ferramentas financeiras para calcular juros, fazer orçamentos são tarefas bem simples. Porém para muita gente isso é complicado. Por isso é importante aos sócios e empreendedores aprenderem e praticarem sobre as ferramentas financeiras para que possam entender, acompanhar e controlar suas pequenas empresas.

Porém, para as empresas maiores, onde uma parte dos sócios está distante da administração no dia a dia, a qual fica a cargo de gestores e executivos profissionais, resta uma importante pergunta: como acompanhar o trabalho dos executivos e gestores, como verificar a qualidade das suas decisões, como conferir as contas pagas e recebidas? Quem vai controlar isso tudo?

Por essa razão, nas últimas décadas está crescendo para os investidores a importância da contabilidade, da controladoria e da auditoria. Isabel, antes de perguntar qualquer coisa, foi ao dicionário:

Auditoria: au.di.to.ri.a
sf (*auditor+ia*[1]) **1** Cargo de auditor. **2** Casa ou tribunal onde o auditor desempenha as suas funções. **3** Função de auditor junto às empresas comerciais. **4** *Econ* Exame analítico minucioso da contabilidade de uma empresa ou instituição.

Controladoria: con.tro.la.do.ri.a
sf (*controlador+ia*[1]) **1** Órgão oficial de controle. **2** Funções de quem exerce controle, acepção 5.

Governança corporativa

Paulo aproveitou e disse que podia explicar em detalhes o que é a governança corporativa. Governança corporativa, ou governo das sociedades ou das empresas, é o conjunto de regras internas, normas, processos, costumes, políticas, leis, regulamentos e instituições que regulam a maneira como uma empresa é dirigida, administrada ou controlada. Resumindo: a governança corporativa é o controle das sociedades. Vale para grandes empresas e para pequenas empresas. Nas pequenas empresas os investidores costumam estar mais próximos e por isso mesmo eles próprios já exercem em muitos casos boa parte do controle dessas sociedades menores.

Reunião!!!

Vamos fazer uma reunião para tratar desses assuntos que acabamos de ver. Maria propôs então: "Podemos contratar um auditor profissional externo, ou um de nós (sócios), ou um dos nossos funcionários pode ser o nosso auditor, assim economizamos algum dinheiro por não contratar um externo. O que acham?".

Isabel disse:

Acho que vai dar em um tremendo conflito de interesses. Como pode algum de nossos funcionários auditar o trabalho dele mesmo? Se formos uma empresa muito grande, com muitos funcionários, poderemos até pensar em fazer uma auditoria interna em alguns setores, usando funcionários distantes. Mas em empresa pequena não dá. Ou é pequena o suficiente para o próprio dono fazer auditoria ou então devemos contratar alguém externo.

OK, todos concordaram, vamos contratar um auditor externo.

José então explicou:

De uma maneira bem superficial e rápida, podemos descrever os trabalhos de controladoria e auditoria da seguinte forma:

- Comparar o planejado com o executado em termos financeiros, função do *controller*
- Comparar o efetivamente executado com o que foi registrado, função do auditor

O *controller*, caso necessário, vai no departamento de produção, durante a operação, e orienta mostrando o que foi planejado em termos financeiros e quanto está saindo fora do previsto. O auditor trabalha sobre os registros que já foram feitos e verifica se conferem com o que foi executado. O auditor assina um parecer onde coloca se o registrado confere com o executado e se os registros seguiram as normas e regras legais.

Os amigos agradeceram a José e, como já era tarde, resolveram que era hora de descansar: "Por hoje, chega!!!".

Resumindo o que foi decidido hoje

Algumas conclusões importantes foram atingidas:

h) Tivemos nosso primeiro contato com um orçamento de uma empresa

i) Ficamos sabendo o que é *turn key*
j) Aprendemos a diferença entre decisão de investimento e decisão e financiamento
k) Tivemos nosso primeiro contato com um balanço patrimonial de uma empresa
l) Conversamos sobre empréstimos, dívidas e cálculo dos juros
m) Conversamos sobre responsabilidade social
n) Nos preocupamos com os registros (contabilidade) e com os controles (auditoria, controladoria e governança)

Capítulo 2-B

Introdução aos demonstrativos contábeis: balanço, orçamento, DRE

O orçamento inicial projetado da empresa na data zero

Quando queremos montar uma empresa, precisamos fazer um orçamento inicial do quanto vai custar a criação e a montagem da empresa. Só podemos controlar o que podemos comparar e medir. Só podemos comparar e medir se tivermos algo que sirva de gabarito ou referência. O orçamento é esta referência inicial de quanto vamos precisar investir para implantar a empresa. Em outras palavras, precisamos dimensionar a necessidade de capital para fazer o investimento inicial da implantação do negócio.

Considere que estamos começando uma empresa do início. Não temos nada. Considere que vamos montar, por exemplo, uma escola! Essa escola vai se chamar a Escola do Coelhinho da Páscoa. Chamamos um especialista em montar escolas para nos ajudar com a estruturação da escola, a elaborar uma lista de compra dos equipamentos e orientar na preparação das instalações necessárias. Esse especialista, após um mês de trabalhos ouvindo os objetivos dos sócios e o tamanho do projeto escola, apresentou o orçamento seguinte para a montagem da escola do Coelhinho da Páscoa:

Orçamento para montar a Escola do Coelhinho da Páscoa
Móveis, carteiras, mesas, ar-condicionado	100.000,00
Obras de reforma para adequar o local para ser uma escola	140.000,00
Obtenção de licenças, alvarás, permissões	60.000,00
Biblioteca: livros, estantes	80.000,00
Outros gastos menores e gerais	30.000,00

Reservas contingenciais   70.000,00
Total do orçamento   480.000,00

Financiando a empresa

Só existem duas fontes de capital para financiar as empresas: capital próprio e capital de terceiros. Conhecendo o valor do investimento total necessário, podemos verificar se temos os recursos suficientes para custear, pagar, ou seja, financiar esses investimentos. Vamos considerar que os sócios têm R$ 200.000,00 para investir no negócio agora, hoje, na data zero. Considerando que o orçamento inicial é de R$ 480.000,00, vamos precisar obter com terceiros (instituições financeiras) a quantia de R$ 280.000,00 para financiar a criação da escola.

O balanço projetado da empresa na data zero

Vamos seguir adiante com nosso raciocínio e vamos montar uma forma de visualizar e organizar os valores a captar e aplicar. O modelo-padrão utilizado universalmente é um demonstrativo, balanceado em forma de "T", ou seja, equilibrado:

Ativos da empresa	Passivos da empresa
Dinheiro	Banco A
Estoques	Banco B
Máquinas	Banco C
Equipamentos	Sócio a
Prédios	Sócio b
Terrenos	Sócio c
Total Ativos	Total Passivos + Patrimônio

Colocamos do lado esquerdo os investimentos (DI) e do lado direito como foram "pagos" ou financiados (DF) esses investimentos. O total dos ativos deve, portanto, ser obrigatoriamente igual à soma do total dos passivos mais o patrimônio dos sócios.

Esse demonstrativo em forma de T, que mostra os ativos de um lado e os passivos do outro, mostra uma "fotografia" instantânea da empresa em uma determinada data. O balanço lista o patrimônio da empresa (lado esquerdo) por ordem de liquidez, iniciando do ativo mais líquido (dinheiro) até o ativo de menor liquidez (terrenos).

Balanço projetado da Empresa Coelhinho da Páscoa (para a data zero)

Ativos da empresa		Passivos da empresa	
Caixa	70.000,00	Banco do Brasil	280.000,00
Equipamentos	180.000,00	Sócios	200.000,00
Instalações	140.000,00		
Licenças e autorizações	90.000,00		
Total Ativos	**480.000,00**	**Total Passivos + Pat. Social**	**480.000,00**

O demonstrativo de resultados do exercício

Vamos avançar um pouco mais com nosso exemplo da Escolinha do Coelhinho da Páscoa. Vamos considerar que passou um ano, que nossa escola funcionou muito bem, que tivemos 1.000 alunos matriculados. Cada aluno paga prestações de R$ 1.000,00 ao ano. Considere que este ano tivemos custos fixos (salários, aluguéis...) de R$ 240.000,00. Os custos variáveis são de R$ 420,00 por aluno/ano. A taxa de juros que pagamos sobre as dívidas é de 10% ao ano. A alíquota do IR é 25% sobre o lucro. Considere também que houve necessidade de reinvestir parte dos resultados para fazer uma ampliação nas instalações e que com essa ampliação gastamos R$ 138.000,00. E também uma pequena parte dos lucros, R$ 46.000,00, foi retida para ajudar a capitalizar o caixa da escola. Com essas considerações feitas, elabore um demonstrativo que mostre os resultados do exercício deste último ano.

Elaborando o demonstrativo de resultados do exercício ano 1 (DRE)

Vendas (de matrículas)		1.000 alunos
Preço (prestações anuais)		R$ 1.000,00
Faturamento	(1.000 × R$ 1.000)	R$ 1.000.000,00
Custos fixos		R$ 240.000,00
Custos variáveis	(R$ 420 × 1.000)	R$ 420.000,00
Lajir		R$ 340.000,00
Juros	(10% × R$ 280.000)	R$ 28.000,00
Lair		R$ 312.000,00
IR	(alíquota de 25%)	R$ 78.000,00
Lucro líquido		R$ 234.000,00
Reinvestimentos ampliação		R$ 138.000,00
Reinvestimentos caixa da escola		R$ 46.000,00
Dividendos		R$ 50.000,00

Como podemos observar, houve um total de dividendos distribuídos aos sócios da ordem de R$ 50.000,00. E como ficaria o balanço da escola após este primeiro ano de operações?

Considerando esse ano de operações e as informações constantes do demonstrativo de resultados do primeiro exercício, adicionamos ao balanço da data zero os resultados do primeiro exercício e obtemos o balanço do fim do ano 1.

O balanço projetado da Empresa Coelhinho da Páscoa (para a data de um ano)

Ativos da empresa		Passivos da empresa	
Caixa	116.000,00	Banco do Brasil	280.000,00
Equipamentos	180.000,00	Sócios cotas	200.000,00
Instalações	278.000,00	Lucros retidos	184.000,00
Licenças e autorizações	90.000,00		
Total Ativos	**664.000,00**	**Total Passivos + Pat. Social**	**664.000,00**

Relação entre balanços e demonstrativos de resultados

Conforme podemos observar com os exemplos simples anteriores, o balanço de uma empresa sempre mostra uma fotografia parada em uma data no tempo. Ou seja, mostra a situação financeira em uma data no tempo. Os demonstrativos apresentam os negócios e os movimentos que ocorreram durante um período de tempo, ao longo de um mês, ou ao longo de um ano...

Lista de exercícios 2.1

Vamos iniciar, neste capítulo 2, com alguns exercícios bem simples, para dar uma ideia de como funciona a construção e elaboração de DREs e balanços.

1) Elabore um balanço na data zero da empresa Hexa, fábrica de caixas de papelão, que apresenta os seguintes dados:
   Capital disponível: os sócios dispõem de apenas R$ 800.000,00 para esse empreendimento.
   Orçamento inicial para implantação

Instalações especiais e adequações prediais	R$ 200.000,00
Máquinas e equipamentos para produção	R$ 500.000,00
Máquinas e equipamentos para administração	R$ 100.000,00
Licenças, alvarás, despachante	R$ 180.000,00
Dinheiro, o caixa da empresa (capital de giro)	R$ 100.000,00
Especialista em fábrica; projeto da fábrica	R$ 120.000,00
Total	**R$ 1.200.000,00**

2) Continuação do exercício da empresa Hexa. Elabore o demonstrativo de resultados do exercício para o primeiro ano de operações da empresa Hexa e, na sequência, baseado nesse demonstrativo, elabore o balanço na data de um ano da empresa Hexa. Vamos considerar que passou um ano, que a fábrica Hexa fabricou apenas um único tipo de caixa de papelão. As vendas da Hexa nesse primeiro ano foram de 45 mil cai-

xas de papelão. Cada caixa foi vendida pelo preço único de R$ 50,00. Considere que esse ano tivemos custos fixos (salários, aluguéis...) de R$ 315.000,00. Os custos variáveis são de R$ 30,00 por caixa. A taxa de juros que pagamos sobre as dívidas é de 12% ao ano. A alíquota do IR é 32% sobre o lucro. Considere também que houve necessidade de reinvestir parte dos resultados para fazer uma ampliação nas instalações e com essa ampliação gastamos R$ 110.000,00. Com essas considerações feitas, elabore um demonstrativo que mostre os resultados do exercício desse último ano.

3) Elabore um balanço na data zero da empresa Cristal, engarrafadora de água mineral natural, que apresenta os seguintes dados:
Capital disponível: os sócios dispõem de apenas R$ 3.200.000,00 para esse empreendimento.
Orçamento inicial para implantação

Instalações especiais e adequações prediais	R$ 1.200.000,00
Máquinas e equipamentos para produção	R$ 2.200.000,00
Máquinas e equipamentos para administração	R$ 1.500.000,00
Licenças, alvarás, despachante	R$ 240.000,00
Dinheiro, o caixa da empresa (capital de giro)	R$ 400.000,00
Total	**R$ 5.540.000,00**

4) Elabore o demonstrativo de resultados do exercício para o primeiro ano de operações da empresa Cristal e, na sequência, baseado nesse demonstrativo, elabore o balanço na data de um ano da empresa Cristal. Vamos considerar que passou um ano e que a empresa Cristal produziu apenas um tipo de água mineral engarrafada. As vendas da Cristal nesse primeiro ano foram de 100 mil caixas com garrafas de água mineral. Cada caixa, que contém 12 garrafas de água, foi vendida pelo preço único de R$ 48,00 por caixa. Considere que esse ano tivemos custos fixos (salários, aluguéis...) de R$ 960.000,00. Os custos variáveis são de R$ 22,00 por caixa. A taxa de juros que pagamos sobre as dívidas é de 14% ao ano. A alíquota do IR é 20% sobre o lucro. Considere também que houve necessidade de reinvestir parte dos resultados para fazer uma ampliação nas

instalações e com essa ampliação gastamos R$ 400.000,00. Com essas considerações feitas, elabore um demonstrativo que mostre os resultados do exercício desse último ano.

5) Elabore um balanço na data zero da empresa Legal, fábrica de panetones, que apresenta os seguintes dados:
Capital disponível: os sócios dispõem de apenas R$ 4.000.000,00 para esse empreendimento.
Orçamento inicial para implantação

Instalações especiais e adequações prediais	R$ 2.000.000,00
Máquinas e equipamentos para produção	R$ 1.500.000,00
Máquinas e equipamentos para administração	R$ 1.000.000,00
Licenças, alvarás, despachante	R$ 280.000,00
Dinheiro do caixa da empresa (capital de giro)	R$ 200.000,00
Especialista em fábrica; projeto da fábrica	R$ 400.000,00
Total	**R$ 5.380.000,00**

6) Elabore o demonstrativo de resultados do exercício para o primeiro ano de operações da empresa Legal e, na sequência, baseado nesse demonstrativo, elabore o balanço na data de um ano da empresa Legal. Vamos considerar que passou um ano, que a fábrica Legal fabricou apenas dois tipos de panetone: o panetone pequeno (500 gramas) e o panetone grande (1.200 gramas). As vendas da Legal nesse primeiro ano foram de 50 mil caixas de panetone pequeno e 80 mil caixas de panetone grande. Cada caixa do panetone pequeno foi vendida pelo preço de R$ 5,00 e cada caixa do panetone grande, por R$ 10,00. Considere que esse ano tivemos custos fixos (salários, aluguéis...) de R$ 620.000,00. Os custos variáveis são de R$ 0,90 por panetone pequeno e R$ 1,60 por panetone grande. A taxa de juros que pagamos sobre as dívidas é de 15% ao ano. A alíquota do IR é 20% sobre o lucro. Considere também que houve necessidade de reinvestir parte dos resultados para fazer uma ampliação nas instalações e com essa ampliação gastamos R$ 600.000,00. Com essas considerações feitas, elabore um demonstrativo que mostre os resultados do exercício desse último ano.

Solução da lista de exercícios 2.1

1) Elabore um balanço na data zero da empresa Hexa, fábrica de caixas de papelão, que apresenta os seguintes dados:
Capital disponível: os sócios dispõem de apenas R$ 800.000,00 para esse empreendimento.
Orçamento inicial para implantação

Instalações especiais e adequações prediais	R$ 200.000,00
Máquinas e equipamentos para produção	R$ 500.000,00
Máquinas e equipamentos para administração	R$ 100.000,00
Licenças, alvarás, despachante	R$ 180.000,00
Dinheiro, o caixa da empresa (capital de giro)	R$ 100.000,00
Especialista em fábrica; projeto da fábrica	R$ 120.000,00
Total	**R$ 1.200.000,00**

Solução: balanço na data zero da empresa Hexa.

O balanço projetado da empresa Hexa (para a data zero)

Ativos da empresa		Passivos da empresa	
Caixa	100.000,00	Bancos	400.000,00
Equipamentos	600.000,00	Sócios cotas	800.000,00
Instalações	200.000,00		
Licenças e projetos	300.000,00		
Total Ativos	**1.200.000,00**	**Total Passivos + Pat. Social**	**1.200.000,00**

2) Elabore o demonstrativo de resultados do exercício para o primeiro ano de operações da empresa Hexa e, na sequência, baseado nesse demonstrativo, elabore o balanço na data de um ano da empresa Hexa. Vamos considerar que passou um ano, que a fábrica Hexa fabricou apenas um único tipo de caixa de papelão. As vendas da Hexa nesse primeiro ano foram de 45 mil caixas de papelão. Cada caixa foi vendida pelo preço único de R$ 50,00. Considere que esse ano tivemos custos fixos (salá-

rios, aluguéis ...) de R$ 315.000,00. Os custos variáveis são de R$ 30,00 por caixa. A taxa de juros que pagamos sobre as dívidas é de 12% ao ano. A alíquota do IR é 32% sobre o lucro. Considere também que houve necessidade de reinvestir parte dos resultados para fazer uma ampliação nas instalações e com essa ampliação gastamos R$ 110.000,00. Com essas considerações feitas, elabore um demonstrativo que mostre os resultados do exercício desse último ano.

Solução:

DRE da empresa Hexa para o primeiro ano de operações

Vendas		45.000,00
Preço		50,00
Faturamento		2.250.000,00
Custos fixos		315.000,00
Custos variáveis	30	1.350.000,00
Lajir		585.000,00
Juros		48.000,00
Lair		537.000,00
IR	32%	171.840,00
Lucro líquido		365.160,00
Reinvestimentos		110.000,00
Dividendos		255.160,00

Solução:

Balanço da empresa Hexa para a data final do ano 1

Ativos da empresa		Passivos da empresa	
Caixa	100.000,00	Bancos	400.000,00
Equipamentos	600.000,00	Sócios cotas	800.000,00
Instalações	310.000,00	lucros retidos	110.000,00
Licenças e projetos	300.000,00		
Total Ativos	**1.310.000,00**	**Total Passivos + Pat. Social**	**1.310.000,00**

3) Elabore um balanço na data zero da empresa Cristal, engarrafadora de água mineral natural, que apresenta os seguintes dados:
Capital disponível: os sócios dispõem de apenas R$ 3.200.000,00 para esse empreendimento.

Orçamento inicial para implantação
Instalações especiais e adequações prediais	R$ 1.200.000,00
Máquinas e equipamentos para produção	R$ 2.200.000,00
Máquinas e equipamentos para administração	R$ 1.500.000,00
Licenças, alvarás, despachante	R$ 240.000,00
Dinheiro, o caixa da empresa (capital de giro)	R$ 400.000,00
Total	R$ 5.540.000,00

Solução: balanço na data zero da empresa Cristal.

O balanço projetado da empresa Cristal (para a data zero)

Ativos da empresa		Passivos da empresa	
Caixa	400.000,00	Bancos	2.340.000,00
Equipamentos	3.700.000,00	Sócios cotas	3.200.000,00
Instalações	1.200.000,00		
Licenças e projetos	240.000,00		
Total Ativos	**5.540.000,00**	**Total Passivos + Pat. Social**	**5.540.000,00**

4) Elabore o demonstrativo de resultados do exercício para o primeiro ano de operações da empresa Cristal e, na sequência, baseado nesse demonstrativo, elabore o balanço na data de um ano da empresa Cristal. Vamos considerar que passou um ano e que a empresa Cristal produziu apenas um tipo de água mineral engarrafada. As vendas da Cristal nesse primeiro ano foram de 100 mil caixas com garrafas de água mineral. Cada caixa, que contém 12 garrafas de água, foi vendida pelo preço único de R$ 48,00 por caixa. Considere que esse ano tivemos custos fixos (salários, aluguéis...) de R$ 960.000,00. Os custos variáveis são de R$ 22,00 por caixa. A taxa de juros que pagamos sobre as dívidas é de 14% ao ano.

A alíquota do IR é 20% sobre o lucro. Considere também que houve necessidade de reinvestir parte dos resultados para fazer uma ampliação nas instalações e com essa ampliação gastamos R$ 400.000,00. Com essas considerações feitas, elabore um demonstrativo que mostre os resultados do exercício desse último ano.

Solução:
DRE da empresa Cristal para o primeiro ano de operações

Vendas		1.200.000 garrafas
Preço		4,00 por garrafa
Faturamento		4.800.000,00
Custos fixos		960.000,00
Custos variáveis	22	2.200.000,00
Lajir		1.640.000,00
Juros		327.600,00
Lair		1.312.400,00
IR	20%	262.480,00
Lucro líquido		1.049.920,00
Reinvestimentos		400.000,00
Dividendos		649.920,00

Solução: balanço da empresa Cristal para a data final do ano 1.

O balanço projetado da empresa Cristal (para a data de um ano)

Ativos da empresa		Passivos da empresa	
Caixa	400.000,00	Bancos	2.340.000,00
Equipamentos	3.700.000,00	Sócios cotas	3.200.000,00
Instalações	1.600.000,00	Lucros retidos	400.000,00
Licenças e projetos	240.000,00		
Total Ativos	**5.940.000,00**	**Total Passivos + Pat. Social**	**5.940.000,00**

5) Elabore um balanço na data zero da empresa Legal, fábrica de panetones, que apresenta os seguintes dados:

Capital disponível: os sócios dispõem de apenas R$ 4.000.000,00 para esse empreendimento.

Orçamento inicial para implantação

Instalações especiais e adequações prediais	R$ 2.000.000,00
Máquinas e equipamentos para produção	R$ 1.500.000,00
Máquinas e equipamentos para administração	R$ 1.000.000,00
Licenças, alvarás, despachante	R$ 280.000,00
Dinheiro do caixa da empresa (capital de giro)	R$ 200.000,00
Especialista em fábrica; projeto da fábrica	R$ 400.000,00
Total	R$ 5.380.000,00

Solução; balanço na data zero da empresa Legal.

O balanço projetado da empresa Legal (para a data zero)

Ativos da empresa		Passivos da empresa	
Caixa	200.000,00	Bancos	1.380.000,00
Equipamentos	2.500.000,00	Sócios cotas	4.000.000,00
Instalações	2.000.000,00		
Licenças e projetos	680.000,00		
Total Ativos	**5.380.000,00**	**Total Passivos + Pat. Social**	**5.380.000,00**

6) Elabore o demonstrativo de resultados do exercício para o primeiro ano de operações da empresa Legal e, na sequência, baseado nesse demonstrativo, elabore o balanço na data de um ano da empresa Legal. Vamos considerar que passou um ano, que a fábrica Legal fabricou apenas dois tipos de panetone: o panetone pequeno (500 gramas) e o panetone grande (1.200 gramas). As vendas da Legal nesse primeiro ano foram de 50 mil caixas de panetone pequeno e 80 mil caixas de panetone grande. Cada caixa do panetone pequeno foi vendida pelo preço de R$ 5,00 e cada caixa do panetone grande, por R$ 10,00. Considere que esse ano tivemos custos fixos (salários, aluguéis...) de R$ 620.000,00. Os custos variáveis são de R$ 0,90 por panetone pequeno e R$ 1,60 por panetone grande. A taxa de juros que pagamos sobre as dívidas é de 15% ao ano.

A alíquota do IR é 20% sobre o lucro. Considere também que houve necessidade de reinvestir parte dos resultados para fazer uma ampliação nas instalações e com essa ampliação gastamos R$ 600.000,00. Com essas considerações feitas, elabore um demonstrativo que mostre os resultados do exercício desse último ano.

Solução: DRE da empresa Legal para o primeiro ano de operações.

Vendas do panetone pequeno		150 mil unidades
Preço de venda do panetone pequeno		R$ 5,00
Vendas do panetone grande		200 mil unidades
Preço de venda do panetone grande		R$ 10,00
Faturamento		2.750.000,00 (a)
Custos fixos		620.000,00 (b)
Custos variáveis pequeno	R$ 0,90	135.000,00
Custos variáveis grande	R$ 1,60	320.000,00
Custos variáveis (total)		455.000,00 (c)
Lajir		1.675.000,00 Lajir = a – b – c
Juros	15%	207.000,00
Lair		1.468.000,00
IR	20%	293.600,00
Lucro líquido		1.174.400,00
Reinvestimentos		600.000,00
Dividendos		574.400,00

Solução: balanço da empresa Legal para a data final do ano 1.

O balanço projetado da empresa Legal (para a data de um ano)

Ativos da empresa		Passivos da empresa	
Caixa	200.000,00	Bancos	1.380.000,00
Equipamentos	2.500.000,00	Sócios cotas	4.000.000,00
Instalações	2.600.000,00	Lucros retidos	600.000,00
Licenças e projetos	680.000,00		
Total Ativos	**5.980.000,00**	**Total Passivos + Pat. Social**	**5.980.000,00**

Mercados financeiros

Capital próprio e capital de terceiros

Existem somente duas fontes primárias de capital para o financiamento de uma empresa: ou é fonte de capital próprio (sócios) ou é fonte de capital de terceiros (instituições financeiras, adiantamento de compradores, prazos para pagar dado por fornecedores...).

Na linguagem dos executivos financeiros, o capital próprio, ou seja, capital dos sócios, é simplesmente denominado S (onde S significa capital dos Sócios). O capital de terceiros, as dívidas, é simplesmente denominado D (onde D significa Dívidas).

Quando uma empresa iniciante começa, via de regra, a lógica da relação e do equilíbrio entre capital próprio e capital de terceiros é simples: disponibilidade × necessidade. Ou seja, os sócios se reúnem e veem quanto dispõem. Depois fazem um orçamento inicial para ver quanto irão precisar investir. Se os sócios têm capital suficiente, não recorrem aos bancos. Se o capital próprio é insuficiente, é usual financiar-se a diferença com capital de terceiros.

Quando a empresa cresce e está mais bem estabelecida, a escolha da relação entre capital próprio e capital de terceiros fica mais técnica. Existem benefícios em ter capital de terceiros financiando parte da empresa. A existência de capital de terceiros no regime de tributação pelo lucro real permite a dedução dos benefícios fiscais do imposto a pagar. Quando a empresa está nessa situação, já se preocupa em obter benefícios fiscais e escolhe, isto é, define como objetivo ter uma relação entre capital de terceiros e capital próprio, ou, na linguagem mais técnica, relação D/S que melhora os indicadores de desempenho financeiro e maximiza o valor da empresa.

Como vimos em nosso exemplo da Escolinha do Coelhinho da Páscoa, o capital total necessário será de R$ 480.000,00. A disponibilidade de capital por parte dos sócios é de apenas R$ 200.000,00; deduzimos então que precisamos obter um capital adicional de R$ 280.000,00 para financiar a criação da escola. Vamos recorrer ao mercado financeiro.

Mercado financeiro

O mercado financeiro é onde os agentes que têm recursos em excesso vão fazer suas aplicações e onde os agentes que têm necessidade de recursos vão solicitar empréstimos. Os mercados financeiros não criam nem destroem dinheiro, apenas intermediam operações de aplicação e tomada de recursos e com isso agilizam a economia de uma sociedade, pois fica "fácil" aplicar (e receber juros) e também pegar empréstimos para financiar máquinas, equipamentos e empresas (pagando juros).

Por esses serviços e para custear suas operações, as instituições financeiras cobram um *spread*, que é a diferença entre a taxa de aplicação e a taxa de captação.

Formas de títulos de renda fixa

Ao fazer aplicações financeiras de recursos que temos em excesso, nos habilitamos a receber o principal investido mais os juros. Ao tomar empréstimos, nos obrigamos a devolver o principal dos empréstimos mais os juros. Existem diferentes formas de realizar a devolução e a remuneração dos empréstimos. Vamos analisar, em detalhes, o perfil das cinco formas de aplicação e captação de empréstimos com terceiros (renda fixa) mais frequentes. Vamos ver a seguir exemplos numéricos de como é o perfil dos fluxos de investimentos e dos fluxos de recebimentos nessas diferentes formas de aplicação e captação de recursos no mercado financeiro.
1. Títulos prefixados com cupom
2. Títulos prefixados sem cupom (valor presente dado)
3. Títulos prefixados sem cupom (valor futuro dado)
4. Títulos pós-fixados sem cupom
5. Títulos pós-fixados com pagamento periódico de juros e CM (com cupom)
    onde CM, na linguagem dos financeiros, é Correção Monetária.

1. Títulos prefixados com cupom

Um título é lançado hoje e custa R$ 1.000,00. Esse título paga uma taxa de juros prefixados de 10% ao ano, com pagamentos periódicos dos juros (com cupom), e com prazo de vencimento de quatro anos.

O perfil de pagamentos desse título é:

T=0	t=1	t=2	t=3	t=4
-1.000	100	100	100	1.000 + 100

Explicando melhor:

O valor – 1.000 na data T = 0 significa que na data inicial da operação investimos (sinal negativo) mil reais.

O valor 100 na data T = 1 significa que na data igual a UM período após iniciada a operação vamos receber (sinal positivo) 100 reais, relativos aos juros desse primeiro período.

O valor 100 na data T = 2 significa que na data igual a DOIS períodos após iniciada a operação vamos receber (sinal positivo) 100 reais, relativos aos juros desse segundo período.

O valor 100 na data T = 3 significa que na data igual a TRÊS períodos após iniciada a operação vamos receber (sinal positivo) 100 reais, relativos aos juros desse terceiro período.

O valor 1.100 na data T = 4 significa que na data igual a QUATRO períodos após iniciada a operação vamos receber (sinal positivo) 100 reais, relativos aos juros desse quarto período, MAIS o principal da aplicação (os mil reais), pois esse é o último período e agora a aplicação termina.

2. Títulos prefixados sem cupom (valor presente dado)

Um título é lançado hoje e custa R$ 1.000,00. Esse título paga uma taxa de juros prefixadas de 10% ao ano, sem pagamentos periódicos dos juros (sem cupom) e com prazo de maturidade (vencimento) de quatro anos. Esse título paga ao investidor no final do prazo de maturidade o valor de face mais os juros acumulados do período.

O perfil de pagamentos desse título é:

T=0	t=1	t=2	t=3	t=4
-1.000	0	0	0	1.000 + 464,10

3. Títulos prefixados sem cupom (valor futuro dado)

Um título com valor de resgate R$ 1.000,00 paga uma taxa de juros prefixados de 10% ao ano, sem pagamentos periódicos dos juros (sem cupom) e com prazo de vencimento de quatro anos. A colocação do título no mercado na data do seu lançamento é com desconto. É desse desconto no pagamento inicial que vem o retorno do investidor.

O perfil de pagamentos deste título é:

T=0	t=1	t=2	t=3	t=4
-683,01	0	0	0	1.000

4. Títulos pós-fixados sem cupom

Um título é lançado hoje e custa R$ 1.000,00. Esse título paga uma taxa de juros de 8% ao ano, mais correção monetária pelo IGP, sem pagamentos periódicos dos juros (sem cupom) e com prazo de maturidade (vencimento) de quatro anos. Esse título paga ao investidor no final do prazo de maturidade o valor de face mais os juros acumulados do período e mais a correção monetária. Os juros e a correção monetária são capitalizados anualmente.

Considere que a taxa de inflação medida pelo IGP foi de:
Ano 1 – 6%
Ano 2 – 5,7%
Ano 3 – 5,2%
Ano 4 – 5,5%

O perfil de pagamentos desse título é:

T=0	t=1	t=2	t=3	t=4
-1.000	0	0	0	1.691,78

5. Títulos pós-fixados com pagamento periódico de juros e CM (com cupom)

Um título é lançado hoje e custa R$ 1.000,00. Esse título paga uma taxa de juros de 8% ao ano, mais correção monetária pelo IGP anualmente e com prazo de maturidade (vencimento) de quatro anos. Esse título paga ao investidor periodicamente ao final de cada período os juros do período e mais a correção monetária. Os juros e a correção monetária são capitalizados anualmente. Ao final do prazo de maturidade, o título paga ao investidor o principal mais os juros do último período.

Considere que a taxa de inflação medida pelo IGP foi de:
Ano 1 – 6%
Ano 2 – 5,7%
Ano 3 – 5,2%
Ano 4 – 5,5%
O perfil de pagamentos desse título é:

T=0	t=1	t=2	t=3	t=4
-1.000	144,80	141,56	136,16	1.139,40

Títulos individuais e carteiras de títulos

Uma carteira de títulos é um conjunto de títulos, não um único título. Investir em uma carteira de títulos ou investir em um único título são investimentos muito diferentes e que têm características próprias.

Quando o investidor investe em um título individual, não precisa de gestor. Quando o investidor investe em uma carteira composta por vários títulos individuais, precisa de gestor. A gestão de uma carteira tem custo. Existem prós e contras entre investir em um título ou investir em uma carteira.

Investindo em um título

Vamos exemplificar analisando o seguinte título.

Um título é lançado hoje e custa R$ 1.000,00. Esse título paga uma taxa de juros prefixados de 10% ao ano, com pagamentos periódicos dos juros (com cupom) e com prazo de vencimento de quatro anos.

O perfil de pagamentos desse título é:

T=0	t=1	t=2	t=3	t=4
-1.000	100	100	100	1.000 + 100

Se você ficar com o título até o vencimento, receberá exatamente o que foi acordado e fixado na data de compra do título. Entretanto, se você precisar se desfazer desse título antes do vencimento, poderá receber um valor maior ou menor, pois vai depender das taxas de juros do mercado na data da venda.

a) Simulação 1

Suponha que você precisa vender o título em t=1. Agora o seu título tem um prazo de vida até o vencimento de três anos (não mais quatro anos). Considere que as taxas de juros vigentes no mercado em t=1 para títulos com três anos de prazo sejam 12% ao ano.

Você vai vender esse título no mercado secundário para outro investidor que queira um título com três anos para o vencimento. Como seus juros são prefixados e a taxa de juros nesse momento é 12%, o valor presente desse título será:

FV = 1.000   PMT = 100
I = 12%   N = 3   PV = ?

Usando a calculadora financeira, obtemos PV = R$ 951,56.

b) Simulação 2

Suponha que você precisa vender o título em t=1. Agora seu título tem um prazo de vida até o vencimento de três anos (não mais quatro anos). Considere que as taxas de juros vigentes no mercado em t=1 para títulos com três anos de prazo sejam 10% ao ano.

Você vai vender esse título no mercado secundário para um outro investidor que queira um título com três anos para o vencimento. Como seus juros são prefixados e a taxa de juros neste momento é 10%, o valor presente desse título será:

FV = 1.000   PMT = 100
I = 10%   N = 3   PV = ?

Usando a calculadora financeira, obtemos PV = R$ 1.000,00.

Ou seja, se não houver mudanças nas taxas de juros, você receberá o valor de R$ 1.000,00 do seu título, nem mais nem menos.

c) Simulação 3

Suponha que você precisa vender o título em t=1. Agora seu título tem um prazo de vida até o vencimento de três anos (não mais quatro anos).

Considere que as taxas de juros vigentes no mercado em t=1 para títulos com três anos de prazo sejam 8% ao ano.

Você vai vender esse título no mercado secundário para outro investidor que queira um título com três anos para o vencimento. Como seus juros são prefixados e a taxa de juros nesse momento é 8%, o valor presente desse título será:

FV = 1.000   PMT = 100
I = 8%   N = 3   PV = ?

Usando a calculadora financeira, obtemos PV = R$ 1.051,54.

Investindo em uma carteira de títulos

Em uma carteira com muitos títulos, o gestor (pelo menos em teoria) nunca vai precisar liquidar um título antes da data do vencimento, pelas seguintes razões:

a) Todos os dias haverá títulos vencendo e pagando na conta do fundo de títulos o valor esperado.
b) Todos os dias haverá novos investidores aplicando novos recursos.
c) Todos os dias haverá antigos investidores querendo sacar recursos do fundo.

Uma das funções do gestor de um fundo de títulos (carteira) é gerenciar todos os dias essa conta:

- Recebimento dos resgates com vencimento no dia
- Recebimento das novas aplicações
- Pagamento dos saques solicitados pelos investidores antigos
- Aplicação do saldo do dia em novos títulos

Para realizar essas e outras funções, o gestor recebe um prêmio percentual sobre o rendimento dos fundos sob sua gestão.

Concluindo

Investindo em um título, diretamente, o investidor pode ganhar uma taxa de retorno maior se ficar até a data da maturidade (vencimento) do título.

Investindo em uma carteira de títulos, o investidor ganha uma taxa de retorno menor, porém não precisa se preocupar com a variação nas taxas de juros. Além disso, quando vende um título, o investidor vende o título todo. Quando vende uma cota de um fundo, vende apenas a parte necessária, não precisa vender tudo.

Lista de exercícios 2.2: conceituais

1) Quais são as cinco formas de títulos de renda fixa remunerarem os investidores?
2) Qual é a diferença entre investir em um título que pague juros de 12% ao ano ou investir em um fundo que pague juros de 12% ao ano?

Solução da lista de exercícios 2.2

1) Quais são as cinco formas de títulos de renda fixa remunerarem os investidores?
   Como o próprio nome diz, as formas de remunerar os investidores são estas a seguir:
   1. Títulos prefixados com cupom
   2. Títulos prefixados sem cupom (valor presente dado)
   3. Títulos prefixados sem cupom (valor futuro dado)
   4. Títulos pós-fixados sem cupom
   5. Títulos pós-fixados com pagamento periódico de juros e CM (com cupom)

2) Qual é a diferença entre investir em um título que pague juros de 12% ao ano ou investir em um fundo que pague juros de 12% ao ano?
   Investindo em um fundo o investidor não corre o risco de principal, nem de liquidez, nem de ter que vender tudo, caso precise fazer alguma retirada antes do prazo de vencimento do Título.

Lista de exercícios 2.3: numéricos aplicados a títulos

1) Um título é lançado hoje e, para investir, ou seja, adquirir esse título, o preço é R$ 100.000,00. Em outras palavras, esse título custa R$ 100.000,00.

Esse título promete pagar uma taxa de juros prefixada de 12% ao ano, sem pagamentos periódicos dos juros (isto quer dizer, sem cupom), e com prazo de maturidade, conhecido como prazo para vencimento, ou seja, o prazo de vida do título de três anos. Esse título paga ao investidor no final do prazo de maturidade o valor de face, os R$ 100.000,00 que você investiu inicialmente, mais os juros acumulados do período, tudo de uma vez ao final. O perfil periódico de pagamentos desse título é...

2) Um título é lançado hoje e custa R$ 1.000,00. Esse título paga uma taxa de juros prefixadas de 12% ao ano, com pagamentos periódicos dos juros (com cupom), e com prazo de vencimento de cinco anos. O perfil periódico de pagamentos desse título é...

3) Um título é lançado hoje e custa R$ 1.000,00. Esse título paga uma taxa de juros prefixados de 9% ao ano, sem pagamentos periódicos dos juros (sem cupom) e com prazo de maturidade (vencimento) de cinco anos. Esse título paga ao investidor no final do prazo de maturidade o valor de face mais os juros acumulados do período. O perfil periódico de pagamentos desse título é...

4) Um título com valor de resgate R$ 1.000,00 paga uma taxa de juros prefixados de 14% ao ano, sem pagamentos periódicos dos juros (sem cupom) e com prazo de vencimento de quatro anos. A colocação do título no mercado na data do seu lançamento é com desconto. É desse desconto no pagamento inicial que vem o retorno do investidor. O perfil periódico de pagamentos desse título é...

5) Um título é lançado hoje e custa R$ 1.000,00. Esse título paga uma taxa de juros de 8% ao ano, mais correção monetária pelo IGP, sem pagamentos periódicos dos juros (sem cupom) e com prazo de maturidade (vencimento) de quatro anos. Esse título paga ao investidor no final do prazo de maturidade o valor de face mais os juros acumulados do período e mais a correção monetária. Os juros e a correção monetária são capitalizados anualmente.

Considere que a taxa de inflação medida pelo IGP foi de:
Ano 1 – 4,2%   Ano 2 – 4,7%
Ano 3 – 4%   Ano 4 – 3,9%
O perfil periódico de pagamentos desse título é...

6) Um título é lançado hoje e custa R$ 1.000,00. Esse título paga uma taxa de juros de 12% ao ano, mais correção monetária pelo IGP, anualmente, e com prazo de maturidade (vencimento) de quatro anos. Esse título paga ao investidor no final do prazo de maturidade o valor de face mais os juros acumulados do período e mais a correção monetária. Os juros e a correção monetária são capitalizados anualmente.
Considere que a taxa de inflação medida pelo IGP foi de:
Ano 1 – 5,3%
Ano 2 – 4,7%
Ano 3 – 4,2%
Ano 4 – 4,5%
O perfil periódico de pagamentos desse título é...

7) Um título é lançado hoje e custa R$ 1.000,00. Esse título paga uma taxa de juros prefixados de 9% ao ano, com pagamentos periódicos dos juros (com cupom) e com prazo de vencimento de quatro anos.
Se você ficar com o título até o vencimento, receberá exatamente o que foi acordado e fixado na data de compra do título. Entretanto, se você precisar se desfazer desse título antes do vencimento, poderá mais ou menos, vai depender das taxas de juros do mercado na data da venda.

8) Continuação do exercício anterior. Suponha que você precisa vender o título em t=1. Agora seu título tem um prazo de vida até o vencimento de três anos (não mais quatro anos). Considere que as taxas de juros vigentes no mercado em t=1 para títulos com três anos de prazo sejam 11% ao ano.
Você vai vender esse título no mercado secundário para outro investidor que queira um título com três anos para o vencimento. Como seus juros são prefixados e a taxa de juros neste momento é 11%, o valor presente desse título será...

9) Continuação do exercício anterior. Suponha que você precisa vender o título em t=1. Agora seu título tem um prazo de vida até o vencimento de três anos (não mais quatro anos). Considere que as taxas de juros

vigentes no mercado em t=1 para títulos com três anos de prazo sejam 13% ao ano.

Você vai vender esse título no mercado secundário para outro investidor que queira um título com três anos para o vencimento. Como seus juros são prefixados e a taxa de juros neste momento é 13%, o valor presente desse título será...

10) Continuação do exercício anterior. Suponha que você precisa vender o título em t=1. Agora seu título tem um prazo de vida até o vencimento de três anos (não mais quatro anos). Considere que as taxas de juros vigentes no mercado em t=1 para títulos com três anos de prazo sejam 7% ao ano.

Você vai vender esse título no mercado secundário para outro investidor que queira um título com três anos para o vencimento. Como seus juros são prefixados e a taxa de juros neste momento é 7%, o valor presente desse título será...

Solução da lista de exercícios 2.3: numéricos aplicados a títulos

1) Um título é lançado hoje e, para investir, ou seja, adquirir esse título, o preço é R$ 100.000,00. Em outras palavras, esse título custa R$ 100.000,00. Esse título promete pagar uma taxa de juros prefixada de 12% ao ano, sem pagamentos periódicos dos juros (isto quer dizer, sem cupom), e com prazo de maturidade, conhecido como prazo para vencimento, ou seja, o prazo de vida do título de três anos. Esse título paga ao investidor no final do prazo de maturidade o valor de face, os R$ 100.000,00 que você investiu inicialmente, mais os juros acumulados do período, tudo de uma vez ao final. O perfil periódico de pagamentos desse título é...

Solução: passo a passo.

Você aplicou R$ 100.000,00 na data zero da sua operação de investimento. Ao final de primeiro ano você receberia R$ 100.000,00 × 12% = R$ 12.000,00 de juros se esse título pagasse juros periódicos (cupom). Mas, como o título não paga os juros periodicamente, esses juros são reinvestidos automaticamente e você, agora já no segundo ano da aplicação, vai ter investimentos de R$ 100.000,00 mais os juros de R$ 12.000,00. Ou seja, R$ 112.000,00 na aplicação.

Ao final de segundo ano, você receberia R$ 112.000,00 × 12% = R$ 13.440,00 de juros se esse título pagasse juros periódicos (cupom). Mas, como o título não paga os juros periodicamente, esses juros são reinvestidos automaticamente e você, agora já no terceiro ano da aplicação, vai ter investimentos de R$ 112.000,00 mais os juros de R$ 13.440,00. Ou seja, R$ 125.440,00 na aplicação.

Ao final d0 terceiro ano você receberá R$ 125.440,00 × 12% = R$ 15.052,80 de juros, pois foi o último período de aplicação, e mais os R$ 125.440,00, ou seja, vai receber um total de R$ 140.492,80.

Para os alunos iniciantes, podemos ver de outra forma: ao final do terceiro ano você vai receber o principal aplicado inicialmente na data zero, os R$ 100.000,00, mais os juros do primeiro período (R$ 12.000,00), mais os juros do segundo período (R$ 13.440,00), mais os juros do terceiro período (R$ 15.052,80). Ou seja: 100.000,00 + 12.000,00 + 13.440,00 + 15.052,80 = 140.492,80.

Resposta:

t=0	t=1	t=2	t=3
- 100.000	0	0	140.492,80

2) Um título é lançado hoje e custa R$ 1.000,00. Esse título paga uma taxa de juros prefixada de 12% ao ano, com pagamentos periódicos dos juros (com cupom), e com prazo de vencimento de cinco anos. O perfil periódico de pagamentos desse título é...

Resposta:

t=0	t=1	t=2	t=3	t=4	t=5
- 1.000	120	120	120	120	1.120

3) Um título é lançado hoje e custa R$ 1.000,00. Esse título paga uma taxa de juros prefixados de 9% ao ano, sem pagamentos periódicos dos juros (sem cupom) e com prazo de maturidade (vencimento) de cinco

anos. Esse título paga ao investidor no final do prazo de maturidade o valor de face mais os juros acumulados do período. O perfil periódico de pagamentos desse título é...

Resposta:

t=0	t=1	t=2	t=3	t=4	t=5
- 1.000	0	0	0	0	1.538,62

4) Um título com valor de resgate R$ 1.000,00 paga uma taxa de juros prefixados de 14% ao ano, sem pagamentos periódicos dos juros (sem cupom) e com prazo de vencimento de quatro anos. A colocação do título no mercado na data do seu lançamento é com desconto. É desse desconto no pagamento inicial que vem o retorno do investidor. O perfil periódico de pagamentos desse título é...

Resposta:

t=0	t=1	t=2	t=3	t=4	t=5
- 592,08	0	0	0	0	1.000,00

5) Um título é lançado hoje e custa R$ 1.000,00. Esse título paga uma taxa de juros de 8% ao ano, mais correção monetária pelo IGP, sem pagamentos periódicos dos juros (sem cupom), e com prazo de maturidade (vencimento) de 4 anos. Esse título paga ao investidor no final do prazo de maturidade o valor de face mais os juros acumulados do período e mais a correção monetária. Os juros e a correção monetária são capitalizados anualmente.

Considere que a taxa de inflação medida pelo IGP foi de

Ano 1 – 4,2%   Ano 2 – 4,7%
Ano 3 – 4%   Ano 4 – 3,9%

O perfil periódico de pagamentos desse título é..............

Resposta:

t=0	t=1	t=2	t=3	t=4
- 1.000	0	0	0	1.603,83

6) Um título é lançado hoje e custa R$ 1.000,00. Esse título paga uma taxa de juros de 12% ao ano, mais correção monetária pelo IGP, anualmente,

e com prazo de maturidade (vencimento) de quatro anos. Esse título paga ao investidor no final do prazo de maturidade o valor de face mais os juros acumulados do período e mais a correção monetária. Os juros e a correção monetária são capitalizados anualmente.
Considere que a taxa de inflação medida pelo IGP foi de:
Ano 1 – 5,3%
Ano 2 – 4,7%
Ano 3 – 4,2%
Ano 4 – 4,5%
O perfil periódico pagamentos desse título é...
Resposta:

t=0	t=1	t=2	t=3	t=4
-1.000	0	0	0	1.888,99

7) Um título é lançado hoje e custa R$ 1.000,00. Esse título paga uma taxa de juros prefixados de 9% ao ano, com pagamentos periódicos dos juros (com cupom) e com prazo de vencimento de quatro anos.
Se você ficar com o título até o vencimento, receberá exatamente o que foi acordado e fixado na data de compra do título. Entretanto, se você precisar se desfazer desse título antes do vencimento, poderá mais ou menos, vai depender das taxas de juros do mercado na data da venda. Resolva os problemas a seguir, todos relativos a esse enunciado.

8) Continuação do exercício anterior. Suponha que você precisa vender o título em t=1. Agora seu título tem um prazo de vida até o vencimento de três anos (não mais quatro anos). Considere que as taxas de juros vigentes no mercado em t=1 para títulos com três anos de prazo sejam 11% ao ano.
Você vai vender esse título no mercado secundário para outro investidor que queira um título com três anos para o vencimento. Como seus juros são prefixados e a taxa de juros neste momento é 11%, o valor presente desse título será...
Solução:
Na situação BASE temos o seguinte cenário:

t=0	t=1	t=2	t=3	t=4
- 1.000	90	90	90	1.090

Vendendo esse título em t=1 teremos o seguinte cenário:

t=0	t=1	t=2	t=3	t=4
Valor (t=1)	?	90	90	1.090

Calculando o valor desse título para venda em t=1 teremos:

90 > PMT   1000 > FV
11% > i   3 > n
PV = ? e então obtemos PV = 951,12

Resposta: o valor desse título para venda em t=1 será R$ 951,12.

9) Continuação do exercício anterior. Suponha que você precisa vender o título em t=1. Agora seu título tem um prazo de vida até o vencimento de três anos (não mais quatro anos). Considere que as taxas de juros vigentes no mercado em t=1 para títulos com três anos de prazo sejam 13% ao ano.

Você vai vender esse título no mercado secundário para outro investidor que queira um título com três anos para o vencimento. Como seus juros são prefixados e a taxa de juros neste momento é 13%, o valor presente desse título será...

Solução:

Na situação BASE temos o seguinte cenário:

t=0	t=1	t=2	t=3	t=4
- 1.000	90	90	90	1.090

Vendendo esse título em t=1 teremos o seguinte cenário:

t=0	t=1	t=2	t=3	t=4
Valor (t=1)	?	90	90	1.090

Calculando o valor desse título para venda em t=1 teremos:

90 > PMT   1000 >   FV
13% > i   3 > n
PV = ? e então obtemos PV = 905,55

Resposta: o valor desse título para venda em t=1 será R$ 905,55.

10) Continuação do exercício anterior. Suponha que você precisa vender o título em t=1. Agora seu título tem um prazo de vida até o vencimento

de três anos (não mais quatro anos). Considere que as taxas de juros vigentes no mercado em t=1 para títulos com três anos de prazo sejam 7% ao ano.

Você vai vender esse título no mercado secundário para outro investidor que queira um título com três anos para o vencimento. Como seus juros são prefixados e a taxa de juros neste momento é 7%, o valor presente desse título será...

Solução:

Na situação BASE temos o seguinte cenário:

t=0	t=1	t=2	t=3	t=4
- 1.000	90	90	90	1.090

Vendendo este título em t=1 teremos o seguinte cenário:

t=0	t=1	t=2	t=3	t=4
Valor (t=1)	?	90	90	1.090

Calculando o valor desse título para venda em t=1 teremos:

90	PMT	1000	FV
7%	i	3	n

PV = ? e então obtemos PV = 1.052,4863.

Resposta: o valor desse título para venda em t=1 será R$ 1.052,49.

Controlando, auditando e monitorando

No dia a dia da empresa, os executivos, gerentes, supervisores, diretores e presidentes "tocam" o negócio. Porém devemos nos lembrar que existe o problema do agente (um conflito de interesses). Então, de tempos em tempos (mês a mês ou trimestre a trimestre ou espaços mais curtos) os proprietários da empresa, donos, sócios, querem e precisam saber como está a saúde da empresa.

Analisando os demonstrativos contábeis e os números das empresas, podemos verificar muitos aspectos incluindo, por exemplo:

❏ Como estão as vendas da empresa (quantidade, margens e taxas de retorno)
❏ Como estão as contas a receber e contas a pagar (prazos e volumes)
❏ Como está a liquidez e o endividamento da empresa (aumentando ou diminuindo)

❑ Como está o retorno sobre os ativos e o retorno sobre o capital investido

Acompanhando de perto a saúde financeira da empresa, podemos controlar melhor as sociedades. Por essa razão, todo um arcabouço estruturado e articulado existe para controlar e monitorar a gestão das empresas. Podemos dizer que no mundo de hoje, com as empresas de auditoria e controladoria monitorando "em cima", com os controles conhecidos e com a informatização das atividades diárias das empresas, as fraudes contra os sócios só acontecem com a ingerência direta e com o conhecimento, autorização ou comando explícito dos altos executivos. Com os atuais sistemas de controle e mecanismos disponíveis, foi-se o tempo em que um supervisor ou um gerente "desviava" o estoque e ninguém conseguia descobrir o que aconteceu.

Por essa razão, o foco dos proprietários é na escolha dos altos gestores (CEOs) e no acompanhamento da gestão com os mecanismos citados. Enquanto os gestores atingirem as metas estipuladas pelos proprietários, seus empregos estarão garantidos. Quando os resultados forem diferentes do esperado pelos proprietários, troca-se o gestor.

Governança corporativa

A governança corporativa é o controle das sociedades. Vale para grandes empresas e para pequenas empresas. Nas pequenas empresas os investidores costumam estar mais próximos e por isso mesmo eles próprios já exercem em muitos casos boa parte do controle dessas sociedades menores.

A necessidade de uma governança eficaz é muito mais premente nas grandes empresas, onde os investidores naturalmente estão mais distantes e afastados. Então, nas grandes sociedades, a preocupação com uma estrutura apropriada para controlar o que acontece na empresa é muito maior. Por essa razão, nas últimas décadas está crescendo o interesse dos investidores em escolher investir, e dos credores em preferir emprestar recursos, nas empresas que apresentam um sistema de governança corporativa.

Governança corporativa (português brasileiro) ou governo das sociedades ou das empresas (português europeu) é o conjunto de processos, costumes, políticas, leis, regulamentos e instituições que regulam a maneira como uma empresa é dirigida, administrada ou controlada. O termo inclui também o estudo sobre as relações entre os diversos atores envolvidos (os *stakeholders*) e os objetivos pelos quais a empresa se orienta. Os principais atores tipicamente são os acionistas, a alta administração e o conselho de administração. Outros participantes da governança corporativa incluem os funcionários, fornecedores, clientes, bancos e outros credores, instituições reguladoras (como a CVM, o Banco Central etc.) e a comunidade em geral.

- Governança corporativa é o sistema usado para dirigir e controlar uma sociedade por ações ou uma empresa pequena.
- Governança corporativa ou governo das sociedades ou das empresas é o conjunto de processos, costumes, políticas, leis, regulamentos e instituições que regulam a maneira como uma empresa é dirigida, administrada ou controlada.
- A expressão "governança corporativa" inclui também o estudo sobre as relações entre os diversos interessados envolvidos (*stakeholders*) e os objetivos pelos quais a empresa se orienta. Os principais interessados tipicamente são os acionistas, a alta administração e o conselho de administração.
- Outros participantes da governança corporativa incluem funcionários, fornecedores, clientes, bancos e outros credores, instituições reguladoras (como a CVM, o Banco Central etc.) e até mesmo a comunidade em geral.

Responsabilidade social

De forma genérica, podemos dizer que responsabilidade social das empresas e das organizações em geral é o conjunto amplo de ações das empresas com o objetivo de beneficiar a sociedade local, levando em consideração a economia, educação, meio ambiente, saúde, transporte, moradia, atividades locais e governo. Essas ações otimizam ou criam programas sociais, trazendo benefício mútuo entre a empresa e a sociedade, melhorando a qualidade de vida dos funcionários na atuação na empresa e melhorando a qualidade de vida da própria população.

É a forma ética de gestão que a organização tem com suas partes interessadas, de modo a minimizar seus impactos negativos no meio ambiente e na comunidade. Ser ético e transparente quer dizer conhecer e considerar todos os envolvidos (*stakeholders*) mantendo permanente canal de diálogo.

Responsabilidade social é um conceito pelo qual as empresas contribuem de forma espontânea para uma sociedade mais justa e para um ambiente mais limpo. Responsabilidade social diz respeito ao cumprimento dos deveres e obrigações dos indivíduos e empresas para com a sociedade em geral. Para tratarmos de responsabilidade social, precisamos inicialmente definir melhor para o leitor o que é e quais são as diferenças entre comunidade, sociedade e população.

Dicionário: comunidade, sociedade e população

Dentro da sociologia, as uniões sociais mais comuns são a comunidade e a sociedade. A forma de convivência caracteriza os grupos sociais e, dependendo do tipo de relações estabelecidas entre os indivíduos, esses grupos poderão se distinguir.

A comunidade é a forma de viver junto, de modo íntimo, privado e exclusivo. É a forma de se estabelecerem relações de troca, necessárias para o ser humano, de uma maneira mais íntima e marcada por contatos primários. As comunidades geralmente são grupos formados por pessoas com um elo em comum que pode ser, por exemplo: mesma religião, mesma família, amigos e vizinhos, mesmo time de futebol, de forma que possuem um grau de identificação ou proximidade uns com os outros. Nas comunidades, as normas de convivência e de conduta de seus membros estão interligadas à tradição, hábitos, costumes, consenso e respeito mútuo. Resumindo, comunidade pode ser entendida como um conjunto de seres vivos inter-relacionados.

Sociedade é uma grande união de grupos sociais marcada pelas relações de troca, porém de forma não pessoal, racional e com contatos sociais secundários e impessoais. Na sociedade não existem agrupamentos por elos, prevalecendo os acordos racionais de interesses. Na sociedade, não há o estabelecimento de relações pessoais e, na maioria das vezes, não há preocupação nem um elo de identificação com o outro indivíduo, fato que marca a comunidade.

Uma diferenciação clara entre comunidade e sociedade é quando uma pessoa negocia a venda de uma casa, por exemplo, com um familiar, vizinho ou amigo (comunidade) e com um desconhecido (sociedade). Logicamente, as relações irão ser bastante distintas entre os dois negócios: no negócio com um familiar irão prevalecer as relações emotivas e de exclusividade; enquanto na negociação com um desconhecido, o que irá valer é o uso da razão.

Uma população é o conjunto de pessoas ou organismos humanos ou não, de uma mesma espécie, que habitam uma determinada área, num espaço de tempo definido. Desse modo, em relação aos seres humanos, população pode ser definida como todos os habitantes de um determinado espaço, como uma região, país ou área, considerados no seu conjunto.

Por isso, é fundamental haver um aparato de leis e normas para regular a conduta dos indivíduos que vivem em sociedade, tendo no Estado um forte aparato burocrático, controlador e central nesse sentido.

Desenvolvimento sustentável

Desenvolvimento sustentável é a forma de desenvolvimento na qual as organizações se planejam com preocupações multidimensionais para que a organização possa manter no longo prazo suas operações de uma forma socialmente responsável. Em outras palavras, desenvolvimento sustentável é aquele onde a empresa se mantém indefinidamente, gerando resultados para seus investidores, mantendo ou melhorando o meio ambiente, mantendo ou melhorando a qualidade de vida dos envolvidos, assegurando os direitos civis, políticos, econômicos, sociais e culturais, na medida em que todos os envolvidos fazem parte de um sistema onde a sociedade como um todo se beneficia com o desenvolvimento.

Podemos ilustrar com a seguinte situação: uma empresa é responsável social quando retribui à sociedade por algo alcançado ou permitido, que causou impacto ou modificou hábitos e costumes do local ou dos habitantes do local que recebe o impacto.

Exemplo: a construção de fábrica em determinada cidade em um espaço que era utilizado como pasto para animais. Como compensar aos habitantes nativos e a natureza por essa "invasão"?

Resposta: atos continuados para de forma adequada compatibilizar e compensar a perda dos antigos moradores tais como: utilização de tecnologias não poluentes na construção e nas futuras operações da fábrica. Reciclagem, treinamento, formação e preparação de contingentes de mão de obra local para assumir postos na nova fábrica. E também atos de prestação de contas à sociedade e ao governo local, para mostrar que, mesmo com as isenções de impostos (geralmente de IPTU e ISS oferecidas pelas prefeituras para atrair investimentos), os benefícios para a sociedade são inúmeros, como: geração de novos empregos diretos e indiretos mais bem pagos que os anteriores; melhoria da qualidade de vida da população; geração e recolhimento dos impostos ICMS, IPVA, Renda, IOF, trabalhistas; atração de outros investimentos correlatos pela atração de todo o universo de apoio à nova fábrica (fornecedores, prestadores de serviços, construção de creches, escolas...).

Dessa forma, a empresa pode demonstrar que proporciona um enriquecimento para a sociedade local muito maior do que as isenções de alguns impostos e o sacrifício inicial de alguma mudança de hábitos na população.

Lei Sarbanes-Oxley, de 2002

Antigamente, cada país, às vezes cada estado ou região, tinha uma regra contábil diferente que regulava como as empresas deveriam mostrar e comunicar suas atividades e seus números para os investidores e para o fisco. Isso proporcionava um ambiente confuso e propenso a fraudes.

A contabilidade está mudando muito para tornar as demonstrações financeiras mais claras, mais uniformes e para isso uma série de regras empurra as diversas práticas contábeis no sentido de uma convergência de normas e regras.

- Até o ano 2000, inúmeras fraudes financeiras foram cometidas e acobertadas por falta de comunicação, ou melhor, por falta de uma obrigação de haver formas e canais de comunicação.
- A Lei Sarbanes-Oxley (SOX), votada no congresso americano em 2002, vem para resolver este problema; a SOX estabelece uma série de princípios, regras, posturas e normas.
- A SOX estabelece os conselhos de monitoramento e acompanhamento dos setores de contabilidade das empresas, estabelece regulamentos e controles muito mais rígidos para processos de auditoria, estabelece penalidades maiores para executivos que fraudem, maiores exigências de divulgação contábil, diretrizes éticas aplicáveis aos diretores das empresas, diretrizes quanto à estrutura e composição dos conselhos de administração, estabelecimento de diretrizes quando a conflito de interesses envolvendo analistas, divulgação imediata e obrigatória de venda de ações por parte dos executivos de uma empresa, e aumento da autoridade reguladora de títulos, além de um maior orçamento para gastos (investimento?) com auditores e investigadores.

Lista de exercícios 2.4: conceituais

1) O que é governança corporativa?
2) O que é responsabilidade social?
3) Do que trata a Lei Sarbanes-Oxley?
4) O que é desenvolvimento sustentável? Forneça um exemplo.

Solução dos exercícios 2.4: conceituais

Ver no próprio texto deste capítulo.
As perguntas foram construídas em cima dos títulos dos itens.

Capítulo 3A
Os personagens discutem os riscos

O planejamento da nova empresa

Nossos amigos marcaram uma nova reunião para decidir os próximos passos. Todos evoluíram muito, agora as perguntas são outras.

- Na prática, como montamos uma empresa de verdade?
- O que é e como funciona a relação risco × retorno?
- Como é o comportamento "típico" de um investidor?
- Como determinamos as taxas de retorno adequadas aos diferentes negócios e diferentes investidores?

Nos capítulos anteriores, os amigos Maria, José, Ana, Paulo e Isabel resolveram montar uma empresa, que esperam seja lucrativa, sob a forma de uma empresa limitada, operando no regime de lucro presumido. Foi a hora de fazer nascer a ideia da empresa. Foi a hora de começar a pensar e colocar as mãos à obra: escolheram fabricar sanduíches para vender às empresas aéreas, fizeram um orçamento realista... Agora vamos dar mais um passo à frente, as perguntas e preocupações dos nossos amigos mudaram. Agora eles querem colocar para funcionar!!!

Na prática, no mundo REAL, como abrimos uma empresa?

Para abrir a reunião de hoje, Isabel fez a pergunta que todos fazem. Ela perguntou: "Alguém aqui sabe me dizer, na prática, no mundo real, no dia a dia, qual é o passo a passo de como montamos uma empresa? Por favor, versão para leigos!!!!".

"É a minha especialidade", José se ofereceu para dar uma aula:

Vamos falar sobre como oficializar uma empresa perante a sociedade e o governo. Temos que fazer um contrato social para constituir a empresa. É um documento, um contrato feito em papel, onde se descreve como será a empresa que resolveram constituir. Apresenta os sócios (qualificações dos sócios tais como nome, nacionalidade, profissão...), escreve os objetivos, quais as finalidades, quais condições e então todos os sócios rubricam em todas as páginas e assinam por extenso na última página, colocando a data no documento.

Uma vez com o contrato social de constituição da empresa pronto e assinado, devemos observar quais são as regras locais, para efeitos de registro desse contrato. Dependendo do local, da atividade da empresa e da época, pode ser: registrar no cartório, ou registrar na junta comercial local. Com esse procedimento burocrático, para todos os efeitos, inicia a "vida" oficial e pública da empresa.

O que é um contrato social de constituição de uma empresa?

Na prática, uma vez que nossos amigos já decidiram a forma de constituição da empresa, por uma empresa sob a forma de sociedade limitada, devemos procurar um advogado para que ele escreva o que chamamos de CONTRATO SOCIAL DE CONSTITUIÇÃO DA EMPRESA, depois devemos registar o contrato na junta comercial do estado e enviar para um despachante providenciar os diversos registros nos órgãos públicos, municipais, estaduais e federais.

José pediu desculpas aos sócios que já conhecem contratos e pediu para mostrar um exemplo bem simples do que seria um contrato. José resolveu mostrar um exemplo bem simples de um contrato social que havia trabalhado no passado apenas com o intuito de ilustrar quem nunca viu um contrato desses antes. Um contrato social pode iniciar com os seguintes dizeres:

Contrato Social da Sociedade Limitada denominada "Maria & José Sanduíches Voadores LTDA."

São partes neste instrumento particular (seguem as qualificações):

Maria da Silva, brasileira, casada, economista, nascida em... cidade... estado..., na data 00/00/1900... Maurício dos Anzóis, brasileiro, administrador, solteiro, médico...

Ana da Venda, brasileira, viúva, contadora... Zé do Bode, brasileiro, engenheiro.... Helena da Escola, brasileira, advogada, solteira...

Pelo presente instrumento particular, e na melhor forma de direito, os sócios acima devidamente qualificados resolvem constituir uma sociedade limitada, mediante as seguintes cláusulas e condições:

CAPÍTULO I — Da denominação, objeto, sede e prazo de duração

CLÁUSULA PRIMEIRA — A sociedade simples limitada vai funcionar por tempo indeterminado, sob a denominação social de **"Maria & José Sanduíches Voadores LTDA."**.

CLÁUSULA SEGUNDA — A sociedade tem por objeto social a prestação dos seguintes serviços:
a) Fabricação e manufatura de sanduíches.
b) Comercialização e venda de sanduíches.
c) Representação comercial de alimentos e congêneres.

CLÁUSULA TERCEIRA — A sociedade tem a sua sede na av. Principal, 1000 — Centro — Rio de Janeiro — RJ — CEP: 20.000-000, podendo, ainda, estabelecer filiais ou sucursais em qualquer ponto do território nacional, obedecendo as disposições legais vigentes.

CAPÍTULO II — Do Capital e das Quotas

CLÁUSULA PRIMEIRA — O capital social subscrito é de R$ 10.000,00 (dez mil reais), dividido e representado por 10.000 (dez mil) quotas no valor nominal de R$ 1,00 (hum real) cada uma, totalmente integralizado neste ato, em moeda corrente do país e assim distribuído entre os sócios:

SÓCIO	Nº QUOTAS	VALOR EM R$	%
Maria da Silva	1.000	R$ 1.000,00	10%
Maurício dos Anzóis	2.000	R$ 2.000,00	20%
Ana da Venda	1.000	R$ 1.000,00	10%
Zé do Bode	4.000	R$ 4.000,00	40%
Helena da Escola	2.000	R$ 2.000,00	20%
Totais	**10.000**	**R$ 10.000,00**	**100,00%**

Parágrafo único — A responsabilidade de cada sócio é restrita ao valor de suas quotas, mas todos respondem solidariamente pela integralização do capital social.

CAPÍTULO III — Da Administração

CLÁUSULA PRIMEIRA — A administração da sociedade será exercida por tempo indeterminado, em conjunto ou isoladamente, pelos sócios ANA e HELENA, podendo, a qualquer tempo, serem admitidos administradores não sócios, nos termos do artigo XYZW do Código Civil Brasileiro.

§ 1º Os administradores têm os poderes gerais para praticar todos os atos pertinentes à gestão da sociedade.

CAPÍTULO III — Da Administração

CLÁUSULA PRIMEIRA — zzzzzzzzz............ zzzzzz...... zz..
Etc... Etc... Etc...
Cidade, data,
Assinaturas

Ao final, José contente perguntou: "Gostaram?".

Ana, Paulo, Isabel e Maria bateram palmas!!! Disseram que gostaram muito dessa aula e também que não tinham a menor ideia de que era dessa forma que se fazia a oficialização de uma empresa. Paulo então disse: "Que bom que reconhecem que não sabiam, só mesmo dessa forma estamos aptos a aprender coisas novas...". E completa: "Conforme Sócrates (filósofo grego, 469 a.C. – 399 a.C.) dizia: 'só sei que nada sei'. E disse mais: 'Somente os verdadeiramente ignorantes acham que já sabem o suficiente'".

Queremos mais!!!... E, depois, o que precisamos fazer? E José continuou: "A partir deste passo inicial que é a criação da empresa por meio de um contrato social e devidamente registrado, vamos em frente...".

Alvará de funcionamento e localização

A prefeitura local é que vai conceder o alvará para funcionamento. O alvará é uma licença concedida pela prefeitura, permitindo a localização e o funcionamento de estabelecimentos comerciais, industriais, agrícolas, prestadores de serviços, bem como de sociedades, instituições e associações de qualquer natureza, vinculadas a pessoas físicas ou jurídicas. Quais são os documentos exigidos para obtenção do alvará? Cópia de contrato social de constituição da empresa devidamente registrado, cópia do IPTU referente ao imóvel onde a empresa vai se instalar, planta do referido imóvel aprovada com o respectivo "Habite-se" e auto de vistoria. Então vamos precisar ter muita atenção ao escolher o local para instalar a empresa, pois tem que ser um imóvel com habite-se e que permita a atividade da nossa empresa!

CNPJ: registro na Receita Federal

Na sequência, vamos precisar registrar a empresa na Secretaria da Receita Federal local para obter um número de CNPJ. Com esse número de CNPJ sua empresa torna-se perante o fisco uma empresa cadastrada. Entre outros documentos, serão exigidos para obter o registro na receita federal e poder receber o número do CNPJ: cópia do contrato social, cópia do alvará de funcionamento (documento de endereço e localização), documentação da pessoa física do sócio que vai ficar como responsável perante o fisco.

Conta da empresa no banco

O próximo passo agora é abrir a sua conta no banco, para sua empresa poder pagar e receber.

O banco que você escolher para abrir a conta da empresa, entre outros documentos, vai exigir para abertura da conta: cópia do contrato social, cópia do alvará de funcionamento (documento de endereço e localização), cópia do registro do CNPJ.

O medo do empresário: será que vai dar certo?

Com o andamento das reuniões e as perguntas sendo feitas e respondidas, Isabel e Maria estão muito apreensivas. Vamos criar uma empresa e vamos investir! Mas... teremos retorno? O retorno será bom? Será que vamos nos arrepender?

Essas são dúvidas e perguntas que perseguem e atormentam muitos investidores e empreendedores. São dúvidas e perguntas normais e frequentes. José procurou ser didático para acalmar os amigos e esclarecer como se fazem os primeiros passos de uma empresa:

> Para colocarmos uma empresa que já existe no papel, isto é, que tem contrato social e um bom plano de negócios, precisamos investir recursos. E os investimentos devem proporcionar retorno adequado. Desde os primórdios da história da humanidade que os investimentos e esforços em trabalho e recursos materiais são realizados com vistas a obter alguma forma de retorno. Quando o homem das cavernas investia tempo e esforço fazendo uma flecha, esperava obter em retorno uma facilidade na hora de caçar. Quando desenhava uma figura rupestre nas paredes de suas cavernas, esperava obter como retorno o prazer de ter uma caverna decorada. Quando investia na elaboração de uma vestimenta feita de pele de animais, esperava obter como retorno a satisfação de não passar muito frio à noite. Então, quando uma pessoa aplica seu tempo, talento, conhecimento, dinheiro, ou qualquer outro ativo em um projeto de investimento, espera obter um retorno adequado e proporcional aos recursos aplicados.

O que é a taxa de retorno? Como determinar a taxa de retorno?

Uma questão que aflige muitos novos empreendedores é entender o que é uma taxa de retorno e como calcular essa taxa. Os sócios e os investidores querem saber qual a taxa de retorno estão recebendo dos seus investimentos para saber se fizeram um bom investimento ou não. Se os sócios ou investidores acharem que não fizeram um bom investimento, por não estarem recebendo uma adequada taxa de retorno, podem simplesmente mudar de investimento, vendendo as ações ou fechando o negócio e investindo seus recursos em outro lugar (outro ativo).

Por exemplo: se Ana aplicar R$ 1.000,00 na caderneta de poupança do banco Amarelo, vai querer saber qual é a taxa de retorno que estará recebendo. Vamos supor que o banco Amarelo informe à Ana que a taxa de retorno que a caderneta de poupança paga é 7% ao ano. Então, agora Ana vai querer saber qual a taxa de retorno que os outros bancos no mercado pagam para seus investidores em investimentos similares, isto é, aplicações em caderneta de poupança. Vamos considerar que obtemos as seguintes informações para Ana:

- Banco Azul remunera a caderneta de poupança com a taxa de 9,1% ao ano
- Banco Verde remunera a caderneta de poupança com a taxa de 9,4% ao ano
- Banco Marrom remunera a caderneta de poupança com a taxa de 9,2% ao ano

Ana, sabendo dessas informações, pode tomar sua decisão: muda a aplicação dela ou permanece como está?

Com esse exemplo ficou mais fácil de entender?

Voltando ao nosso negócio da fábrica de sanduíches, Maria, José e Isabel estão interessados em saber qual é taxa de retorno que esse negócio vai poder proporcionar a eles. Paulo explicou o seguinte: "Existe a taxa de retorno que o negócio efetivamente proporciona, e existe a taxa de retorno que o negócio deveria proporcionar. A taxa de retorno que o negócio deve proporcionar é função do risco do negócio e pode ser obtida usando o modelo CAPM para determinar a taxa de retorno adequada ao risco do negócio".

A taxa de retorno que o negócio deve proporcionar pode também ser obtida por comparação com negócios similares bem administrados que proporcionam bons retornos aos seus investidores. Essa é a taxa de retorno praticada no mercado que o seu negócio pode esperar obter. É um modo aproximado de se calcular a taxa de retorno adequada. Existe a taxa de retorno que efetivamente o seu negócio vai render. Devemos medir esse retorno efetivo após suas operações iniciarem. Pode ser mais, pode ser menos. Vejamos.

Se for uma taxa de retorno maior do que o mercado está habituado a praticar, ou você descobriu alguma forma de ser mais eficiente e eficaz do que os concorrentes do mercado, ou você está esquecendo de pagar algum imposto, alguma taxa, algum tributo, ou fazendo alguma conta reserva do tipo férias e décimo terceiro dos funcionários. Podemos dizer que dificilmente principiantes administram melhor do que executivos antigos e experientes no ramo. Se for uma taxa de retorno menor do que a do mercado, você certamente deverá procurar onde estão suas perdas para ir melhorando. Analise as receitas e despesas, confira os estoques, refaça os cálculos, entre outras providências. Não se preocupe muito, podemos dizer que é o cenário mais provável no início de um negócio novo. Enquanto não começarmos as operações, devemos fazer os cálculos da taxa de retorno adequada a esse negócio.

Comportamento típico do investidor em relação ao retorno

O investidor típico é insaciável em relação ao retorno. Isso significa que, ao escolher entre dois investimentos que apresentam o mesmo risco, o investidor vai escolher os dois. E, se tiver que escolher apenas UM, vai escolher aquele investimento que paga o maior retorno. Quanto mais retorno, melhor!

Comportamento típico do investidor em relação ao risco

O investidor típico é avesso ao risco. Isso significa que, ao escolher entre dois investimentos que remuneram a mesma taxa de retorno, o investidor vai escolher aquele investimento com menor risco. Portanto, o investidor cobra retornos adicionais por assumir riscos adicionais (isto é, espera maior retorno).

Colocando esse comportamento em um gráfico obtemos a seguinte figura. As taxas de retorno são sempre função direta do risco dos investimentos.

A relação risco & retorno

Diariamente, diretores, gerentes, gestores, executivos e *controlers* têm que tomar decisões em ambiente de incerteza. Decisões financeiras envolvem decidir hoje, para investir hoje, com base em dados, informações e eventos que podem mudar no futuro, para esperar receber retorno no futuro. O problema é que não temos controle sobre o futuro e não somos bons em prever o futuro.

Finanças, finanças corporativas, finanças empresariais são nomes de uma ciência não exata, pois trabalha com a variável FUTURO. A matemática é uma ciência EXATA que para nós, em finanças, serve como uma ferramenta. Porém, posto que os dados e as informações que usamos são projeções e expectativas, os resultados que obtemos de nossas fórmulas e contas não são exatos nem garantidos.

Dicionário das taxas

Taxas das operações financeiras: aplicações e captações — definições e comparações

A língua portuguesa é muito rica e generosa em nomes diferentes para os mesmos objetos. No mercado encontramos muitas denominações para as taxas, porém no fundo significam quase sempre o mesmo. Vejamos os seguintes exemplos.

Taxa de retorno

A taxa de retorno é a taxa que esperamos obter como retorno de uma aplicação ou investimento. Considere que um investidor, você, por exemplo, aplica R$ 400.000,00 em um investimento e recebe após um ano, além do principal (R$ 400.000,00), um retorno de R$ 60.000,00 como remuneração pela aplicação. Você pode afirmar que recebeu como *taxa de retorno* 60.000/400.000 = 0,15 = 15% ao ano.

Taxa de desconto

A taxa de desconto é a taxa que usamos para trazer do valor futuro ao valor presente um fluxo de caixa qualquer. Considere que você vai receber uma devolução do imposto de renda no valor de R$ 10.000,00 daqui a um ano. O seu gerente do banco te ofereceu um negócio: adiantar essa devolução cobrando uma taxa de juros de 10% ao ano. Você fez as contas e vai receber o valor da devolução do IR já descontados os juros combinados. Como calcular? Matemática financeira (lembra?): VP = ? é o que você quer saber. VF é quanto o IR vai te pagar no futuro, ou seja, os R$ 10.000,00. A *taxa de desconto* é 10% ao ano; digite na tecla "i" da sua calculadora financeira. O prazo desta operação é um ano; digite na tecla "N" da sua calculadora financeira. Não haverá nenhum pagamento mensal, então digite zero na tecla "PMT".

Taxa de juros

A taxa de juros é a remuneração que uma pessoa (ou instituição financeira) recebe pela aplicação do seu capital, é o interesse ou a taxa de rendimento de dinheiro emprestado. Uma loja financia automóveis e tem um convênio com uma financeira para facilitar a vida de seus clientes. A financeira faz financiamentos e cobra taxas de juros que variam conforme o modelo do veículo a ser financiado e varia também dependendo do quanto será financiado. Quando um cliente precisa financiar um automóvel, pergunta qual é a *taxa de juros* do financiamento.

Taxa do custo de oportunidade

Quando você tem seus recursos aplicados em um determinado investimento e existe um investimento alternativo, comprável em risco e simultaneamente disponível, você pode fazer comparações de como estaria sua situação financeira caso tivesse investido nesse investimento alternativo. Você se refere à taxa de retorno desse investimento alternativo como uma taxa de custo e oportunidade.

Taxa do custo do capital da empresa

A taxa do custo do capital da empresa é a taxa que representa a taxa do custo médio ponderado do capital de uma empresa. Toda empresa usa o capital dos investidores (sócios e credores) que a financiam. Existe o valor do dinheiro no tempo. Por consequência, todo capital tem uma taxa de retorno esperada. No mínimo, a taxa do custo de oportunidade de poder estar investido em algum lugar alternativo.

Taxa adequada ao risco do negócio

O investidor típico tem aversão ao risco e, como consequência para correr riscos adicionais, exige retornos adicionais como forma de compensação. Então a taxa de retorno de um investimento deve ser de tal tamanho que remunere pelo tempo e pelo risco do investimento. Quando a taxa remunera pouco, dado um determinado risco de investimento, o investidor não se interessa e o investimento não é realizado. Por outro lado, quando a taxa remunera adequadamente o risco de um negócio, via de regra, os investidores se interessam e o negócio "sai" do papel.

Taxa interna de retorno (TIR)

TIR é a taxa que o negócio consegue proporcionar aos seus investidores. A TIR depende da capacidade física do negócio. Por exemplo: a TIR depende de quantas mesas e cadeiras tem seu restaurante. Depende de quantos caminhões tem sua transportadora. Depende de quantas cadeiras de barbeiro tem sua barbearia. A TIR é endógena, interna, intrínseca ao negócio. Para efeito de comparação, a taxa de juros depende é do credor, é externa, exógena, é quanto o negócio tem que pagar aos credores.

Taxa mínima de atratividade (TMA)

Taxa mínima de atratividade (TMA) significa a menor taxa que ainda atrai um investidor a fazer um investimento. Apenas isso. Nem mais nem menos.

Considere que empreendedores amigos seus te convidaram para fazer um negócio no ramo de alimentação onde você deverá "entrar" com R$ 100.000,00. Considere que você tem os seguintes cenários alternativos para investir:

a) Você tem seu dinheiro aplicado a uma taxa de 13% ao ano em São Paulo
b) Outro amigo te chamou para um negócio em ramo similar para ganhar 13% a.a.
c) Você pode aplicar na poupança e receber uma taxa de retorno 10% a.a.
d) Aplicar no CBD do banco e receber uma taxa de juros de 14% a.a.
e) Aplicar na compra de sala comercial e receber uma taxa de aluguéis de 6% a.a.

Olhando esses cenários de alternativas de investimentos, você pode então dizer para seus amigos empreendedores que a sua TMA é de 14 % a.a.. Se for para ganhar menos do que isso, não tem atratividade para você pois você já tem essa taxa sendo paga por um CBD.

A TMA é, portanto, uma taxa que depende da oportunidade do momento, quando você olha o cenário e determina naquele momento qual é a melhor taxa.

Uma historinha para ilustrar os nomes das taxas

Daniel foi ao banco pegar em empréstimo de R$ XXX. Combinou com o banco uma taxa de juros de 12% ao ano. Daniel pretende aplicar esses R$ XXX no investimento WWW na expectativa de ganhar uma TIR de 16%. Quando amigos convidaram Daniel para participar de um negócio, ele disse que a taxa mínima de atratividade seria de 16% (pois já tinha a oferta WWW). Para calcular o valor presente dos fluxos de caixa do investimento WWW, Daniel vai usar como taxa de desconto a taxa do custo do capital, que é 12% a.a.. O banco, quando recebe os pagamentos dos juros de volta, informa que a taxa de retorno, para o banco, desse empréstimo feito a Daniel é 12% a.a..

A fábrica de sanduíches e o modelo CAPM

Os sócios da Sanduíches Voadores estão muito curiosos para saber qual é a taxa de retorno adequada ao risco da fábrica, ou seja, qual a taxa que podem esperar obter com essa fábrica.

Partindo do princípio, já demonstrado, de que o investidor típico tem aversão ao risco, o melhor modelo existente hoje em dia para determinar taxa de desconto adequada ao nível de risco de um investimento é o modelo CAPM. CAPM é uma sigla em inglês para um modelo que determina a taxa de retorno adequada a risco de um ativo. O modelo CAPM incorpora, no cálculo da taxa de retorno do ativo, a taxa de juros básica da economia (taxa RF), a taxa de retorno média do mercado (como um todo) e o risco do ativo sob análise. Não é um modelo perfeito, existem as críticas a ele, mas não temos nenhum outro modelo tão bom quanto o CAPM, esse ainda é o melhor modelo.

O modelo CAPM diz que a taxa de retorno para os sócios de um empreendimento deve ser calculada com o uso da seguinte fórmula: K = RF + beta (Erm – RF).

Onde: K é a taxa de retorno adequada aos sócios do empreendimento, RF significa taxa de retorno para aplicações em renda fixa, Erm significa esperado retorno do mercado, beta é o risco do empreendimento.

Uso do modelo CAPM para determinar a taxa de retorno adequada

Um especialista em risco de empresas foi consultado e informou que o risco beta para sócios de empresas similares a "Sanduíches Voadores" é risco "S" beta igual a 1,0. Maria consultou na internet e descobriu que a taxa RF está hoje em 10% ao ano e que a taxa de retorno do mercado está em 16% ao ano. Com essas informações Maria pode calcular a taxa de retorno adequada à fábrica Sanduíches Voadores, usando o modelo CAPM. Veja as contas seguintes:

Solução:
Ks = RF + beta S (Erm – RF) (modelo CAPM)
Ks = 0,10 + 1,0 (0,16 – 0,10)
Ks = 0,16 = 16% ao ano

Resposta: a taxa de retorno adequada à fábrica "Sanduíches Voadores" é 16% ao ano. Ou seja, essa é a taxa de retorno adequada ao negócio da nossa fábrica. Agora nos resta verificar no próximo capítulo se vamos ou não conseguir obter essa taxa de retorno.

Conhecendo a taxa Ks adequada ao risco dos sócios da empresa Sanduíches Voadores, podemos calcular a taxa do custo médio ponderado do capital (CMPC) da empresa.

"Muito legal!!!" Isabel ficou feliz de ver e entender como se calcula uma taxa de retorno esperada para os sócios de um negócio.

Calculando o custo do capital da empresa toda

Bom, vamos dar mais um passo à frente. Nossa fábrica será financiada por capital próprio e por capital de terceiros. A taxa do custo do capital próprio, conforme vimos agora, é calculada pelo modelo CAPM em 16% ao ano. A taxa do custo do capital de terceiros, conforme já vimos no capítulo anterior, a ser cobrada pelo banco, é 12% ao ano. Quanto será o custo do capital da empresa toda? Chamamos o custo de capital total da empresa, capital próprio mais capital de terceiros de custo médio ponderado do capital (CMPC).

Calculando o CMPC para a Sanduíches Voadores: considere que a taxa de juros que essa empresa paga aos bancos seja (Kd) 12% a.a. sobre uma dívida total de R$ 350.000,00. A taxa de dividendos (Ks) é 16% a.a.. O patrimônio dos sócios é R$ 750.000,00 (capital próprio). Considere nesse primeiro momento que não existe imposto de renda, ou seja, IR = zero.

Solução:
CMPC = Kd (1-IR) D/(D+S) + Ks S/(D+S)
CMPC = 0,12 (350/1.100) + 0,16 (750/1.100)
CMPC = 0,1473 = 14,73% a.a.

Resposta: a taxa do CMPC da Sanduíches Voadores, com essa estrutura de capital, é 14,73% a.a..

Incorporando a existência do Imposto de Renda (IR)

José disse:

> Agora vamos nos aproximar um pouco mais do mundo real. A cada passo que nos aproximamos do mundo real, o grau de complexidade aumenta um pouco, mas não se preocupem, é assim mesmo, pois a realidade é bastante complexa e conforme nossos modelos para estudos se aperfeiçoam se tornam mais complexos por incorporar mais variáveis no processo de análise.
>
> Calculando o CMPC para a Sanduíches Voadores em um cenário com incidência de IR. A alíquota do IR é 25%. Considere que a taxa de juros que essa empresa paga aos bancos seja (Kd) 12% a.a. sobre uma dívida total de R$ 350.000,00. A taxa de dividendos (Ks) é 16% a.a.. O patrimônio dos sócios é R$ 750.000,00 (capital próprio).

Solução:
CMPC = Kd (1-IR) D/(D+S) + Ks S/(D+S)
CMPC = 0,12 (1-0,25) (350/1.100) + 0,16 (750/1.100)
CMPC = 0,1377 = 13,77% a.a.

Resposta: na presença do imposto de renda e do benefício fiscal, a taxa do CMPC da Sanduíches Voadores, com essa estrutura de capital, é 13,77% a.a..

Maravilha!!!

"Maravilha, estou cada vez mais animado com a nossa empresa. Estou aprendendo muito e bastante empolgado." Isabel então disse que em nossa próxima reunião deveremos decidir se vamos trabalhar e operar no regime do lucro real ou no regime do lucro presumido. Muita gente nem sabe o que é isso. Mas vamos ver que se trata apenas da existência de duas opções para se calcular o imposto de renda e quem pode escolher é você, o empresário. Vamos aprender a calcular um e outro para poder decidir.

Próxima reunião

Então nossos amigos marcaram uma reunião para a próxima semana. Ao longo deste capítulo aprendemos muitas coisas, mas, como sabemos, uma pergunta leva a outra pergunta. Agora as perguntas serão outras. Na semana que vem eles querem saber.

Marcaram uma próxima reunião para semana que vem

E já deixaram marcadas tarefas para cada um dos sócios fazer durante a semana.

Capítulo 3-B
Risco e retorno dos investimentos — taxa do custo do capital

Retorno dos investimentos

Investimentos devem proporcionar retorno. Recursos financeiros sempre podem ser aplicados em obter algum nível de taxa de retorno. Desde as formas mais simples (caderneta de poupança), passando por milhares de diferentes opções de investimentos, até as mais sofisticadas aplicações (ativos derivativos) estão disponíveis aos investidores. Esse é o fundamento do valor do dinheiro no tempo (VDT) da matemática financeira, lembra?

Então podemos considerar que qualquer investimento feito em uma empresa está deixando de lado a oportunidade de obter uma taxa de retorno em outra forma de aplicação. Por essa razão os empreendedores e investidores esperam que suas empresas proporcionem uma taxa de retorno adequada aos seus investimentos, os quais poderiam estar investidos em outro lugar rendendo.

Os bancos, quando emprestam dinheiro à sua empresa, esperam receber como retorno aos seus proprietários (credores) os juros contratados nas datas combinadas. Caso contrário, o banco executa a empresa e as eventuais garantias para assegurar os retornos.

Os sócios, quando investem recursos financeiros (dinheiro) ou materiais (emprestando salas, prédios, máquinas e equipamentos), também esperam obter como retorno o mesmo retorno que conseguiriam no mercado alugando suas salas e prédios, ou aplicando seus recursos em ativos similares.

Por exemplo: um sócio da empresa X tem uma sala comercial que pode ser alugada por R$ 5.000,00 mensais. Esse sócio coloca essa sala à disposição da empresa X, onde ele é um dos sócios, para hospedar as operações da empresa X. Então, OBRIGATORIAMENTE, essa sala deve ter seu aluguel, a preços de mercado, cobrado da empresa X. Caso a empresa X não possa pagar aluguel de mercado da sala, deve devolver imediatamente o imóvel e se mudar para outro endereço mais barato onde possa pagar seu próprio aluguel. Caso a empresa não possa pagar aluguel nenhum, essa empresa é inviável e deve ser fechada.

Outro exemplo: alguns amigos, professores de inglês, se reuniram para montar uma escolinha de língua inglesa. Eles mesmos ministravam aulas no curso e, como eram sócios e a empresa era nova, não cobravam (nem recebiam) pelas aulas ministradas no curso. Eles comentavam que o curso era um sucesso e que, graças a essa ajuda dos sócios (de não cobrar pelas aulas), estava indo tudo bem. Um dia, porém, os sócios precisaram trabalhar e receber salários em algum lugar para poder sustentar suas famílias, então o curso teve de contratar professores profissionais no mercado. A escolinha faliu em um mês.

Ou seja, quando o capital próprio não é remunerado, a empresa está recebendo um subsídio disfarçado. No caso das aulas de inglês, os sócios trabalhavam de graça para sustentar o negócio que era inviável. Quando uma empresa recebe um subsídio disfarçado, seus números ficam mascarados e você não consegue saber exatamente se o negócio é viável por si próprio ou se apenas sobrevive das esmolas (subsídios) que recebe dos sócios.

Podemos fazer uma analogia:

- Os irmãos Wright voaram com o seu avião Flyer I em 17/12/1903
- Alberto Santos Dumont voou com o seu avião 14 BIS em 23/10/1906

Porém o avião dos irmãos Wright não decolava sozinho! Precisava de um auxílio mecânico para conseguir decolar, ou seja, de equipamentos de lançamento como rampa e trilho. O avião Flyer I precisava ser catapultado, lançado e depois poderia ser precariamente controlado enquanto "caía" de volta ao solo. O avião de Santos Dumont decolava e pousava sem auxílio nem subsídio externo.

Risco dos investimentos

Risco, na linguagem dos executivos financeiros, tem um significado diferente do comum. Em finanças, risco não tem nada a ver com "dar certo" ou "dar errado", com "ter prejuízo" ou "ter lucro". Em finanças, risco é relacionado com a probabilidade de um resultado ser diferente do que é esperado.

Exemplo de atividade com risco: deixar um copo de vidro comum cair de cima de uma mesa.

Tem risco = o copo pode quebrar ou pode não quebrar. Posto que não sabemos o que vai acontecer, temos o risco de ocorrer a quebra ou não do copo.

Exemplo de atividade sem risco: deixar um copo de vidro comum cair de cima de um prédio de 20 andares.

Nenhum risco = com certeza vai quebrar o copo. Se temos certeza da ocorrência de um evento qualquer, esse evento não tem risco, é garantido.

Outro exemplo: observe este interessante exemplo sobre comportamento de aversão ao risco. Suponha que você possa trabalhar nas empresas AAA ou BBB. Em ambas as empresas a média salarial é sempre R$ 1.000,00 por mês. O trabalho é idêntico em tudo. Só muda a forma da remuneração.

Empresa AAA, emprego com salário sem risco. A empresa AAA paga religiosamente seu salário de R$ 1.000,00 todo dia 30 do mês. Sua média salarial é R$ 1.000,00 por mês.

Empresa BBB, emprego com salário com risco. A empresa BBB paga religiosamente seu salário todo dia 30 do mês, porém, em um mês paga R$ 1.000,00, no outro paga R$ 800,00, no outro mês paga R$ 1.100,00, depois paga R$ 1.140,00, depois R$ 720,00. Os valores do seu salário mudam a cada mês, você nunca sabe ao certo quanto vai receber, pode ser mais, pode ser menos. Mas sua média salarial esperada é R$ 1.000,00 por mês.

Comportamento de propensão ou aversão ao risco

Se você é avesso ao risco, você vai preferir trabalhar na empresa AAA.

Se você é neutro ao risco, tanto faz para você trabalhar na empresa AAA ou BBB.

Se você é propenso ao risco, você vai preferir trabalhar na empresa BBB.

Medindo o risco: mais risco ou menos risco

Risco em finanças é a medida da probabilidade de um resultado ser diferente do esperado. Então o que seria mais risco ou menos risco? É a probabilidade de o resultado ser mais diferente ou menos diferente do esperado.

Vamos voltar ao exemplo das empresas AAA e BBB. Vamos considerar uma terceira empresa CCC. A empresa CCC paga religiosamente os salários todo dia 30 do mês, porém em um mês paga R$ 1.000,00, no outro paga R$ 2.000,00, no outro paga R$ 0,00, depois paga R$ 1.900,00, depois no outro mês R$ 20,00. Os valores do seu salário mudam MUITO a cada mês, você nunca sabe ao certo quanto vai receber, pode ser muito mais, pode ser muito menos. Mas fique tranquilo, pois, na média, a sua média salarial é sempre R$ 1.000,00 por mês.

Como podemos observar, a dispersão dos salários mês a mês em torno da média esperada de R$ 1.000,00 da empresa CCC é muito maior do que a dispersão em torno da média da empresa BBB. Lembrando: podemos mencionar que a dispersão dos salários da empresa AAA era zero.

Podemos então dizer que:

- Dispersão dos resultados em torno da média esperada da empresa AAA é zero
- Dispersão dos resultados em torno da média esperada da empresa BBB é baixa
- Dispersão dos resultados em torno da média esperada da empresa CCC é alta

Esta medida da dispersão dos resultados em torno da média esperada é a medida do risco.

Nossa unidade de medida de risco é o beta. O beta (β) para um ativo Z, βz é a covariância do retorno do ativo X dividido pelo retorno do mercado. Mas não se preocupe em calcular nenhum beta, quem faz esses cálculos é o econometrista, que os publica regularmente nos canais especializados. Basta você consultar esses canais para obter os betas de que precisa.

Para ilustrar e exemplificar melhor, podemos dizer que, para o exemplo anterior das empresas AAA, BBB e CCC, o β_{AAA} é zero, o β_{BBB} é baixo (por exemplo, 0,5) e o β_{CCC} é alto (1,4, por exemplo).

Comportamento típico do investidor perante o retorno

Considerando que o investidor típico é racional, podemos inferir que tem comportamento racional em seu processo de tomada de decisão. Sendo racional significa que o investidor, podendo ganhar mais, mantendo o mesmo nível de risco, sempre vai preferir ganhar mais. Resumindo: os investidores racionais são insaciáveis em relação ao retorno.

Comportamento típico do investidor perante o risco

Considerando que o investidor típico é racional, podemos inferir que tem comportamento racional em seu processo de tomada de decisão. Sendo racional significa que o investidor tem aversão ao risco. Podendo reduzir o risco, mantendo o mesmo nível de retorno, o investidor racional sempre vai preferir reduzir o risco.
Exemplo: bancos financiam imóveis com taxas de juros mais baixas do que as taxas de juros com as quais financiam automóveis. Por quê? Porque o risco de financiar um automóvel é maior do que o risco de financiar um imóvel.

Gráfico da relação risco retorno do investidor típico

Devido ao comportamento de aversão ao risco, o gráfico que mostra a relação risco × retorno apresenta claramente que, quanto maior o risco, maior o retorno. E, portanto, tem a forma de uma reta inclinada para cima à direita, conforme a seguir.

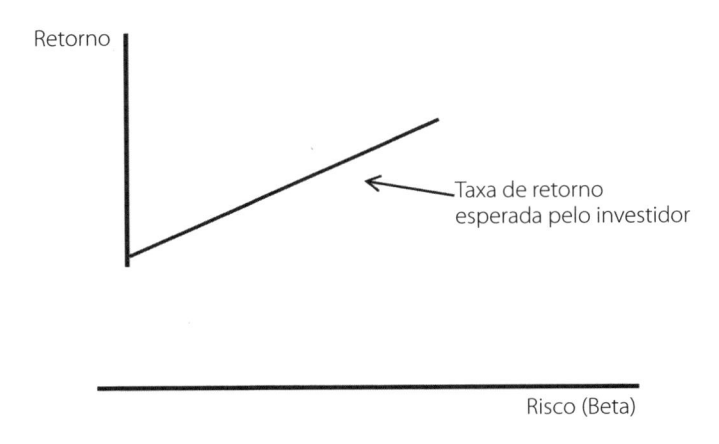

```
Retorno
   |
   |         ← Taxa de retorno
   |           esperada pelo investidor
   |
   |_____
                    Risco (Beta)
```

Exemplo: para investir na poupança, os investidores demandam uma taxa de retorno baixa, pois o governo garante a rentabilidade da caderneta de poupança e, portanto, seu risco é baixo.

Para investir em ações os investidores demandam um retorno superior, pois ações apresentam renda variável, ou seja, renda que varia. O mercado de ações apresenta risco, isto é, às vezes proporciona um retorno superior, às vezes um retorno inferior ao que é esperado. Por conta dessa volatilidade, os investidores somente investirão em ações se puderem "ter a expectativa ou esperança" de, na média, obter um retorno superior ao da caderneta de poupança, por exemplo.

Lista de exercícios 3.1: conceituais

1) Qual é o comportamento típico do investidor perante o risco?
2) Completar as lacunas: retorno dos investimentos
    Investimentos devem proporcionar _____. Recursos financeiros sempre podem ser _____ e obter algum nível de taxa de _____. Desde as formas mais simples (caderneta de poupança), passando por milhares de diferentes opções de investimentos até as mais sofisticadas aplicações (ativos derivativos), estão disponíveis aos _____. Esse é o fundamento do valor do dinheiro no tempo (VDT) da matemática financeira.

3) Responda com o que você aprendeu neste capítulo até o momento
O sócio da empresa Verdemar tem uma sala comercial que pode ser alugada por R$ 5.000,00 mensais no mercado bastando para isso anunciar. Esse sócio coloca essa sala à disposição da empresa Verdemar, onde ele é um dos sócios. Porem, após alguns meses de operações, a empresa Verdemar não tem movimento financeiro suficiente para pagar o aluguel de mercado da sala. O que os sócios da empresa Verdemar devem fazer?

4) Assinale quais dos exemplos abaixo são de atividades COM e SEM risco
   a) Aplicar recursos financeiros nos fundos de investimento de Bernard Madoff. Bernard Lawrence "Bernie" Madoff foi o presidente de uma sociedade de investimento que tem o seu nome. Em dezembro de 2008, Madoff foi detido pelo FBI por fraude no mercado financeiro. Suspeita-se que a fraude tenha alcançado mais de 65 bilhões de dólares, o que a torna uma das maiores fraudes financeiras da história.
   b) Aplicar recursos financeiros em uma empresa com situação econômico-financeira muito boa, com boa clientela e bem administrada.
   c) Deixar um copo de vidro comum cair de cima de uma mesa para cair em um piso de carpete.
   d) Deixar um copo de vidro comum cair de cima de um prédio de 20 andares para cair na calçada de pedra.
   e) Ser sócio da empresa ABCD. A empresa ABCD paga todos os meses R$ 500,00 de dividendos fixos a cada um dos seus acionistas como distribuição de lucros.
   f) Ser sócio da empresa XYZW. A empresa XYZW, dependendo do mês, paga mais ou paga menos dividendos como distribuição de lucros aos seus acionistas. Em alguns meses não paga nada. Em outros paga R$ 1.000,00, e em outros chega a pagar R$ 10.000,00 a cada um dos seus acionistas. É sempre uma surpresa, às vezes surpresa boa, às vezes surpresa ruim.

5) Como os três investidores Ana, Beatriz e Cecilia escolheriam seus investimentos
Perfil dos investidores: investidor Ana (A) é avessa ao risco. Investidor Beatriz (B) é neutra ao risco. Investidor Cecilia (C) é propensa ao risco. Cada investidor possui apenas R$ 100,00 para investir. Existem duas

empresas onde podem investir: empresa I e empresa II. Cada ação da empresa I custa R$ 100,00. A empresa I paga dividendos de R$ 1,00 todos os anos. Cada ação da empresa II custa R$ 100,00. A empresa II paga dividendos variáveis, mas cuja média histórica dos últimos 20 anos tem sido de R$ 1,00. Qual investidor investiria em qual empresa?

6) Completar as lacunas: medindo o risco, mais risco ou menos risco
Risco em finanças é a medida da probabilidade de um resultado ser _____ do esperado.
Então, o que seria mais risco ou menos risco? É a probabilidade de o resultado ser _____, diferente ou _____ diferente do que é esperado.

7) Completar as lacunas: comportamento típico do investidor perante o retorno
Considerando que o investidor típico é _____, podemos inferir que tem comportamento racional em seu processo de tomada de decisão. Sendo racional significa que o investidor, podendo ganhar mais, mantendo o mesmo nível de _____, sempre vai preferir ganhar mais. Resumindo: os _____ racionais são insaciáveis em relação ao retorno.

8) Completar as lacunas: comportamento típico do investidor perante o risco
Considerando que o investidor _____ é racional, podemos inferir que tem comportamento _____ em seu processo de tomada de decisão. Sendo racional significa que o investidor tem aversão ao _____. Podendo reduzir o risco, mantendo o mesmo nível de _____, o investidor racional sempre vai preferir reduzir o risco.

Solução da lista de exercícios 3.1: conceituais

1) Qual é o comportamento típico do investidor perante o risco?
Resposta: investidores e outros agentes têm comportamento típico de aversão ao risco. Podendo reduzir o risco, mantendo o mesmo nível de retorno, o investidor sempre vai preferir reduzir o risco. Se o investidor gostasse de risco, iria preferir ganhar menos para poder correr mais risco. Ou, em outras palavras, se algum investidor gostasse de risco, iria pagar para poder correr mais risco.

RISCO E RETORNO DOS INVESTIMENTOS — TAXA DO CUSTO DO CAPITAL

2) Completar as lacunas: retorno dos investimentos
   Investimentos devem proporcionar _____. Recursos financeiros sempre podem ser _____ e obter algum nível de taxa de _____. Desde as formas mais simples (caderneta de poupança), passando por milhares de diferentes opções de investimentos até as mais sofisticadas aplicações (ativos derivativos) estão disponíveis aos _____. Esse é o fundamento do valor do dinheiro no tempo (VDT) da matemática financeira.
   Resposta: retorno, aplicados, retorno, investidores.

3) Responda com o que você aprendeu neste capítulo até o momento
   O sócio da empresa Verdemar tem uma sala comercial que pode ser alugada por R$ 5.000,00 mensais no mercado bastando para isso anunciar. Esse sócio coloca essa sala à disposição da empresa Verdemar, onde ele é um dos sócios. Porem, após alguns meses de operações, a empresa Verdemar não tem movimento financeiro suficiente para pagar o aluguel de mercado da sala. O que os sócios da empresa Verdemar devem fazer?
   Resposta: a empresa Verdemar deve devolver imediatamente o imóvel ao seu proprietário e se mudar para outro endereço mais barato onde possa pagar seu próprio aluguel. Caso a empresa não possa pagar aluguel nenhum, essa empresa é inviável e deve ser fechada.

4) Assinale quais dos exemplos abaixo são de atividades COM e SEM risco
   g) Aplicar recursos financeiros nos fundos de investimento de Bernard Madoff. Bernard Lawrence "Bernie" Madoff foi o presidente de uma sociedade de investimento que tem o seu nome. Em dezembro de 2008, Madoff foi detido pelo FBI por fraude no mercado financeiro. Suspeita-se que a fraude tenha alcançado mais de 65 bilhões de dólares, o que a torna uma das maiores fraudes financeiras da história.
   h) Aplicar recursos financeiros em uma empresa com situação econômico-financeira muito boa, com boa clientela e bem administrada.
   i) Deixar um copo de vidro comum cair de cima de uma mesa para cair em um piso de carpete.

j) Deixar um copo de vidro comum cair de cima de um prédio de 20 andares para cair na calçada de pedra.
k) Ser sócio da empresa ABCD. A empresa ABCD paga todos os meses R$ 500,00 de dividendos fixos a cada um dos seus acionistas como distribuição de lucros.
l) Ser sócio da empresa XYZW. A empresa XYZW, dependendo do mês, paga mais ou paga menos dividendos como distribuição de lucros aos seus acionistas. Em alguns meses não paga nada. Em alguns meses paga R$ 1.000,00, e em outros chega a pagar R$ 10.000,00 a cada um dos seus acionistas. É sempre uma surpresa, às vezes surpresa boa, às vezes surpresa ruim.

Resposta: a) d) e) são atividades SEM risco; b) c) f) são atividades COM risco.

Comentário do autor: lembrar que prejuízo garantido não é risco. Qualquer atividade garantida, que proporcione prejuízo ou lucro, não tem risco. Risco pressupõe incerteza, ou seja, não ter certeza do que vai acontecer.

5) Como os três investidores Ana, Beatriz e Cecilia escolheriam seus investimentos

Perfil dos investidores: investidor Ana (A) é avessa ao risco. Investidor Beatriz (B) é neutra ao risco. Investidor Cecilia (C) é propensa ao risco. Cada investidor possui apenas R$ 100,00 para investir. Existem duas empresas onde podem investir: empresa I e empresa II. Cada ação da empresa I custa R$ 100,00. A empresa I paga dividendos de R$ 1,00 todos os anos. Cada ação da empresa II custa R$ 100,00. A empresa II paga dividendos variáveis, mas cuja média histórica dos últimos 20 anos tem sido de R$ 1,00. Qual investidor investiria em qual empresa?

Resposta:

O investidor A prefere investir na empresa I.

O investidor B não tem preferência alguma. Para ele tanto faz.

O investidor C prefere investir na empresa II.

Comentário do autor: a investidora Ana, para investir na empresa II, teria que ser "convencida" mediante um pagamento que na média se mostrasse maior do que R$ 1,00. Se a promessa for de receber mais do que R$ 1,00, na média, a investidora Ana poderia investir na empresa II. Dependendo do seu grau de aversão ao risco, esse pagamento superior a R$ 1,00 para convencê-la seria pouco maior, maior ou muito maior.

6) Completar as lacunas: medindo o risco, mais risco ou menos risco
Risco em finanças é a medida da probabilidade de um resultado ser _____ do esperado.
Então, o que seria mais risco ou menos risco? É a probabilidade de o resultado ser _____, diferente ou _____ diferente do que é esperado.
Resposta: diferente, mais, menos.

7) Completar as lacunas: comportamento típico do investidor perante o retorno
Considerando que o investidor típico é _____, podemos inferir que tem comportamento racional em seu processo de tomada de decisão. Sendo racional significa que o investidor, podendo ganhar mais, mantendo o mesmo nível de _____, sempre vai preferir ganhar mais.
Resumindo: os _____ racionais são insaciáveis em relação ao retorno.
Resposta: racional, risco, investidores.

8) Completar as lacunas: comportamento típico do investidor perante o risco
Considerando que o investidor _____ é racional, podemos inferir que tem comportamento _____ em seu processo de tomada de decisão. Sendo racional significa que o investidor tem aversão ao _____. Podendo reduzir o risco, mantendo o mesmo nível de _____, o investidor racional sempre vai preferir reduzir o risco.
Resposta: típico, racional, risco, retorno.

O futuro apresenta incerteza

Toda e qualquer decisão de investimento financeiro significa analisar possíveis aplicações de capital com base em cenários, dados e informações de hoje para tomar decisão de investimento na expectativa de obter retornos que somente se provarão verdadeiros ou falsos no futuro.

Diariamente, diretores, administradores, gerentes, gestores e executivos têm de tomar decisões em ambiente de incerteza. São decisões que envolvem variáveis futuras que desconhecemos e sobre as quais não temos controle. Decisões financeiras envolvem decidir hoje para verificar apenas no futuro se a decisão foi correta ou não.

A qualidade de nossas decisões é tão boa ou tão ruim quanto nossa capacidade de prever o futuro, nem mais nem menos. O problema é que não somos bons em prever o futuro e nem temos controle sobre o futuro. Nossa ciência não é exata.

O custo do capital próprio

No mercado existem duas formas mais comuns e frequentes de se determinar a taxa de retorno adequada aos sócios (donos, proprietários, acionistas) de um determinado negócio ou investimento. Uma dessas formas, a mais usada no mercado, é o uso do modelo teórico chamado de modelo CAPM que é uma fórmula baseada no comportamento de aversão ao risco dos investidores. A outra forma muito usada no mercado é observar a similaridade com outras empresas e então pegar uma "carona" na taxa de retorno dessas outras empresas similares. Vejamos em mais detalhes.

A taxa de retorno para os sócios (investidores) adequada ao risco de um ativo pode ser determinada pelo modelo CAPM ou por observações de outros ativos comparáveis em risco. Temos dois modos para determinar a taxa de retorno dos investidores:

1) Por semelhança com o mercado: taxas de retorno de empresas semelhantes
2) Pela teoria: usando o modelo Capital Asset Pricing Model (CAPM)

1) Por semelhança com o mercado

Esse modo de calcular a taxa de retorno adequada ao negócio observa exemplos de outras empresas bem-sucedidas no mercado e faz uma média das taxas de retorno dessas empresas.

Exemplo: qual deve ser a taxa de retorno para a empresa metalúrgica Sigma? Empresas similares apresentam as seguintes taxas de retorno:

- Empresa Metalúrgica Alfa   Taxa = 25%
- Empresa Metalúrgica Beta   Taxa = 24,60%
- Empresa Metalúrgica Gama   Taxa = 24,50%
- Empresa Metalúrgica Omega   Taxa = 25,10%

Resposta: taxa de retorno para metalúrgica Sigma = 24,80% (fizemos a média simples).

2) Pela teoria: usando o modelo Capital Asset Pricing Model (CAPM)

Modelo de precificação de ativos (CAPM)

O modelo CAPM serve para determinar a taxa de retorno para os sócios de um investimento adequada ao risco desse investimento. Esse modo de calcular a taxa de retorno adequada ao negócio é baseado no comportamento do investidor de aversão ao risco. O modelo CAPM parte do princípio de que a taxa de retorno deve remunerar os investidores por dois motivos: A) pelo tempo que durar o investimento, remunerar uma taxa de retorno igual à taxa das aplicações de renda fixa sem risco dos títulos públicos; B) pelo risco do investimento de forma proporcional, maior o risco, maior o retorno.

CAPM é a sigla para Capital Asset Pricing Model (Modelo para Precificação de Ativos de Capital). CAPM é o nome do modelo que usamos para calcular a taxa Ks.

Fórmula do modelo CAPM: $Ks = RF + beta\ S\ (Erm - RF)$

Onde: RF = taxa de aplicação em renda fixa

           Beta S = medida do risco do ativo S

           Erm = Retorno do mercado

           (Erm − RF) é chamada de prêmio de risco de mercado

Observação: o beta é uma medida relativa de risco. O beta é determinado por métodos econométricos. São os econometristas que calculam os betas. Os betas são publicados em tabelas. Investimento sem risco significa beta zero. Investimentos muito arriscados têm beta 1,6. A média das empresas do mercado tem risco beta 1.

Exemplo do uso do modelo CAPM para determinar a taxa de retorno adequada

1) As ações da empresa Angu apresentam um beta igual a 1,4. A taxa RF é 6% ao ano. O retorno esperado do mercado é 14,5% ao ano. Baseado no modelo CAPM, determinar a taxa de retorno adequada aos sócios da empresa Angu.
Solução:
K = RF + beta (Erm − RF)
K = 0,06 + 1,4 (0,145 − 0,06) = 0,1790
Resposta: a taxa de retorno para os sócios da empresa Angu é K_{angu} = 17,90% ao ano.

2) As ações da empresa Xuxu apresentam um beta igual a 1. A taxa RF é 10% ao ano. O retorno esperado do mercado é 16% ao ano. Baseado no modelo CAPM, determinar a taxa de retorno adequada aos sócios da empresa Xuxu.
Solução:
K = RF + beta (Erm − RF)
K = 0,10 + 1,0 (0,16 − 0,10) = 0,160
Resposta: a taxa de retorno para os sócios da empresa XUXU é K_{xuxu} = 16% ao ano.

A taxa do custo do capital da empresa

Existem fundamentalmente apenas DUAS fontes de capital para financiar a empresa. Ou seja: existem dois tipos de investidores que investem capital (recursos financeiros) para financiar as atividades de uma empresa: sócios e credores.

- Capital dos sócios é chamado de capital próprio ou capital dos acionistas (S)
- Capital de credores é chamado de capital de terceiros (D)

Ativos		Passivos	
ATIVOS	A	D	Capital de TERCEIROS
		S	Capital de SÓCIOS

Só existem duas fontes de capital para financiar empresas

Capital de terceiros ou *capital emprestado dos outros*: pode ser o capital de bancos (quando uma instituição financeira empresta dinheiro para a empresa), capital dos fornecedores (quando dão prazo para a empresa pagar), clientes (quando fazem adiantamentos para a empresa) e governo (quando dá prazo para a empresa recolher tributos).

O capital de terceiros tem garantias. A instituição financeira ou outros credores podem exigir garantias, fiadores, avalistas para conceder um empréstimo. Se a empresa não pagar a dívida ou não puder pagar os juros (serviço da dívida), pode ser executada. Os credores recebem primeiro, antes de os sócios receberem seus dividendos, sempre. Como consequência, os credores têm menor risco e, portanto, exigem menor taxa de retorno.

Capital de sócios ou *capital próprio*: o capital próprio é obtido da seguinte forma. A empresa emite ações (ou cotas de participação, por exemplo). Ações são títulos que representam cotas ou partes da empresa. Então a empresa vende essas ações para investidores interessados em comprá-las para se tornarem acionistas (ou cotistas) da empresa.

Outra forma de a empresa obter capital de sócios para financiar suas operações é via retenção dos lucros que seriam distribuídos aos sócios. Funciona da seguinte maneira: considere que uma empresa já é operacional e tem lucros ao longo de um ano. Ao final do ano os administradores da empresa fazem as contas, calculam quanto houve de lucro e distribuem esse lucro aos acionistas. Esse lucro distribuído aos acionistas é chamado de dividendo.

Pois bem, pode suceder o seguinte: os administradores estão querendo ampliar a empresa, ou reformar, ou lançar mais uma linha de produtos etc. etc. Para isso a empresa precisa de recursos. Onde os administradores podem obter esses recursos? Qual a forma mais fácil? Mais rápida?

Resposta: se a empresa já tem um lucro do ano anterior, calculado e separado dentro da empresa (em sua conta bancária) para pagar aos atuais sócios, o mais prático é RETER esses lucros, avisar aos acionistas que a empresa tem uma boa ideia para reinvestir esses lucros que de outra forma seriam distribuídos.

Os sócios têm um risco maior e, portanto, exigem maior taxa de retorno do que os credores.

Os sócios têm um risco maior, pois não têm garantia alguma se irão receber os dividendos esperados. Os dividendos a ser distribuídos aos sócios dependem dos resultados da empresa. Os sócios não têm como exigir garantias. Se a empresa não pagar os dividendos prometidos ou se o valor da ação cair ou se a empresa falir, o sócio nada pode fazer para garantir seu investimento.

Custo do capital de terceiros

Quando uma empresa obtém capital por endividamento (pegar empréstimo), deve pagar os juros dessa dívida. A taxa de juros sobre essa dívida é representada por Kd. Entretanto, existe o benefício fiscal do endividamento, pois o governo permite abater da base tributável (lucro real) os juros da dívida. Com isso a empresa paga menos imposto de renda.

Por essa razão, podemos dizer que a taxa efetiva do custo do capital de terceiros depende da existência de IR e do benefício fiscal. Vejamos:

Sem IR e sem benefício fiscal: taxa do custo do capital de terceiros é a taxa de juros: Kd

Com IR e com benefício fiscal: taxa do custo do capital de terceiros é dada por: Kd (1 – IR)

Exemplo:
A empresa Z toma um empréstimo de R$ 50.000,00 para pagar, no prazo de um ano, o montante de R$ 60.000,00. A taxa de juros da dívida é de 10% a.a.. Considerando uma alíquota de 30% para o imposto de renda, determinar a taxa do custo efetivo dessa dívida para a empresa Z.

Solução:
Taxa do custo do capital de terceiros = Kd (1 − IR)
Taxa do custo do capital de terceiros = 0,10 (1 − 0,30) = 0,07 = 7% a.a.
Resposta: a taxa do custo da dívida é 7% a.a..

Custo médio ponderado de capital (CMPC)

Custo médio ponderado de capital (CMPC) de um ativo (projeto ou empresa) é quanto custa em termos percentuais o *mix* do capital próprio e do capital de terceiros.

Para que serve o CMPC

O CMPC serve para determinar quanto custa o capital para a empresa. Caso o gestor não saiba qual é o CMPC da empresa, não terá como tomar decisões, pois não saberá se algum projeto vai dar lucro ou prejuízo

A fórmula do CMPC

Olhando para um balancete "T", fica mais fácil visualizar de onde vêm as informações necessárias para calcular o CMPC.

Ativos	Passivos	
Ativos	Cap. Dívidas	Taxa Kd %
	Cap. Sócios	Taxa Ks %

Fórmula para o cálculo do custo médio ponderado do capital:

$$CMPC = Kd\,(1\text{-}IR)\,D/(D+S) + Ks\,S/(D+S)$$

Ou ainda pode ser vista e explicada da seguinte forma:

$$CMPC = Kd\,(1\text{-}IR)\,(\%D) + Ks\,(\%S)$$

Onde:
%D é o percentual de endividamento da empresa = D/(D+S)
%S é o percentual de capital dos sócios na empresa = S/(D+S)
(D+S) é o capital total investido por sócios e credores na empresa
D/(D+S) é o percentual de capital de dívidas (capital de terceiros) na empresa toda
S/(D+S) é o percentual de capital de sócios (capital próprio) na empresa toda
A relação em D (capital de dívidas) e S (capital dos sócios) é a estrutura de capital

Entendendo a importância de conhecer o CMPC

Toda e qualquer empresa trabalha com recursos que vêm de diferentes origens: bancos (empréstimos e financiamentos), sócios (compra de ações ou cotas de participação), fornecedores (que dão prazo para sua empresa pagar), clientes (que fazem adiantamentos)... Cada um desses agentes cobra uma taxa de retorno por colocar esses recursos na empresa. Então, por exemplo, vamos considerar que a empresa Energy tenha os seguintes fornecedores de capital:

Capital da Energy	Investidor	Montante	Taxa
Cap. Terceiros	Banco Alfa	1.000.000,00	11% a.a.
	Banco Junior	2.000.000,00	12% a.a.
	Fornecedor Abóbora	1.500.000,00	13% a.a.
	Fornecedor Amarelo	1.200.000,00	12% a.a.
Cap. Próprio	Sócio	3.100.000,00	18% a.a.
Capital total da Energy		8.800.000,00	

Considere agora que o gestor da Energy tem que fazer um investimento "X" na empresa e deve calcular o VPL para determinar se esse investimento "X" será lucrativo ou não. Esse investimento "X" custa hoje R$ 100.000,00 e promete pagar um único pagamento de R$ 120.000,00 ao final do primeiro ano. A alíquota do IR é zero. O investimento "X" pode ser realizado?

Solução:
O gestor vai precisar saber qual é a taxa do custo do capital da Energy para poder calcular o VPL do investimento "X". Para facilitar o entendimento e por uma questão didática, primeiro vamos agrupar o capital próprio e o capital de terceiros.

Calculando o custo do capital de terceiros:
Kd = {1.000.000(11%) + 2.000.000(12%) + 1.500.000(13%) + 1.200.000(12%)} / 5.700.000
Kd = 0,120877 = 12,0877% a.a.

Calculando o custo do capital próprio:
Como todo o capital próprio é remunerado à taxa de 18% a.a., essa é a taxa do custo do capital próprio, não há necessidade de calcular novamente; Ks = 18% a.a.

Podemos agrupar os capitais que financiam a Energy da seguinte maneira, de forma a facilitar a visualização do que é capital próprio e o que é capital de terceiros:

Ativos da Energy		Passivos da Energy		
Ativos	R$ 8.800.000,00	Cap. Terceiros	R$ 5.700.000,00	Taxa Kd 12,09%
		Cap. Próprio	R$ 3.100.000,00	Taxa Ks 18%

Fórmula para o cálculo do custo médio ponderado do capital (CMPC) da Energy:

CMPC = Kd (1-IR) D/(D+S) + Ks S/(D+S)
CMPC = 0,1209 (1-0) 5.700/8.800 + 0,18 3.100/8.800
CMPC = 14,17% a.a.

Finalmente, já tendo determinado o custo do capital (CMPC) da Energy, poderemos calcular o VPL do projeto "X" da Energy para ver se é viável ou não esse projeto:

VPL = VP – Io
VP = VF/(1+taxa)^n = 120.000/(1+0,1417)^1 = 105.106,42
Io = 100.000,00
VPL = 105.106,42 – 100. 000,00 = 5.106,42 (positivo)
Conclusão: o projeto "X" é viável, pois apresenta um VPL positivo.

Exemplos:
1. Para se implantar o Bar da Esquina foram necessários investimentos de R$ 200.000,00. Para obter esse capital o bar da esquina foi financiado com R$ 100.000,00 de capital próprio (sócios) e com R$ 100.000,00 de capital de terceiros (bancos e fornecedores). A taxa de juros que os credores exigem é 10% ao ano. A taxa de dividendos esperada pelos sócios é de 20% ao ano. Considere que a alíquota do IR seja zero. Qual é o CMPC do Bar da Esquina?
Solução:
CMPC = Kd (1-IR) D/(D+S) + Ks S/(D+S)
CMPC = 10% (1 – 0) 100.000/(100.000+100.000) + 20% 100.000/(100.000+100.000)
CMPC = 0,1 (1 – 0) 100.000/200.000 + 0,2 100.000/200.000
CMPC = 0,15 = 15% ao ano
Resposta: a taxa do CMPC do Bar da Esquina é 20% a.a.
2. Calcule o CMPC para a empresa Prata: considere que a taxa de juros que a empresa Prata paga aos bancos seja (Kd) 18% a.a. sobre uma dívida total de R$ 1.000.000,00. A taxa de dividendos (Ks) é 24% a.a. O patrimônio dos sócios, R$ 500.000,00 (capital próprio).
Solução:
CMPC = Kd (1-IR) D/(D+S) + Ks S/(D+S)
CMPC = 0,18 (1-0) (1000/1.500) + 0,24 (500/1.500)
CMPC = 0,20 = 20% a.a.
Resposta: a taxa do CMPC da empresa Prata é 20% a.a.

Exemplo com CAPM e CMPC:
3. Um projeto da empresa OBA utilizará endividamento de longo prazo (dívidas) e financiamento de capital ordinário (emissão e venda de ações ordinárias). Calcule o CMPC do projeto OBA proposto com base nas seguintes informações: a taxa RF é 6% a.a. O beta das ações da OBA é 1,15. O prêmio de risco de mercado (Erm — RF) é 8% a.a. A taxa de juros é 10% a.a. A dívida representa 60% do capital da empresa OBA. A alíquota do IR é 30%.
Solução:
Ks = RF + Bs (Erm − RF)
Ks = 0,06 + 1,15 (0,08) = 0,1520 = 15,20% a.a.
CMPC = Kd (1-IR) D/(D+S) + Ks S/(D+S)
CMPC = 0,10 (1-0,3)(60%) + 0,1520 (40%) = 10,28%
Resposta: o CMPC da empresa OBA é 10,28% a.a.

Lista de exercícios 3.2: conceituais

1) Quais as duas formas para determinar a taxa de retorno adequada ao capital próprio?
2) O que significa a sigla CAPM? Para que serve o CAPM?
3) Quais as duas fontes fundamentais de capital para financiar as empresas?
4) O que significa a sigla CMPC? Para o que serve o CMPC? Forneça um exemplo.

Solução da lista de exercícios 3.2: conceituais

1) Quais as duas formas para determinar a taxa de retorno adequada ao capital próprio?
Resposta: temos dois modos para determinar a taxa de retorno dos investidores: Por semelhança com o mercado — taxas de retorno de empresas semelhantes — e pela teoria — Uusando o modelo CAPM (Capital Asset Pricing Model).

2) O que significa a sigla CAPM? Para que serve o CAPM?

Resposta: a sigla CAPM significa Capital Asset Pricing Model, que não tem tradução direta em português, mas quer dizer o seguinte: modelo de precificação de ativos.

O modelo CAPM serve para determinar a taxa de retorno para os sócios de um investimento adequada ao risco desse investimento. Esse modo de calcular a taxa de retorno adequada ao negócio é baseado no comportamento do investidor de aversão ao risco.

3) Quais as duas fontes fundamentais de capital para financiar as empresas?

Resposta: existem fundamentalmente duas fontes de capital para financiar a empresa: capital próprio e capital de terceiros.

4) O que significa a sigla CMPC? Para o que serve o CMPC? Forneça um exemplo.

Resposta: CMPC significa custo médio ponderado de capital de um ativo (investimento, empresa ou projeto). CMPC é quanto custa em termos percentuais o *mix* do capital que financia o ativo.

Um ativo pode ser financiado por diversas fontes de capital: capital próprio dos sócios, lucros dos sócios que ficam retidos na empresa, capital dos bancos A, B e C. Cada uma dessas fontes de financiamento pode ter um custo diferente. O CMPC serve para informar ao administrador com um ÚNICO número, uma única taxa, a taxa média, qual é efetivamente a taxa média do custo do capital do projeto.

Por exemplo: na empresa Aymore, que tem um capital total de R$ 400.000,00, um dos bancos cobra 12% a.a. de juros para financiar R$ 100.000,00, outro banco cobra 14% a.a. de juros para financiar R$ 100.000,00. Os sócios da Aymore esperam receber 16% a.a. para investir R$ 100.000,00 em ações, os sócios que tiveram seus lucros de R$ 100.000,00 retidos esperam receber 18% a.a. São muitas taxas para o gestor se preocupar a cada instante se a empresa AYMORE vai ser capaz de gerar resultados ou não para honrar todos esses diferentes compromissos. No exemplo da Aymore a taxa do CMPC da Aymore é:

(100.000 × 12% + 100.000 × 14% + 100.000 × 16% + 100.000 × 18%)/400.000 = 15%

Pronto!!! Simplificou a vida do administrador. Para o gestor da Aymore basta saber que ele deve pagar, aos investidores, sócios e credores, 15% (em média) ao ano, pelo capital que financia a empresa.

O CMPC deve ser menor que a taxa de retorno do projeto. CMPC é WACC em inglês.

Lista de exercícios 3.3: numéricos

1) Você vai montar um laboratório de análises clínicas com um médico seu amigo. Vocês já escolheram até o nome Alfa. Você precisa calcular a taxa de retorno apropriada para este tipo de negócio. Assuma ERm = 14% e RF = 8%. Calcule a taxa de retorno requerido para o laboratório Alfa que tenha risco beta igual a 0,7.

2) Você presta serviços de consultoria. A sua empresa é a consultora Sigma Ltda. Você pesquisou no Bloomberg e descobriu que o beta para firmas de consultoria iguais à sua gira em torno de 1. Determine a taxa de retorno adequada para a empresa Sigma. Considere a taxa RF = 8% ao ano e a taxa média de retorno do mercado 15% ao ano.

3) A empresa de transportes rodoviários Bruma, que possui uma frota de 4.200 caminhões, quer determinar a taxa de retorno adequada ao seu negócio. Sua missão é determinar a taxa de retorno adequada. Uma análise nas empresas transportadoras A, B e C similares que atuam no mesmo ramo mostra as seguintes taxas de retorno em média:
Taxa de retorno da empresa transportadora A: 24% ao ano
Taxa de retorno da empresa transportadora B: 23% ao ano
Taxa de retorno da empresa transportadora C: 25% ao ano

4) Considere que o risco beta da metalúrgica Sigma é 1,6. A taxa RF é 12% a.a. e Erm é 20% a.a. Qual deve ser a taxa K para retorno da metalúrgica Sigma?

5) Para implantar a empreiteira Azul, você precisou levantar um capital de R$ 3.000.000,00. Você obteve R$ 1.200.000,00 em bancos e R$ 1.800.000,00 com sócios vendendo cotas do capital de sua empresa.

Considere que a taxa de juros (Kd) que a firma paga é 9% por ano e a taxa de remuneração esperada pelos sócios (Ks) é 14% ao ano. Calcule o CMPC, em inglês, WACC (Weighted Average Cost of Capital), da empreiteira Azul.

6) Você quer abrir uma empresa industrial para produzir tintas. Será a firma Roxa. Você pretende obter capital para a firma Roxa vendendo 1.000 ações no valor de R$ 2,00 cada ação. As dívidas da firma Roxa deverão ser da ordem de R$ 3.000,00 sobre a qual a taxa de juros do mercado é de 12% ao ano. A taxa esperada e prometida de dividendos para os sócios é 20% ao ano. Considere que não existe IR. Qual é o CMPC da firma Roxa?

7) Exercício de CAPM e CMPC: você é o diretor financeiro da metalúrgica W. O risco beta das ações da metalúrgica W é 1,2. O retorno médio do mercado Erm é 24% a.a. A taxa RF está fixada em 18% a.a. A taxa de juros dos empréstimos bancários para W é 20% a.a. Quarenta por cento do capital da W é dos sócios. Você precisa definir rapidamente qual é o CMPC da metalúrgica W.

8) Exercício de CAPM e CMPC: sua missão é determinar o CMPC da empresa JJJ. Considere que a taxa RF é 12% a.a. O beta das ações da JJJ é 1,45. A taxa de retorno do mercado é 25%. A taxa de juros é 18% a.a. A dívida representa 60% do capital da empresa JJJ. A alíquota do IR é 30%.

9) Alfredo é o executivo financeiro da administradora de recursos financeiros Cash Cow. Alfredo tem que tomar decisões de aplicações. O capital da Cash Cow é formado da seguinte forma: capital próprio 4 mm (taxa Ks = 20% a.a.) e capital de terceiros 6 mm (taxa Kd = 10% a.a.).

Veja abaixo alguns investimentos que foram oferecidos a Alfredo na última semana. Confira se Alfredo deveria investir ou não. Considere a alíquota do IR igual zero.

Investimento A) taxa de retorno 15% — montante do investimento R$ 100.000,00

Investimento B) taxa de retorno 12% — montante do investimento R$ 200.000,00

Investimento C) taxa de retorno 17% — montante do investimento R$ 150.000,00

Investimento D) taxa de retorno 18% — montante do investimento R$ 220.000,00

Investimento E) taxa de retorno 13% — montante do investimento R$ 120.000,00

Investimento F) taxa de retorno 14% — montante do investimento R$ 110.000,00

10) A empresa Colorida tem dívidas de R$ 2.000.000,00. A empresa Colorida tem 1.000.000 de ações, que valem R$ 2,00 cada uma. Determinar o % D (percentual de endividamento) da empresa e o % S (percentual de capital dos sócios na empresa).

Solução da lista de exercícios 3.3: numéricos

1) Você vai montar um laboratório de análises clínicas com um médico seu amigo. Vocês já escolheram até o nome Alfa. Você precisa calcular a taxa de retorno apropriada para este tipo de negócio. Assuma ERm = 14% e RF = 8%. Calcule a taxa de retorno requerido para o laboratório Alfa que tenha risco beta igual a 0,7.
Solução:
Vamos aplicar a fórmula do CAPM para determinar a taxa de retorno adequada ao risco do investimento. Vamos escrever a fórmula e substituir os valores do enunciado para obter a taxa de retorno adequada ao risco desse laboratório.
K = RF + beta (Erm − RF)
K = 0,08 + 0,7 (0,14 − 0,08) = 0,0122 = 12,2%
Resposta: a taxa K adequada a laboratório Alfa é 12,2%.

2) Você presta serviços de consultoria. A sua empresa é a consultora Sigma Ltda. Você pesquisou no Bloomberg e descobriu que o beta para firmas de consultoria iguais à sua gira em torno de 1. Determine a taxa de retorno adequada para a empresa Sigma. Considere a taxa RF = 8% ao ano e a taxa média de retorno do mercado 15% ao ano.
Solução:
Vamos aplicar a fórmula do CAPM para determinar a taxa de retorno adequada ao risco do investimento. Vamos escrever a fórmula e substi-

tuir os valores do enunciado para obter a taxa de retorno ao risco dessa empresa de consultoria.

K = RF + beta (Erm − RF)
K = 0,08 + 1,0 (0,15 − 0,08) = 0,15 = 15%
Resposta: a taxa de retorno adequada à empresa Sigma é K = 15% ao ano.

3) A empresa de transportes rodoviários Bruma, que possui uma frota de 4.200 caminhões, quer determinar a taxa de retorno adequada ao seu negócio. Sua missão é determinar a taxa de retorno adequada. Uma análise nas empresas transportadoras A, B e C similares que atuam no mesmo ramo mostra as seguintes taxas de retorno em média:
Taxa de retorno da empresa transportadora A: 24% ao ano
Taxa de retorno da empresa transportadora B: 23% ao ano
Taxa de retorno da empresa transportadora C: 25% ao ano
Solução:
Não foi fornecida nenhuma informação que nos permita calcular a taxa de retorno pelo modelo CAPM. Porém nos foram disponibilizadas as taxas de retorno de empresas similares; então é por similaridade que vamos calcular a taxa de retorno:
Taxa K = (24% + 23% + 25%)/3 = 72%/3 = 24% a.a.
Resposta: a taxa de retorno adequada a Bruma deve ser em torno de 24% ao ano.

4) Considere que o risco beta da metalúrgica Sigma é 1,6. A taxa RF é 12% a.a. e Erm é 20% a.a. Qual deve ser a taxa K para retorno da metalúrgica Sigma?
Solução:
K = RF + beta (Erm − RF)
K = 0,12 + 1,6 (0,20 − 0,12) = 0,2480
Resposta: K = 24,80%

5) Para implantar a empreiteira Azul, você precisou levantar um capital de R$ 3.000.000,00. Você obteve R$ 1.200.000,00 em bancos e R$

1.800.000,00 com sócios vendendo cotas do capital de sua empresa. Considere que a taxa de juros (Kd) que a firma paga é 9% por ano e a taxa de remuneração esperada pelos sócios (Ks) é 14% ao ano. Calcule o CMPC, em inglês, WACC (Weighted Average Cost of Capital), da empreiteira Azul.

Solução:
CMPC = Kd (1-IR) D/(D+S) + Ks (S/D+S)
CMPC = 0,09 (1-0) 1.200/(1.200+1.800) + 0,14 1.800/(1.200+1.800)
CMPC = 0,09 1.200/3.000 + 0,14 1.800/3.000 = 0,12 = 12% a.a.
Resposta: a taxa do CMPC é 12% ao ano.

6) Você quer abrir uma empresa industrial para produzir tintas. Será a firma Roxa. Você pretende obter capital para a firma Roxa vendendo 1.000 ações no valor de R$ 2,00 cada ação. As dívidas da firma Roxa deverão ser da ordem de R$ 3.000,00 sobre a qual a taxa de juros do mercado é de 12% ao ano. A taxa esperada e prometida de dividendos para os sócios é 20% ao ano. Considere que não existe IR. Qual é o CMPC da firma Roxa?

Solução:
O valor do capital próprio é formado por 1.000 ações de R$ 2,00 cada, ou seja, R$ 2.000,00.
CMPC = Kd (1-IR) D/(D+S) + Ks (S/D+S)
CMPC = 0,12 (1-0) 3.000/(3.000+2.000) + 0,20 2.000/(3.000+2.000)
CMPC = 0,12 3.000/5.000 + 0,20 2.000/5.000 = 0,152 = 15,2% a.a.
Resposta: o CMPC da firma Roxa é 15,20% ao ano.

7) Exercício de CAPM e CMPC: você é o diretor financeiro da metalúrgica W. O risco beta das ações da metalúrgica W é 1,2. O retorno médio do mercado Erm é 24% a.a. A taxa RF está fixada em 18% a.a. A taxa de juros dos empréstimos bancários para W é 20% a.a. Quarenta por cento do capital da W é dos sócios. Você precisa definir rapidamente qual é o CMPC da metalúrgica W.

Solução:
O modelo CAPM nos fornece a taxa Ks.

Ks = RF + beta (ERm − RF)
Ks = 0,18 + 1,2 (0,24 − 0,18) = 0,252 = 25,20% a.a.
CMPC = Kd (1-IR) D/(D+S) + Ks (S/D+S)
CMPC = 0,20 (1-0) 60% + 0,252 40% = 0 ,2208
Resposta: o CMPC da metalúrgica W é 22,08% ao ano.

8) Exercício de CAPM e CMPC: sua missão é determinar o CMPC da empresa JJJ. Considere que a taxa RF é 12% a.a. O beta das ações da JJJ é 1,45. A taxa de retorno do mercado é 25%. A taxa de juros é 18% a.a. A dívida representa 60% do capital da empresa JJJ. A alíquota do IR é 30%.
Solução:
O modelo CAPM nos fornece a taxa Ks.
Ks = RF + beta (ERm − RF)
Ks = 0,12 + 1,45 (0,25 − 0,12) = 0,3085 = 30,85% a.a.
CMPC = Kd (1-IR) D/(D+S) + Ks (S/D+S)
CMPC = 0,18 (1-0,3) 60% + 0,3085 40% = 0 ,199
Resposta: o CMPC da empresa JJJ é 19,9% ao ano.

9) Alfredo é o executivo financeiro da administradora de recursos financeiros Cash Cow. Alfredo tem que tomar decisões de aplicações. O capital da Cash Cow é formado da seguinte forma: capital próprio 4 mm (taxa Ks = 20% a.a.) e capital de terceiros 6 mm (taxa Kd =10% a.a.).
Veja abaixo alguns investimentos que foram oferecidos a Alfredo na última semana. Confira se Alfredo deveria investir ou não. Considere a alíquota do IR igual zero.
Investimento A) taxa de retorno 15% — montante do investimento R$ 100.000,00
Investimento B) taxa de retorno 12% — montante do investimento R$ 200.000,00
Investimento C) taxa de retorno 17% — montante do investimento R$ 150.000,00
Investimento D) taxa de retorno 18% — montante do investimento R$ 220.000,00

Investimento E) taxa de retorno 13% — montante do investimento R$ 120.000,00

Investimento F) taxa de retorno 14% — montante do investimento R$ 110.000,00

Solução:

Podemos investir nos projetos que paguem uma taxa de retorno superior à taxa do custo do capital da empresa. Dessa maneira sabemos que o projeto consegue pagar o custo do capital que o financia e ainda sobra algum resultado positivo. Então vamos iniciar determinando a taxa do custo do capital da Cash Cow:

CMPC (Cash Cow) = Kd (1-IR) D/D+S + Ks S/D+S

CMPC (Cash Cow) = 0,1 (1-0) (6/6+4) + 0,2 (4/6+4) = 14%

Resposta:

Pelos montantes envolvidos, podemos afirmar que há capital na Cash Cow para, se for o caso, investir em todos os projetos. Pelo critério da disponibilidade de capital, todos os projetos estão liberados.

Agora podemos comparar e recomendar investir nos projetos: A, C, D. Podemos informar que investir no projeto F seria trocar seis por meia dúzia.

Podemos recomendar NÃO investir nos projetos B nem E.

10) A empresa Colorida tem dívidas de R$ 2.000.000,00. A empresa Colorida tem 1.000.000 de ações, que valem R$ 2,00 cada uma. Determinar o % D (percentual de endividamento) da empresa e o % S (percentual de capital dos sócios na empresa).

Solução:

Primeiro vamos nos lembrar das fórmulas:

%D é o percentual de endividamento da empresa = D/(D+S)

%S é o percentual de capital dos sócios na empresa = S/(D+S)

Segundo, vamos substituir os números nas fórmulas e fazer os cálculos:

A dívida (D) é de R$ 2.000.000,00, conforme o enunciado.

O valor de todas as ações (S) é R$ 2,00 × 1.000.000 = R$ 2.000.000,00

%D = D/(D+S) = 2.000.000/4.000.000 = 0,5 = 50%

%S = S/(D+S) = 2.000.000/4.000.000 = 0,5 = 50%

Resposta:
O percentual de endividamento da empresa, %D = D/(D+S), é 50%.
O percentual de capital dos sócios na empresa, %S = S/(D+S), é 50%.

Entendendo as taxas: a matemática e o português

Taxas normalmente são expressas em base percentual. É comum usarmos no dia a dia do mercado expressões percentuais, tais como 50% da pizza é calabresa e os outros 50% muçarela. Mas o que isso significa?

- A expressão 50% significa 50 partes de cada 100 partes
- A expressão 30% significa 30 partes de cada 100 partes

Mudança de base percentual para base unitária

1% (em base percentual)	=	0,01 em base unitária
10% (em base percentual)	=	0,1 em base unitária
20% (em base percentual)	=	0,2 em base unitária
50% (em base percentual)	=	0,5 em base unitária
100% (em base percentual)	=	1 em base unitária
150% (em base percentual)	=	1,5 em base unitária
200% (em base percentual)	=	2 em base unitária

e assim sucessivamente.

Para podermos fazer as contas, devemos colocar SEMPRE todos os valores nas mesmas bases numéricas. Dessa forma, quando queremos calcular quanto é 50% de 1.000, devemos colocar 50% em base decimal para podermos realizar o cálculo; vejamos: 0,5 × 1.000 = 500.

Entretanto, em muitas calculadoras financeiras as taxas de juros devem ser inseridas em base percentual. Isso significa que você deve se informar antes de usar a calculadora. Usando a calculadora HP 12 C, para calcular 50% de 1.000, devemos digitar (teclar) 1000 ENTER e a seguir 50%. Você obterá 500.

Risco e retorno dos investimentos — Taxa do custo do capital

Exemplo:
Três amigos, João, Maria e Bernardo, serão sócios de uma empresa. O capital total inicial a ser aportado pelos três sócios é de R$ 200.000,00. João terá 35% do capital, Maria terá 20%. Quanto cada sócio deverá aportar em $$$ para iniciar o negócio?
Solução:
Sendo o capital total de R$ 200.000,00, então esses R$ 200.000,00 representam os 100% do capital. O total é sempre 100%. Sabendo que João terá 35% do capital e Maria terá 20% do capital, concluímos então que Bernardo terá o que falta para completar os 100%.

João e Maria terão 35% + 20% = 55%, Bernardo terá então 45% do capital. Vamos calcular o capital que João terá que aportar para iniciar o negócio:
35% em base decimal é 0,35; então nossa conta é 0,35 × 200.000 = 70.000
Conclusão: João terá que aportar R$ 70.000,00.
Vamos calcular o capital que Maria terá que aportar para iniciar o negócio:
20% em base decimal é 0,2; então nossa conta é 0,2 × 200.000 = 40.000
Conclusão: Maria terá que aportar R$ 40.000,00.
Vamos calcular o capital que Bernardo terá que aportar para iniciar o negócio:
45% em base decimal é 0,45; então nossa conta é 0,45 × 200.000 = 90.000
Conclusão: Bernardo terá que aportar R$ 90.000,00.

Exemplo:
Considere um imóvel avaliado em R$ 100.000,00 e cinco proprietários: Ana, Paulo, João, Alberto e Maria. João, Alberto e Maria querem dividir igualmente entre eles metade do resultado da venda desse apartamento. Paulo e Ana vão dividir entres os dois a outra metade.

Solução:
Metade é R$ 50.000,00.
Então teremos R$ 50.000,00 para dividir igualmente entre João, Alberto e Maria.
Serão 50.000 / 3 = 16.666,66 para cada um. Cada um vai receber 16,66% do imóvel.
Então teremos R$ 50.000,00 para dividir igualmente entre Paulo e Ana.

Serão 50.000 / 2 = 25.000 para cada um. Cada um vai receber 25% do imóvel.

Dicionário das taxas

Taxas das operações financeiras: aplicações e captações — definições e comparações

Existem muitas denominações para taxas que significam quase sempre o mesmo. Vejamos os seguintes exemplos.

Taxa de retorno

A taxa de retorno é a taxa que esperamos obter como retorno de uma aplicação ou investimento.

Taxa de desconto

A taxa de desconto é a taxa que usamos para descontar a valor presente um fluxo de caixa.

Taxa de juros

A taxa de juros é a remuneração que uma pessoa (ou instituição financeira) recebe pela aplicação do seu capital, é o interesse ou a taxa de rendimento de dinheiro emprestado.

Quando alguém recebe uma taxa de juros, também a chama de taxa de retorno. Quando alguém paga uma taxa de juros, também a chama de taxa de desconto.

Taxa do custo de oportunidade

A taxa do custo de oportunidade é a taxa de retorno que você está deixando de ganhar em um investimento alternativo.

Taxa do custo do capital da empresa

A taxa do custo do capital da empresa é a taxa que representa a taxa do custo médio ponderado do capital de uma empresa. É a taxa do CMPC.

Taxa adequada ao risco do negócio

É a taxa que remunera adequadamente o risco beta de um negócio (ver CAPM).

Taxa interna de retorno (TIR)

TIR é a taxa interna de retorno. TIR é taxa que o negócio consegue proporcionar aos seus investidores.

Taxa mínima de atratividade (TMA)

Taxa mínima de atratividade (TMA) significa a menor taxa que ainda atrai um investidor a fazer um investimento.

Lista de exercícios 3.4: conceituais

1) Questão de múltipla escolha. Você tem uma aplicação de R$ 1.000,00 que rende uma taxa de juros fixa de 14% ao ano. Como você faz para calcular os juros dessa aplicação?
   a) 1.000 vezes 14
   b) 1.000 vezes 1,4
   c) 1.000 vezes 0,14
   d) 1.000 vezes 0,014
2) O que é a taxa de retorno?
3) O que é a taxa de desconto?
4) O que é a taxa de juros?
5) O que é a taxa do custo de oportunidade?
6) O que é a taxa do custo do capital da empresa?

7) O que é a taxa adequada ao risco do negócio?
8) O que é a taxa interna de retorno (TIR)?
9) O que é a taxa mínima de atratividade (TMA)?
10) Preencha as lacunas:
Taxas de juros são usualmente expressas em percentagem e sua transformação para base unitária é necessária antes de fazer as contas. Para podermos fazer as contas, devemos colocar _____ todos os valores nas mesmas bases numéricas. Dessa forma, quando queremos calcular quanto é 30% de R$ 2.000,00, devemos colocar ____ em base decimal para podermos realizar o cálculo; vejamos: 0,3 × 2.000 = _____.

Solução da lista de exercícios 3.4: conceituais

1) Questão de múltipla escolha. Você tem uma aplicação de R$ 1.000,00 que rende uma taxa de juros fixa de 14% ao ano. Como você faz para calcular os juros dessa aplicação?
   a) 1.000 vezes 14
   b) 1.000 vezes 1,4
   c) 1.000 vezes 0,14
   d) 1.000 vezes 0,014
   Resposta: letra c) pois 14% em base decimal é 0,14 e para fazermos as contas devemos colocar todos os valores na mesma base numérica decimal.

2) O que é a taxa de retorno?
   Resposta: a taxa de retorno é a taxa que esperamos obter como retorno de uma aplicação ou investimento.

3) O que é a taxa de desconto?
   Resposta: a taxa de desconto é a taxa que usamos para descontar a valor presente um fluxo de caixa.

4) O que é a taxa de juros?
   Resposta: a taxa de juros é a remuneração que uma pessoa (ou instituição financeira) recebe pela aplicação do seu capital, é o interesse ou a

taxa de rendimento de dinheiro emprestado. Quando alguém recebe uma taxa de juros, também a chama de taxa de retorno. Quando alguém paga uma taxa de juros, também a chama de taxa de desconto.

5) O que é a taxa do custo de oportunidade?
Resposta: a taxa do custo de oportunidade é taxa de retorno que você está deixando de ganhar em um investimento alternativo

6) O que é a taxa do custo do capital da empresa?
Resposta: a taxa do custo do capital da empresa é a taxa que representa a taxa do custo médio ponderado do capital de uma empresa. É a taxa do CMPC.

7) O que é a taxa adequada ao risco do negócio?
Resposta: é a taxa que remunera adequadamente o risco beta de um negócio (ver CAPM).

8) O que é a taxa interna de retorno (TIR)?
Resposta: TIR é a taxa interna de retorno. TIR é taxa que o negócio consegue proporcionar aos seus investidores.

9) O que é a taxa mínima de atratividade (TMA)?
Resposta: taxa mínima de atratividade significa a menor taxa que ainda atrai um investidor a fazer um investimento.

10) Preencha as lacunas:
Taxas de juros são usualmente expressas em percentagem e sua transformação para base unitária é necessária antes de fazer as contas. Para podermos fazer as contas devemos colocar _____ todos os valores nas mesmas bases numéricas. Dessa forma, quando queremos calcular quanto é 30% de R$ 2.000,00, devemos colocar _____ em base decimal para podermos realizar o cálculo, vejamos: 0,3 × 2.000 = _____.
Resposta: sempre, 30%, R$ 600,00.

Parte II

Operando a empresa
(a empresa já foi criada e agora estamos operando)

Capítulo 4-A
Os personagens discutem os fluxos de caixa

Como vimos nos capítulos anteriores, Maria, José, Ana, Paulo e Isabel resolveram montar uma empresa. Cada um tem suas razões e seus objetivos particulares.

Perguntas que ficaram para abrir esta reunião:

- Vendas futuras? Quanto vamos vender? E o faturamento?
- Como vou determinar o preço certo para vender nosso produto?
- Vou precisar de capital de giro? Quanto?
- Quanto teremos em dinheiro e patrimônio daqui a seis meses?
- E quanto teremos daqui a 12 meses (1 ano)?
- Será que os clientes vão nos pagar à vista? Ou a prazo?
- Como determinar o *mix* certo entre capital próprio (dos sócios) e de terceiros (bancos)?
- O que é a estrutura de capital de uma empresa?
- Existe um capital melhor do que o outro?
- Qual é a relação D/S ótima?
- Quais são os limites ao endividamento de uma empresa?

Vamos ganhar dinheiro? Quanto? É a pergunta que todo empreendedor e empresário faz

Maria quer saber quanto a empresa vai faturar. Ela acredita que o faturamento da empresa vai para o bolso do dono da empresa. Fala como se o faturamento fosse dinheiro para ela. José se apressou em esclarecer. Cuidado!!! Faturamento é o que a empresa recebe pela venda dos seus produtos, bens ou serviços. E então desse faturamento a empresa tem de pagar seus gastos e seus compromissos. Para os sócios vai sobrar apenas uma pequena parte do faturamento inicial.

O faturamento é calculado multiplicando a quantidade vendida pelos preços dos produtos vendidos. Por exemplo: considere que a nossa fábrica de sanduíches venha a oferecer três tipos de sanduíche: queijo, presunto e misto (presunto e queijo). Vamos supor que os preços e vendas sejam, respectivamente, R$ 2,00, R$ 3,00 e R$ 4,00. Agora vamos ao faturamento, vamos imaginar que você neste mês venda 100 sanduíches de queijo, 150 sanduíches de presunto e 12 sanduíches mistos.

Faturamento com a venda dos sanduíches de queijo	R$ 2 × 100 = R$ 200
Faturamento com a venda dos sanduíches de presunto	R$ 3 × 150 = R$ 450
Faturamento com a venda dos sanduíches de queijo	R$ 4 × 120 = R$ 480
Faturamento bruto total das vendas	R$ 1.130,00

Com esses R$ 1.130,00 você terá de pagar os custos operacionais da sua empresa (instalações, folha de pagamentos...) e os custos variáveis (queijos, presunto, pão...) para as taxas e impostos.

A empresa cria valor e gera riqueza quando proporciona fluxo de caixa positivo

Uma empresa existe para criar riqueza e gerar valor. Uma empresa deve obrigatoriamente produzir bens (produtos e serviços) que tenham um valor maior do que o valor dos diversos insumos utilizados em sua elaboração. Ou seja, é esperado que uma empresa gere fluxos de caixa positivos.

Vamos raciocinar por um instante se fosse diferente. Imagine uma empresa que recebesse 10 mil horas de mão de obra, R$ 10.000.000,00 em investimentos, 1.000 toneladas de matéria-prima e nos portões de saída seus produtos valessem menos do que a soma dos insumos aplicados!!!! Teríamos perda de tempo, mão de obra mal aproveitada, desperdício de dinheiro... Resumindo: destruição de valor. Esses mesmos insumos aplicados ou investidos em uma empresa lucrativa eficaz e eficiente gerariam na sua saída produtos cujo valor excede o valor dos insumos aplicados. A esse resultado chamamos criação de valor.

A reunião de hoje

O administrador José abre a reunião colocando os seguintes itens para serem tratados e estudados hoje pelos sócios: como vamos fazer a projeção das vendas esperadas?

O objetivo é poder fazer a projeção dos fluxos de caixa e elaborar o balanço projetado.

Vamos aproveitar e aprender a fazer também a projeção do fluxo de caixa de uma maneira muito prática, fácil e muito utilizada no mercado: a projeção do fluxo de caixa como percentagem das vendas. E vamos tratar também do problema dos prazos para os clientes pagarem, e a necessidade do capital de giro.

Iniciando as operações

Maria abriu a reunião de hoje: "Vamos iniciar as operações, mas temos uma grande preocupação: será que vai dar certo este negócio?". E emendou:

> O sucesso ou insucesso do nosso negócio vai depender fundamentalmente das vendas. Será que vamos vender muito? Ou será que não vamos conseguir vender bem e vamos ter problemas por falta de receita? Como saber? Será que podemos fazer uma estimativa ou uma projeção para ter uma expectativa das vendas? As vendas serão obviamente função da demanda e dos preços que praticarmos.

Projeção de vendas futuras

Antes de iniciar qualquer operação, precisamos ter uma ideia, pelo menos uma noção ou uma estimativa de quanto vamos vender. Precisamos dessa estimativa das vendas para comprar matéria-prima, contratar a mão de obra, dimensionar as instalações e as eventuais terceirizações.

Fundamentalmente, existem três maneiras de projetarmos as vendas para uma empresa: ou temos contratos firmados, ou temos um histórico de vendas ou fazemos uma pesquisa de mercado.

A forma mais fácil e menos arriscada é quando a empresa tem contratos. Basta ler os contratos e saberemos qual quantidade e por quanto vamos vender com uma boa dose de certeza. Outra maneira, um pouco mais incerta, é usarmos o histórico de vendas no mercado. Baseados no histórico, poderemos ter uma ideia de quanto o mercado é capaz de absorver. A maneira mais difícil e com maior incerteza é quando não temos contratos que garantam as vendas nem histórico de vendas e então precisamos fazer pesquisas de mercado.

No caso da fábrica de sanduíches, estaremos no "terreno" mais seguro. A empresa vai trabalhar sempre baseada em contratos firmados com as empresas aéreas.

Formação de preço: a arte do negócio

É muito importante a precificação dos produtos? SIM! O sucesso da empresa não pode depender da decisão do preço, porém precificação errada certamente vai trazer muitos problemas.

Em situações de leilão de muitos produtos e muita demanda no mercado, preço é quanto você vai cobrar pelo seu produto e valor é o que o comprador vai perceber no seu produto. Se o valor percebido for maior do que o preço, você vende! Porém você tem que cobrar um preço maior do que seus custos para ter lucro. Isabel buscou logo o dicionário e mostrou:

preço: pre.ço
(*ê*) *sm* (*lat pretiu*) **1** Valor em dinheiro de uma mercadoria ou de um trabalho; custo. **2** *Dir* Prestação pecuniária determinada na compra e venda, expressa em moeda ou valor fiduciário, paga pelo comprador ao vendedor. **3** Aquilo que se dá, se sacrifica ou se obtém em troca de alguma coisa. **4** Castigo, punição, recompensa. **5** Consideração, importância, merecimento, valia. **6** Aceitação, apreço, valor. *P. baixo*: preço módico, pequeno. *P. corrente*: preço do mercado. *P. de custo*: o em que não há nenhum lucro. *P.*

de concorrência: aquele que está abaixo do preço normal. *P. de fatura*: preço pelo qual o negociante comprou as mercadorias nas fábricas. *P. fixo*: o que não sofre desconto. *P. justo*: preço equivalente ao valor do objeto.

Qual o preço que vamos cobrar por sanduíche? Como determinar o preço?

A formação e determinação de preços é um assunto fascinante e muito amplo. Existem muitas formas para se determinar o preço de um produto. O principal futuro cliente de nossa empresa, a "Voandon", impõe uma determinada forma de trabalhar com seus fornecedores. E nossa empresa é fornecedora deles. Então devemos concordar, ou será difícil fazer negócio com eles.

A "Voandon" é muito preocupada com a qualidade dos produtos alimentícios que serve a bordo dos seus aviões. Ela não deseja que seus fornecedores usem produtos de segunda linha na produção dos alimentos. A Voandon também não quer pagar acima do que precisaria pagar para ter um excelente sanduíche. O processo que a Voandon utiliza é muito simples, prático e bastante difundido. Chama-se lucro predefinido.

A Sanduíches Voadores deverá abrir sua planilha de custos para a Voandon. O lucro por sanduíche é predefinido em 18% do preço do sanduíche. Ou seja, 18% do faturamento bruto será o lucro total da Sanduíches Voadores nos contratos com a Voandon.

Podemos escrever a planilha de custos da Voandom para melhor visualização:

- A partir do faturamento das vendas
- MENOS despesas com matéria-prima
- MENOS despesas com folha de pagamentos
- MENOS despesas com adm. e vendas
- OBTEMOS o lucro (18% do faturamento com as vendas)

Após inúmeras visitas às empresas, Paulo verificou que a maioria das empresas de aviação usa o mesmo processo para precificação dos produtos que compra. Então, considerando que todas as vendas da Sanduíches Voadores serão para empresas de aviação civil, para facilitar e agilizar as contas e análises, resolveu utilizar esse processo para todos os 5 mil sanduíches (diários) da Sanduíches Voadores.

Maria consultou o especialista em fábricas, Sr. Esperto, e fizeram algumas contas: número de empregados para produzir 5 mil sanduíches por dia, mais os outros funcionários administrativos, de direção, de apoio, segurança, limpeza, manutenção e demais daria uma folha salarial, considerando encargos, de R$ 40.000,00/mês.

Calculando os preços e custos

Paulo se ofereceu para fazer as contas em relação à produção dos sanduíches. Paulo fez na juventude um curso de gastronomia e ficou muito amigo de Jacques, seu colega de turma, que mais tarde virou o lendário *chief* francês Jacques Boureaux. Segundo Jacques Boureaux, um sanduíche saboroso deve levar 20 gramas de recheio.

Maria, José, Ana, Paulo e Isabel fizeram uma reunião com o representante da empresa Voando, sua principal cliente (até o momento), e ficaram sabendo que a demanda é por apenas três tipos de sanduíche:

- Sanduíche de queijo
- Sanduíche de presunto
- Sanduíche misto

Paulo contatou alguns fornecedores de pão, presunto e queijo e fez um levantamento de preços, pesos e quantidades:

Pacote de pão com 16 fatias   R$ 3,00
Quilo do presento   R$ 16,00
Quilo do queijo   R$ 16,00

Considerando que cada sanduíche leva 20 gramas de recheio.

Considerando que teremos três tipos de sanduíche: queijo, presunto e misto.

Considerando que cada sanduíche leve duas fatias de pão.

Podemos fazer as seguintes contas para a matéria-prima (pão, queijo e presunto):

2 fatias de pão = (3/16) × 2 = R$ 0,3750

20 gramas de presentou (ou queijo) = 16 (20/1000) = R$ 0,3200
Custo da matéria-prima para UM sanduíche = R$ 0,6950
Produção total é de 5 mil sanduíches/dia, ou seja, em um mês de 30 dias úteis teremos 5.000 × 30 = 150 mil sanduíches por mês. Pois a demanda pelos sanduíches é para todos os dias do mês. A matéria-prima necessária para fazer 150 mil sanduíches custa 150.000 × 0,6950 = R$ 104.250,00.
Conforme Maria calculou, a folha de pagamentos mensal é R$ 40.000,00.

Estimativa para as outras despesas:
Aluguel	20.000,00 /mês
Luz, gás, água	6.000,00 /mês
Telefone	3.000,00 /mês
IPTU	400,00 /mês
Logística (distribuição e entrega)	20.000,00 /mês
Total (outras despesas)	49.400,00 /mês

Resumindo:
Matéria-prima	104.250,00
Folha de pagamentos	40.000,00
Adm. e vendas	49.400,00
Total	193.650,00

Aritmética, fazendo as contas:
Faturamento bruto =	Faturamento
Matéria-prima	104.250,00
Folha de pagamentos	40.000,00
Adm. e vendas	49.400,00
Lucro	18% do faturamento

Ana, que gosta de resolver probleminhas matemáticos do primeiro grau, quis fazer a conta:
Faturamento − 104.250,00 − 40.000,00 − 49.400,00 − 18% de faturamento = zero
Faturamento = ?

Solução:

Faturamento − 104.250,00 − 40.000,00 − 49.400,00 − 18% do faturamento = zero

Faturamento − 18% do faturamento − 104.250,00 − 40.000,00 − 49.400,00 = 0

0,82 faturamento = 104.250,00 + 40.000,00 + 49.400,00

Faturamento = R$ 236.158,54 (esse é o faturamento bruto da venda de 150 mil sanduíches)

Com isso verificamos que o preço de venda de cada sanduíche, embalado e já colocado a bordo, será 236.158,54/150.000 = 1,57439 = R$ 1,57.

Observe que com esse arredondamento perdemos 0,00439 reais em cada sanduíche. No total de 150 mil sanduíches mensais essa perda é de R$ 658,50 por mês, ou seja, R$ 7.902,00 ao ano. No momento esse valor parece pequeno, porém vamos encontrar essa diferença mais para a frente e então você já sabe de onde ela vem.

Com o preço assim determinado, verificamos que o lucro mensal da Sanduíches Voadores será de: 18% de 236.158,54 = 42.508,54

Demonstrativo de resultados do exercício (DRE)

A pergunta & problema

Podemos calcular os resultados projetados para os meses à frente?

SIM! Uma vez que já temos as vendas projetadas e também já definimos o preço para o sanduíche, estamos prontos para calcular os resultados mensais projetados para a Sanduíches Voadores.

Podemos fazer passo a passo para ficar fácil de entender?

SIM! Uma vez que já temos a projeção das vendas mensais e já temos o preço, podemos dar o primeiro passo que é projetar o faturamento.

Faturamento projetado: Q (vendas em unidades) × P (preço unitário de cada sanduíche)

Faturamento = P × Q

Voltando ao capítulo 3, podemos obter o esquema (receita) de uma DRE bem simples:

Vendas do mês janeiro 2xxx (quantidade)	Q
Preço (unitário)	× P
Faturamento (preço × quantidade)	= P Q
Custo variável unitário (CV)	− CV Q
Custo fixo	− CF
Lucro antes dos juros e do imposto de renda	= Lajir
Juros que é a dívida × taxa de juros (Kd)	− Juros
Lucro antes do Imposto de Renda	= Lair
Imposto de Renda (alíquota IR × base tributável)	− IR (base trib.)
Lucro líquido	= Lucro líquido
Reinvestimento	− Reinvestimento
Dividendo total	= Dividendo

Podemos obter as informações necessárias voltando aos capítulos 2 e 3:
Projeção de vendas diárias = 5.000 sanduíches por dia
Número de dias de produção por mês = 30 dias
Preço unitário de venda do sanduíche = 1,57
Custo variável unitário = 0,6950
Custo fixo mensal = 89.400,00
Taxa de juros sobre as dívidas = 12% ao ano (taxa equivalente mensal é 0,948879% a.m.)
Dívida total da empresa = 350.000,00
Juros é valor da dívida multiplicado pela taxa de juros: 0,948879% × 350.000,00 = 3.321,08
Alíquota do IR = 25%
Não houve menção alguma a reinvestimento até esse ponto, então vamos assumir zero.
Não houve menção alguma a depreciação até esse ponto, então vamos assumir zero.

Podemos elaborar o demonstrativo de resultados do exercício.

Demonstrativo de resultados do exercício (DRE):

Vendas do mês janeiro 2xxx (quantidade)	150.000	
Preço (unitário)	× 1,57	
Faturamento (preço × quantidade)	= 150.000 × 1,57	235.500,00
Custo Variável unitário (CV)	− 0,695 × 150.000	104.250,00
Custo Fixo	− 89.400	89.400,00
Lucro antes dos juros e do imposto de renda	= Lajir	41.850,00
Juros que é a dívida × taxa de juros (Kd)	− 350.000 × 0,9488%	3.321,08
Lucro antes do imposto de renda	= Lair	38.528,92
Imposto de Renda (sobre o lucro real)	− 0,25 × 38.528,92	9.632,23
Lucro líquido	= Lucro líquido	28.896,69
Reinvestimento	− Reinvestimento	0,00
Dividendo Total	= Dividendo	28.896,69

Se não houver mudança alguma no futuro, se as quantidades das vendas, os custos, os preços, as taxas e alíquotas não mudarem, teremos este resultado mensal sendo repetido ao longo dos meses. Veja a seguir como seria a projeção dos resultados.

Data	**1 mês**	**2 meses**	**3 meses...**
Vendas do mês (Q)	150.000	150.000	150.000
Faturamento (preço × Q)	235.500,00	235.500,00	235.500,00
Custo Variável total (CV Q)	104.250,00	104.250,00	104.250,00
Custo Fixo	89.400,00	89.400,00	89.400,00
Lucro antes dos juros e do imposto de renda	41.850,00	41.850,00	41.850,00

Data	1 mês	2 meses	3 meses...
Juros que é a dívida × taxa de juros (Kd)	3.321,08	3.321,08	3.321,08
Lucro antes do imposto de renda	38.528,92	38.528,92	38.528,92
Imposto de renda (sobre o lucro real)	9.632,23	9.632,23	9.632,23
Lucro líquido	28.896,69	28.896,69	28.896,69
Reinvestimento	0,00	0,00	0,00
Dividendo total	28.896,69	28.896,69	28.896,69

Com essas demonstrações de resultados futuros projetados, os sócios podem esperar receber um valor mensal de R$ 28.896,69 a ser distribuído entre eles a título de distribuição de lucros, ou dividendos aos sócios.

José propôs que, para os sócios treinarem e entenderem melhor, deveriam fazer alguns exercícios.

Exercícios propostos por José:
1) Confirme os resultados destes três meses fazendo os cálculos para conferir.
2) Faça essa projeção em uma planilha Excel para praticar o uso da planilha. Faça isto para os primeiros 18 meses de operação da empresa.

Você pode ver os resultados para conferir suas contas no final do livro.

Tributação do imposto de renda: lucro real ou lucro presumido

Muitos novos empreendedores e alguns empresários não sabem que existe a opção de sua empresa calcular o imposto de renda com base no lucro real ou então calcular o imposto de renda com base no lucro presumido.

Antigamente, o imposto de renda era sempre calculado com base no lucro real. Como é feito isso? O lucro real é efetivamente o lucro que a empresa tem após deduzir do faturamento (receita bruta) todos os custos, comissões, taxas e impostos.

Exemplo de como é calculado o lucro real:

Faturamento = Preço do produto × quantidade de produtos vendidos
    MENOS   comissões dos vendedores
    MENOS   tributos com base no faturamento (ISS, ICMS, IPI...)
    MENOS   custos operacionais fixos e variáveis (matéria-prima, mão de obra, instalações)
    IGUAL   Lucro real

O cálculo do imposto de renda devido é: IR = lucro real × alíquota do IR

Porém essa atividade demanda uma quantidade enorme de documentos comprobatórios das despesas, comissões, custos... Para a fiscalização do IR, é extremamente trabalhoso chegar em uma empresa e conferir milhares, às vezes dezenas de milhares, de documentos para poder concluir se os impostos pagos foram os efetivamente devidos.

Então o governo pensou o seguinte: sabendo que empresas de um mesmo segmento têm custos semelhantes e, portanto, taxas de lucratividade muito semelhantes, podemos fazer "uma presunção do lucro" e então presumir que o lucro dessa empresa é uma percentagem do seu faturamento. Vejamos a seguir a tabela que a receita federal publicou a ser aplicada no ano de 2014:

Tabela de presunção do lucro de diversas empresas

Os percentuais a serem aplicados sobre a receita bruta são os abaixo discriminados

Atividades percentuais	(%)
Atividades em geral (RIR/1999, art. 518)	8%
Revenda de combustíveis	1,6%
Serviços de transporte (exceto o de carga)	16%
Serviços de transporte de cargas	8%
Serviços em geral (exceto serviços hospitalares)	32%
Serviços hospitalares e de auxílio diagnóstico	8%
Intermediação de negócios	32%
Administração, locação ou cessão de bens	32%

A adoção dessa alternativa simplificou muito a fiscalização da receita federal, que agora basta multiplicar o faturamento da empresa pela alíquota de presunção para determinar o lucro sobre o qual a empresa deve recolher o imposto e renda. O faturamento da empresa é um número muito fácil de ser verificado, pois consta nas notas fiscais.

Exemplo de como é calculado o lucro presumido para o setor de serviços em geral, cujo percentual de presunção determinado pela receita federal é 32%.

Faturamento = Preço do produto × quantidade de produtos vendidos
MULTIPLICADO POR 32%
IGUAL   lucro presumido

O cálculo do imposto de renda devido é: IR = lucro presumido × alíquota do IR.

Vamos agora fazer as contas para nossa empresa. Vamos fazer as contas calculando o pagamento do IR com base no lucro real e depois vamos repetir os cálculos com base no lucro presumido e vamos tomar a decisão que seja melhor para a empresa. A melhor base tributável para cálculo do imposto de renda da Sanduíches Voadores precisa ser determinada: será no lucro presumido ou será no lucro real? Sabemos que a alíquota do IR é 25%. Para cálculo do IR com base no lucro presumido, o percentual de presunção do lucro para efeitos de cálculo da base tributável é 30%. Para cálculo do IR com base no lucro real precisamos do Lajir menos os juros menos a depreciação.

Cálculo da base tributável sobre o lucro real para a Sanduíches Voadores

Primeiro devemos calcular o Lajir

Vendas do mês janeiro 2xxx (quantidade)	150.000	
Preço (unitário)	× 1,57	
Faturamento (preço × quantidade)	= 150.000 × 1,57	235.500,00
Custo variável unitário (CV)	− 0,695 × 150.000	104.250,00
Custo fixo	− 89.400	89.400,00
Lucro antes dos juros e do imposto de renda	= Lajir	41.850,00

Cálculo da base tributável pelo lucro real

Lucro antes dos juros e do imposto de renda (Lajir)	41.850,00
Benefícios fiscais (juros)	3.321,08
Benefícios fiscais (depreciação)	0,00
Incentivos fiscais (investimentos incentivados)	0,00
Deduções (doações)	0,00
Base tributável sobre o lucro REAL para cálculo do IR	38.528,92
Imposto de Renda (alíquota IR × base tributável)	9.632,23

Agora vamos calcular o IR pelo lucro PRESUMIDO

Vendas do mês janeiro 2xxx (quantidade)	150.000
Preço (unitário)	× 1,57
Faturamento (preço × quantidade)	= 150.000 × 1,57 = 235.500,00
Índice de presunção do governo	30%
Lucro presumido (base tributável)	70.650,00
IR (25%) sobre a base tributável do lucro presumido	17.662,50

Decisão: pelos cálculos, vemos claramente que devemos escolher a tributação com base tributável sobre o lucro real.

Crescimento e reinvestimento

Podemos nos preparar para o crescimento nas vendas da empresa?

SIM! Devemos projetar as vendas para os próximos meses e, se possível, até mesmo para os próximos anos. Então, pela observação dos dados projetados, podemos verificar as tendências de crescimento.

Primeiro existe uma previsão de crescimento no tráfego aéreo que o governo estima em 6,17% ao ano para o setor. Isso nos leva a poder prever com razoável segurança que devemos esperar um aumento nas encomendas dos sanduíches de 0,50% ao longo dos meses.

Como podemos financiar os investimentos necessários a ampliar a capacidade de produção da empresa?

A fonte de capital mais fácil para financiar a compra de máquinas e equipamentos necessários para atender ao aumento da demanda é o lucro da empresa que estaria sendo distribuído aos sócios na forma de dividendos. Esses recursos já estão dentro da empresa e basta retê-los e desviá-los para a compra de máquinas. Esse capital é capital do sócio e se chama capital de lucros retidos.

Realidade do mercado no dia a dia

Agora vamos nos mover na direção do mundo REAL colocando algumas situações reais que nossa empresa vai encontrar:

a) Primeiro existe uma previsão de crescimento no tráfego aéreo que o governo estima em 6,17% ao ano para o setor. Isso nos leva a poder prever com razoável segurança que devemos esperar um aumento nas encomendas dos sanduíches de 0,50% ao longo dos meses.

b) Como consequência, os sócios já reservam uma parte dos lucros para reinvestir para comprar mais máquinas e equipamentos ao longo do tempo para fazer frente a esse provável aumento de demanda. A decisão foi de reinvestir 10% dos lucros na própria empresa e distribuir 90% dos lucros aos sócios.

Vejamos como fica a projeção destas demonstrações de resultados dos exercícios futuros:

Data	1 mês	2 meses	3 meses	4 meses...
Vendas do mês	150.000	150.750	151.503,75	152.261,27
Faturamento	235.500,00	236.677,50	237.860,89	239.050,19
Custo variável (total)	104.250,00	104.771,25	105.295,11	105.821,58
Custo fixo	89.400,00	89.400,00	89.400,00	89.400,00
Lajir	41.850,00	42.506,25	43.165,78	43.828,61

Data	1 mês	2 meses	3 meses	4 meses...
Juros	3.321,08	3.321,08	3.321,08	3.321,08
Lair	38.528,92	39.185,17	39.844,70	40.507,53
Imposto de Renda	9.632,23	9.796,29	9.961,18	10.126,88
Lucro líquido	28.896,69	29.388,88	29.883,53	30.380,65
Reinvestimento (10%)	2.889,67	2.938,89	2.988,35	3.038,06
Dividendo total	26.007,02	26.449,99	26.895,18	27.342,58

José propôs que para os sócios treinarem e entenderem melhor deveriam fazer alguns exercícios.

Exercícios propostos por José:

1) Confirme os resultados desses quatro meses fazendo os cálculos para conferir.
2) Faça essa projeção em uma planilha Excel para os primeiros 18 meses de operação da empresa.

Você pode ver os resultados para conferir suas contas no final do livro.

Capital de giro: de onde vem a necessidade do capital de giro

No segmento onde a empresa Sanduíches Voadores vai operar, a maioria dos clientes tem o hábito de pagar com 60 dias após a entrega da mercadoria. Isso vai colocar uma tremenda pressão no caixa da empresa. Por quê? Porque estaremos comprando matéria-prima, pagando mão de obra, pagando impostos e taxas, e pelo outro lado o cliente só vai nos pagar 60 dias após. Isto é, vamos precisar ter dinheiro em caixa suficiente para pagar as contas durante dois meses sem ter uma entrada. A única compensação é que os fornecedores nesse segmento também estão acostumados a dar um prazo de 30 dias para as empresas pagarem.

Projetando as despesas com as operações

José lembrou a todos: "Atenção, gente: IMPORTANTE. Esses investimentos são 'apenas' para montar a fábrica e as licenças". Ainda não haviam considerado que deverão comprar a matéria-prima para fazer os sanduíches, terão que contratar funcionários, pagar os aluguéis durante as obras e instalação da fábrica, despesas, despesas, despesas...

Maria disse: "Ei, gente, assim nós vamos quebrar antes de começar. As contas estão erradas, vamos ter que refazer todas as contas para evitar surpresas".

Após a reunião e com as informações na mesa, os sócios visualizaram a seguinte situação:

- Vendas: o faturamento é para receber em 120 dias
- Custos variáveis: os pagamentos são para serem feitos em 90 dias
- Custos fixos: os pagamentos são para serem feitos em 60 dias
- Juros (despesas financeiras empréstimos) são para serem pagos no dia 30 de cada mês.

Vejamos como fica a projeção dessas demonstrações de resultados futuros. Agora com a defasagem de prazos entre receitas e despesas, crescimento e reinvestimento. Vejamos os efeitos e impactos nos resultados:

Data	1 mês 30 dias	2 meses 60 dias	3 meses 90 dias	4 meses... 120 dias
Vendas do mês	150.000	150.750	151.503,75	152.261,27
Faturamento				235.500,00
Custo variável (total)			104.250,00	104.771,25
Custo fixo		89.400,00	89.400,00	89.400,00
Lajir	0,00	– 89.400,00	– 193.650,00	41.328,75
Juros	3.321,08	3.321,08	3.321,08	3.321,08
Lair	– 3.321,08	– 92.721,08	– 196.971,08	38.007,67
Imposto de Renda	9.632,23	9.796,29	9.961,18	10.126,88

Data	1 mês 30 dias	2 meses 60 dias	3 meses 90 dias	4 meses... 120 dias
Lucro líquido	−12.953,31	−102.517,37	−206.932,25	27.880,79
Reinvestimento (10%)				−2.788,08
Resultado do período	−12.953,31	−102.517,37	−206.932,25	25.092,71
Resultado do caixa acumulado ao fim de cada mês	−12.953,31	−115.470,68	−322.402,93	−297.310,22

Resultados negativos? O que é isso? O que significa?

Significa ficar sem recursos para pagar as contas, ou seja, prejuízo. Significa que os credores vão colocar sua empresa na justiça e fazer cobranças nos cartórios. O nome da empresa fica "sujo" e os clientes cancelam os contratos. Isso é falta de capital de giro. Significa que os sócios terão que aportar recursos para cobrir esta diferença. Então precisamos voltar e RECALCULAR o financiamento da empresa.

Levou um susto??? Pois é, muitas empresas levam esse mesmo susto ao vivo no seu dia a dia sem fazerem uma projeção como estamos fazendo. E então quebram. Simplesmente quebram. Segundo o Sebrae, a maior causa das falências das pequenas e médias empresas no Brasil é falta de capital de giro, ou falta do dimensionamento correto da necessidade de capital de giro. José propôs que, para os sócios treinarem e entenderem melhor, deveriam fazer alguns exercícios.

Exercícios propostos por José:
1) Confirme os resultados desses quatro meses fazendo os cálculos para conferir.
2) Faça essa projeção em uma planilha Excel para os primeiros 18 meses de operação da empresa. Sua missão é verificar se existem outros períodos (meses) com necessidade de capital de giro. Você pode ver os resultados para conferir suas contas no final do livro.

Dimensionamento do capital de giro

Com a projeção dos fluxos de caixa que fizemos anteriormente, podemos observar que no início das operações estaremos produzindo e vendendo, incorrendo em custos e despesas que teremos que pagar e ao mesmo tempo "dando" prazo para os clientes pagarem.

Além disso, precisamos também PREVER que vamos precisar ter um determinado nível de estoque de matéria-prima (para produzir os sanduíches). Obviamente, devemos calcular manter esse estoque ao nível mínimo possível para não incorrer em muitos custos de capital por carregar um estoque grande.

Incluindo os recursos para pagar os estoques

Os sócios, ouvindo especialistas, decidiram que devemos ter um estoque para pelo menos 10 dias de produção (um terço do mês), ou seja, um terço do consumo de matéria-prima do mês. José pergunta logo como chegaram a esse número de dias.

Resposta: esse número de dias foi decidido por uma análise de diversos fatores que dependem do setor. Alguns fatores empurram a decisão para um estoque maior. Outros para um estoque menor. Veja a seguir:

a) Considerando que trabalham com alimentos que são perecíveis: prazo e validade
b) Considerando que trabalham com clientes que não podem sofrer atrasos nas entregas: prazo para entrega
c) Considerando que pode haver atrasos por parte dos fornecedores: prazo para receber
d) Considerando a experiência de outras empresas que atuam no mesmo segmento: comparando com os prazos e níveis de estoques que empresas similares utilizam

Exemplo:
Para o primeiro mês de produção nosso custo variável é R$ 104.250,00. Então vamos precisar ter de início na data zero um estoque de pelo menos

1/3 de R$ 104.250,00, ou seja, R$ 34.750,00. Para os quatro primeiros meses teremos os seguintes estoques projetados.

Resumindo:
Isto significa que vamos precisar "bancar" esses primeiros meses de operações injetando recursos na empresa para pagar essas contas enquanto as receitas não chegam. A esses recursos usados para essa finalidade chamamos capital de giro.

Para calcular a efetiva necessidade de capital de giro para garantir o caixa da empresa projetamos os resultados futuros de caixa. Sempre que o caixa ficar negativo significa que estamos precisando de recursos de capital de giro.

Incluindo um nível mínimo de recursos (dinheiro) em caixa

Considere que os sócios determinaram que, em face das particularidades do negócio (Sanduíches Voadores), é necessário manter em caixa pelo menos uns R$ 50.000,00 para fazer frente a despesas inesperadas ou não previstas

Fazendo as contas. Pelo que já vimos na situação inicial, sem previsão para estoques e sem reserva mínima de caixa nos três primeiros meses de operação, teremos a seguinte demanda de caixa:

Data	1 mês 30 dias	2 meses 60 dias	3 meses 90 dias	4 meses... 120 dias
Resultado do caixa acumulado ao fim de cada mês	−12.953,31	−115.470,68	−322.402,93	−297.310,22

Vemos claramente que o pico da necessidade é de R$ 322.402,95 ao final do terceiro mês. Depois começam as entradas (receitas das vendas das sanduíches) e o saldo negativo começa a diminuir.

Vamos precisar então de:

Saldo mínimo de caixa	R$ 50.000,00
Estoque inicial	R$ 34.750,00
Capital para cobrir o ciclo de caixa	R$ 322.402,93
Total	R$ 407.152,93

Vamos arredondar para R$ 420.000,00

Considerando que:
a) precisamos de mais R$ 420.000,00
b) os sócios não têm mais recursos próprios para investir na empresa

Concluímos que vamos precisar de uma linha de crédito para capital de giro. Posto que a dinâmica do processo é sempre pagar adiantado e receber depois, essa necessidade desse nível de capital de giro será permanente. Dívida de longo prazo (LP). A consequência direta é que o nosso nível de dívidas agora passa de R$ 420.000,00 para R$ 350.000,00 + R$ 420.000,00, ou seja, R$ 770.000,00. Paulo aproveita nesse ponto para informar que conseguem esse capital na CEF a uma taxa de 14% ao ano.

Ana fez a seguinte tabelinha então para ilustrar como serão os recursos de terceiros:
CEF   R$ 420.000,00   taxa 14,00% a.a., ou seja, 1,0978852% ao mês
BNDES R$ 350.000,00   taxa 12,00% a.a., ou seja, 0,9488793% ao mês

Uma conta simples e Paulo mostra o custo do capital de terceiros para a empresa:
(420.000 × 1,0978852% + 350.000 × 0,9488793%) / (420.000 + 350.000) = 1,0301552%

A taxa do custo do capital de terceiros para a Sanduíches Voadores será 1,0301552% ao mês.

Capitalização da empresa

Isabel e Paulo trataram então de obter o capital necessário. Dado que os sócios não possuem mais recursos próprios, o jeito foi obter uma linha de capital emprestado em um banco. A empresa Sanduíches Voadores teve seu plano de negócios atualizado para incluir o capital de giro e as taxas obtidas foram:

Linha financiamento CEF: R$ 420.000,00. taxa Kd = 14% a.a. equivalente a 1,0978852% a.m.

Linha financiamento BNDES: R$ 350.000,00. taxa Kd = 12% a.a. equivalente a 0,9488793% a.m.

Observação: CEF é a sigla para Caixa Econômica Federal.

Realidade do mercado no dia a dia

Agora vamos nos mover MAIS AINDA na direção do mundo REAL colocando o capital de giro corretamente dimensionado. Vamos precisar fazer um ajuste para incorporar o capital de giro na empresa: no balanço e no demonstrativo, pois as despesas financeiras com juros aumentam.

Balanço inicial projetado da Sanduíches Voadores

ATIVOS		PASSIVOS	
Ativos circulantes		**Cap. terceiros**	
Caixa	385.250,00	LP CEF	420.000,00
Estoques	34.750,00	LP BNDES	350.000,00
Ativos não circulantes			
Instalações especiais e adequações prediais	100.000,00	**Cap. próprio**	
Máquinas e equipamentos para produção	700.000,00	Maria	250.000,00
		José	200.000,00
Máquinas e equipamentos para administração	200.000,00	Ana	65.000,00
		Paulo	15.000,00
Licenças, alvarás, despachante	50.000,00	Isabel	220.000,00
Especialista em fábrica; projeto da fábrica	50.000,00		
Total ATIVOS	**1.520.000,00**	**Total PASSIVOS**	**1.520.000,00**

Ajustes na projeção dos DREs e dos DFCs

Agora voltamos ao início e vamos recalcular o DRE e o DFC, dessa vez incorporando: crescimento nas vendas, reinvestimento, capital de giro e decisão de optar pela tributação com base no lucro real, despesas maiores com juros (observe que agora as despesas com juros são maiores).

DRE - Demonstração de Resultado do Exercício (regime de competência)					
Data (mês)		1	2	3	4
Vendas do mês janeiro 2xxx (quantidade)		150.000,00	150.750,00	151.503,75	152.261,27
Preço (unitário)		1,57	1,57	1,57	1,57
Faturamento (preço x quantidade)		235.500,00	236.677,50	237.860,89	239.050,19
Custo Variável total - CV unitário é	0,6950	104.250,00	104.771,25	105.295,11	105.821,58
Custo Fixo		89.400,00	89.400,00	89.400,00	89.400,00
Lucro antes dos juros e do imposto de renda		41.850,00	42.506,25	43.165,78	43.828,61
Juros que é a Dívida x taxa de juros (Kd)		7.932,20	7.932,20	7.932,20	7.932,20
Lucro antes do imposto de renda		33.917,80	34.574,05	35.233,59	35.896,41
Imposto de Renda - lucro real	25%	8.479,45	8.643,51	8.808,40	8.974,10
Resultado líquido das atividades regulares		25.438,35	25.930,54	26.425,19	26.922,31
Receitas e despesas não regulares		-	-	-	-
Resultado líquido do exercício		25.438,35	25.930,54	26.425,19	26.922,31

DFC - Demonstração dos fluxos de caixa (regime de caixa)					
Data (mês)		1	2	3	4
Vendas do mês janeiro 2xxx (quantidade)		150.000,00	150.750,00	151.503,75	152.261,27
Preço (unitário)		1,57	1,57	1,57	1,57
Faturamento (preço x quantidade)					235.500,00
Custo Variável total - CV unitário é	0,6950			104.250,00	104.771,25
Custo Fixo			89.400,00	89.400,00	89.400,00
Lucro antes dos juros e do imposto de renda		-	- 89.400,00	- 193.650,00	41.328,75
Juros que é a Dívida x taxa de juros (Kd)		7.932,20	7.932,20	7.932,20	7.932,20
Lucro antes do imposto de renda		- 7.932,20	- 97.332,20	- 201.582,20	33.396,55
Imposto de Renda - lucro real	25%	8.479,45	8.643,51	8.808,40	8.974,10
Lucro Líquido		- 16.411,65	- 105.975,71	- 210.390,59	24.422,45
Reinvestimento dos lucros	10%	-	-	-	2.442,25
Dividendo Total		-	-	-	21.980,21

José propôs que, para os sócios treinarem e entenderem melhor, deveriam fazer alguns exercícios.

Exercícios propostos por José:
1) Confirme os resultados desses quatro meses fazendo os cálculos para conferir.

2) Faça essa projeção em uma planilha Excel para os primeiros 18 meses de operação da empresa.

Você pode ver os resultados para conferir suas contas no final do livro.

Interação e relação entre as demonstrações financeiras: demonstrativo e balanço patrimonial da empresa

A cada final de mês, quando fazemos o demonstrativo de resultados do período de cada mês, temos vendas do período, dividendos distribuídos aos sócios e também mudanças no patrimônio da empresa, pois existem os reinvestimentos, mudanças nas contas a pagar e contas a receber, mudanças nos estoques. Então, como já aprendemos a fazer o balanço patrimonial da empresa em capítulos anteriores, agora vamos "fechar" um balanço a cada fim de mês para vermos mês a mês.

Para facilitar a visualização, vamos apresentar uma nova forma de mostrar os balanços: ativos em cima e passivos em baixo.

Balanços projetados da Sanduíches Voadores para 4 meses						
Data (mês)	0	1	2	3	4
ATIVOS	ATIVOS	ATIVOS	ATIVOS	ATIVOS	ATIVOS
Ativo Circulante						
Caixa	385.250,00	368.838,35	262.862,64	52.472,05	54.914,30
Contas a receber		235.500,00	472.177,50	710.038,39	713.588,58
Estoques	34.750,00	34.750,00	34.923,75	35.098,37	35.273,86
Ativo não circulante	1.100.000,00	1.100.000,00	1.100.000,00	1.100.000,00	1.100.000,00
Total Ativos	**1.520.000,00**	**1.739.088,35**	**1.869.963,89**	**1.897.608,81**	**1.903.776,74**
PASSIVOS	PASSIVOS	PASSIVOS	PASSIVOS	PASSIVOS	PASSIVOS
Cap. Terceiros						
Passivo Circulante						
Contas a pagar		193.650,00	298.421,25	299.466,36	300.516,69
Passivo Não Circulante						
CP Cap. Giro	420.000,00	420.000,00	420.000,00	420.000,00	420.000,00
LP BNDES	350.000,00	350.000,00	350.000,00	350.000,00	350.000,00
Cap. Próprio						
Patrimônio Líquido						
Capital Social	750.000,00	750.000,00	750.000,00	750.000,00	750.000,00
Lucros/Prejuízos acumulados	-	25.438,35	51.542,64	78.142,45	83.260,05
Total Passivos + Pat. Social	**1.520.000,00**	**1.739.088,35**	**1.869.963,89**	**1.897.608,81**	**1.903.776,74**

Observe que o total de ativos SEMPRE confere com o total dos passivos. José propôs que, para os sócios treinarem e entenderem melhor, deveriam fazer alguns exercícios.

Exercícios propostos por José:
1) Confirme os resultados (demonstrativo e balanço) desses quatro meses fazendo os cálculos para conferir.
2) Faça a projeção dos resultados dos períodos de cada mês e os balanços (de cada dia 30 ao final de cada mês) em uma planilha Excel para os primeiros 18 meses de operação da empresa. Você pode ver os resultados para conferir suas contas no final do livro.

Para pensar: informações incompletas e incerteza

Informações incompletas ou inexatas?

Todos os dias chegam para os executivos das empresas informações incompletas e/ou inexatas. E então o executivo fica em uma saia justa: não pode tomar decisões com base em informações incompletas e inseguras. Porém, por outro lado, não pode deixar de tomar decisões enquanto espera ter certeza de tudo!

O que fazer? Paramos nosso trabalho? Ou fazemos algumas suposições e considerações para seguirmos em frente quando nos falta alguma informação?

Capítulo 4-B

Fluxos de caixa das operações, dos sócios e dos credores

Fluxo de caixa

Fluxo significa movimento. Caixa significa dinheiro. Fluxo de caixa significa movimento do dinheiro. Fluxo de caixa de um empreendimento é o resultado financeiro líquido (após descontarmos custos, taxas e impostos) que vai para o "bolso" dos investidores.

Comparando: taxa com fluxo.

A taxa de retorno mostra quanto o investidor vai receber como retorno do seu investimento em termos percentuais.

O fluxo de caixa mostra quanto o investidor vai aportar e receber em termos de dinheiro.

Determinação do fluxo de caixa da empresa para seus investidores

O fluxo de caixa que a empresa proporciona para seus investidores é o resultado líquido das operações após descontar todos os custos operacionais (fixos e variáveis), taxas e impostos.

Determinamos os fluxos de caixa futuros projetados da empresa para os investidores a partir dos demonstrativos projetados. Neste capítulo vamos estudar como elaborar os demonstrativos de resultados futuros. Veremos desde o início que é sempre a partir das vendas projetadas que elaboramos os demonstrativos projetados. Iniciamos a elaboração de um demonstrativo de resultados pelo faturamento. O faturamento é calculado multiplicando a quantidade pelos preços dos produtos vendidos.

Por exemplo: considere que a sua loja vende pianos. Só existem três modelos de pianos que sua empresa vende: piano com cauda longa, piano com cauda curta e piano sem cauda. Os preços de venda são, respectivamente: R$ 30.000,00, R$ 20.000,00 e R$ 10.000,00. Suas vendas projetadas para o próximo mês são, respectivamente: dois, quatro e oito pianos. Vamos calcular o faturamento projetado para o próximo mês.

Piano com cauda longa	2 × 30.000,00 = 60.000,00
Piano com cauda curta	4 × 20.000,00 = 80.000,00
Piano sem cauda	8 × 10.000,00 = 80.000,00
Faturamento projetado total	R$ 220.000,00

Elaborando o demonstrativo de resultados do exercício (DRE)

As vendas são assim tão importantes?

SIM! São muito importantes. Enquanto uma venda não for feita, nada acontece na empresa. As vendas disparam todo o processo operacional da empresa, produção, mão de obra, logística...

A primeira linha do DRE é a linha das vendas. Para elaborar um DRE projetado precisamos ter a projeção das vendas futuras. Podemos projetar as vendas futuras? Não temos "bola de cristal". Como podemos projetar essas vendas?

Como projetamos as vendas futuras?

Existem, fundamentalmente, três modos utilizados no mercado para projeção de vendas:

- Contratos firmados
- Histórico de vendas
- Pesquisas de mercado

Contratos firmados: é o modo mais tranquilo e mais fácil de se fazer uma projeção de vendas futuras. É o modo mais seguro de uma empresa operar (menor risco). Vejamos os seguintes exemplos:

- Uma empresa tem um contrato de aluguel de um galpão industrial com a Cia. Vale. Essa empresa sabe que em todo final de mês vai receber o aluguel combinado.
- Uma empresa tem um contrato de fornecer determinada quantidade de sanduíches para a empresa de aviação Voandon. Essa empresa sabe que em todo final de mês vai vendê-los pelo valor combinado.

Histórico de vendas: na grande parte das vezes, as empresas vendem seus bens ou serviços sem a existência de contratos previamente firmados. Muitas vezes, os contratos são realizados apenas na hora da venda ou, às vezes, nem isso. Porém, mesmo sem contratos firmados, as empresas podem olhar seus históricos de vendas passadas como um bom indicador do comportamento das vendas futuras. Vejamos os seguintes exemplos:

- Empresas de turismo têm histórico de vendas altas de pacotes para a Disney na época das férias e vendas baixas fora dessa época. Podemos esperar que nas próximas férias as vendas aumentem.
- Jornais têm histórico de número de vendas de jornais durante os dias da semana, vendem mais no domingo, vendem menos na segunda-feira... É razoável esperar que nas próximas semanas as vendas continuem com esse comportamento.
- Padarias têm histórico secular de vendas de determinada quantidade de leite, café e pão diariamente entre as 6h e 10h da manhã. Podemos esperar que nos próximos meses e até mesmo anos as vendas continuem com esse comportamento.

Pesquisas de mercado: quando as empresas são novas em um mercado ou quando pretendem lançar produtos novos, por não terem nem contratos assinados, nem histórico anterior de vendas, recorrem às pesquisas de mercado. Vejamos os seguintes exemplos:

- A Sony, quando foi lançar o Walk Man (bisavô do IPod) nos anos 1970, solicitou que uma empresa especializada fizesse uma pesquisa de mercado.
- A Mercedes Benz, quando foi lançar o Mercedes Classe A fabricado no Brasil, solicitou que uma empresa especializada fizesse uma pesquisa de mercado.

Pesquisas de mercado são realizadas no local que o possível cliente-alvo frequenta (daí vem o nome pesquisa de mercado). Pesquisadores "com a prancheta na mão" perguntam (direta ou indiretamente) se esses "alvos" comprariam o produto XYZ. Fazendo uma amostra pequena em comparação com o universo dos possíveis compradores, mas expressiva em termos de relevância estatística, podemos inferir qual seria a demanda pelo produto XYZ.

Podemos fazer uma analogia com as pesquisas eleitorais, onde pesquisadores entrevistam um pequeno grupo de eleitores (alvos) e a partir dessa amostra fazem uma inferência de como o universo dos eleitores vai se comportar nas urnas.

Ex ante e *ex post*: passado e futuro

Como vimos, projeção de vendas por contratos firmados ou baseada em pesquisa de mercado significa trabalhar com vendas futuras esperadas. Por outro lado, elaborar projeção de vendas por histórico de vendas significa trabalhar baseado em vendas passadas.

Vamos analisar as vendas *ex ante* e as vendas *ex post*. As vendas projetadas para o futuro e as vendas observadas no passado.

O termo *ex ante* é uma expressão que significa "antes do evento". Por exemplo: em finanças, o retorno *ex ante* é o retorno que esperamos obter no futuro ao investir em uma carteira de investimentos. É fundamentalmente inferencial e baseado em expectativas. No processo empresarial de planejamento, instalação e preparação, refere-se ao momento anterior e tem em vista estabelecer as bases e determinar as necessidades iniciais de ação.

O termo *ex post* é uma expressão que significa "depois do evento". Por exemplo: em finanças, é um evento baseado em conhecimento, observação, análise, medição, sendo fundamentalmente objetivo e técnico. O retorno *ex post* é o retorno, já observado, que obtivemos no passado ao investir em uma carteira de investimentos.

No processo empresarial de operação, ajustes, administração e gerenciamento, refere-se a, apoiando-se nas medições anteriores, estabelecer as bases e determinar as mudanças e os ajustes necessários à correção dos rumos para otimizar os resultados.

Ao longo do tempo, conforme nosso processo de aprendizado nos traga mais informações e conhecimento sobre os ramos da vendas de sanduíches para empresas de aviação (*ex post*), vamos melhorando nossa capacidade de projeção (*ex ante*) para nos preparamos melhor para o futuro.

Administração e sua relação com o futuro e com o passado

Resultados passados não são garantia de resultados futuros, MAS comportamentos passados são uma boa indicação de comportamentos futuros. Administrar é um trabalho continuado de observar os comportamentos passados dos mercados, dos preços, das sazonalidades, analisar os cenários que nos cercam hoje e então projetar o futuro. Com base em nossas projeções para o futuro, tomamos nossas decisões empresariais hoje. Por exemplo: investir ou não investir, comprar máquinas e equipamentos para ampliar capacidade de produção nos próximos anos, lançar novos produtos, vender uma filial, retirar produtos de linha de produção etc. Somente quando o futuro chegar é que saberemos ao certo se nossa decisão de investir (ou de não investir) estava certa ou não.

Podemos afirmar que a qualidade das nossas decisões empresariais de hoje será tão boa ou tão ruim quanto a nossa capacidade de projetar o futuro.

Lista de exercícios 4.1: conceituais

1) O que é o fluxo de caixa de uma empresa?
2) Como podemos projetar as vendas futuras?
3) O que significa *ex ante* e *ex post*?

Solução da lista de exercícios 4.1: conceituais

1) O que é o fluxo de caixa de uma empresa?
   Resposta: fluxo significa movimento. Caixa significa dinheiro. Fluxo de caixa significa movimento do dinheiro. Fluxo de caixa de um empre-

endimento é o resultado financeiro líquido (após descontarmos custos, taxas e impostos) que vai para o "bolso" dos investidores.

2) Como podemos projetar as vendas futuras?
Resposta: existem fundamentalmente três modos utilizados no mercado para projeção de vendas.
Contratos firmados, Histórico de vendas, Pesquisas de Mercado.

3) O que significa *ex ante* e *ex post*?
Resposta: o termo *ex ante* é uma expressão que significa "antes do evento". Por exemplo: em finanças, o retorno *ex ante* é o retorno que esperamos obter no futuro ao investir em uma carteira de investimentos. É fundamentalmente inferencial e baseado em expectativas. No processo empresarial de planejamento, instalação e preparação referem-se ao momento anterior e têm em vista estabelecer as bases e determinar as necessidades iniciais de ação.
O termo *ex post* é uma expressão que significa "depois do evento". Por exemplo: em finanças, é um evento baseado em conhecimento, observação, análise, medição, sendo fundamentalmente objetivo e técnico. O retorno *ex post* é o retorno, já observado, que obtivemos no passado ao investir em uma carteira de investimentos.

Lista de exercícios 4.2: numéricos aplicados

1) Considere que a empresa Ipsilom que fabrica biscoitos apresenta o seguinte cenário de contratos e históricos de vendas mensais de biscoitos. Contrato (contrato é relativo às vendas futuras). Contrato com supermercado Dindom: vender 20 mil biscoitos por mês. Contrato com atacadista GAL: vender 8 mil biscoitos por mês. Contrato com distribuidor Vendex: vender 10 mil biscoitos por mês. Histórico de vendas sem contrato no varejo (bares e restaurantes), histórico mostra o passado recente. Vendas para restaurantes nos últimos quatro meses, respectivamente: 2 mil, 2,2 mil, 2,1 mil, 2,2 mil. Vendas para bares nos últimos quatro meses: 1,2 mil, 1 mil, 1,1 mil, 1,2 mil. Determinar as vendas

médias projetadas para a Ipsilom para os próximos meses, incluindo as vendas com contrato e as vendas sem contrato.

2) Considere que a empresa Pererê que fabrica parafusos apresenta o seguinte cenário de contratos e históricos de vendas mensais de parafusos em toneladas. Contrato (contrato é relativo às vendas futuras). Contrato com a Cia Vale: vender 80 t de parafusos por mês. Contrato com atacadista Bruxal: vender 60 t de parafusos por mês. Contrato com distribuidor Vendão: vender 50 t de parafusos por mês. Histórico de vendas, sem contrato, no varejo para lojas e pequena metalúrgicas. Vender 2 t de parafusos por mês para cada uma das 100 lojas e pequenas metalúrgicas. Pesquisa de mercado nos informa que empresas de cimento irão comprar muitos parafusos no ano que vem. Projeção de nossa área comercial é de vender umas 10 t por mês. Determinar as vendas projetadas futuras mensais, incluindo vendas com e vendas sem contrato.

3) Considere que a empresa Tijolaço fabrica tijolos e apresenta o seguinte cenário de contratos e históricos de vendas mensais de tijolos (em unidades). Contrato (contrato é para as vendas futuras). Contrato com a Cia Construtora: vender 100 mil tijolos por mês. Contrato com o revendedor de materiais de construção Lojão: vender 80 mil tijolos por mês. Contrato com distribuidor Tijolão: vender 20 mil tijolos por mês. Histórico de vendas sem contrato no varejo para lojas e pequenos empreiteiros: vender 1.000 tijolos por mês para cada uma das 100 lojas e pequena metalúrgicas. Pesquisa de mercado nos informa que empresas de reforma residencial irão comprar muitos tijolos no ano que vem. Projeção de nossa área comercial é de vender uns 60 mil tijolos por mês. Determinar as vendas projetadas futuras mensais, incluindo vendas com e sem contrato.

Solução da lista de exercícios 4.2: numéricos aplicados

1) Considere que a empresa Ipsilom que fabrica biscoitos apresenta o seguinte cenário de contratos e históricos de vendas mensais de biscoitos. Contrato (contrato é relativo às vendas futuras). Contrato com supermercado Dindom: vender 20 mil biscoitos por mês. Contrato com

atacadista GAL: vender 8 mil biscoitos por mês. Contrato com distribuidor Vendex: vender 10 mil biscoitos por mês. Histórico de vendas sem contrato no varejo (bares e restaurantes), histórico mostra o passado recente. Vendas para restaurantes nos últimos quatro meses, respectivamente: 2 mil, 2,2 mil, 2,1 mil, 2,2 mil. Vendas para bares nos últimos quatro meses: 1,2 mil, 1 mil, 1,1 mil, 1,2 mil. Determinar as vendas médias projetadas para a Ipsilom para os próximos meses, incluindo as vendas com contrato e as vendas sem contrato.

Solução:

Vendas futuras projetadas mensais são as vendas previstas em contrato mais as vendas sem contrato. Para termos uma ideia das vendas futuras sem contrato, podemos usar o histórico das vendas passadas. Vendas passadas não são garantia alguma de vendas futuras. Mas o comportamento das vendas passadas pode ser o melhor indicador do comportamento de vendas futuras.

Contratos: 20.000 + 8.000 + 10.000 = 38.000 mensais

Histórico: média para restaurantes: (2.000 + 2.200 + 2.100 + 2.200)/4 = 2.125 mensais

Histórico: média para bares: (1.200 + 1.000 + 1.100 + 1.200)/4 = 1.125 mensais

Vendas projetadas mensais totais: 38.000 + 2.125 + 1.125 = 41.250 biscoitos

Resposta: vendas com e sem contratos, projetadas mensais de 41.250 biscoitos.

2) Considere que a empresa Pererê que fabrica parafusos apresenta o seguinte cenário de contratos e históricos de vendas mensais de parafusos em toneladas. Contrato (contrato é relativo às vendas futuras). Contrato com a Cia Vale: vender 80 t de parafusos por mês. Contrato com atacadista Bruxal: vender 60 t de parafusos por mês. Contrato com distribuidor Vendão: vender 50 t de parafusos por mês. Histórico de vendas, sem contrato, no varejo para lojas e pequenas metalúrgicas. Vender 2 t de parafusos por mês para cada uma dos 100 lojas e pequenas metalúrgicas. Pesquisa de mercado nos informa que empresas de cimento irão com-

prar muitos parafusos no ano que vem. Projeção de nossa área comercial é de vender umas 10 t por mês. Determinar as vendas projetadas futuras mensais, incluindo vendas com e vendas sem contrato.

Solução:

Vendas futuras projetadas mensais são as vendas previstas em contrato mais as vendas sem contrato. Para termos uma ideia das vendas futuras sem contrato, podemos usar o histórico das vendas passadas. Vendas passadas não são garantia alguma de vendas futuras. Mas o comportamento das vendas passadas pode ser o melhor indicador do comportamento de vendas futuras.

Vendas projetadas mensais:

Contratos: 80 + 60 + 50 = 190 t mensais

Histórico: média para restaurantes: 2 × 100 = 200 t mensais

Histórico: projeção: 10 t mensais

Vendas projetadas mensais totais: 190 + 200 + 10 = 400 t/mês

Resposta: vendas com e sem contratos projetadas mensais de 400 toneladas de parafusos.

3) Considere que a empresa Tijolaço fabrica tijolos e apresenta o seguinte cenário de contratos e históricos de vendas mensais de tijolos (em unidades). Contrato (contrato é para as vendas futuras). Contrato com a Cia Construtora: vender 100 mil tijolos por mês. Contrato com o revendedor de materiais de construção Lojão: vender 80 mil tijolos por mês. Contrato com distribuidor Tijolão: vender 20 mil tijolos por mês. Histórico de vendas sem contrato no varejo para lojas e pequenos empreiteiros: vender 1.000 tijolos por mês para cada uma das 100 lojas e pequenas metalúrgicas. Pesquisa de mercado nos informa que empresas de reforma residencial irão comprar muitos tijolos no ano que vem. Projeção de nossa área comercial é de vender uns 60 mil tijolos por mês. Determinar as vendas projetadas futuras mensais, incluindo vendas com e sem contrato.

Solução:

Vendas futuras projetadas mensais são as vendas previstas em contrato mais as vendas sem contrato. Para termos uma ideia das vendas futuras sem contrato, podemos usar o histórico das vendas passadas. Vendas passadas não são garantia alguma de vendas futuras. Mas o comportamento das vendas passadas pode ser o melhor indicador do comportamento de vendas futuras.

Vendas projetadas mensais:

Contratos: 100.000 + 80.000 + 20.000 = 200 mil tijolos mensais

Histórico: média para lojas e pequenos empreiteiros: 1.000 × 100 = 100 mil tijolos mensais

Histórico: projeção: 60 mil tijolos mensais

Vendas projetadas mensais totais: 200.000 + 100.000 + 60.000 = 360 mil tijolos mês

Resposta: vendas projetadas mensais de 360.000 tijolos, incluindo as vendas com e as vendas sem contratos.

Demonstrativos importantes

Existem três demonstrativos muito importantes que todo gestor, administrador, empreendedor, executivo de empresa deve conhecer bem. O objetivo do gestor em elaborar esses três demonstrativos é entender o que está acontecendo na empresa em termos de venda, rentabilidade, expectativas...

- ❏ Balanço patrimonial da empresa (Balanço)
- ❏ Demonstrativo de resultados do exercício (DRE)
- ❏ Demonstrativo do fluxo de caixa (DFC)

Balanço patrimonial da empresa (Balanço)

O balanço mostra uma "fotografia" da empresa em uma determinada data no tempo.

O balanço mostra como estão os ativos da empresa nessa data, ou seja, o caixa da empresa, o estoque de matérias-primas, o estoque de produtos acabados, as contas a receber nessa data, o maquinário, o equipamento existente...

O balanço mostra como estão os passivos da empresa nessa data, ou seja, os montantes de contas a pagar, as dívidas de curto e de longo prazo, as provisões para devedores duvidosos, o patrimônio dos acionistas, os lucros retidos...

Demonstrativo de resultados do exercício (DRE)

O DRE mostra como foram as vendas e os resultados da empresa ao longo de um determinado período de tempo. O demonstrativo de resultados, como o nome diz, apresenta, mostra, demonstra os resultados da empresa ao longo do tempo. O demonstrativo de resultados começa pelas vendas e mostra a partir daí o faturamento bruto da empresa. Lembrar que faturamento bruto é a quantidade de produtos vendidos multiplicada pelo preço de venda de cada produto. A partir do faturamento bruto, o demonstrativo subtrai os custos variáveis e os custos fixos relativos a essas vendas e obtém o Lajir. A sigla Lajir significa lucro antes de juros e imposto de renda. Com base no Lajir o DRE subtrai os juros, os impostos e os reinvestimentos até finalmente chegar no resultado das operações do período. Ou seja, o DRE mostra quanto a empresa ganhou em determinado período com suas operações.

Demonstrativo dos fluxos de caixa (DFC)

O DFC mostra como foram os movimentos efetivos de dinheiro, recebimentos e pagamentos ao longo de um determinado período de tempo. O demonstrativo dos fluxos de caixa, como o nome diz, apresenta, mostra, demonstra os movimentos de caixa, dinheiros, ao longo do tempo. Muitas vezes a empresa vende produtos hoje para receber daqui a 90 dias, porém deve pagar os custos fixos em 60 dias, os custos variáveis e alguns impostos e tributos em 30 dias. O demonstrativo de fluxos de caixa começa mostrando quando efetivamente a empresa teve a entrada de caixa relativa às vendas e mostra a partir daí o faturamento bruto financeiro ($) da empresa. A partir do faturamento bruto, o demonstrativo de fluxos de caixa subtrai os custos variáveis e os custos fixos, nas datas efetivas em que ocorrem, e obtém o Lajir (financeiro). A sigla Lajir, como já mencionamos, significa lucro antes de juros e imposto de renda. Com base no Lajir, o DFC subtrai os juros, impostos e os reinvestimentos, nas datas efetivas em que ocorrem, até finalmente chegar no fluxo de caixa resultante do período. Ou seja, o DFC mostra quanto a empresa teve de movimento de dinheiro em determinado período de tempo com suas operações.

Demonstrativo de resultados do exercício (DRE) em detalhes

Quando a empresa em suas operações normais vende um produto, espera ter um resultado (lucro) pela venda desse produto. Ao longo de um período de tempo, um mês, por exemplo, devemos ter uma série de operações de compra de matérias-primas, venda do produto, pagamento dos impostos e obtenção de lucro. Vamos aprender a calcular o resultado de um período de atividades, ou seja, calcular o resultado de um exercício.

Se "pegamos" as informações de um período passado (anterior) das vendas dos últimos meses, teremos uma DRE dos últimos meses. Se projetamos as quantidades, para um período futuro, das vendas dos próximos meses, teremos uma DRE projetada para os próximos meses.

Então podemos calcular os resultados projetados para os meses à frente? SIM! Uma vez que já sabemos projetar as vendas futuras esperadas e também já definimos o preço, estamos prontos para projetar o faturamento futuro projetado.

Faturamento projetado: Q (vendas em unidades) × P (preço unitário de cada sanduíche)

Ou seja, faturamento é preço vezes quantidade. Então, faturamento = P × Q.

Receita para fazer um DRE

Vamos considerar que o exercício é o mês de janeiro do ano 2XXX.

Vendas do mês janeiro 2xxx (quantidade)	Q
Preço (unitário)	× P
Faturamento (preço × quantidade)	= P Q
Custo variável unitário (CV)	− CV Q

Custo fixo	−	CF
Lucro antes dos juros e do imposto de renda	=	Lajir
Juros que é a Dívida × taxa de juros (Kd)	−	Juros
Lucro antes do imposto de renda	=	Lair
Imposto de Renda (alíquota IR × base tributável)	−	IR (base trib.)
Lucro líquido	=	Lucro líquido
Reinvestimento	−	Reinvestimento
Dividendo total	=	Dividendo

Observe que começamos com as vendas; enquanto uma venda não for feita, não aconteceu nada na empresa. A partir das quantidades vendidas (Q) e multiplicando pelo preço de venda (P) obtemos o faturamento bruto da empresa (PQ). Subtraímos os custos operacionais (custos de operar), custos fixos (CF) e custos variáveis totais (CV Q). Sobra então o que chamamos de lucro bruto da empresa (Lajir). Subtraímos os custos da dívida, isto é, o pagamento dos juros (serviço da dívida). Subtraímos o imposto de renda (IR), que é calculado sobre a base tributável, e então chegamos no lucro líquido.

Reinvestimento significa reinvestir parte dos lucros na própria empresa. Reinvestimentos são os recursos utilizados para pagar todas as despesas que não são operacionais nem financeiras do dia a dia da empresa. Exemplos de gastos que são classificados como reinvestimentos:

a) Pesquisa e desenvolvimento de novos produtos para substituir produtos antigos na linha de produção. Ou seja, reinvestir para desenvolver produtos novos e melhores.

b) Reinvestir na manutenção de longo prazo das instalações da fábrica tal como reparos no telhado, reforma e pintura geral do espaço.

c) Reinvestir parte dos lucros para quitar uma dívida no banco.

Tributação: lucro real ou lucro presumido

A pergunta & o problema

O que é um tributo? Qual é a diferença entre impostos, taxas e tributos?

Tributos: os tributos formam a receita da União, estados e municípios e abrangem impostos, taxas, contribuições e empréstimos compulsórios.

O Imposto de Renda é um tributo, assim como a taxa do lixo cobrada por uma prefeitura e a antiga CPMF (Contribuição Provisória sobre Movimentação Financeira). Os impostos podem ser diretos ou indiretos. No primeiro caso, são os contribuintes que devem arcar com a contribuição, como ocorre no Imposto de Renda. Já os indiretos incidem sobre o preço das mercadorias e serviços. Impostos representam uma receita para o governo que pode ser aplicada onde o governante decidir. Taxas têm endereço determinado, o governante não pode desviar para outro fim. Por exemplo: a taxa de incêndio é para ser investida em equipamentos de prevenção e combate a incêndios.

Imposto de Renda: lucro real × lucro presumido

Como definir o que é melhor: lucro real ou lucro presumido?

É simples: fazendo as contas. Uma das preocupações do gestor é com a redução dos custos. Então, escolher a forma de tributação que onera menos a empresa é obrigação do gestor. O Imposto de Renda é calculado multiplicando a alíquota do Imposto de Renda pela base tributável. A receita federal permite ao empresário escolher entre duas formas de cálculo do imposto de renda (IR):

- Cálculo do Imposto de Renda com base no lucro presumido
- Cálculo do Imposto de Renda com base no lucro real (obrigatório para faturamentos acima de 48 milhões por ano)

Cálculo do Imposto de Renda: lucro real × lucro presumido

O Imposto de Renda é sempre calculado sobre uma BASE TRIBUTÁVEL. A base tributável pode ser presumida pelo governo ou apurada com base no lucro real. O Imposto de Renda é calculado multiplicando a alíquota do Imposto de Renda pela base tributável.

Base tributável sobre o lucro real

Base tributável sobre o lucro real é obtida a partir do Lajir e, então, subtraindo os benefícios e incentivos previstos em lei. Essa forma de cálculo (base no lucro real) é obrigatória para empresas com faturamentos acima de R$ 48 milhões por ano.

Cálculo da base tributável:
Lucro antes dos juros e do
imposto de renda = Lajir
Benefícios fiscais − Juros
Benefícios fiscais − Depreciação
Incentivos fiscais − Inv. incentivados
Deduções − Doações
Obtemos = Base tributável para cálculo do IR
Cálculo do IR: Imposto de Renda = alíquota IR × base tributável

Base tributável sobre o lucro presumido

Base tributável sobre o lucro presumido é obtida multiplicando o faturamento bruto por um índice que o governo presume ser o seu lucro.

Cálculo da base tributável:
Faturamento × índice do governo = base tributável para cálculo do IR
Cálculo do IR: Imposto de Renda = alíquota IR × base tributável

Exemplo: lucro presumido e lucro real
a) Sua empresa, Omega, tem faturamento com vendas este mês da ordem de R$ 140.000,00. O governo presume que seu lucro será 40% do seu faturamento. O governo tributa 30% sobre o lucro. Seus custos fixos são de R$ 40.000,00. Seus custos variáveis totais para esse nível de vendas são de R$ 20.000,00. Calcular o imposto de renda com base no lucro presumido.
Solução a)
Fazendo os cálculos
Base tributável = R$ 140.000,00 × 40% = R$ 56.000,00
Resposta: seu imposto de renda será
Alíquota do IR × base tributável = R$ 56.000,00 × 30% = R$ 16.800,00

b) Sua empresa, Omega, tem faturamento com vendas este mês da ordem de R$ 140.000,00. O governo presume que o seu lucro será 40% do seu faturamento. O governo tributa 30% sobre o lucro. Seus custos fixos são de R$ 40.000,00. Seus custos variáveis totais para esse nível de vendas são de R$ 20.000,00. Calcular o imposto de renda com base no lucro real.
Solução b)
Para fazer os cálculos do IR com base no lucro real precisamos montar uma DRE.

Faturamento com vendas	R$ 140.000,00
CV	R$ 20.000,00
CF	R$ 40.000,00
Lajir	R$ 80.000,00
IR (30%)	R$ 24.000,00

Resposta: seu imposto de renda será R$ 24.000,00.

Lista de exercícios 4.3: conceituais

1) Existem três demonstrativos muito importantes que todo gestor, administrador, empreendedor, executivo de empresa deve conhecer bem. O objetivo do gestor em elaborar esses três demonstrativos é entender o que está acontecendo na empresa em termos de venda, rentabilidade, expectativas. Quais são esses demonstrativos?
2) O balanço patrimonial de uma empresa mostra o que de importante para o gestor?
3) O demonstrativo de resultados do exercício (DRE) de uma empresa mostra o que de importante para o gestor?
4) O demonstrativo dos fluxos de caixa (DFC) de uma empresa mostra o que de importante para o gestor?
5) Preencha as lacunas: receita para fazer um DRE:

Vendas		Q
a) _____	×	P
Faturamento	=	P Q
Custo variável unitário (CV)	−	CV Q
b) _____	−	CF
Lucro antes dos juros e do imposto de renda	=	Lajir

Juros que é a dívida × taxa de juros (Kd)	–	Juros
c) _____	=	Lair
Imposto de Renda	–	IR (base trib.)
Lucro líquido	=	L. L.
Reinvestimento	–	Reinvestimento
Dividendo total	=	Dividendo

6) Preencha as lacunas: reinvestimentos
   Reinvestimento significa reinvestir parte dos _____ na própria _____. Reinvestimentos são os recursos utilizados para pagar todas as despesas que não são _____ nem _____ do dia a dia da empresa.

7) O que é um tributo? Qual é a diferença entre impostos, taxas e tributos?

8) Como o gestor pode decidir se é melhor pagar o Imposto de Renda com base no lucro real ou com base no lucro presumido?

9) Preencha as lacunas: cálculo do Imposto de Renda: lucro real × lucro presumido
   O Imposto de Renda é sempre calculado sobre uma base _____. A _____ tributável pode ser presumida pelo governo ou apurada com base no lucro real. O Imposto de Renda é calculado _____ a alíquota do imposto de renda pela base tributável.

10) Preencha as lacunas: cálculo do Imposto de Renda: lucro real
    Base tributável sobre o lucro _____ é obtida a partir do Lajir e então subtraindo os benefícios e incentivos previstos em lei. Essa forma de cálculo (base no lucro _____) é _____ para empresas com faturamentos acima de R$ 48 milhões por ano.

11) Preencha as lacunas: cálculo do Imposto de Renda: lucro presumido
    Base _____ sobre o lucro _____ é obtida multiplicando o faturamento bruto por um _____ que o governo _____ ser o seu lucro.

12) Preencha as lacunas: cálculo do Imposto de Renda
    Independente se vamos ser tributados sobre o lucro real ou sobre o lucro presumido, para determinar o Imposto de Renda a pagar, devemos _____ a alíquota do Imposto de Renda pela _____ tributável. A base tributável é que pode ser calculada sobre o lucro _____ ou sobre o _____ presumido.

Solução da lista de exercícios 4.3: conceituais

1) Existem três demonstrativos muito importantes que todo gestor, administrador, empreendedor, executivo de empresa deve conhecer bem. O objetivo do gestor em elaborar esses três demonstrativos é entender o que está acontecendo na empresa em termos de venda, rentabilidade, expectativas. Quais são esses demonstrativos?
Resposta: os três demonstrativos importantes para nossas análises são:
- Balanço patrimonial da empresa (Balanço)
- Demonstrativo de resultados do exercício (DRE)
- Demonstrativo do fluxo de caixa (DFC)

2) O balanço patrimonial de uma empresa mostra o que de importante para o gestor?
Resposta: o balanço mostra uma "fotografia" da empresa em uma determinada data no tempo. O balanço mostra como estão os ativos da empresa nessa data, ou seja, o caixa da empresa, o estoque de matérias-primas, o estoque de produtos acabados, as contas a receber nessa data, o maquinário, o equipamento existente... O balanço mostra como estão os passivos da empresa nessa data, ou seja, os montantes de contas a pagar, as dívidas de curto e de longo prazo, as provisões para devedores duvidosos, o patrimônio dos acionistas, os lucros retidos...

3) O demonstrativo de resultados do exercício (DRE) de uma empresa mostra o que de importante para o gestor?
Resposta: o DRE mostra como foram as vendas e os resultados da empresa ao longo de um determinado período de tempo. O demonstrativo de resultados, como o nome diz, apresenta, mostra, demonstra os resultados da empresa ao longo do tempo. O demonstrativo de resultados começa pelas vendas e mostra a partir daí o faturamento bruto da empresa. Lembrar que faturamento bruto é a quantidade de produtos vendidos multiplicada pelo preço de venda de cada produto. A partir do faturamento bruto, o demonstrativo subtrai os custos variáveis e os custos fixos relativos a essas vendas e obtém o Lajir. A sigla Lajir significa lucro

antes de juros e imposto de renda. Com base no Lajir, o DRE subtrai os juros, os impostos e os reinvestimentos até finalmente chegar no resultado das operações do período. Ou seja, o DRE mostra quanto a empresa ganhou em determinado período com suas operações.

4) O Demonstrativo dos fluxos de caixa (DFC) de uma empresa mostra o que de importante para o gestor?
Resposta: o DFC mostra como foram os movimentos efetivos de dinheiro, recebimentos e pagamentos ao longo de um determinado período de tempo. O demonstrativo dos fluxos de caixa, como o nome diz, apresenta, mostra, demonstra os movimentos de caixa, dinheiros, ao longo do tempo. Muitas vezes a empresa vende produtos hoje para receber daqui a 90 dias, porém deve pagar os custos fixos em 60 dias, os custos variáveis e alguns impostos e tributos em 30 dias. O demonstrativo de fluxos de caixa começa mostrando quando efetivamente a empresa teve a entrada de caixa relativa às vendas e mostra a partir daí o faturamento bruto financeiro ($) da empresa. A partir do faturamento bruto, o demonstrativo de fluxos de caixa subtrai os custos variáveis e os custos fixos, nas datas efetivas em que ocorrem, e obtém o Lajir (financeiro). A sigla Lajir, como já mencionamos, significa Lucro antes de juros e imposto de renda. Com base no Lajir, o DFC subtrai os juros, os impostos e os reinvestimentos, nas datas efetivas em que ocorrem, até finalmente chegar no fluxo de caixa resultante do período. Ou seja, o DFC mostra quanto a empresa teve de movimento de dinheiro em determinado período de tempo com suas operações.

5) Preencha as lacunas: receita para fazer um DRE:

Vendas		Q
a) _____	×	P
Faturamento	=	P Q
Custo variável unitário (CV)	−	CV Q
b) _____	−	CF
Lucro antes dos juros e do imposto de renda	=	Lajir
Juros que é a dívida × taxa de juros (Kd)	−	Juros

c) _____	=	Lair
Imposto de Renda	−	IR (base trib.)
Lucro líquido	=	L. L.
Reinvestimento	−	Reinvestimento
Dividendo total	=	Dividendo

Resposta: a) preço unitário de cada produto vendido, b) custo fixo, c) lucro antes e juros e imposto de renda.

6) Preencha as lacunas: reinvestimentos

Reinvestimento significa reinvestir parte dos _____ na própria _____. Reinvestimentos são os recursos utilizados para pagar todas as despesas que não são _____ nem _____ do dia a dia da empresa.

Resposta: lucros, empresa, operacionais, financeiras.

7) O que é um tributo? Qual é a diferença entre impostos, taxas e tributos?

Resposta: tributos: os tributos formam a receita da União, estados e municípios e abrangem impostos, taxas, contribuições e empréstimos compulsórios. O Imposto de Renda é um tributo, assim como a taxa do lixo cobrada por uma prefeitura e a antiga CPMF (Contribuição Provisória sobre Movimentação Financeira). Os impostos podem ser diretos ou indiretos. No primeiro caso, são os contribuintes que devem arcar com a contribuição, como ocorre no Imposto de Renda. Já os indiretos incidem sobre o preço das mercadorias e serviços. Impostos representam uma receita para o governo que pode ser aplicada onde o governante decidir. Taxas têm endereço determinado, o governante não pode desviar para outro fim. Por exemplo: a taxa de incêndio é para ser investida em equipamentos de prevenção e combate a incêndios.

8) Como o gestor pode decidir se é melhor pagar o Imposto de Renda com base no lucro real ou com base no lucro presumido?

Resposta: é simples. Fazendo as contas. Uma das preocupações do gestor é com a redução dos custos. Então, escolher a forma de tributação que onera menos a empresa é obrigação do gestor. O Imposto de Renda é calculado multiplicando a alíquota do Imposto de Renda pela base tributável. A Receita Federal permite ao empresário escolher uma das duas formas de cálculo do Imposto de Renda (IR): real ou presumido. O gestor deve observar se a empresa se enquadra na categoria de lucro presumido, pois se o faturamento for acima de 48 milhões por ano é obrigatório fazer os cálculos do IR com base no lucro real.

9) Preencha as lacunas: cálculo do Imposto de Renda: lucro real × lucro presumido
O Imposto de Renda é sempre calculado sobre uma base _____. A _____ tributável pode ser presumida pelo governo ou apurada com base no lucro real. O Imposto de Renda é calculado _____ a alíquota do imposto de renda pela base tributável.
Resposta: tributável, base, multiplicando.

10) Preencha as lacunas: cálculo do Imposto de Renda: lucro real
Base tributável sobre o lucro _____ é obtida a partir do Lajir e então subtraindo os benefícios e incentivos previstos em lei. Essa forma de cálculo (base no lucro _____) é _____ para empresas com faturamentos acima de R$ 48 milhões por ano.
Resposta: real, real, obrigatória.

11) Preencha as lacunas: cálculo do Imposto de Renda: lucro presumido
Base _____ sobre o lucro _____ é obtida multiplicando o faturamento bruto por um _____ que o governo _____ ser o seu lucro.
Resposta: tributável, presumido, índice, presume.

12) Preencha as lacunas: cálculo do Imposto de Renda
Independente se vamos ser tributados sobre o lucro real ou sobre o lucro presumido, para determinar o Imposto de Renda a pagar, devemos _____ a alíquota do Imposto de Renda pela _____ tributável. A base tributável é que pode ser calculada sobre o lucro _____ ou sobre o _____ presumido.
Resposta: multiplicar, base, real, lucro.

Lista de exercícios 4.4: práticos, quantitativos, numéricos

1) As vendas da Gupta deste ano são da ordem de 100 mil horas de serviços de consultoria. A Gupta cobra R$ 300,00 por hora de consultoria. O governo tributa 30% sobre a base tributável. Os custos fixos são de R$ 5.000.000,00. O custo variável é de R$ 100,00 por hora de serviços prestados. No caso de lucro presumido, o governo presume que seu lucro será 40% do seu faturamento. Calcular o IR devido esse ano com base no lucro real e com base no lucro presumido.

2) A empresa Hayla tem um faturamento de R$ 20 milhões por ano. Os custos variáveis totais da Hayla são de R$ 8 milhões por ano. Os custos fixos são de R$ 2.500.000,00 por ano. O governo presume que seu lucro seja 42% do seu faturamento. A alíquota do imposto de renda é 30%. A Hayla paga juros de R$ 1.500.000,000 por ano. Considere não existir depreciação. Calcular o IR devido esse ano com base no lucro real e com base no lucro presumido. Recomende qual sistema deve a Hayla escolher.

3) A empresa América opera com base no lucro presumido. As vendas da América esse ano são da ordem de 80 mil pneus. A América cobra R$ 200,00 por pneu vendido. O governo assume que o lucro presumido será 32% do seu faturamento. O governo tributa 22% sobre o lucro presumido. Calcular o IR devido esse ano, com base no lucro presumido.

Solução da lista de exercícios 4.4: práticos, quantitativos, numéricos

1) As vendas da Gupta deste ano são da ordem de 100 mil horas de serviços de consultoria. A Gupta cobra R$ 300,00 por hora de consultoria. O governo tributa 30% sobre a base tributável. Os custos fixos são de R$ 5.000.000,00. O custo variável é de R$ 100,00 por hora de serviços prestados. No caso de lucro presumido, o governo presume que seu lucro será 40% do seu faturamento. Calcular o IR devido esse ano com base no lucro real e com base no lucro presumido.

FLUXOS DE CAIXA DAS OPERAÇÕES, DOS SÓCIOS E DOS CREDORES   247

Solução: IR presumido
Faturamento 100.000 × 300 = 30.000.000,00
O lucro presumido é 40% de 30 mi = 12 mi
IR (30%) de 12 mi = R$ 3.600.000,00
Resposta: o IR devido é R$ 3.600.000,00

Solução: IR real
Faturamento 100.000 × 300 =   30.000.000
                          CF   5.000.000
                          CV   10.000.000
                          Lajir 15.000.000
                          IR (30%) 4.500.000
Resposta: o IR devido é R$ 4.500.000,00
Resposta:
O valor do IR para operar na base do lucro presumido, esse ano, é R$ 3.600.000,00.
O valor do IR para operar na base do lucro real, esse ano, é R$ 4.500.000,00.

2) A empresa Hayla tem um faturamento de R$ 20 milhões por ano. Os custos variáveis totais da Hayla são de R$ 8 milhões por ano. Os custos fixos são de R$ 2.500.000,00 por ano. O governo presume que seu lucro seja 42% do seu faturamento. A alíquota do imposto de renda é 30%. A Hayla paga juros de R$ 1.500.000,000 por ano. Considere não existir depreciação. Calcular o IR devido esse ano com base no lucro real e com base no lucro presumido. Recomende qual sistema deve a Hayla escolher.
Solução: IR presumido
Faturamento R$ 20.000.000,00 por ano
O lucro presumido é 42% de 20 mi = 8,4 mi
IR (30%) de 8,4 mi = R$ 2.520.000,00
Resposta: O IR devido é R$ 2.520.000,00
Solução: IR real
Faturamento é   20.000.000

CF	2.500.000
CV	8.000.000
Lajir	9.500.000
Juros	1.500.000
Base tributável	8.000.000
IR (30%)	2.400.000

Resposta: calculando pelo lucro presumido, achamos R$ 2.520.000,00. Com base no lucro real, obtemos R$ 2.400.000,00. A Hayla deve optar pelo regime do lucro real.

3) A empresa América opera com base no lucro presumido. As vendas da América esse ano são da ordem de 80 mil pneus. A América cobra R$ 200,00 por pneu vendido. O governo assume que o lucro presumido será 32% do seu faturamento. O governo tributa 22% sobre o lucro presumido. Calcular o IR devido esse ano, com base no lucro presumido.
Solução: IR presumido

- Faturamento R$ 16.000.000,00 por ano
- O lucro presumido é 32% de 16 mi = R$ 5.120.000
- IR (22%) de 5.120.000 = R$ 1.126.400,00
- Resposta: O IR devido é R$ 1.126.400,00

Resposta: o valor do IR este ano é R$ 1.126.400,00.
Continuação = A empresa América quer mudar para operar com base no lucro real. As vendas da América esse ano são da ordem de 80 mil pneus. A América cobra R$ 200,00 por pneu vendido. O custo fixo é R$ 2.500.000,00 por ano. O custo variável é R$ 80,00 por pneu. O governo tributa 22% sobre o lucro real. Calcular o IR devido esse ano, com base no lucro real. É melhor para a América optar pelo lucro real ou lucro presumido?
Solução: IR real

Faturamento é		R$ 16.000.000
	CF	R$ 2.500.000
	CV	R$ 6.400.000
	Lajir	R$ 7.100.000
	IR (22%)	R$ 1.562.000

É melhor optar pelo lucro presumido.
Resposta: o valor do IR este ano é R$ 1.562.000,00. É melhor optar pelo lucro presumido.

Financiamento do crescimento e reinvestimento dos lucros

A população cresce, as economias crescem e, consequentemente, as demandas por produtos, bens e serviços também crescem. Então é razoável supor que sua empresa apresente crescimento nas vendas.

Devemos incorporar na projeção de vendas as possíveis taxas de crescimento.

Em muitos segmentos do mercado é fácil observar o histórico das vendas passadas (últimos quatro ou cinco anos, por exemplo) e então "ver" uma tendência de crescimento para o futuro próximo. Uma boa regra empírica é 80% – 20%, ou seja, observar um passado de oito períodos para projetar uma expectativa futura para os próximos dois períodos. Caso você encontre dificuldades, você poderá recorrer a especialistas (consultores) se precisar de auxílio na determinação das possíveis taxas de crescimento das vendas da sua empresa.

Como consequência, quando temos crescimento, temos necessidade de fazer ampliações em nossa empresa: ampliar capacidade de produção, estoques, capacidade logística, mais mão de obra etc. E tudo isso demanda investimentos. Como podemos financiar os investimentos necessários a ampliar a capacidade de produção da empresa?

A fonte de capital mais fácil para financiar a compra de máquinas e equipamentos necessários para atender ao aumento da demanda é o lucro da empresa que estaria sendo distribuído aos sócios na forma de dividendos. Esses recursos já estão dentro da empresa e basta retê-los e desviá-los para a compra de máquinas. Esse capital é capital do sócio e se chama capital de lucros retidos.

Ênfases nos fluxos de caixa: contador × administrador financeiro

A função primordial do CONTADOR é coletar, registrar, preparar demonstrativos financeiros, balanços e demonstrativo de resultados, preparar relatórios, desenvolver análises, preparar índices financeiros e relatar dados que permitam mensurar o desempenho da empresa.

Essas informações são fundamentais para que o administrador financeiro conheça os recursos disponíveis, saiba a capacidade de geração de fluxos de caixa, identifique a situação de liquidez, atividade, endividamento e lucratividade da empresa, para que possa desempenhar a contento suas funções primordiais.

A função primordial do ADMINISTRADOR FINANCEIRO é tomar as decisões para manter a empresa solvente, planejar os fluxos de caixa e garantir que sejam honrados compromissos financeiros assumidos, adquirir os ativos necessários para atingir as metas, decidir como obter os fundos necessários para financiar as atividades da empresa, enfim, focar sua atenção e seu trabalho para que a empresa seja bem-sucedida.

Ênfases nos fluxos de caixa: competência × caixa

Em contabilidade, estamos preocupados com as datas em que compras e vendas foram feitas. Não estamos preocupados se já foram pagas ou se ainda (ou quando). Em outras palavras, em contabilidade trabalhamos no *regime de competência*.

Em finanças estamos preocupados com a efetiva data de entrada e saída de dinheiro na empresa. Em outras palavras, em finanças trabalhamos no *regime de caixa*.

Capital de giro: uma apresentação inicial

O que é o capital de giro da empresa? Como dimensionar o capital de giro necessário às operações da empresa?

Vamos fazer um exemplo para ilustrar o que é o capital de giro.

Suponha que você comprou ou montou uma empresa qualquer e pagou pelas instalações, máquinas, equipamentos, prateleiras, mesas, cadeiras, computadores, enfim, tudo que é necessário, menos as mercadorias e os produtos para vender. Agora vamos começar a funcionar.

a) Você vai precisar ter mercadorias em estoque para oferecer aos seus clientes
b) Você vai permanecer algum tempo com o estoque na sua prateleira antes de vender

Fluxos de caixa das operações, dos sócios e dos credores

c) Quando um cliente comprar, certamente vai querer pagar com cartão de crédito ou com um cheque para 30 dias
d) Você vai ter de pagar seus fornecedores de produtos e mercadorias no ato da sua compra

Você vai precisar ter dinheiro para arcar com os itens a, b, c e d. Esse dinheiro se chama capital de giro. É o dinheiro de curto prazo da empresa. É o dinheiro que circula rapidamente no caixa da empresa, nos produtos da empresa, nas mãos do cliente que ainda não pagou...

Vamos colocar uns números no exemplo anterior para ilustrar.

Sua empresa já tem pronto e pago tudo o que é necessário, menos as mercadorias e os produtos para vender. Vamos iniciar os trabalhos no dia 1º.

a) Você vai precisar ter mercadorias em estoque para oferecer aos seus clientes. Considere que no dia 1º você adquiriu R$ 100.000,00 em produtos para colocar na sua prateleira. E teve de pagar hoje.
b) Você vai permanecer algum tempo com o estoque na sua prateleira antes de vender. Considere que, na média, seus produtos ficam em exposição 15 dias antes de vender.
c) Quando um cliente comprar, certamente vai querer pagar com cartão de crédito. Considere que o cartão de crédito somente lhe paga ao final do mês seguinte ao mês da compra e cobra uma taxa de administração de 2%.
d) Você vai ter de pagar seus fornecedores de produtos e mercadorias no ato da sua compra. Como você vende seus produtos em média a cada 15 dias, você deve repor seus estoques nas prateleiras a cada 15 dias.
e) Você vai precisar manter sempre em caixa uma quantia mínima de R$ 50.000,00 para despesas extras, não programadas ou emergenciais.

Pagamentos

```
T=0                       t=1                       t=2
0           15dias   15 dias   15 dias   15 dias   15 dias
100.000     100.000  100.000   100.000   100.000   100.000
            Cliente Compra               Cartão Paga
                     Cliente Compra                Cartão Paga
                              Cliente Compra
                                        Cliente Compra
                                                  Cliente Compra
```

Observe no detalhamento anterior. Você somente terá sua primeira entrada de caixa no final do segundo mês. Até essa data, você já pagou 5 × 100.000,00 em mercadorias e mais a reserva de R$ 450.000,00 solicitada para ficar no caixa.

Na data do primeiro pagamento (t=2 meses) esses 5 × 100.000,00 em mercadorias estarão distribuídos da seguinte forma em sua empresa:

Estoques de produtos para vender nas prateleiras	100.000,00
Contas a receber (mercadorias já vendidas)	400.000,00
Caixa (reserva para emergências)	50.000,00

Necessidade de capital de giro para esse seu negócio é R$ 550.000,00.

A necessidade do capital de giro

A necessidade do capital de giro nas empresas é função das atividades da empresa e varia com as datas efetivas de entrada e saída de dinheiro no caixa da empresa. Em outras palavras: a necessidade do capital de giro nasce do descompasso entre contas a pagar e contas a receber.

Uma empresa no curso de suas operações normais concede prazos para os clientes pagarem, ao mesmo tempo suas despesas continuam a ter data certa para pagamento. Isso gera uma demanda de caixa da empresa que deve fazer uma série de pagamentos, porém, sem ter entrada efetiva de caixa, pois concedeu prazos para os clientes pagarem. Aos recursos necessários para cobrir esse ciclo de caixa chamamos de capital de giro.

A falta de capital de giro implica ter que descontar emergencialmente e antecipadamente recebíveis futuros, geralmente com taxas muito altas, para pagar as contas de hoje.

Dimensionamento do capital de giro

Com a projeção dos fluxos de caixa que fizemos, podemos observar que no início das operações estaremos produzindo e vendendo, incorrendo em custos e despesas que teremos que pagar e, ao mesmo tempo, "dando" prazo para os clientes pagarem.

Incluindo os recursos para pagar os estoques

Precisamos dimensionar nossos estoques de matéria-prima e produtos acabados. Obviamente, devemos calcular como manter esses estoques ao nível mínimo possível para incorrer no menor custo de capital por carregar um estoque grande.

Incluindo um nível mínimo de recursos (dinheiro) em caixa

Considere que os sócios determinaram que, em face das particularidades dos negócios, é necessário manter em caixa uma determinada quantia mínima de dinheiro.

Capitalização da empresa

Agora vamos nos mover MAIS AINDA na direção do mundo REAL, adicionando as necessidades de capital de giro ao orçamento inicial de montagem da empresa. Vamos precisar fazer um ajuste para incorporar o capital de giro na empresa: no balanço e nos demonstrativos projetados, pois as nossas despesas financeiras com juros aumentam.

ATIVOS DA EMPRESA	PASSIVOS DA EMPRESA
Dinheiro	Banco A
Estoques	Banco B
Máquinas	Sócio A
Prédios	Sócio B
Total Ativos	Total Passivos + Patrimônio

Realidade do mercado no dia a dia: prazo para pagar e prazo para receber? O que é isso?

Os especialistas em vendas das empresas chamam a atenção para este detalhe importantíssimo que passa despercebido por parte dos empresários e empreendedores que não têm formação acadêmica em administração: clientes e fornecedores em muitos segmentos do mercado têm o hábito de pagar e receber pelos bens ou serviços com um prazo que varia de segmento para segmento. Esses prazos podem ser 15 dias para pagamentos, talvez 30, 45, 60 ou até mesmo 90 dias. Isso coloca uma tremenda pressão sobre o caixa da empresa, criando a necessidade para volumes expressivos de capital para fechar esse giro.

Exemplo:
Vamos ver um exemplo bem simples e didático para entender como funciona.
Considere que você é o gestor da empresa Comércio de Óculos (ECO), uma ótica.
Para simplificar nosso exemplo, considere que você só trabalha com um único modelo de óculos. O preço de venda é R$ 10,00 por unidade. Os custos variáveis são R$ 3,80/und. Os custos fixos (empregados, luz, telefone, aluguéis...) são de R$ 6.000,00/mês. A alíquota do IR é 30% sobre o lucro real. Considere todos pagamentos e recebimentos à vista. A projeção de vendas para a ótica é:

	Janeiro	Fevereiro	Março	Abril
	1.000	1.500	2.250	3.375 und

Solução:
Montagem do demonstrativo de resultados do exercício (DRE)

Tempo	Janeiro	Fevereiro	Março	Abril
Vendas	1.000	1.500	2.250	3.375
Faturamento	10.000,00	15.000,00	22.500,00	33.750,00
C F	–6.000,00	–6.000,00	–6.000,00	–6.000,00
C V	–3.800,00	–5.700,00	–8.550,00	–12.825,00
Lajir	200,00	3.300,00	7.950,00	14.925,00
IR (base tributável)	–60,00	–990,00	–2.385,00	–4.477,50
Resultado: do exercício	140,00	2.310,00	5.565,00	10.447,50

Nesta situação podemos concluir que: existe o casamento entre contas a pagar e contas a receber. Não há necessidade de capital de giro. O fluxo e caixa é positivo, crescente e não temos inadimplência alguma. O projeto é bom.

Suponha agora que seus vendedores voltaram todos sem vender com a seguinte explicação: "Chefe, precisamos dar aos clientes prazo de 90 dias para que eles nos paguem, pois TODOS os nossos concorrentes no mercado o fazem. Em compensação, poderemos pagar os CFs com 30 dias, e os CVs com 60 dias".

Montagem do demonstrativo dos fluxos de caixa (DFC) do período

O demonstrativo dos fluxos de caixa (DFC) apresenta efetivamente as entradas e saídas de dinheiro ao longo do tempo no caixa da empresa.

O DCF é diferente do DRE. O DRE mostra os resultados do exercício com base no regime de competência. O DFC é calculado no regime de caixa.

Para verificar exatamente o que acontece em termos de movimentação de dinheiro nas datas efetivas em que ocorrem, vamos elaborar o fluxo de caixa das operações (FCO) da empresa.

O DFC da empresa é justamente o demonstrativo que mostra o movimento e dinheiro na empresa ao longo do tempo em suas datas efetivas de recebimento e pagamento (entradas e saídas).

Tempo	Janeiro	Fevereiro	Março	Abril
Vendas	1.000	1.500	2.250	3.375
Faturamento (90dd)	0,00	0,00	0,00	10.000,00
CF (30dd)	0,00	–6.000,00	–6.000,00	–6.000,00
CV (60dd)	0,00	0,00	–3.800,00	–5.700,00
Lajir	0,00	–6.000,00	–9.800,00	–1.700,00
IR (base tributável)	–60,00	–990,00	–2.385,00	–4.477,50
FCO	–60,00	–6.990,00	–12.185,00	–6.177,50

Nessa situação podemos concluir que: não há casamento entre contas a pagar e contas a receber. Há necessidade de capital de giro. Não tendo capital de giro a situação se inverte. O fluxo de caixa é negativo e errático. Observe que o projeto fica ruim, mesmo sem haver inadimplência alguma.

Lista de exercícios 4.5: numéricos

1) Loja de pneus Pneubonzão. Você vende três tipos (modelos) de pneu:
245.70/15 Preço de venda R$ 100,00. Custo variável R$ 60,00 por unidade.
225.40/17 Preço de venda R$ 200,00. Custo variável R$ 110,00 por unidade.
265.20/19 Preço de venda R$ 300,00. Custo variável R$ 180,00 por unidade.

Vendas Projetadas	Janeiro	Fevereiro	Março	Abril
245.70/15	200	220	240	260
225.40/17	150	170	190	210
265.20/19	100	120	140	160

Os custos fixos são de R$ 16.000,00/mês. A alíquota do IR é 25%. Elabore o fluxo de caixa projetado para essa loja de pneus nas seguintes condições.
a) Pagamentos e recebimentos à vista.
b) Recebimentos a 90 dias. CF a 30 dias. CV a 60 dias.
Determine a necessidade de capital de giro mês a mês, considerando que deve haver uma reserva mínima (folga de caixa) de R$ 5.000,00.

2) Você é o gestor da empresa Limpol, empresa prestadora de serviço de limpeza de *containers*. Sua missão hoje é montar o DRE e o DFC e determinar as necessidades de capital de giro projetado da Limpol para os próximos meses. Para facilitar nossos cálculos, considere que você cobra um preço único por cada serviço de limpeza. O preço de cada serviço de limpeza de *container* é R$ 1.000,00. Os custos variáveis de são R$ 380,00/und. Os custos fixos mensais (empregados, luz, telefone, aluguéis...) da Limpol são R$ 20.000,00. A alíquota do IR é 32% sobre o lucro real; desconsidere efeitos da depreciação. Considere que os paga-

mentos e recebimentos seguem a seguinte tabela: vendas para receber a 90 dias, CFs com 30 dias, e os CVs com 60 dias. A projeção de vendas da Limpol é:

Janeiro	Fevereiro	Março	Abril
300	340	360	400 limpezas de *containers*

3) A empresa Pisco produz um único produto: óculos, que vende por R$ 40,00 a unidade. Os custos variáveis são de R$ 18,00 por unidade produzida. Os custos fixos anuais são de R$ 350.000,00. A alíquota do IR é 24%. A empresa Pisco paga apenas os juros de suas dívidas. A dívida da empresa Pisco é R$ 480.000,00 sobre a qual paga juros de 24% ao ano. As vendas projetadas para o próximo ano são de 40 mil unidades. Os custos e valores são constantes e as vendas têm um crescimento de 8% ao ano pelos próximos anos. Determine os resultados líquidos para os sócios dessa empresa para os próximos quatro anos. Em outras palavras: determine os fluxos de caixa para os sócios para os próximos quatro anos. A empresa Pisco paga apenas os juros da dívida, não amortiza o principal. Todas as receitas, custos fixos e variáveis são pagos e recebidos à vista.

4) A empresa Âmbar produz um único produto Souvenirs que vende por R$ 12,00 a unidade. Os custos variáveis são de R$ 6,00 por unidade produzida. Os custos fixos anuais são de R$ 120.000,00. A alíquota do IR é 16%. A empresa Âmbar paga apenas os juros de suas dívidas. A dívida da empresa Âmbar é R$ 350.000,00, sobre a qual paga juros de 15% ao ano. As vendas projeções para o próximo ano são de 60 mil unidades. Os custos e valores são constantes e as vendas têm um crescimento de 10% ao ano pelos próximos anos. Determine os resultados líquidos para os sócios dessa empresa para os próximos quatro anos. Em outras palavras: determine os fluxos de caixa para os sócios para os próximos quatro anos. A empresa Âmbar paga apenas os juros da dívida, não amortiza o principal. Todas as receitas, custos fixos e variáveis são pagos e recebidos à vista.

5) A gráfica Papelão produz um único produto, blocos de papel, que vende por R$ 2,30 a unidade. Os custos variáveis são de R$ 0,60 por unidade produzida. Os custos fixos anuais são de R$ 240.000,00. A alíquota do IR é 14%. A empresa Papelão paga apenas os juros de sua dívida.

A dívida da empresa Papelão é R$ 320.000,00, sobre a qual paga juros de 16% ao ano. As vendas projetadas para o próximo ano são de 600 mil unidades. Os custos e valores são constantes e as vendas têm um crescimento de 10% ao ano pelos próximos anos. Determine os resultados líquidos para os sócios dessa empresa para os próximos quatro anos. A empresa Papelão paga apenas os juros da dívida, não amortiza o principal. Todas as receitas, custos fixos e variáveis são pagos e recebidos à vista.

6) A empresa Bazófia produz e vende três produtos: Simples, Luxo e Elegance. As vendas projetadas do produto Simples para o próximo ano são de 3 mil unidades. As vendas projetadas do produto Luxo para o próximo ano são de 4 mil unidades. As vendas projetadas do produto Elegance para o próximo ano são de 6 mil unidades. O produto Simples é vendido por R$ 100,00 a unidade. O produto Luxo é vendido por R$ 140,00 a unidade. O produto Elegance é vendido por R$ 210,00 a unidade. O produto Simples apresenta um custo variável de R$ 45,00 por unidade. O produto Luxo apresenta um custo variável de R$ 48,00 por unidade. O produto Elegance apresenta um custo variável de R$ 57,00 por unidade. Os custos fixos da Bazófia são de R$ 300.000,00 por ano. A dívida da empresa é R$ 540.000,00, sobre a qual paga uma taxa de juros anual de 16%. A alíquota do IR é 22%. Desconsidere a depreciação. A empresa Bazófia paga apenas os juros da dívida, não amortiza o principal. Os custos e valores são constantes e as vendas têm um crescimento de 10% ao ano pelos próximos anos. Determine os resultados líquidos para os sócios dessa empresa para os próximos quatro anos. Todas as receitas, custos fixos e variáveis são pagos e recebidos à vista.

7) A empresa Parrot produz e vende três produtos: Leve, Médio e Pesado. As vendas projetadas do produto Leve para o próximo ano são de 2 mil unidades. As vendas projetadas do produto Médio para o próximo ano são de 2.400 unidades. As vendas projetadas do produto Pesado para o próximo ano são de 2.800 unidades. O produto Leve é vendido por R$ 100,00 a unidade. O produto Médio é vendido por R$ 110,00 a unidade. O produto Pesado é vendido por R$ 125,00 a unidade.

O produto Leve apresenta um custo variável de R$ 50,00 por unidade. O produto Médio apresenta um custo variável de R$ 54,00 por unidade. O produto Pesado apresenta um custo variável de R$ 58,00 por unidade. Os custos fixos da Parrot são de R$ 300.000,00 por ano. A dívida da empresa é R$ 180.000,00 sobre a qual paga uma taxa de juros anual de 16%. A alíquota do IR é 27%. Desconsidere a depreciação. A empresa Parrot paga apenas os juros da dívida, não amortiza o principal. Os custos e valores são constantes e as vendas têm um crescimento de 10% ao ano pelos próximos anos. Determine os resultados líquidos para os sócios dessa empresa para os próximos quatro anos. Todas as receitas, custos fixos e variáveis são pagos e recebidos à vista.

Solução da lista de exercícios 4.5: numéricos

1) Loja de pneus Pneubonzão. Você vende três tipos (modelos) de pneu:
245.70/15 Preço de venda R$ 100,00. Custo variável R$ 60,00 por unidade.
225.40/17 Preço de venda R$ 200,00. Custo variável R$ 110,00 por unidade.
265.20/19 Preço de venda R$ 300,00. Custo variável R$ 180,00 por unidade.

Vendas Projetadas	Janeiro	Fevereiro	Março	Abril
245.70/15	200	220	240	260
225.40/17	150	170	190	210
265.20/19	100	120	140	160

Os custos fixos são de R$ 16.000,00/mês. A alíquota do IR é 25%. Elabore o fluxo de caixa projetado para essa loja de pneus nas seguintes condições.
a) Pagamentos e recebimentos à vista.
b) Recebimentos a 90 dias. CF a 30 dias. CV a 60 dias.
Determine a necessidade de capital de giro mês a mês, considerando que deve haver uma reserva mínima (folga de caixa) de R$ 5.000,00.

Solução: situação a) Pagamentos e recebimentos à vista

Faturamento	Janeiro	Fevereiro	Março	Abril
245.70/15	20.000	22.000	24.000	26.000
225.40/17	30.000	34.000	38.000	42.000
265.20/19	30.000	36.000	42.000	48.000
Total	80.000	92.000	104.000	116.000

Custo Variável	Janeiro	Fevereiro	Março	Abril
245.70/15	12.000	13.200	14.400	15.600
225.40/17	16.500	18.700	20.900	23.100
265.20/19	18.000	21.600	25.200	28.800
Total	46.500	53.500	60.500	67.500

Calculando o FCO	Janeiro	Fevereiro	Março	Abril
Faturamento	80.000	92.000	104.000	116.000
Custo variável	46.500	53.500	60.500	67.500
Custo Fixo	16.000	16.000	16.000	16.000
Lajir	17.500	22.500	27.500	32.500
IR (25%)	4.375	5.625	6.875	8.125
Fluxo de Caixa	13.125	16.875	20.625	24.375

Com esses fluxos de caixa, a necessidade de capital de giro está atendida e superada.

Solução: situação b) Recebimentos a 90 dias. CF a 30 dias. CV a 60 dias.

	Janeiro	Fevereiro	Março	Abril
Faturamento				80.000,00
CV			–46.500,00	–53.500,00
CF		–16.000,00	–16.000,00	–16.000,00
Lajir		–16.000,00	–62.500,00	10.500,00
IR (25%)	–4.375	–5.625	–6.875	–8.125
Fluxo de caixa	–4.375,00	–21.625,00	–69.375,00	2.375,00
Margem folga	5.000,00	5.000,00	5.000,00	5.000,00
Necessidade c. giro	9.375,00	26.625,00	74.375,00	–2.625,00

2) Você é o gestor da empresa Limpol, empresa prestadora de serviço de limpeza de *containers*. Sua missão hoje é montar o DRE e o DFC e determinar as necessidades de capital de giro projetado da Limpol para os próximos meses. Para facilitar nossos cálculos, considere que você cobra um preço único por cada serviço de limpeza. O preço de cada serviço de limpeza de *container* é R$ 1.000,00. Os custos variáveis são R$ 380,00/und. Os custos fixos mensais (empregados, luz, telefone, aluguéis...) da Limpol são R$ 20.000,00. A alíquota do IR é 32% sobre o lucro real; desconsidere efeitos da depreciação. Considere que os pagamentos e recebimentos seguem a seguinte tabela: vendas para receber a 90 dias, CFs com 30 dias, e os CVs com 60 dias. A projeção de vendas da Limpol é:

Janeiro	Fevereiro	Março	Abril
300	340	360	400 limpezas de *containers*

Solução: montagem do demonstrativo de resultados do exercício (DRE). Para montar o DRE vamos considerar o regime de competência para todas as entradas e saídas. Então, considerando todos os pagamentos e recebimentos na data dos contratos:

Tempo	Janeiro	Fevereiro	Março	Abril
Vendas	300	340	360	400
Faturamento	300.000	340.000	360.000	400.000
C F	20.000,00	20.000,00	20.000,00	20.000,00
C V (380/und)	114.000,00	129.200,00	136.800,00	152.000,00
Lajir	166.000,00	190.800,00	203.200,00	228.000,00
IR (32%)	53.120,00	61.056,00	65.024,00	72.960,00
Resultado do Exercício	112.880,00	129.744,00	138.176,00	155.040,00

Montagem do demonstrativo de fluxos e caixa (DFC):
Para montar o DFC vamos considerar o regime de caixa, isto é, a data da efetiva entrada ou saída de caixa (dinheiro) independente das datas dos contratos.

Vamos considerar que os pagamentos e recebimentos seguem a seguinte tabela: vendas para receber a 90 dias, CFs com 30 dias, e os CVs com 60 dias.

Tempo	Janeiro	Fevereiro	Março	Abril
Vendas	300	340	360	400
Faturamento (90 dd)				300.000,00
C F (30 dd)		20.000,00	20.000,00	20.000,00
C V (60 dd)			114.000,00	129.200,00
Lajir		−20.000,00	−134.000,00	150.800,00
IR (32%)	53.120,00	61.056,00	65.024,00	72.960,00
Fluxo de caixa	−53.120,00	−81.056,00	−199.024,00	77.840,00

Cálculo da necessidade de capital de giro.

Tempo	Janeiro	Fevereiro	Março	Abril
Saldo de caixa do período anterior	0,00	0,00	0,00	0,00
Entrada de caixa do período	0,00	0,00	0,00	77.840
Saída de caixa	−53.120	−81.056	−199.024	77.840
Necessidades de capital de giro	53.120	81.056	199.024	0,00
Saldo de caixa	0,00	0,00	0,00	0,00

3) A empresa Pisco produz um único produto: óculos, que vende por R$ 40,00 a unidade. Os custos variáveis são de R$ 18,00 por unidade produzida. Os custos fixos anuais são de R$ 350.000,00. A alíquota do IR é 24%. A empresa Pisco paga apenas os juros de suas dívidas. A dívida da empresa Pisco é R$ 480.000,00 sobre a qual paga juros de 24% ao ano. As vendas projetadas para o próximo ano são de 40 mil unidades. Os custos e valores são constantes e as vendas têm um crescimento de 8% ao ano pelos próximos anos. Determine os resultados líquidos para os sócios dessa empresa para os próximos quatro anos. Em outras pala-

vras: determine os fluxos de caixa para os sócios para os próximos quatro anos. A empresa Pisco paga apenas os juros da dívida, não amortiza o principal. Todas as receitas, custos fixos e variáveis são pagos e recebidos à vista.

Solução:

Ano	1	2	3	4
Vendas	40.000	43.200	46.656	50.388
Faturamento	1.600.000,00	1.728.000,00	1.866.240,00	2.015.539,20
CV	720.000,00	777.600,00	839.808,00	906.992,64
CF	350.000,00	350.000,00	350.000,00	350.000,00
Lajir	530.000,00	600.400,00	676.432,00	758.546,56
Juros	115.200,00	115.200,00	115.200,00	115.200,00
Lair	414.800,00	485.200,00	561.232,00	643.346,56
IR	99.552,00	116.448,00	134.695,68	154.403,17
Lucro líquido	315.248,00	368.752,00	426.536,32	488.943,39

Resposta: o resultado líquido para os próximos quatro anos é:

Ano	1	2	3	4
Fluxo de caixa	315.248,00	368.752,00	426.536,32	488.943,39

4) A empresa Âmbar produz um único produto Souvenirs que vende por R$ 12,00 a unidade. Os custos variáveis são de R$ 6,00 por unidade produzida. Os custos fixos anuais são de R$ 120.000,00. A alíquota do IR é 16%. A empresa Âmbar paga apenas os juros de suas dívidas. A dívida da empresa Âmbar é R$ 350.000,00, sobre a qual paga juros de 15% ao ano. As projeções de venda para o próximo ano são de 60 mil unidades. Os custos e valores são constantes e as vendas têm um crescimento de 10% ao ano pelos próximos anos. Determine os resultados líquidos para os sócios dessa empresa para os próximos quatro anos. Em outras palavras: determine os fluxos de caixa para os sócios para os próximos quatro anos. A empresa Âmbar paga apenas os juros da dívida, não amortiza o principal. Todas as receitas, custos fixos e variáveis são pagos e recebidos à vista.

Solução:

Ano	1	2	3	4
Vendas	60.000	66.000	72.600	79.860
Faturamento	720.000,00	792.000,00	871.200,00	958.320,00
CV	360.000,00	396.000,00	435.600,00	479.160,00
CF	120.000,00	120.000,00	120.000,00	120.000,00
Lajir	240.000,00	276.000,00	315.600,00	359.160,00
Juros	52.500,00	52.500,00	52.500,00	52.500,00
Lair	187.500,00	223.500,00	263.100,00	306.660,00
IR	30.000,00	35.760,00	42.096,00	49.065,60
Lucro líquido	157.500,00	187.740,00	221.004,00	257.594,40

Resposta: o resultado líquido para os próximos quatro anos é:

Ano	1	2	3	4
Fluxo de caixa	157.500,00	187.740,00	221.004,00	257.594,40

5) A gráfica Papelão produz um único produto, blocos de papel, que vende por R$ 2,30 a unidade. Os custos variáveis são de R$ 0,60 por unidade produzida. Os custos fixos anuais são de R$ 240.000,00. A alíquota do IR é 14%. A empresa Papelão paga apenas os juros de sua dívida. A dívida da empresa Papelão é R$ 320.000,00, sobre a qual paga juros de 16% ao ano. As vendas projetadas para o próximo ano são de 600 mil unidades. Os custos e valores são constantes e as vendas têm um crescimento de 10% ao ano pelos próximos anos. Determine os resultados líquidos para os sócios dessa empresa para os próximos quatro anos. A empresa Papelão paga apenas os juros da dívida, não amortiza o principal. Todas as receitas, custos fixos e variáveis são pagos e recebidos à vista.

Solução:

Ano	1	2	3	4
Vendas	600.000	660.000	726.000	798.600
Faturamento	1.380.000,00	1.518.000,00	1.669.800,00	1.836.780,00
CV	360.000,00	396.000,00	435.600,00	479.160,00
CF	240.000,00	240.000,00	240.000,00	240.000,00

Fluxos de caixa das operações, dos sócios e dos credores

Lajir	780.000,00	882.000,00	994.200,00	1.117.620,00
Juros	51.200,00	51.200,00	51.200,00	51.200,00
Lair	728.800,00	830.800,00	943.000,00	1.066.420,00
IR	102.032,00	116.312,00	132.020,00	149.298,80
Lucro líquido	626.768,00	714.488,00	810.980,00	917.121,20

Resposta: o resultado líquido para os próximos quatro anos é:

Ano	1	2	3	4
Fluxo de caixa	626.768,00	714.488,00	810.980,00	917.121,20

6) A empresa Bazófia produz e vende três produtos: Simples, Luxo e Elegance. As vendas projetadas do produto Simples para o próximo ano são de 3 mil unidades. As vendas projetadas do produto Luxo para o próximo ano são de 4 mil unidades. As vendas projetadas do produto Elegance para o próximo ano são de 6 mil unidades. O produto Simples é vendido por R$ 100,00 a unidade. O produto Luxo é vendido por R$ 140,00 a unidade. O produto Elegance é vendido por R$ 210,00 a unidade. O produto Simples apresenta um custo variável de R$ 45,00 por unidade. O produto Luxo apresenta um custo variável de R$ 48,00 por unidade. O produto Elegance apresenta um custo variável de R$ 57,00 por unidade. Os custos fixos da Bazófia são de R$ 300.000,00 por ano. A dívida da empresa é R$ 540.000,00, sobre a qual paga uma taxa de juros anual de 16%. A alíquota do IR é 22%. Desconsidere a depreciação. A empresa Bazófia paga apenas os juros da dívida, não amortiza o principal. Os custos e valores são constantes e as vendas têm um crescimento de 10% ao ano pelos próximos anos. Determine os resultados líquidos para os sócios dessa empresa para os próximos quatro anos. Todas as receitas, custos fixos e variáveis são pagos e recebidos à vista.

Solução:

Ano	1	2	3	4
Vendas A	3.000	3.300	3.630	3.993
Vendas B	4.000	4.400	4.840	5.324

Vendas C	6.000	6.600	7.260	7.986
Faturamento	2.120.000,00	2.332.000,00	2.565.200,00	2.821.720,00
CV A	135.000,00	148.500,00	163.350,00	179.685,00
CV B	192.000,00	211.200,00	232.320,00	255.552,00
CV C	342.000,00	376.200,00	413.820,00	455.202,00
CF	300.000,00	300.000,00	300.000,00	300.000,00
Lajir	1.151.000,00	1.296.100,00	1.455.710,00	1.631.281,00
Juros	86.400,00	86.400,00	86.400,00	86.400,00
Lair	1.064.600,00	1.209.700,00	1.369.310,00	1.544.881,00
IR	234.212,00	266.134,00	301.248,20	339.873,82
Lucro Líquido	830.388,00	943.566,00	1.068.061,80	1.205.007,18

Resposta: o resultado líquido para os próximos quatro anos é:

Ano	1	2	3	4
Fluxo de Caixa	830.388,00	943.566,00	1.068.061,80	1.205.007,18

7) A empresa Parrot produz e vende três produtos: Leve, Médio e Pesado. As vendas projetadas do produto Leve para o próximo ano são de 2 mil unidades. As vendas projetadas do produto Médio para o próximo ano são de 2.400 unidades. As vendas projetadas do produto Pesado para o próximo ano são de 2.800 unidades. O produto Leve é vendido por R$ 100,00 a unidade. O produto Médio é vendido por R$ 110,00 a unidade. O produto Pesado é vendido por R$ 125,00 a unidade. O produto Leve apresenta um custo variável de R$ 50,00 por unidade. O produto Médio apresenta um custo variável de R$ 54,00 por unidade. O produto Pesado apresenta um custo variável de R$ 58,00 por unidade. Os custos fixos da Parrot são de R$ 300.000,00 por ano. A dívida da empresa é R$ 180.000,00 sobre a qual paga uma taxa de juros anual de 16%. A alíquota do IR é 27%. Desconsidere a depreciação. A empresa Parrot paga apenas os juros da dívida, não amortiza o principal. Os custos e valores são constantes e as vendas têm um crescimento de 10% ao ano pelos próximos anos. Determine os resultados líquidos

para os sócios dessa empresa para os próximos quatro anos. Todas as receitas, custos fixos e variáveis são pagos e recebidos à vista.

Solução:

Ano	1	2	3	4
Vendas A	2.000	2.200	2.420	2.662
Vendas B	2.400	2.640	2.904	3.19
Vendas C	2.800	3.080	3.388	3.727
Faturamento	814.000,00	895.400,00	984.940,00	1.083.434,00
CV A	100.000,00	110.000,00	121.000,00	133.100,00
CV B	129.600,00	142.560,00	156.816,00	172.497,60
CV C	162.400,00	178.640,00	196.504,00	216.154,40
CF	300.000,00	300.000,00	300.000,00	300.000,00
Lajir	122.000,00	164.200,00	210.620,00	261.682,00
Juros	28.800,00	28.800,00	28.800,00	28.800,00
Lair	93.200,00	135.400,00	181.820,00	232.882,00
IR	25.164,00	36.558,00	49.091,40	62.878,14
Lucro líquido	68.036,00	98.842,00	132.728,60	170.003,86

Resposta: o resultado líquido para os próximos quatro anos é:

Ano	1	2	3	4
Fluxo de caixa	68.036,00	98.842,00	132.728,60	170.003,86

Capítulo 5-A
Os personagens discutem quanto vale o negócio

Avaliação da empresa

Avaliação de bens em geral segue os mesmos princípios intuitivos que usamos desde os tempos das cavernas ou quando nossos ancestrais praticavam o escambo. Isabel rapidamente puxou um dicionário da bolsa e leu em voz alta para todos:

escambo: es.cam.bo
sm (es+câmbio) 1 *Econ* Troca de bens ou serviços sem intermediação do dinheiro. 2 *V escâmbio*.

SIM, valor de troca, quanto vale para troca, troco um bem A por quantos bens B?

O valor das empresas não é muito diferente. Uma empresa vale por aquilo que o mercado em condições livres e de equilíbrio está disposto a pagar, sem histeria nem euforia.

As empresas têm sua principal fonte de valor na riqueza que podem gerar ao longo do tempo com suas operações. Empresas não são como um quilo de ouro, ou um quadro famoso, que têm um valor intrínseco por si mesmos, sem precisar "funcionar". Por exemplo: um restaurante vale pelas refeições que produz e vende, uma oficina de mecânica automobilística vale pelos reparos que pode fazer, um teatro vale pelas peças que apresenta... Caso não funcionem, essas empresas exemplificadas seriam apenas uma intenção com imóveis vazios.

Uma empresa vale por sua capacidade de maximizar riqueza e criar valor. A nossa empresa já está operando e agora os sócios querem saber se criamos ou se vamos criar algo de valor. O que construímos? Quanto vale? Se eu resolver vender esta empresa, consigo obter quanto? Como determinar o valor do nosso negócio? É fácil avaliar ou é difícil?

Isabel se mostra muito reticente quando se fala em avaliação, pois ela, assim como muitas pessoas, acha que avaliação é algo místico, talvez cabalístico, baseado em impressões e opiniões, informal, que depende de adivinhação...

José ajudou Isabel: "Na realidade todos estão certos! No mundo real ocorrem tantos eventos simultaneamente que nunca podemos ter certeza absoluta de nada. Mas não podemos permitir que esses eventos do mundo real atrapalhem nossa capacidade de entender o mundo nem nossa capacidade de tomar decisões".

Vejamos o seguinte exemplo ilustrativo: você quer explicar à pessoa "M" como comprar um jornal no jornaleiro da esquina. Parece tarefa fácil, não é? Mas e se não for tão fácil para a pessoa "M"?

O cenário que você imagina: você gostaria de explicar que basta sair agora do nosso escritório, descer o elevador até o andar térreo, caminhar até a porta do prédio, virar à direita, caminhar 10 metros de distância e pronto, chegou na banca de jornais, então você solicita ao jornaleiro o jornal *O Matutino*, paga com uma nota de R$ 10,00 que você tem no bolso, pega o troco e volta pelo mesmo caminho. OK?

O cenário real: agora imagine que, conforme você tenta explicar detalhadamente esses passos, que parecem bem simples para qualquer um, a pessoa "M" retruca a cada instante:

❏ Você explica: "Basta sair agora do nosso escritório".
❏ Pessoa "M" retruca: "Já? agora? Antes do almoço?"
❏ Você explica: "Desce o elevador".
❏ Pessoa "M" retruca: "E se o elevador estiver quebrado?".
❏ Você explica: "Até o andar térreo".

- Pessoa "M" retruca: "E se o elevador parar antes em algum outro andar?".
- Você explica: "Caminhar até a porta do prédio".
- Pessoa "M" retruca: "E se a porta do prédio estiver fechada?".
- Você explica: "Virar à direita".
- Pessoa "M" retruca: "Mas tem uma banca à esquerda que fica a 50 metros, ou não tem?"
- Você explica: "Caminhar 10 metros de distância".
- Pessoa "M" retruca: "Eu acho que esta banca à direita fica a 12 metros, não a 10 metros de distância. O que faço se a distância for 12 e não 10 metros?".
- Você explica: "Pronto, chegou na banca de jornais".
- Pessoa "M" retruca: "E se a banca estiver fechada?".
- Você explica: "Então você solicita ao jornaleiro".
- Pessoa "M" retruca: "E se o jornaleiro estiver no almoço?".
- Você explica: "O jornal *O Matutino*".
- Pessoa "M" retruca: "E se o jornal *O Matutino* já tiver acabado?".
- Você explica: "Paga com uma nota de R$ 10,00".
- Pessoa "M" retruca: "Mas eu tenho também uma nota de R$ 20,00, não posso pagar com a nota de R$ 20,00?".
- Você explica: "Que você tem no bolso".
- Pessoa "M" retruca: "E se a nota cair do meu bolso enquanto eu caminho até a banca?".
- Você explica: "Pegar o troco".
- Pessoa "M" retruca: "E se o jornaleiro não tiver troco?".
- Você explica: "E volta pelo mesmo caminho. OK?".
- Pessoa "M" retruca: "Não! Muito complicado este negócio de comprar jornal!!!!".

Conclusão: ficou difícil explicar uma coisa que parecia simples, concorda?

Fazendo uma analogia:
Avaliar empresas, projetos ou ativos em geral é fácil. Mas, se você quiser complicar, pode ficar muito difícil.

José explica que o maior problema que existe quando falamos em avaliação é o PORTUGUÊS. Ou seja, entender que existem diversos aspectos e partes da empresa que podem ser avaliados juntos ou separados. Por exemplo, muitos executivos confundem valor e cotação. Valor das ações da empresa com valor do patrimônio da empresa, com valor das dívidas da empresa, os quais são "coisas" completamente diferentes.

Não confunda valor com cotação

José cita o exemplo de como as pessoas podem complicar confundindo valor com cotação de algum bem.

O valor é quanto realmente um bem vale, seu preço justo, seu valor justo, seu preço de mercado, é o preço que pode ser repetido diversas vezes no mesmo valor. Valor depende da lei de oferta e procura.

A cotação é o preço pelo qual um bem foi transacionado, negociado ou pago. A cotação pode ser maior ou menor do que o preço de equilíbrio ou preço de mercado. Cotação depende da euforia ou histeria.

Sabemos calcular valor. Não sabemos calcular cotação. Valor depende de razão, fundamentos, fluxos de caixa... Cotação, na enorme maioria das vezes, é fixada com base no valor justo de equilíbrio de mercado, mas também, algumas vezes, é pressionada por aspectos emocionais, fofocas, medos, crenças, boatos, preconceitos, amizades, ou seja, aspectos humanos difíceis de quantificar.

Vejamos um exemplo.

Considere o seguinte cenário: que um prédio novo tenha 12 andares com 20 apartamentos por andar, todos de dois quartos. Temos um total de 12 × 20 = 240 apartamentos de dois quartos. Considere que os apartamentos nos andares mais baixos estão sendo vendidos por R$ 100.000,00 e os apartamentos nos andares mais altos estão sendo vendidos por R$ 120.000,00. Os andares intermediários têm seus apartamentos comercializados por valores que variam de R$ 100.000,00 a R$ 120.000,00. Todos os apartamentos do prédio já foram vendidos pela construtora dentro dessa faixa de preço.

De repente, um dos proprietários, sr. Alfredo, revende seu apartamento de andar alto para um parente por R$ 20.000,00. Na outra semana, outro proprietário, sr. Manuel, vende seu apartamento, que fica em um andar intermediário, por R$ 110.000,00.

Podemos dizer que o valor de um apartamento neste prédio varia de R$ 100.000,00 a R$ 120.000,00, dependendo do andar. Podemos dizer que a cotação do um apartamento do seu Alfredo, neste prédio, foi de R$ 20.000,00. Podemos dizer que a cotação do um apartamento do seu Manuel, neste prédio, foi de R$ 110.000,00. O fato de o sr. Alfredo ter vendido seu móvel por R$ 20.000,00 não significa que o valor do apartamento seja R$ 20.000,00, foi apenas a cotação que combinaram.

Atenção: o fato de a cotação ser diferente do valor de um ativo não significa que o ativo valha mais ou menos. Cotação é apenas o preço que duas partes acertaram. É esperado que a cotação sempre esteja próxima do valor real de um ativo, porém às vezes acima, às vezes abaixo.

Existem modelos diferentes para avaliar um ativo

José explica aos demais sócios que existem alguns modelos para se calcular o valor de uma empresa. Alguns modelos se baseiam no valor contábil, lançado nos livros contábeis e no balanço da empresa. Geralmente esse é o valor de compra do bem depreciado ao longo do tempo por uma fórmula de depreciação que o governo estabelece. Outros modelos de avaliação se baseiam no valor de mercado do patrimônio da empresa, ou seja, quanto valem os ativos patrimoniais da empresa, máquinas, prédios e terrenos, caso sejam vendidos no mercado a preços de mercado.

O modelo mais técnico, o mais aceito e o mais difundido para se avaliar empresas (projetos de investimento ou ativos em geral) é o modelo do fluxo de caixa descontado (FCD). Este modelo se baseia no princípio que um ativo (empresa, projeto, investimento...) deve valer o valor presente dos seus fluxos de caixa futuros, incluindo fluxos de caixa das operações e fluxo de caixa das eventuais vendas de patrimônios no futuro.

Avaliação de empresas

Isabel falou: "Falar em modelos para fazer avaliação me parece algo muito teórico. A prática segue a teoria? Dá para explicar com outras palavras esse negócio de avaliação?".

Imediatamente José lembrou de Issac Newton e da teoria da gravidade.

Isaac Newton (1642-1727) foi um cientista inglês, mais reconhecido como físico e matemático, embora tenha sido também astrônomo, alquimista, filósofo natural e teólogo. Sua obra, *Philosophiae naturalis principia mathematica*, é considerada uma das mais influentes na história da ciência. Publicada em 1687, essa obra descreve a lei da gravitação universal e as três leis de Newton, que fundamentaram a mecânica clássica.

Dizem que sir Isaac Newton costumava descansar à sombra de uma macieira, todos os dias, após o almoço. E ele observava que de vez em quando caía uma maçã. Um dia, uma dessas maçãs caiu exatamente em sua cabeça e ele fez a seguinte pergunta para si mesmo: "Por que esta caiu para baixo e bateu na minha cabeça? Por que razão a maçã não caiu para cima ou para o lado?". E rapidamente teve uma ideia (hipótese) para justificar e tentar explicar esse fenômeno: "Deve existir uma força que atrai a maçã para baixo, o tempo todo, e então, quando a maçã se solta da árvore, cai em direção à força, isto é, para baixo".

Pois bem, Isaac Newton, professor de matemática, descreveu uma fórmula para "explicar" que a queda da maçã segue a lei da gravitação universal: "Uma massa atrai outra massa na razão direta das massas e na razão inversa do quadrado da distância".

Isaac Newton observou a natureza e descreveu em uma fórmula o que acontecia na natureza. A natureza (as maçãs quando caem da árvore) não segue o que Newton disse, é exatamente o contrário. Newton é que observou o que aconteceu e propôs o modelo que replica o que a natureza faz. É o modelo que segue a realidade, não o contrário. Se o modelo não reflete mais o que acontece na realidade, troca-se o modelo.

Nos mercados financeiros e de capitais acontece exatamente isso. Cientistas, matemáticos, administradores, gestores, executivos de empresas observam como os mercados se comportam no dia a dia e então criam, desenvolvem e escrevem modelos que repliquem o que é observado. Utilizamos no dia a dia das decisões executivas financeiras, administrativas e empresariais os modelos de avaliação, tal como o modelo do fluxo de caixa descontado (FCD), que é baseado em fundamentos, risco e retorno.

Um teste conduzido pelo professor Myron Scholes, da University of Chicago, mostra forte evidência de que nos mercados de capitais as cotações das ações são determinadas por fundamentos (perspectiva de risco e retorno) (Stewart. *The quest for value*, 1991). Muitos outros estudos também mostram que os agentes nos mercados precificam os diferentes ativos como função direta de seus resultados futuros esperados e na razão inversa do seu custo de capital e do tempo para recebê-los.

A cotação dos ativos negociados nos mercados, ações, moedas, mercadorias, imóveis, flutua mas converge sempre (às vezes mais rapidamente e às vezes mais lentamente) para seu valor de equilíbrio de mercado, que pode ser calculado por modelos tal como o modelo FCD.

Em resumo: o que nós sabemos fazer é avaliar ativos baseados em fundamentos. NÃO sabemos determinar cotações de mercado para os ativos. Aquele que souber uma fórmula para determinar cotações de ações no mercado de capitais, por exemplo, poderá criar uma fortuna em pouco tempo, garantido!

Isabel gostou: "Agora acho que entendi".

José convidou quem quiser aprender tecnicamente como fazer estas avaliações, que leia a parte teórica do capítulo 5 (Conceitos, modelos e práticas do mercado).

Algumas pessoas acham que o valor de um ativo está relacionado com o custo menos o que você já consumiu desse ativo. Isso é verdade, mas apenas para bens de consumo. Por exemplo: uma barra de chocolate pode ser comprada na loja por R$ 10,00. Você já comeu metade da sua barra e quer vender a outra metade para seu amigo. Seria razoável supor que o valor agora é a metade do que te custou.

Porém, no mundo do dia a dia das empresas é muito diferente. As empresas existem para criar riqueza e agregar valor. Em outras palavras: um marceneiro na sua empresa de marcenaria compra madeira bruta, espera secar, faz tratamento contra cupins, corta, lixa, pinta, fura, coloca parafusos e produz uma mesa que vale muito mais do que o preço da madeira bruta mais a tinta mais a lixa mais a mão de obra... Houve criação de riqueza.

Um escritor escreve um livro. Sua obra pronta vale mais do que a tinta e papel empregados no processo. Houve criação de riqueza.

Um poeta escreve um poema. Sua obra pronta vale mais do que a tinta e papel empregados no processo. Houve criação de riqueza.

Um produto, empresa, projeto vale aquilo que pode proporcionar em termos de resultados futuros para seus proprietários.

Avaliando a empresa Sanduíches Voadores

Maria propôs: "Vamos então avaliar a nossa empresa? É possível avaliar somente com base nas nossas premissas e nas projeções?" Todos disseram em coro: "SIM, é assim mesmo que fazemos, avaliamos com base nas projeções futuras!!".

José explicou:

> Primeiro vamos precisar assumir uma premissa de tempo de vida que esperamos ou pretendemos para a Sanduíches Voadores. Podemos assumir que vai durar para sempre, seria uma empresa perpétua. Entretanto isso não seria muito realista para uma empresa de sanduíches. Seria mais razoável, por exemplo, fazermos uma avaliação considerando um horizonte de tempo de uns cinco anos e depois encerramos as atividades ou vendemos a empresa. O que acham? Se todos concordam, vamos fazer as contas!!!

Cenário de 60 meses

Assumindo que a empresa Sanduíches Voadores vai funcionar durante cinco anos, 60 meses, e depois fechar as portas. Vai vender o patrimônio por um valor residual da época e, obviamente, deve quitar os empréstimos bancários (dívidas). Pois conforme devemos lembrar, dessa dívida estarão sendo pagos apenas os juros. Nada do principal estava sendo abatido nem pago ao longo do tempo.

Os personagens discutem quanto vale o negócio

Conforme vimos no capítulo 3-A, a taxa de desconto adequada aos sócios da empresa, calculada pelo modelo CAPM, é 1,24451% ao mês.

Os fluxos de caixa projetados dos acionistas (dividendos dos primeiros 60 meses) são dados por:

Data	1	2	3	mês 4	mês 5	mês 6	mês 60
FC	0	0	0	21.980,21	22.418,60	22.859,19	50.231,14
VP	0	0	0	20.919,23	21.074,20	21.224,23	23.915,70

Somando todos estes VP dos dividendos, obtemos R$ 1.323.645,11. Se a empresa for liquidada no mês 60, ainda teremos alguns valores residuais a considerar:

Ativos a liquidar	Valor Futuro em t=60	Taxa de Aproveitamento	Valor Presente (VP)
Caixa (balanço projetado em t=60)	277.056,52	100%	277.056,52
Instalações especiais e adequações prediais	100.000,00	50%	50.000,00
Máquinas e equipamentos para produção	700.000,00	60%	420.000,00
Máquinas e equipamentos para administração	200.000,00	60%	120.000,00
Licenças, alvarás, despachante	50.000,00	0%	0,00
Especialista em fábrica projeto da fábrica	50.000,00	0%	0,00
Valor residual (VP)	867.056,52		

Vamos analisar:

	Valor Futuro	Data	Taxa	VP
Os sócios investiram	750.000,00			
Devem pagar ao banco	770.000,00	60	1,24451%	366.607,02

Receberam (VP) ao longo dos cinco anos   1.323.645,11
Podem vender o que resta do
patrimônio por   867.056,52   60   1,24451%   412.816,89

Onde:
R$ 412.816,89 é o VP do valor residual após a venda no mês 60
R$ 1.323.645,11 é o VP dos fluxos de caixa recebidos pelos sócios ao longo dos 60 meses
R$ 366.607,02 é o VP da dívida contraída de R$ 770.000,00. Posto que os juros foram pagos periodicamente, o valor da dívida não se alterou. E, na data da venda, t=60, a dívida permanece em R$ 700.000,00. Calculamos então seu VP.

Quadro resumo
Investimentos e aportes de capital 750.000 + 366.607,02 = 1.116.607,02
Receitas e retiradas   1.323.645,11 + 412.816,89 = 1.736.462,00

O negócio tem um Valor Presente (hoje) de R$ 1.736.462,00
O negócio tem um custo a Valor Presente (hoje) de R$ 1.116.607,02
Conclusão: o negócio vale mais do que custa. Muito Bom!
Podemos calcular o lucro que este negócio proporciona aos investidores:
VPL = VP − Io
VPL = 1.736.462,00 − 1.116.607,02
VPL = 619.854,98 (positivo)
Este é o lucro líquido, na data de hoje, para os investidores.

Capítulo 5-B
Fundamentos de avaliação de empresas

É de fundamental importância que os executivos saibam o valor dos ativos antes de tomarem suas decisões. Por exemplo: quando um executivo não sabe o valor de um ativo, ele pode facilmente ser induzido à compra desse ativo por um montante superior a seu valor de mercado, o que certamente significa prejuízo. O juiz final do valor dos ativos será sempre o mercado, quando aceitar os valores para negociação. Neste capítulo vamos estudar:

- Por que razão é importante avaliar, ou seja, saber quanto vale
- A diferença entre cotação e valor
- Reunindo e comparando os diferentes modelos, métodos e processos de avaliação
- Concluindo pelo melhor método para avaliar

Por que razão é importante avaliar, ou seja, saber quanto vale

Parte das decisões empresariais que os executivos tomam no seu dia a dia, em suas operações normais, é comprar ou vender ativos que podem ser: projetos, empresas e direitos em geral. Obviamente, não podemos pagar mais do que valem, não podemos vender por menos do que valem. Por essa razão, precisamos conhecer o valor dos ativos antes das negociações de compra ou venda.

- O objetivo do administrador financeiro é maximizar a riqueza dos investidores e criar valor. Por essa razão, precisamos saber avaliar as empresas,

antes e depois de importantes decisões, para poder observar se estamos criando ou destruindo valor com nossas decisões. Somente devemos tomar decisões que aumentem o valor das empresas.
- O valor das empresas é algo dinâmico que muda conforme decisões que afetem seu futuro. Então, o valor das empresas muda ao longo do tempo. E a cada tomada de decisão devem ser reavaliadas.

Explicando a diferença entre cotação e valor

É importante estabelecer a diferença entre valor e cotação. Cotação é o preço pelo qual um ativo é efetivamente negociado. Cotações dependem de percepções empíricas e intuitivas em relação ao ativo sendo cotado e ao ambiente macroeconômico. Por outro lado, valor de mercado, valor fundamentalista, preço justo ou valor de equilíbrio de mercado é o preço pelo qual um ativo é negociado quando os mercados estão em situação de equilíbrio de mercado, isto é, sem oportunidades de arbitragem, sem histerias e sem euforias.

Modelos matemáticos teóricos são desenvolvidos para ajudar a calcular os valores de equilíbrio de mercado para ativos. O preço pelo qual um ativo é cotado ou negociado pode ser maior, igual ou menor do que o valor de equilíbrio de mercado (valor ou preço justo) desse ativo. Em mercados eficientes, onde as oportunidades de arbitragem são eliminadas rapidamente, as cotações dos ativos podem ser diferentes do valor justo, porém tendem (convergem) para o seu valor justo ou valor de equilíbrio de mercado (baseado em fundamentos) rapidamente.

Por exemplo: os apartamentos de dois quartos com uma vaga de garagem no prédio X têm valor de mercado de R$ 500.000,00. Vários imóveis foram vendidos neste prédio X a esse preço, ou por valores muito próximos a esse preço. Então podemos dizer que o valor, valor de mercado, ou preço de equilíbrio de mercado de um imóvel de dois quartos com uma vaga de garagem nesse prédio X é R$ 500.000,00.

Cotação é o preço pelo qual um ativo é negociado entre duas partes. Cotação pode ser um arranjo particular entre duas pessoas.

Por exemplo: os apartamentos de dois quartos com uma vaga de garagem no prédio X têm valor de mercado de R$ 500.000,00. Dona Conceição, moradora do apartamento 202 (dois quartos e uma vaga de garagem), vendeu para sua filha seu imóvel por R$ 100.000,00. Então podemos continuar a dizer que o valor, valor de mercado, ou preço de equilíbrio de mercado de um imóvel de dois quartos com uma vaga de garagem nesse prédio X é R$ 500.000,00. Podemos dizer que a cotação que a proprietária fez no seu imóvel para vendê-lo a sua filha foi de R$ 100.000,00.

Existem fundamentalmente TRÊS categorias de métodos para avaliação dos ativos, empresas, investimentos ou projetos

- Métodos de avaliação que utilizam balanços patrimoniais
- Métodos de avaliação que utilizam fluxo de caixa descontado (FCD)
- Outros métodos de avaliação e métodos complementares

Métodos de avaliação que utilizam balanços patrimoniais

A racionalidade por trás desses métodos de avaliação, baseados no balanço patrimonial, é a crença que o valor de um ativo seria o valor do seu patrimônio. Posto que o balanço patrimonial faz a listagem dos ativos e seus respectivos valores, o balanço patrimonial serve para avaliarmos uma empresa. Podemos pegar uma carona nas informações contábeis para verificar o valor dos ativos. O problema principal é que os registros contábeis mostram os custos dos ativos, não seus valores de mercado.

Valor contábil (valor escritural)

Antigamente, a base para a avaliação de um bem era seu valor lançado nos livros contábeis. Valor original ou histórico. Esse é o valor de entrada do bem no balanço patrimonial do empreendimento. Porém, à medida que o tempo passa, esse valor vai se tornando cada vez mais irrelevante para a determinação do valor econômico atualizado do bem. Atualmente sabemos que o valor de um ativo muda ao longo do tempo, para mais ou para menos. Efeitos como depreciação, progressos tecnológicos, das variações da moeda, das variações na demanda de mercado etc. Dependendo de quão defasados forem os valores dos lançamentos contábeis, esse resultado poderá ser maior ou menor.

As empresas têm duas fontes de capital para financiar seu patrimônio e suas operações: capital próprio e capital de terceiros. O valor dos ativos das empresas é igual à soma desses dois capitais. Podemos pegar uma carona nas informações contábeis para verificar o valor dos ativos. Mas devemos lembrar que esse é um método limitado, pois o valor dos ativos muda para mais e para menos ao longo do tempo.

Vamos ver os lançamentos contábeis de um imóvel comprado com financiamento de um banco. Uma firma é financiada por capital próprio e por capital de terceiros. Ambos os capitais financiam a firma. Portanto, o valor da firma é igual à soma desses dois capitais mais as sinergias geradas. Suponha, por exemplo, um imóvel cujo valor é R$ 200.000,00. Esse imóvel foi comprado com financiamento da CEF no valor de R$ 85.000,00. O valor da entrada paga à vista pelo comprador foi de R$ 115.000,00. O balanço financeiro que mostra o *status* desse imóvel imediatamente após a compra é o seguinte:

ATIVO		PASSIVO	
Imóvel LEGAL	200.000	Dívidas CEF	85.000
		PATRIMÔNIO	
		Capital do proprietário	115.000
Total do ativo	**200.000**	**Total do Pass + Pat**	**200.000**

Pelo método da avaliação baseado no balanço patrimonial, o valor do imóvel LEGAL é R$ 200.000,00. O valor da dívida é R$ 85.000,00. O valor do patrimônio do sócio (capital próprio) é R$ 115.000,00.

Valor contábil corrigido (valor escritural ajustado)

Valor que corresponde a uma estimativa de preço de mercado para uma eventual venda dos ativos tangíveis e/ou intangíveis. Resultado mais realista do que o simples valor dos lançamentos contábeis. É como solicitar a um corretor de imóveis que faça uma avaliação atualizada do imóvel. Considere que o corretor avaliou o imóvel LEGAL em R$ 210.000,00. Então podemos dizer que, pelo método da avaliação baseado no balanço patrimonial corrigido (valor escritural ajustado), o valor do imóvel LEGAL é R$ 210.000,00.

Métodos que utilizam fluxos de caixa

A racionalidade por trás desses métodos é a crença de que o valor de um ativo seria função do que o ativo, projeto ou empresa promete remunerar seus investidores no futuro.

Avaliação pelo desconto de rendimentos futuros projetados — método FDC

Este método é fundamentado em que o valor de um ativo qualquer é função dos fluxos de caixa futuros que esse ativo proporciona para seus proprietários ou detentores ao longo de sua vida econômica útil. Por esse método, o valor de um ativo qualquer é o valor presente dos seus fluxos de caixa futuros projetados descontados pela taxa adequada ao risco desse ativo.

É o método mais utilizado nos mercados e no mundo dos negócios. É reconhecido como o método oficial de avaliação de ativos pelas empresas de consultoria e empresas de Valuation. É também chamado de método do fluxo de caixa descontado (FCD).

O valor da empresa calculado por esse enfoque corresponderá ao montante obtido pelo desconto do fluxo de caixa futuro projetado, a fim de obtermos o "valor presente" de todos os resultados futuros da empresa.

Podemos avaliar todos os tipos de ativos. Desde os ativos que apresentam apenas um fluxo de caixa em sua vida útil, os que apresentam diversos fluxos de caixa, até os ativos que apresentam uma sequência perpétua (que não termina nunca) de fluxos de caixa.

Valor de uma empresa que tenha vida útil de apenas um fluxo de caixa projetado:

$$VP = FC_t / (1 + K)^t$$

Valor de uma empresa que tenha vida útil de "n" fluxos de caixa projetados:

$$VP = \sum_{t=1}^{N} FC_t / (1 + K)^t$$

Valor de uma empresa que tenha vida útil de "∞" fluxos de caixa em perpetuidade:

$$VP = FC_1 / (K - g)$$

Onde g (*growth*) é o crescimento no valor dos FCs ao longo do tempo.

Avaliação de ações de empresas pelo método do FCD

Quando investimos em ações, esperamos ter duas fontes de ganhos: os dividendos que são pagamentos periódicos (fluxos de caixa) que dependem do lucro da empresa e os ganhos de capital pela valorização da ação que se obtém na hora da revenda da ação no mercado. Se vamos ficar com uma ação muito tempo (perpetuidade), podemos considerar que somente interessam os dividendos.

É frequente encontrarmos empresas que podem ser consideradas perpetuidades.

Lembrando das perpetuidades: perpetuidades são fluxos de caixa que duram para sempre (ou pelo menos muito tempo). Empresas perpétuas são empresas que não têm prazo para terminar e que vão proporcionar fluxos de caixa perpétuos, ou seja, durante muito tempo para seus investidores.

Nesses casos das ações das empresas perpétuas, seu valor presente é dado pela fórmula da perpetuidade:

$$VP = FC_1 / (K - g) .$$

Onde:
"FC_1" é o dividendo a ser pago no próximo exercício (t=1)
"K" é a taxa de desconto adequada ao risco desse ativo

"g" é a taxa de crescimento dos dividendos dessa ação ao longo da perpetuidade

A fórmula da perpetuidade calcula o valor presente de um fluxo de caixa perpétuo. A fórmula da perpetuidade é também conhecida como modelo de Gordon para avaliação de ações.

Dividendo é o fluxo de caixa periódico que vai para o bolso do acionista. Veja no seguinte demonstrativo bem simples um exemplo de como determinamos o dividendo para os acionistas:

Demonstrativo simplificado

Vendas (quantidade)		Q
Preço	x	P
Faturamento	=	P Q
Custo variável	–	CV Q
Custo fixo	–	CF
Lucro antes dos juros e do Imposto de Renda	=	Lajir
Juros que é a dívida × taxa de juros (Kd)	–	Juros
Lucro antes do imposto de renda	=	Lair
Imposto de Renda (alíquota do IR × base tributável)	–	IR (base)
Lucro líquido	=	Lucro líquido
Reinvestimento	–	Reinvestimento
Dividendo Total	=	**Dividendo**

Exemplo:
Você quer calcular o valor das ações da empresa Copacabana. Os dividendos projetados para o próximo período são de R$ 0,45. A taxa de crescimento em condições de perpetuidade é 3% ao ano. A taxa de retorno adequada ao risco das ações da Copacabana é 15% ao ano. Considere que a cotação das ações da Copacabana hoje no mercado seja R$ 2,87. Vale a pena comprar ou vender as ações da Copacabana?

Solução: calculando pelo modelo de Gordon
VP = FC(1) / (K – g)
VP = 0,45 / (0,15 – 0,03) = 3,75

Resposta:
O valor justo, valor de equilíbrio de mercado, é R$ 3,75. Considerando que a cotação hoje no mercado é R$ 2,87, podemos afirmar que a cotação está abaixo do seu valor justo, ou seja, recomendamos comprar a ação da Copacabana.

Avaliação baseada nos rendimentos passados (fluxos de caixa passados)

O valor da empresa calculado por esse enfoque é baseado na crença equivocada de que bons fluxos de caixa (resultados) no passado garantem bons resultados para o futuro.

É um método errado e falho. Vejamos alguns exemplos: as empresas Panam, Banco Nacional, Encol, Eastman Kodak, Sun Microsystems, Varig, Compaq, Olivetti, Polaroid, Hewllet Packard, Orkut, Yahoo, Xerox foram gigantes no passado e hoje algumas faliram, outras estão em processos de encolhimento e enfrentando crises. Imagine avaliar uma dessas antigas grandes corporações por seus rendimentos passados, o número que fosse encontrado não serviria para nada.

No entanto, esse enfoque ainda é usado por muita gente inexperiente, por ser intuitivo. É confortável alguém pensar que, se uma empresa foi grande no passado, deve valer muito hoje. Pensamentos intuitivos, porém equivocados.

A técnica é simples: considera-se que os fluxos de caixa passados irão se repetir no futuro e então baseados nos fluxos de caixa passados, projetamos o futuro e fazemos as contas tal como no método FCD.

Valor do mercado de capitais

Esse método é bem simples: é baseado na crença de que os preços praticados no mercado e ações são o preço justo. Então observa-se a cotação das ações da empresa no mercado, acredita-se que o mercado está em equilíbrio e que a cotação das ações nesse mercado, nessa data, refletem seu valor de equilíbrio, ou seja, seu valor justo. Esse modelo é específico para empresas de capital aberto com ações livremente negociadas no mercado e que, portanto, tenham suas cotações divulgadas.

Observando o valor que investidores estão pagando no mercado por determinada ação, pegamos uma "carona" e assumimos que esse é o valor correto, baseado em que, se alguém está pagando esse determinado valor, é porque fez as contas pela fórmula da perpetuidade. A fórmula da perpetuidade calcula o valor presente de um fluxo de caixa perpétuo. A fórmula da perpetuidade é também conhecida como modelo de Gordon para avaliação de ações.

O valor de todas as ações da empresa é obtido pelo resultado da multiplicação da cotação em bolsa das ações da empresa pela quantidade das ações que compõem o capital social. Esse é o valor de mercado das ações da empresa. Se adicionarmos o valor das dívidas da empresa nessa data, teremos o valor da empresa.

Exemplo:
A empresa Petrobras tem 5.602.000.000 ações PN (preferenciais nominais), 7.442.000.000 ações ON (ordinárias nominais). No dia 9/12/2010, as cotações no fechamento do pregão das ações da Petrobras PN eram R$ 21,48 e as ações ON eram R$ 20,39. Calcular o valor do capital social da Petrobras nessa data.

Solução:
Valor das ações PN: 21,48 × 5.602.000.000 = 120.330.960.000,00
Valor das ações ON: 20,39 × 7.442.000.000 = 151.742.380.000,00
Total   272.073.340.000,00

Resposta: o valor total das ações da Petrobras, em 9/12/2010, pelo seu valor no mercado de capitais é R$ 272.073.340.000,00.

Exemplo:
A empresa Roberval tem 2 milhões de ações cotadas em bolsa a R$ 17,00 cada. A empresa Roberval tem um total de dívidas com bancos e outros credores de R$ 30.000.000,00. Calcular o valor da empresa Roberval pelo valor do mercado de capitais.

Solução:
Valor das ações: S = 17,00 × 2.000.000 = 34.000.000,00
Valor das dívidas: D = 30.000.000,00
Valor da empresa Roberval = D + S = 30.000.000,00 + 34.000.000,00 = 64.000.000,00

Resposta: lembrar que o valor total da empresa é o valor das dívidas mais o patrimônio dos sócios.

Método da avaliação relativa

A avaliação relativa pelo método do P/L é muito utilizada no mercado, pois permite fazer análises rápidas, fáceis e nos fornece uma ideia geral sobre o desempenho do ativo. Tecnicamente falando, P é o preço de cada ação (calculado pelo método FCD ou pela observação do valor de mercado, acreditando que o mercado está em equilíbrio), L é o lucro projetado por ação, o fluxo de caixa que a ação proporciona, para o próximo período (t=1). O indicador P/L nos informa o valor que o mercado está disposto a pagar (P) por unidade de lucro (L) da empresa.

A aplicação do método P/L é de muita utilidade para analisar uma mesma empresa, comparando os P/L de diferentes períodos. É útil analisar as variações no seu P/L ao longo do tempo para saber se esse indicador está aumentando ou diminuindo. É útil também para observar rapidamente mudanças e ajustes no valor da empresa ao longo do tempo, sem ter que passar por todo o procedimento de avaliação FCD (tradicional) novamente a cada análise.

Calculando o P/L de uma empresa

Primeiramente avaliamos a empresa pelo método do FCD. Dividimos o valor da empresa pelo número de ações, obtemos P, o preço por ação. Observamos o lucro da empresa a ser distribuído aos sócios no próximo período (período t=1). Dividimos o lucro da empresa pelo número de ações, obtemos L, o lucro preço por ação. Podemos então calcular o P/L dessa empresa.

Exemplo numérico

Parte a) A empresa Rosa avaliada pelo FCD em R$ 1.200.000,00 tem 1 milhão de ações distribuídas por seus sócios. A empresa Rosa projeta um lucro total a ser distribuído aos sócios de R$ 300.000,00. Calcular o P/L da empresa Rosa.

Solução:
Cálculo do P (preço por ação) é P = 1.200.000 / 1.000.000 = 1,20
Cálculo do L (lucro por ação) é L = 300.000 / 1.000.000 = 0,30
Podemos finalmente calcular o P/L da empresa Rosa: P/L = 1,20 / 0,30 = 4

Parte b) Suponha agora que algum tempo depois a empresa cresceu e a projeção do lucro a ser distribuído aos sócios subiu para R$ 400.000,00. Qual deve ser o valor da empresa Rosa nessa nova situação?

Solução:
Podemos utilizar o método da avaliação relativa, P/L, pois a empresa é a mesma, o risco, o mercado, os clientes fornecedores, taxas e impostos são os mesmos. Então o P/L é o mesmo.

P/L da empresa Rosa = 4
Cálculo do L (lucro por ação) é L = 400.000 / 1.000.000 = 0,40

Conhecendo: L = 0,4 e P/L = 4, podemos determinar P:
P/L = 4
P/0,4 = 4
P = 4 × 0,4 = 1,6

Sabendo que existe 1 milhão de ações, podemos dizer que o valor da empresa Rosa nessas novas condições é 1,6 × 1.000.000 = R$ 1.600.000,00.

Cuidado com aplicações arriscadas e indevidas do método P/L

O método P/L é muito prático e fácil de usar. Porém, cuidado! No mercado, é comum analistas calcularem o P/L de uma empresa e depois analisarem outras empresas como se o P/L de outra empresa pudesse ser o mesmo. Essa forma de trabalhar é equivocada, é uma maneira simplista, superficial e pode induzir a decisões erradas, pois existe uma imperfeição fundamental nesse procedimento: não existem empresas idênticas, consequentemente, cada empresa tem seu próprio P/L.

Aceitando um valor aproximado para a avaliação

Não existem empresas idênticas, mas existem empresas parecidas. Por exemplo: duas lanchonetes da franquia Mc Donalds são empresas bastante parecidas. Outro exemplo: dois postos de gasolina localizados em estradas com igual volume de trânsito e uma mesma "bandeira" são empresas bastante parecidas.

Quando usamos o método da avaliação relativa, P/L, para avaliar empresas parecidas, incorremos em erros que podem ser maiores ou menores dependendo diretamente de quão parecidas são as empresas. Se as empresas são muito parecidas, os erros são menores, se as empresas não são tão parecidas, os erros aumentam. Se você está ciente e concorda em aceitar essas aproximações, pode usufruir da simplicidade deste método.

Receita:

- Pegar o valor da empresa X avaliado pelo método do FCD. Dividir pelo número de ações para achar o preço por ação (P).
- Pegar o lucro projetado da empresa X. Dividir pelo número de ações para achar o lucro por ação (L).
- Calcular a relação P/L da empresa X.
- Agora vamos acreditar que esta relação P/L é válida como relação P/L para as empresas Y, Z, W... e outras empresas "similares".

Vamos fazer um exemplo ilustrativo.

Exemplo:
A empresa metalúrgica Império Serrano deseja estimar o valor de suas ações utilizando o modelo de avaliação relativa conhecido como método

da relação P/L. A metalúrgica Império Serrano possui 1.500.000 ações no mercado. Seu lucro líquido projetado para o próximo ano (t=1) é R$ 2.250.000,00. Queremos calcular preço de suas ações pelo método P/L. Vamos obter um valor aproximado, pois o P/L fornece uma avaliação de uma empresa baseado no P/L de outras empresas.

Outras empresas metalúrgicas comparáveis (parecidas) no mercado estão listadas a seguir. Vamos usar as informações dessas outras empresas metalúrgicas para fazer uma relação, uma avaliação relativa, com a empresa metalúrgica Império Serrano.

Empresa Metalúrgica	Valor	Lucro Líquido	Num ações	Índice P/L
Real	R$ 13,62	R$ 1.200.000	1.100.000	12,49
Joia da Coroa	R$ 15,90	R$ 2.900.000	2.500.000	13,71
Castelo Real	R$ 3,26	R$ 2.000.000	9.000.000	14,67
Princesa da Serra	R$ 17,92	R$ 5.300.000	2.000.000	6,76

Fazendo o cálculo do P/L médio, obtemos que o P/L médio destas empresas é 13,62. Vamos assumir que o P/L da empresa Império Serrano também seja 13,62.

Fazendo o cálculo do valor das ações da Império Serrano:

Cálculo do lucro por ação L = 2.250.000 / 1.500.000 = 1,50 lucro por ação

Para uma relação P/L de 13,62 e para um lucro (L) de R$ 1,50 por ação podemos fazer:

O preço (valor) de cada ação da Império Serrano é aproximadamente: 13,62 × 1,5 = R$ 20,43.

Observações:

1. O valor da estimativa pelo mercado de capitais deveria ser o mesmo da avaliação pelo FCD. Porém, devido a imperfeições e à ineficiência de mercado, isso nem sempre acontece.
2. Além disso, o mercado de capitais leva em consideração o cenário externo à firma, refletindo, portanto, além das condições particulares da fir-

ma, aspectos macroeconômicos, aspectos políticos... o que nem sempre é incorporado pelo método FCD.
3. O método do FCD tem seu maior problema em encontrar a taxa correta de desconto (Ks).
4. O fluxo de caixa operacional de uma empresa é mais fácil de ser estimado.

Outros métodos de avaliação e métodos complementares

Valor de reposição ou valor novo

Esse valor corresponde ao capital necessário para aquisição, em condições normais, de todos os ativos possuídos pela empresa, novos, de forma que repliquem os existentes. Só tem validade prática a título de comparação com outros métodos.

Por exemplo: você quer avaliar um posto de gasolina para verificar se vale a pena comprá-lo ou não. Vamos calcular quanto custaria construir um posto de gasolina neste local, uma réplica, novo, idêntico ao posto a ser avaliado, mesma "bandeira" de combustível, gastos com propaganda e divulgação para obter clientela idêntica ao do posto sendo replicado... Suponha que você achou um valor de R$ 1.000.000,00 para montar esse posto novo. Então você pode usar isso como argumento na negociação: se o posto à venda estiver sendo oferecido por mais do que R$ 1.000.000,00 você pode argumentar que, com menos recursos, você pode construir um posto igualzinho e novo bem ao lado.

Valor para seguro

Esse é o valor utilizado pelas companhias de seguro nas indenizações de perda total dos ativos. Esse critério utiliza o valor de novo ou de reconstituição, deduzida uma depreciação normal obtida por meio de coeficientes específicos e padronizados para esse fim. É uma estimativa não essencial, porém não deixa de ser mais um referencial para outras estimativas de valor.

Por exemplo: você compra hoje um carro novo e coloca no seguro. Ano após ano você renova o seguro. Após, digamos, uns cinco anos, te roubam o carro. A companhia de seguros vai indenizar o valor de um carro igual ao seu com cinco anos de uso de acordo com o valor praticado no mercado para carros com cinco anos. Apesar de você ter segurado um veículo zero quilômetro e ter pago cinco anos de seguros, sem sinistros, você não vai ganhar um veículo zero.

Valor de aporte

Esse método funciona a partir de um valor definido e acertado pelas partes interessadas para a firma. O valor de aporte significa o aporte em moeda corrente efetivamente necessário para sua compra (pagamento em moeda podre, condições especiais de pagamento como no caso de aquisição/absorção por outra empresa, financiamentos com juros privilegiados etc.). Eventualmente, esse pode ser o menor valor "efetivo" de uma firma, dadas as múltiplas possibilidades de acordo para um mesmo valor nominal de transação. Muitas vezes o efetivo aporte de capital para a aquisição ou fusão de firmas pode ser negativo.

Esse método investiga quanto efetivamente será aportado ou pago por um ativo. Algumas vezes as operações (vendas) são feitas em condições de pagamento tão facilitadas que o valor efetivamente pago é inferior ao valor da operação divulgado ao público. Nessas situações, as pessoas envolvidas (*stakeholders*) acham que a negociação envolveu determinados números e valores, e descobrem depois que os valores efetivamente pagos ou recebidos foram muito diferentes.

É um método investigativo que focaliza apenas calcular quanto efetivamente está sendo pago por um ativo, a valor presente. Para funcionar e fazer sentido prático, esse método deve obrigatoriamente ser utilizado em conjunto com outro método que determine o valor do ativo sendo transacionado. Esse método serve para fazer uma comparação entre o valor do ativo e o valor efetivamente pago (desembolsado).

O que significa condições facilitadas?

Poder fazer o pagamento em moeda podre (pagar com títulos cujo valor de mercado é abaixo do valor de face), condições especiais de pagamento com carência de prazos longos sem cobrança de juros, financiamentos com juros privilegiados (abaixo dos juros praticados no mercado) etc.

Exemplo numérico: suponha que você tenha avaliado uma empresa estatal para ser privatizada em R$ 1.200.000,00 pelo método do FCD. Para fazer política junto ao eleitorado, o governo diz que discorda da avaliação feita pelos técnicos e especialistas e resolve colocar essa empresa em leilão com um preço mínimo de R$ 1.500.000,00. Porém, sabendo que a empresa na realidade não vale isso e temendo um óbvio desgaste político de não haver interessados em participar do leilão, o governo oferece condições especiais para o comprador interessado pagar pela compra da empresa.

Condições dadas pelo governo para o pagamento da empresa: o pagamento poderá ser feito com 30% à vista, 30% em títulos XX "podres" emitidos há muitos anos pelo governo pelo seu valor de face e 40% com carência de três anos sem juros nem correção.

Pergunta-se: esse leilão vai funcionar? Investidores experientes pagarão R$ 1.500.000,0 por uma empresa que vale no máximo R$ 1.200.000,00?

Solução:
Observando o mercado, a taxa RF está em 10% a.a. Os títulos XX podem ser comprados no mercado financeiro por R$ 0,35 cada. O valor de face dos títulos XX é R$ 1,00.
Então, fazendo as contas, obtemos os seguintes valores que efetivamente devem ser pagos para aquisição dessa empresa:

		Valor Presente
30% à vista	0,3 × 1.500.000	= R$ 450.000
30% em moeda "podre" cujo preço de mercado é R$ 0,35 para cada R$ 1,00 de face	0,3 × 1.500.000 × 0,35)	= R$ 157.500
40% em até três anos	0,4 × 1.500.000 / (1+0,10)3	= R$ 450.789
Valor Presente Total efetivo de desembolso		= R$ 1.058.289

É fácil ver que provavelmente haverá ágio nesse leilão, pois o valor de mercado da empresa é R$ 1.200.000,00. A empresa provavelmente será vendida por algum valor que aparentemente será superior (por causa das facilidades de pagamento) aos R$ 1.500.000,00. Isso significará que poderá ser anunciado que houve algum ágio em cima do preço mínimo estipulado pelo governo, mas que na realidade o valor efetivo a ser pago será inferior aos R$ 1.200.000,00.

Valor de liquidação: leilão dos bens da empresa

Os conjuntos de recursos materiais, humanos e financeiros de uma empresa possuem um alto valor no curso de suas operações normais. Porém em crises tão graves que levem ao fechamento da empresa os ativos da empresa via de regra serão liquidados em leilões judiciais ou extrajudiciais. Em leilões, máquinas e equipamentos são muitas vezes vendidos a "peso" como sucata.

Estoques são perdidos por prazo de validade ou perda das garantias. Em caso de liquidação, por causa do fechamento da empresa, não se consideram os possíveis fluxos de caixa gerado pelos ativos da empresa, pois não haverá mais a operação da empresa.

Existem dois valores de liquidação: um em condições de continuidade, onde o encerramento das atividades é administrado por algum tempo (onde ainda se salva alguma coisa), e outro significativamente menor em condições de interrupção imediata das atividades.

Obs.: o valor de liquidação sempre fornecerá o menor valor de avaliação entre todos os outros modelos.

Valor de liquidação (interrupção administrada de atividades)

Essa condição de liquidação significa que o administrador terá algum tempo para procurar vender os estoques de produtos acabados, os estoques de matéria-prima, cobrar alguns recebíveis, tentar vender pela melhor condição as máquinas e equipamentos. Via de regra tem um prazo (uma data) fixado pelo juiz (caso de falência) ou pelo proprietário (caso de simples fechamento). Atenção: dinheiro em caixa e aplicações financeiras em instituições são 100% recuperáveis.

Valor de liquidação (interrupção imediata de atividades)

Essa condição de liquidação significa que o administrador não terá tempo para fazer mais nada. Sua missão é marcar a data do leilão, solicitar uma avaliação aos leiloeiros, demitir os funcionários, jogar fora os estoques perecíveis, cobrar alguns recebíveis, vender imediatamente todo o estoque de produtos acabados (concedendo os descontos que forem necessários). Via de regra, tem um prazo (uma data) fixado pelo juiz (caso de falência) ou pelo proprietário (caso de simples fechamento). Atenção: dinheiro em caixa e aplicações financeiras em instituições são 100% recuperáveis.

Valor potencial ou potencial de valorização: valor da competência dos compradores

Atenção: esse não é um método, é apenas uma argumentação algumas vezes utilizada no mercado na hora da negociação. O vendedor apresenta ao comprador o argumento que, se você comprar o negócio (ativo, terreno, fábrica, loja, franquia etc.) e depois injetar capital, trabalhar muito, captar novos clientes, lançar novos produtos, obter as licenças necessárias... o negócio vai valer muito e você vai lucrar muito. E então argumenta que vai cobrar um preço mais caro por causa disso.

É um argumento vazio, meio ridículo, é uma falácia, obviamente. Fazendo uma analogia, é como se o vendedor de um terreno argumentasse que você pode construir um prédio, que o prédio vai valer muito e, portanto, ele quer cobrar pelo terreno um valor proporcional ao seu ganho após fazer o prédio... Ou, fazendo outra analogia, como se o vendedor de telas em branco quisesse cobrar mais caro pela tela, pois o artista vai pintar um quadro nessa tela e a tela vai valer muito... Ou ainda como se o vendedor de folhas de papel quisesse cobrar do escritor o valor de uma obra literária escrita, sob o argumento de que o escritor vai escrever um livro e aquelas folhas de papel vão se valorizar muito...

Esse método consiste em colocar na planilha de avaliação o projeto com todas as possibilidades futuras que você ainda vai incorporar ao projeto, tais como: novos produtos, novas estratégias, novas tecnologias, novas técnicas de aproveitamento energético, e então avalia quanto vai valer esse projeto após concluídas todas essas etapas já sob a nova direção.

Conclusão:
No mundo real:
- o modelo de avaliação que vale mesmo é o FCD (fluxo de caixa descontado).
- existem muitos modelos para avaliação, mas o método do FCD é considerado o melhor por ser o que fornece valores que mais se aproximam dos preços efetivamente praticados no mercado.
- o executivo financeiro coloca diversos modelos de avaliação sobre a mesa.
- o "dever de casa" deve ser feito, onde todos os possíveis valores e argumentos de avaliação fornecidos pelos diferentes modelos que possam surgir na negociação devem ser debatidos antecipadamente dentro da empresa para haver a preparação da argumentação e da contra-argumentação para as negociações.
- Como dizia Sun Tzu: "O mais bem preparado ganha a guerra".

Por que cada modo fornece um valor diferente?

A explicação é simples e direta: por que cada método avalia um aspecto diferente do ativo, negócio, projeto ou empresa.

Os métodos que avaliam pelo método do valor de venda do patrimônio (ou valor patrimonial dos ativos), ou os custos de reposição, ou valores de liquidação, por exemplo, não levam em conta o fato de as empresas criarem valor com seus produtos. Em outras palavras: as empresas criam e geram riqueza.

Por exemplo: fazendo avaliação pelo valor apenas do patrimônio (avaliação patrimonial), 100 veículos marca "X" modelo "201Y" estacionados, imobilizados, parados valem tanto quanto uma firma locadora de automóveis que possua 100 veículos marca "X" modelo "201Y". No entanto, uma firma locadora de automóveis operando gera empregos, ajuda a vida das pessoas alugando automóveis, paga impostos, proporciona retorno aos investidores, faz manutenção dos veículos, enfim, produz um fluxo de caixa positivo que move a economia de uma sociedade, gera riqueza e cria valor para os seus sócios.

Os métodos que avaliam a empresa pelos seus fluxos de caixa "medem" qual é o valor da riqueza gerada pela operação da empresa.

Os métodos que avaliam a empresa pelo seu patrimônio "medem" qual é o valor estático do patrimônio da empresa, não medem a riqueza criada pela operação da empresa.

Assim, não poderia ser de outra forma: cada um dos métodos mencionados de avaliação devem mesmo fornecer um valor diferente.

Uma empresa pode valer mais ou menos do que seu valor patrimonial?

As empresas devem valer mais do que seu valor patrimonial!

Empresas, projetos, firmas existem para criar valor e gerar riqueza. Uma empresa só existe se puder juntar diversos insumos, tais como capital, matéria-prima, tecnologia, trabalho etc. e obter como resultado produtos (bens ou serviços) que tenham valor maior para seus investidores e para a sociedade do que a simples soma do valor dos insumos individuais.

Uma empresa que gere com suas operações um valor menor do que o valor do seu patrimônio (instalações, máquinas e equipamentos) está destruindo valor e os investidores não devem investir nesse tipo de empresa.

Vamos supor que, por hipótese, existe uma empresa que tenha um valor patrimonial de R$ 2.000.000,00 (máquinas, instalações e equipamentos...). Vamos supor que essa empresa está sendo oferecida à venda no mercado por um valor menor do que seu valor patrimonial, por exemplo, R$ 1.300.000,00 (máquinas, instalações e equipamentos...).

Pergunta: o que acontece em uma situação como essa, preço para venda da empresa por valor abaixo do valor do seu patrimônio?

Resposta: imediatamente surgirá algum investidor que vai comprar essa empresa pelos R$ 1.300.000,00 para "desmembrar" o patrimônio, ou seja, "fatiar" e vender no mercado, imediatamente, o patrimônio da empresa pelos R$ 2.000.000,00 e vai realizar um lucro instantâneo de R$ 700.000,00. Em outras palavras: se existir uma firma que tenha um valor operacional menor do que seu valor patrimonial, certamente será alvo de um investidor que poderá comprar a firma por seu valor operacional e então interromper operações e vender os ativos por seu valor patrimonial lucrando com a diferença. Dessa forma, essa firma desapareceria rapidamente.

Uma firma pode começar em um ambiente onde os recursos empregados produziram um resultado cujo valor inicialmente era maior do que seu valor patrimonial. Com o decorrer do tempo (indústria de discos fonográficos de vinil, por exemplo), o valor operacional da empresa pode ter caído. Uma empresa nessa situação pode, portanto, apresentar um valor operacional menor do que seu valor patrimonial. Em um mercado eficiente, se esse desequilíbrio perdurar algum tempo, essa empresa será fechada e seu patrimônio vendido pelo valor patrimonial (de mercado) e os recursos provenientes dessa venda aplicados em outro projeto que produza uma criação (geração) de valor.

Um erro: avaliação do patrimônio + avaliação dos fluxos de caixa

Um erro que alguns cometem é avaliar o valor operacional da empresa (FCD) e somar a ele o valor do patrimônio. Mas isso é errado, pois OU você tem o valor baseado nas operações (FCD) e, portanto, vai precisar usar o patrimônio e não pode vendê-lo, OU você tem o valor baseado na venda do patrimônio, você vende as máquinas, estoques, instalações... e recebe o valor do patrimônio e, portanto, vai abrir mão das operações e não haverá fluxo de caixa, pois você não tem mais as máquinas nem os equipamentos para operar.

Em outras palavras, é uma escolha, que depende do que você pretende:

a) Se você quer vender o patrimônio, não terá FCs futuros, pois não terá mais a empresa.

b) Se você não vender o patrimônio, poderá receber os FCs futuros, mas não terá o valor em espécie ($) do patrimônio.

c) Você poderá operar a empresa (mantê-la em funcionamento) por um período, receber os FCs por esse período e então, no futuro, vender o patrimônio por seu valor residual (ou valor terminal) e deixar de receber os FCs a partir daquela data. O valor da empresa em t=0 será o valor presente dos FCs pelo período da operação somado ao valor presente do preço da venda do patrimônio no futuro.

O modelo mais utilizado é o método do fluxo de caixa descontado (FCD)

Uma vez colocado que o método do FCD é o mais utilizado no mercado por ser o melhor que sabemos fazer, vamos agora analisar esse método em mais detalhes.

Avaliamos ativos como o valor presente (valor hoje) de tudo o que o ativo pode nos proporcionar desde hoje até o final de sua vida econômica útil. Em outras palavras, avaliamos ativos pelo valor dos seus fluxos de caixa futuros (e, portanto, projetados) descontados do VP (Valor Presente).

O que é o fluxo de caixa de um ativo?

O fluxo de caixa que interessa para nossas decisões financeiras é o resultado líquido ($$$) para o "bolso" dos investidores (que financiaram o ativo) após o pagamento de todos os custos operacionais fixos e variáveis, taxas e impostos.

Como determinar os fluxos de caixa?

Determinamos os fluxos de caixa a partir do demonstrativo dos fluxos de caixa (DFC), seguindo a "receita" (simplificada para melhor didática) seguinte. Iniciamos a elaboração do DFC pelas vendas projetadas. Temos basicamente três modos de projetar as vendas: contratos firmados, histórico de vendas e pesquisas de mercado.

Projeção de vendas baseada em contratos firmados

Essa projeção para as vendas é a mais tranquila e mais segura, com menor risco de erro. Com os contratos podemos facilmente verificar quanto vamos vender (quantidades) e por quanto ($) vamos vender. Podemos então calcular um faturamento projetado esperado para o futuro.

Projeção de vendas baseada em histórico de vendas

Quando não temos contratos firmados, porém já temos um "histórico" de vendas passadas, podemos usar esse histórico como um indicativo da demanda futura. Atenção: resultados passados não são garantia de resultados futuros, mas comportamentos (tendências) passados podem ser um bom indicativo de comportamento futuro.

Projeção de vendas baseada em pesquisas de mercado

Essa é de longe a forma mais arriscada de projetar vendas e que pode, portanto, levar a grandes erros de projeção. Quando estamos tratando de um produto novo ou de um mercado novo ou ambos simultaneamente, onde não temos contratos que garantam as vendas nem históricos de vendas anteriores, o caminho é mesmo partir para fazer uma pesquisa de mercado. Pesquisas de mercado são realizadas por empresas especializadas que partem para as ruas (mercado) e vão entrevistar pessoas e empresas sobre sua propensão a comprar determinado produto.

O que acontece quando cometemos grandes erros nas projeções? Qual risco corremos?

Erros grandes na projeção de vendas futuras podem levar a dois extremos:
a) Projeção de vendas: erro grande para mais
   A empresa superestima as vendas, se endivida para comprar muitas máquinas, equipamentos e estoques. Contrata muita mão de obra para atender a esperada demanda grande e depois na realidade fica com excesso de tudo: excesso de estoques sem compradores, excesso de capacidade de produção, excesso de dívidas para pagar... podem levar a empresa à falência.

b) Projeção de vendas: erro grande para menos
A empresa subestima as vendas, compra poucas máquinas e equipamentos e adquire pouco estoque. Contrata pouca mão de obra para atender apenas à esperada demanda pequena e depois na realidade fica com falta de tudo: falta de estoques (e você com compradores na porta querendo comprar), falta de capacidade de produção, concorrentes fazendo festa entregando produtos que você não pode vender para os seus clientes... podem levar a empresa à falência.

Elaboração do demonstrativo dos fluxos de caixa (DFC)

      Vendas projetadas: quantidade de produtos (Q)
X   Preço unitário (por produto)
=   Faturamento (quantidade das vendas × preços)
−   Custos variáveis (CV unitário × quantidade de produtos vendidos)
−   Custos fixos
=   Lajir (lucro antes dos juros e do imposto de renda)
−   Juros (sobe as dívidas)
=   Lair (lucro antes do imposto de renda)
−   IR (calculado sobre a base tributável)
=   Lucro líquido
−   Reinvestimentos (necessários à manutenção do negócio)
=   Dividendos (fluxos de caixa para o investidor)

Como podemos verificar, iniciamos pelas vendas projetadas e vamos deduzindo todos os custos operacionais, juros, taxas, impostos e reinvestimentos até chegarmos no resultado líquido que vai ser distribuído para o investidor.

Avaliação de ativos

Princípio central: avaliamos ativos reais da mesma forma que avaliamos ativos financeiros. Lembre-se da matemática financeira: ativos (financeiros ou reais) devem valer o valor presente (VP) de seus futuros fluxos de caixa projetados.

    Obs.: Não confundir com valor do patrimônio do ativo.

Valor presente de um ativo é:

- VP é função dos fluxos de caixa projetados
- VP é função da taxa de retorno
- VP é o somatório dos FCs projetados descontados pela taxa de retorno
- Esse é o método do FCD

Ferramenta é matemática financeira.
A fórmula para determinar o valor presente de ativos é dada por:

$$\text{VP do Ativo} = \sum_{t=1}^{T} \frac{FC_t \text{ (projetado)}}{(1+K)^t}$$

No caso particular, onde FCs atendam aos requisitos de perpetuidade, podemos usar a fórmula que representa o limite para o qual converge a série: somatório dos FCs.

$$\text{VP do Ativo} = FC_1 / K - g$$

Onde: "K" é a taxa de desconto apropriada ao risco do FC, utilizada para descontar até o valor presente (VP) e "g" é a taxa de crescimento do FC em perpetuidade.

Obs.: fazer os exercícios dirigidos no final deste capítulo.

Visualizando o desconto dos fluxos de caixa para valor presente:

t=0	t=1	t=2	t=3	...	t=T
-Io	+FC$_1$	+FC$_2$	+FC$_3$	...	+FC$_T$

VP do FC$_1$

VP do FC$_2$

VP do FC$_3$

VP do FC$_T$

Valor = Soma dos VPs

Tabela resumo
1) Representamos ativos como uma sequência de fluxos de caixa

t = 0	t = 1	t = 2	t = 3	...	t = T
+FCo	+FC1	+FC2	+FC3	...	+FCT

2) Avaliamos ativos como o somatório dos FCs descontados a valor presente pela taxa "K" apropriada ao risco dos FCs

$$\text{VP do Ativo} = \text{Somatório de } t=1 \text{ até } T \; \frac{FC_t \text{ (projetado)}}{(1 + K)^t}$$

No caso particular, onde FCs atendam aos requisitos de perpetuidade, podemos usar a fórmula que representa o limite para o qual converge a série: somatório dos FCs.

$$\text{VP do Ativo} = \frac{FC_1}{K - g}$$

Lista de exercícios 5.1: fundamentos de avaliação de empresas — conceituais

1) Por que precisamos conhecer o valor das empresas, dos projetos e dos direitos em geral?
2) Qual é a diferença entre cotação e valor?
3) Quais são as três classes fundamentais de métodos para avaliação de ativos?
4) Qual é a racionalidade ou justificativa dos métodos de avaliação que usam os balanços das empresas para determinar valor?
5) Assinalar a única opção correta: Quando olhamos o balanço de uma empresa podemos dizer que:
   a) O valor da empresa é a valor das ações da empresa menos o valor das dívidas
   b) O valor do patrimônio dos sócios é o valor da empresa menos o valor das dívidas

c) O valor das dívidas da empresa é o valor das ações mais o valor da empresa
d) O valor do patrimônio dos sócios é o valor da empresa mais o valor das dívidas

6) Qual é a racionalidade ou justificativa do método de avaliação pelo desconto de rendimentos futuros projetados — método FDC?
7) Como é a fórmula para calcular o valor presente (VP) de uma empresa que tenha vida útil de apenas um fluxo de caixa projetado?
8) Como é a fórmula para calcular o valor presente (VP) de uma empresa que tenha vida útil de "n" fluxos de caixa projetados?
9) Como é a fórmula para calcular o valor presente (VP) de uma empresa que tenha vida útil de "∞" fluxos de caixa, ou seja, uma perpetuidade?
10) Como é a fórmula da perpetuidade, também conhecida como modelo de Gordon, para avaliação de ações?
11) Qual é a racionalidade ou justificativa do método de avaliação pelo valor do mercado de capitais das ações?
12) Qual é a racionalidade ou justificativa do método de avaliação relativa?
13) Como é calculado o P/L de uma empresa?
14) Qual é o problema do método P/L?
15) Qual é a racionalidade ou justificativa do método de avaliação conhecido como método do valor de reposição ou valor novo?
16) Qual é a racionalidade ou justificativa do método de avaliação pelo valor para seguro?
17) Qual é a racionalidade ou justificativa do método de avaliação pelo valor de aporte?
18) Qual é a racionalidade ou justificativa do método de avaliação pelo valor de liquidação — leilão dos bens da empresa?
19) Qual é a racionalidade ou justificativa do método de avaliação conhecido como valor potencial ou potencial de valorização — valor da competência dos compradores?
20) Por que cada método fornece um valor diferente?
21) Uma empresa pode valer mais ou menos do que seu valor patrimonial?
22) Qual é o modelo mais utilizado no mercado para avaliação de empresas ou projetos de investimentos?

23) O que é o fluxo de caixa de um ativo?
24) Como determinar os fluxos de caixa de um ativo?
25) Quais são os três modos fundamentais para fazermos uma projeção de vendas?
26) Como é feita a projeção de vendas futuras baseada em contratos firmados?
27) Como é feita a projeção de vendas futuras baseada em histórico de vendas?
28) Como é feita a projeção de vendas futuras baseada em pesquisas de mercado?
29) Qual é o passo a passo para a elaboração do demonstrativo dos fluxos de caixa (DFC)?
30) De uma maneira bem simples direta: como avaliamos ativos?

Solução da lista de exercícios 5.1: fundamentos de avaliação de empresas — conceituais

1) Por que precisamos conhecer o valor das empresas, dos projetos e dos direitos em geral?
Resposta: parte das decisões empresariais em suas operações normais é comprar ou vender ativos que podem ser: projetos, empresas e direitos em geral. Obviamente, não podemos pagar mais do que valem, não podemos vender por menos do que valem. Por essa razão, precisamos conhecer o valor dos ativos antes das negociações de compra ou venda.

2) Qual é a diferença entre cotação e valor?
Resposta: é importante estabelecer a diferença entre valor e cotação. Cotação é o preço pelo qual um ativo é efetivamente negociado. Cotações dependem de percepções empíricas e intuitivas em relação ao ativo sendo cotado e ao ambiente macroeconômico. Por outro lado, valor de mercado, valor fundamentalista, preço justo ou valor de equilíbrio de mercado é o preço pelo qual um ativo é negociado quando os mercados estão em situação de equilíbrio de mercado, isto é, sem oportunidades de arbitragem, sem histerias e sem euforias.

3) Quais são as três classes fundamentais de métodos para avaliação de ativos?

    Resposta: são os métodos de avaliação que utilizam balanços patrimoniais, os métodos de avaliação que utilizam fluxo de caixa descontado (FCD) e os outros métodos de avaliação e métodos complementares.

4) Qual é a racionalidade ou justificativa dos métodos de avaliação que usam os balanços das empresas para determinar valor?

    Resposta: a racionalidade por trás desses métodos de avaliação, baseados no balanço patrimonial, é a crença de que o valor de um ativo seria o valor do seu patrimônio. Posto que o balanço patrimonial faz a listagem dos ativos e seus respectivos valores, o balanço patrimonial serve para avaliarmos uma empresa. Podemos pegar uma carona nas informações contábeis para verificar o valor dos ativos. O problema principal é que os registros contábeis mostram os custos dos ativos, não seus valores de mercado.

5) Assinalar a única opção correta: Quando olhamos o balanço de uma empresa podemos dizer que:

    e) O valor da empresa é o valor das ações da empresa menos o valor das dívidas

    f) O valor do patrimônio dos sócios é o valor da empresa menos o valor das dívidas

    g) O valor das dívidas da empresa é o valor das ações mais o valor da empresa

    h) O valor do patrimônio dos sócios é o valor da empresa mais o valor das dívidas

    Resposta: a alternativa correta é a letra b).

6) Qual é a racionalidade ou justificativa do método de avaliação pelo desconto de rendimentos futuros projetados — método FDC?

    Resposta: este método é fundamentado em que o valor de um ativo qualquer é função dos fluxos de caixa futuros que esse ativo proporciona para seus proprietários ou detentores ao longo de sua vida econômica útil.

7) Como é a fórmula para calcular o valor presente (VP) de uma empresa que tenha vida útil de apenas um fluxo de caixa projetado?
Resposta: $VP = FC_t / (1 + K)^t$

8) Como é a fórmula para calcular o valor presente (VP) de uma empresa que tenha vida útil de "n" fluxos de caixa projetados?
Resposta: $VP = \sum_{t=1}^{N} FC_t / (1 + K)^t$

9) Como é a fórmula para calcular o valor presente (VP) de uma empresa que tenha vida útil de "∞" fluxos de caixa, ou seja, uma perpetuidade?
Resposta: $VP = FC_1 / (K - g)$
Onde g (*growth*) é o crescimento no valor dos FCs ao longo do tempo.

10) Como é a fórmula da perpetuidade, também conhecida como modelo de Gordon, para avaliação de ações?
Resposta: é frequente encontrarmos empresas que podem ser consideradas perpetuidades. Nesses casos, as ações dessas empresas são consideradas perpétuas e seu valor presente é dado pela fórmula da perpetuidade: $VP = FC_1 / (K - g)$.
Onde:
"FC_1" é o dividendo a ser pago no próximo exercício (t=1)
"K" é a taxa de desconto adequada ao risco desse ativo
"g" é a taxa de crescimento dos dividendos dessa ação ao longo da perpetuidade

11) Qual é a racionalidade ou justificativa do método de avaliação pelo valor do mercado de capitais das ações?
Resposta: esse método é bem simples, é baseado na crença de que os preços praticados no mercado de ações é o preço justo. Então observa-se a cotação das ações da empresa no mercado, acredita-se que o mercado está em equilíbrio e que a cotação das ações nesse mercado, nessa data, reflete seu valor de equilíbrio, ou seja, seu valor justo. Esse modelo é específico para empresas de capital aberto com ações livremente negociadas no mercado e que, portanto, tenham suas cotações

divulgadas. Observando o valor que investidores estão pagando no mercado por determinada ação, pegamos uma "carona" e assumimos que esse é o valor correto, baseado em que se alguém está pagando esse determinado valor, é porque fez as contas pela fórmula da perpetuidade. A fórmula da perpetuidade calcula o valor presente de um fluxo de caixa perpétuo. A fórmula da perpetuidade é também conhecida como modelo de Gordon para avaliação de ações.

12) Qual é a racionalidade ou justificativa do método de avaliação relativa?
Resposta: avaliação relativa pelo método do P/L é muito utilizada no mercado, pois permite fazer análises rápidas, fáceis e nos fornece uma ideia geral sobre o desempenho do ativo. Tecnicamente falando, P é o preço de cada ação (calculado pelo método FCD ou pela observação do valor de mercado, acreditando que o mercado está em equilíbrio), L é o lucro projetado por ação, o fluxo de caixa que a ação proporciona, para o próximo período (t=1). O indicador P/L nos informa o valor que o mercado está disposto a pagar (P) por unidade de lucro (L) da empresa.

13) Como é calculado o P/L de uma empresa?
Resposta: primeiramente avaliamos a empresa pelo método do FCD. Dividimos o valor da empresa pelo número de ações, obtemos P, o preço por ação. Observamos o lucro da empresa a ser distribuído aos sócios no próximo período (período t=1). Dividimos o lucro da empresa pelo número de ações, obtemos L, o lucro preço por ação. Podemos então calcular o P/L dessa empresa.

14) Qual é o problema do método P/L?
Resposta: é comum analistas calcularem o P/L de uma empresa e depois analisarem outras empresas como se o P/L de outra empresa pudesse ser o mesmo. Essa forma de trabalhar é equivocada, é uma maneira simplista, superficial e pode induzir a decisões erradas, pois existe uma imperfeição fundamental nesse procedimento: não existem empresas idênticas, consequentemente, cada empresa tem seu próprio P/L.

15) Qual é a racionalidade ou justificativa do método de avaliação conhecido como método do valor de reposição ou valor novo?

Resposta: este valor corresponde ao capital necessário para aquisição em condições normais, de todos os ativos possuídos pela empresa, novos, de forma que repliquem os existentes. Só tem validade prática a título de comparação com outros métodos.

16) Qual é a racionalidade ou justificativa do método de avaliação pelo valor para seguro?

Resposta: esse é o valor utilizado pelas companhias de seguro nas indenizações de perda total dos ativos. Esse critério utiliza o valor de novo ou de reconstituição, deduzida uma depreciação normal obtidas por meio de coeficientes específicos e padronizados para esse fim. É uma estimativa não essencial, porém não deixa de ser mais um referencial para outras estimativas de valor.

17) Qual é a racionalidade ou justificativa do método de avaliação pelo valor de aporte?

Resposta: esse método investiga quanto efetivamente será aportado ou pago por um ativo. Algumas vezes, as operações (vendas) são feitas em condições de pagamento tão facilitadas que o valor efetivamente pago é inferior ao valor da operação divulgado ao público. Nessas situações, as pessoas envolvidas (*stakeholders*) acham que a negociação envolveu determinados números e valores, e descobrem depois que os valores efetivamente pagos ou recebidos foram muito diferentes.

18) Qual é a racionalidade ou justificativa do método de avaliação pelo valor de liquidação — leilão dos bens da empresa?

Resposta: os conjuntos de recursos materiais, humanos e financeiros de uma empresa possuem um alto valor no curso de suas operações normais. Porém em crises tão graves que levem ao fechamento da empresa, os ativos da empresa via de regra serão liquidados em leilões judiciais ou extrajudiciais. Em leilões, máquinas e equipamentos são muitas vezes vendidos a "peso" como sucata. Estoques são perdidos por prazo e validade ou perda das garantias. Em caso de liquidação, por causa do fechamento da empresa, não se consideram os possíveis fluxos de caixa gerado pelos ativos da empresa, pois não haverá mais a operação da empresa. Existem dois valores de liquidação: um em condições de continuidade, onde o encerramento das atividades é administrado por algum tempo (onde ainda se salva alguma coisa), e o outro significativamente menor em condições de interrupção imediata das atividades.

19) Qual é a racionalidade ou justificativa do método de avaliação conhecido como valor potencial ou potencial de valorização — valor da competência dos compradores?
Resposta: atenção, esse não é um método, é apenas uma argumentação algumas vezes utilizada no mercado na hora da negociação. O vendedor apresenta ao comprador o argumento de que, se você comprar o negócio (ativo, terreno, fábrica, loja, franquia...) e depois injetar capital, trabalhar muito, captar novos clientes, lançar novos produtos, obter as licenças necessárias... o negócio vai valer muito e você vai lucrar muito e então o vendedor usa essa argumentação para justificar cobrar acima do preço justo (acima do valor de mercado) pelo ativo que está vendendo.

20) Por que cada método fornece um valor diferente?
Resposta: a explicação é simples e direta. Porque cada método avalia um aspecto diferente do ativo, negócio, projeto ou empresa.

21) Uma empresa pode valer mais ou menos do que seu valor patrimonial?
Resposta: as empresas devem valer mais do que seu valor patrimonial! Empresas, projetos, firmas existem para criar valor e gerar riqueza. Uma empresa só existe se puder juntar diversos insumos, tais como capital, matéria-prima, tecnologia, trabalho... e obter como resultado produtos (bens ou serviços) que tenham valor maior para seus investidores e para a sociedade do que a simples soma do valor dos insumos individuais.

22) Qual é o modelo mais utilizado no mercado para avaliação de empresas ou projetos de investimentos?

Resposta: o método do fluxo de caixa descontado (FCD) é o método mais utilizado no mercado por ser o melhor. O método do FCD é fundamentado em que o valor presente de um ativo é a soma do valor presente (valor hoje) de tudo o que o ativo pode nos proporcionar desde hoje até o final de sua vida econômica útil. Em outras palavras: avaliamos ativos pelo valor dos seus fluxos de caixa futuros projetados descontados a VP.

23) O que é o fluxo de caixa de um ativo?
Resposta: o fluxo de caixa que interessa para nossas decisões financeiras é o resultado líquido ($$$) para o "bolso" dos investidores (que financiaram o ativo) após os pagamentos de todos os custos operacionais fixos e variáveis, taxas e impostos.

24) Como determinar os fluxos de caixa de um ativo?
Resposta: determinamos os fluxos de caixa a partir do demonstrativo dos fluxos de caixa (DFC). Elaborando um DFC, podemos observar os fluxos de caixa que vão para os sócios, credores, governo, fornecedores etc.

25) Quais são os três modos fundamentais para fazermos uma projeção de vendas?
Resposta: os três modos de se projetar as vendas são: contratos firmados, histórico de vendas, pesquisas de mercado.

26) Como é feita a projeção de vendas futuras baseada em contratos firmados?
Resposta: essa projeção para as vendas é a mais tranquila e mais segura, com menor risco de erro. Com os contratos podemos facilmente verificar quanto vamos vender (quantidades) e por quanto ($) vamos vender. Podemos então calcular um faturamento projetado esperado para o futuro.

27) Como é feita a projeção de vendas futuras baseada em histórico de vendas?

Resposta: quando não temos contratos firmados, porém já temos um "histórico" de vendas passadas, podemos usar esse histórico como um indicativo da demanda futura. Atenção: resultados passados não são garantia de resultados futuros, mas comportamentos (tendências) passados podem ser um bom indicativo de comportamento futuro.

28) Como é feita a projeção de vendas futuras baseada em pesquisas de mercado?
Resposta: esse é, de longe, a forma de projetar vendas mais arriscada e que pode, portanto, levar a erros de projeção. Quando estamos tratando de um produto novo ou de um mercado novo ou ambos simultaneamente, onde não temos contratos que garantam as vendas nem históricos de vendas anteriores, o caminho é mesmo partir para fazer uma pesquisa de mercado. Pesquisas de mercado são realizadas por empresas especializadas que partem para as ruas (mercado) e vão entrevistar pessoas e empresas sobre sua propensão a comprar determinado produto.

29) Qual é o passo a passo para a elaboração do demonstrativo dos fluxos de caixa (DFC)?
Resposta: iniciamos pelas vendas projetadas e vamos deduzindo todos os custos operacionais, juros, taxas, impostos e reinvestimentos até chegarmos no resultado líquido que vai ser distribuído para o investidor.
Vendas projetadas – quantidade de produtos (Q)
X Preço unitário (por produto)
= Faturamento (quantidade das vendas × preços)
− Custos variáveis (CV unitário × a quantidade de produtos vendidos)
− Custos fixos
= Lajir (lucro antes dos juros e do imposto de renda)
− Juros (sobe as dívidas)
= Lair (lucro antes do imposto de renda)
− IR (calculado sobre a base tributável)
= Lucro líquido
− Reinvestimentos (necessários à manutenção do negócio)
= Dividendos

30) De uma maneira bem simples e direta: como avaliamos ativos?
Resposta: avaliamos ativos como o somatório do valor presente de todos os fluxos de caixa projetados futuros descontados pela taxa adequada ao risco desse ativo.

Listas de exercícios 5.2: fundamentos de avaliação de empresas — numéricos

1) Valor presente da devolução do IR
Sua devolução do IR no valor de R$ 13.500,00 estará sendo paga dentro de oito meses. Sua taxa (TMA, por exemplo) é 0,8% ao mês. Se você decidir receber antecipado (receber hoje) esta devolução, quanto estaria disposto a receber? Ou seja, qual seria o valor presente, efetivo hoje, dessa devolução do IR?

2) Valor presente de duas notas promissórias
Você tem um envelope. Dentro desse envelope existem duas notas promissórias. A primeira tem vencimento para daqui a quatro meses no valor de R$ 2.000,00, a segunda nota promissória tem vencimento para daqui a sete meses e um valor de R$ 3.500,00. Considerando que você pode aplicar recursos ou pegar emprestado a uma taxa de 1% ao mês, qual é o valor presente dessas promissórias hoje?

3) Valor presente de um bilhete de loteria
Você conferiu seu bilhete. O número do seu bilhete é 123.456. O número premiado é 123.456. Bingo, você ganhou, seu bilhete é premiado. O prêmio é de R$ 1.000.000,00. Você pode ir agora na CEF para receber seu prêmio. Qual é o valor presente de seu bilhete de loteria?

4) Valor presente de um bilhete de loteria
Você conferiu seu bilhete. O número do seu bilhete é 123.456. O número premiado é 789.273. Você não ganhou, seu bilhete não está premiado. O prêmio é de R$ 1.000.000,00. Você poderia ir agora na CEF para receber se tivesse sido premiado. Qual é o valor presente do seu bilhete de loteria?

5) Valor presente de um imóvel alugado
Você tem um imóvel alugado que rende uma taxa de 1% ao mês. O fluxo de caixa que você recebe como aluguel mensal é de R$ 800,00. Quanto vale esse imóvel?

6) Seja uma ação com dividendos projetados para o próximo período no valor de R$ 20,00, a taxa de crescimento dos dividendos (g) é igual a 5% por período, em regime de perpetuidade, a taxa apropriada para desconto dos dividendos dessa ação é Ks = 15%. Qual é o preço justo dessa ação?

7) Seja uma ação com dividendos projetados para o próximo período no valor de R$ 20,00. Essa ação não tem previsão de crescimento em seus dividendos. O regime é de perpetuidade. A taxa apropriada para desconto dos dividendos dessa ação é Ks = 15% ao ano. Qual é o preço justo dessa ação?

8) Considere que o setor de metalurgia tenha um P/L de 12. Você quer avaliar a empresa metalúrgica Nono. Essa empresa tem resultados líquidos (lucro) anuais projetados de R$ 1.000.000,00. Qual deve ser o valor aproximado da Nono?

9) A empresa Tupy (que atua no setor de autopeças) tem lucro projetado anual de R$ 500.000,00. Seu valor de mercado está avaliado hoje em R$ 2.500.000,00. A empresa Gurupi (que atua no setor de autopeças) tem lucro projetado anual de R$ 1.000.000,00. Seu valor de mercado está avaliado hoje em R$ 5.000.000,00. Considerando que essas empresas sejam boas representantes do setor, calcule o P/L para esse setor.

10) Seja uma firma X que opere na área de mineração e apresente relação P/L = 15. Suponha que o lucro projetado da firma Y, que também opera na área de mineração, para esse período é de R$ 3.000.000. Calcule o preço dessa ação. O número de ações emitidas pela firma Y é 1.000.000.

11) Uma firma estatal em processo de privatização foi avaliada por um banco de investimentos especializado em R$ 4.200.0000. Assuma que a avaliação seja correta. Considere que o governo fixou um preço mínimo de leilão de R$ 4.500.000,00. Percebendo dificuldades de colocação dessa empresa no leilão devido ao alto valor do preço mínimo, o governo acena incluir parcelamento e financiamento em condições especiais para os eventuais compradores. Em outras palavras: vamos ou não vamos ao leilão?

Informações adicionais: as condições oferecidas pelo governo para os compradores são as seguintes:
- 25% do valor do leilão à vista
- 35% do valor do leilão em 1 ano sem juros
- 40% financiados em dois anos com uma taxa de juros de 1% ao ano pelo sistema Price
- A taxa de juros no mercado está em 15% ao ano

12) Você precisa avaliar o valor das ações da Cia Mineira e acredita que a taxa de retorno adequada seja 18% ao ano. Você telefona para a empresa Mineira e lhe informam que o dividendo projetado para ser pago no próximo período é R$ 0,92 por ação e a taxa histórica de crescimento dos dividendos é 3% de ano para ano. Considerando condições de perpetuidade, qual é o valor de cada ação da Cia Mineira? Sabendo que a Cia Mineira tenha emitido 1.000.000 em ações, qual é o valor de todas as ações da Mineira?

Solução da lista de exercícios 5.2: fundamentos de avaliação de empresas — numéricos

1) Valor presente da devolução do IR

Sua devolução do IR no valor de R$ 13.500,00 estará sendo paga dentro de oito meses. Sua taxa (TMA, por exemplo) é 0,8% ao mês. Se você decidir receber antecipado (receber hoje) esta devolução, quanto estaria disposto a receber? Ou seja, qual seria o valor presente, efetivo hoje, dessa devolução do IR?

Solução:
VP = VF / (1+ taxa)
VP = 13.00 / (1 + 0,008) = 12.666,29
Resposta: o valor presente dessa sua devolução do IR é R$ 12.666,29.

2) Valor presente de duas notas promissórias
Você tem um envelope. Dentro desse envelope existem duas notas promissórias. A primeira tem vencimento para daqui a quatro meses no valor de R$ 2.000,00, a segunda nota promissória tem vencimento para daqui a sete meses e um valor de R$ 3.500,00. Considerando que você pode aplicar recursos ou pegar emprestado a uma taxa de 1% ao mês, qual é o valor presente dessas promissórias hoje?
Solução:
Vamos precisar calcular o valor presente (VP) de cada uma dessas promissórias:
VP = VF / (1+ taxa) = 2.000 /(1+0,01)^4 = 1.921,96
VP = VF / (1+ taxa) = 3.500 /(1+0,01)^7 = 3.264,51
Somando, obtemos: 1.921,96 + 3.264,51 = 5.186,47
Resposta: o valor presente dessas duas promissórias é R$ 5.186,47. Podemos dizer que o valor presente do conteúdo desse envelope é R$ 5.186,47.

3) Valor presente de um bilhete de loteria
Você conferiu seu bilhete. O número do seu bilhete é 123.456. O número premiado é 123.456. Bingo, você ganhou, seu bilhete é premiado. O prêmio é de R$ 1.000.000,00. Você pode ir agora na CEF para receber seu prêmio. Qual é o valor presente de seu bilhete de loteria?
Solução:
Se você pode ir agora, então, o prazo de tempo para você receber esse prêmio é ZERO.
Ou seja, o prêmio já está em seu valor presente. Mas vamos supor que você não percebeu e resolveu aplicar a fórmula para calcular o valor presente, vamos verificar o que acontece ao fazermos as contas:
VP = VF / (1+ taxa) = 1.000.000 /(1+taxa)^0

Porém, qualquer número elevado a zero (pois o prazo de tempo é zero) é igual a UM.
Então, independentemente da taxa, a expressão $(1+\text{taxa})^0$ é UM (ou seja, 1).
VP = VF / (1+ taxa) = 1.000.000 /$(1+\text{taxa})^0$ = 1.000.000/1 = 1.000.000
Resposta: o valor presente do seu bilhete de loteria é R$ 1.000.000,00.

4) Valor presente de um bilhete de loteria
Você conferiu seu bilhete. O número do seu bilhete é 123.456. O número premiado é 789.273. Você não ganhou, seu bilhete não está premiado. O prêmio é de R$ 1.000.000,00. Você poderia ir agora na CEF para receber se tivesse sido premiado. Qual é o valor presente do seu bilhete de loteria?
Solução:
Se você tem em suas mãos um bilhete que não foi premiado, você não tem prêmio algum para receber. O valor do seu bilhete, agora ou no futuro, é zero.
Resposta: o valor presente do seu bilhete de loteria é R$ 0,00.

5) Valor presente de um imóvel alugado
Você tem um imóvel alugado que rende uma taxa de 1% ao mês. O fluxo de caixa que você recebe como aluguel mensal é de R$ 800,00. Quanto vale esse imóvel?
Solução:
Considerando que um imóvel possa ser um ativo perpétuo gerador de fluxos de caixa (aluguéis), podemos usar a fórmula da perpetuidade para realizar os cálculos.
VP = FC_1 / (K – g)
Valor imóvel = aluguel / (taxa retorno – taxa crescimento)
Valor imóvel = 800,00 / (0,01 – 0)
Valor imóvel = 80.000,00
Resposta: o valor desse imóvel é R$ 80.000,00.

6) Seja uma ação com dividendos projetados para o próximo período no valor de R$ 20,00, a taxa de crescimento dos dividendos (g) é igual a

5% por período, em regime de perpetuidade, a taxa apropriada para desconto dos dividendos dessa ação é Ks = 15%. Qual é o preço justo dessa ação?

Solução:

Vamos usar a fórmula da perpetuidade para realizar os cálculos.

VP = FC1 / (K − g)
VP = 20 / (0,15 − 0,05)
VP = 20 / 0,1
VP = 200

Resposta: o preço justo da ação é R$ 200,00.

7) Seja uma ação com dividendos projetados para o próximo período no valor de R$ 20,00. Essa ação não tem previsão de crescimento em seus dividendos. O regime é de perpetuidade. A taxa apropriada para desconto dos dividendos dessa ação é Ks = 15% ao ano. Qual é o preço justo dessa ação?

Solução:

Vamos usar a fórmula da perpetuidade para realizar os cálculos.

VP = FC1 / (K − g)
VP = 20 / (0,15 − 0)
VP = 20 / 0,15
VP = 133,33

Resposta: o preço justo da ação é R$ 133,33. Observe que o efeito de uma taxa de crescimento nos fluxos de caixa é enorme. Comparando com o exercício anterior, onde havia um crescimento de 5% no dividendo ao longo do tempo, seu efeito foi dramático no valor da ação. No exercício anterior a ação vale 50% a mais!

8) Considere que o setor de metalurgia tenha um P/L de 12. Você quer avaliar a empresa metalúrgica Nono. Essa empresa tem resultados líquidos (lucro) anuais projetados de R$ 1.000.000,00. Qual deve ser o valor aproximado da Nono?

Solução:

Vamos usar os conhecimentos da relação P/L.

P/L = Preço/Lucro = 12
Preço/1.000.000 = 12
Preço = 12.000.000,00
Resposta: o valor da empresa Nono deverá ser de R$ 12.000.000,00.

9) A empresa Tupy (que atua no setor de autopeças) tem lucro projetado anual de R$ 500.000,00. Seu valor de mercado está avaliado hoje em R$ 2.500.000,00. A empresa Gurupi (que atua no setor de autopeças) tem lucro projetado anual de R$ 1.000.000,00. Seu valor de mercado está avaliado hoje em R$ 5.000.000,00. Considerando que essas empresas sejam boas representantes do setor, calcule o P/L para esse setor.
Solução:
Vamos usar os conhecimentos da relação P/L.
Cálculo do P/L da empresa Tupy; P/L = Preço/Lucro = 2.500.000/500.000 = 5
Cálculo do P/L da empresa Gurupi; P/L = Preço/Lucro = 5.000.000/1.000.000 = 5
Podemos então dizer que o P/L desse setor gira em torno de 5.
Resposta: podemos então dizer que o P/L desse setor gira em torno de 5.

10) Seja uma firma X que opere na área de mineração e apresente relação P/L = 15. Suponha que o lucro projetado da firma Y, que também opera na área de mineração, para esse período é de R$ 3.000.000. Calcule o preço dessa ação. O número de ações emitidas pela firma Y é 1.000.000.
Solução:
Vamos usar os conhecimentos da relação P/L.
Esse exercício assume que as empresas X e Y são tão similares que podemos usar o P/L de uma empresa como sendo o P/L da outra.
P/L = 15 = P/3.000.000
Onde então o preço (P) da empresa Y é R$ 45.000.000,00.
Considerando que a empresa Y tem 1.000.000 de ações, podemos dizer que o preço de cada ação será: 45.000.000/1.000.000 = R$ 45,00

Resposta: assumindo que as empresas X e Y sejam muito similares, podemos dizer que o preço de cada ação da empresa Y deverá ser de R$ 45,00.

11) Uma firma estatal em processo de privatização foi avaliada por um banco de investimentos especializado em R$ 4.200.0000. Assuma que a avaliação seja correta. Considere que o governo fixou um preço mínimo de leilão de R$ 4.500.000,00. Percebendo dificuldades de colocação dessa empresa no leilão devido ao alto valor do preço mínimo, o governo acena incluir parcelamento e financiamento em condições especiais para os eventuais compradores. Em outras palavras: vamos ou não vamos ao leilão?

Informações adicionais: as condições oferecidas pelo governo para os compradores são as seguintes:
- 25% do valor do leilão à vista
- 35% do valor do leilão em 1 ano sem juros
- 40% financiados em dois anos com uma taxa de juros de 1% ao ano pelo sistema Price
- A taxa de juros no mercado está em 15% ao ano

Solução:

Vamos calcular quanto efetivamente precisamos desembolsar para adquirir essa empresa nas condições oferecidas. Considerando o preço mínimo do leilão, nosso desembolso seria de:

a) 25% do valor do leilão à vista
 25% × 4.500.000 = 1.125.000

b) 35% do valor do leilão a pagar em 1 ano sem juros
 35% × 4.500.000 = 1.575.000,00
 VP do pagamento em um ano = 1.575.000,00 /(1+ 15%) = 1.369.565,22

c) 40% financiados em dois anos com uma taxa de juros de 1% ao ano pelo sistema Price
 40% × 4.500.000 = 1.800.000,00
 A pagar em duas prestações anuais.

Calculando as prestações com a taxa de 1% ao ano, obtemos: PMT = 913.522,39.
Calculando pela taxa de 15% o VP dessas duas parcelas do financiamento, obtemos 1.485.121,46.
Então, se a privatização for realizada pelo preço mínimo de R$ 4.500.000,00, o valor efetivo a ser desembolsado hoje é: 1.125.000,00 + 1.369.565,22 + 1.485.121,46 = 3.979.686,68.
Resposta:
Valor efetivo a aportar: R$ 3.979.686,68. Sim, devemos ir ao leilão. Provavelmente haverá ágio em relação ao preço mínimo de R$ 4.500.000,00, pois até atingir o preço de R$ 4.200.000,00 ainda haverá margem para um VPL positivo.

12) Você precisa avaliar o valor das ações da Cia Mineira e acredita que a taxa de retorno adequada seja 18% ao ano. Você telefona para a empresa Mineira e lhe informam que o dividendo projetado para ser pago no próximo período é R$ 0,92 por ação e a taxa histórica de crescimento dos dividendos é 3% de ano para ano. Considerando condições de perpetuidade, qual é o valor de cada ação da Cia Mineira? Sabendo que a Cia Mineira tenha emitido 1.000.000 de ações, qual é o valor de todas as ações da Mineira?
Solução:
Considerando condições de perpetuidade, devemos usar a fórmula do modelo de Gordon, onde: VP = FC1 / (K – g)
Po = Dividendo (t=1) / (K – g)
Po = 0,92 / (0,18 – 0,03) = 6,1333333333333
Sabendo que empresa emitiu 1.000.000 de ações, o valor de todas as ações é 1.000.000 × 6,13333333333 = R$ 6.133.333,33
Resposta: o valor de cada ação da Cia Mineira é R$ 6,13 e o valor de todas as ações, R$ 6.133.333,33.

Capítulo 6-A

Os personagens discutem como fazer análises

Maria, José, Ana, Paulo e Isabel montaram uma empresa. Chegou a hora de analisar os projetos e verificar como são esses investimentos. São lucrativos? Essa fábrica de sanduíches é viável?

É muito caro e leva muito tempo para descobrirmos na prática, pelo método da "tentativa e erro", se estamos indo no caminho certo ou não. Se esperarmos o tempo passar para verificar se estamos na direção certa, certamente será muito tarde para corrigir e agir se descobrirmos que estamos na direção errada.

Existem técnicas que permitem projetarmos os resultados futuros dos projetos e das ideias para que possamos analisar hoje, antes de investir, e verificar se pelo menos "no papel" um determinado projeto vai dar lucro ou prejuízo.

É importante mencionar que, quando analisamos projetos, não podemos garantir que o projeto será um sucesso. Funciona da seguinte maneira: quando a análise diz que o projeto vai dar prejuízo, é porque nas condições propostas não vai dar certo mesmo. Mas quando a análise diz que o projeto é viável, isso significa que nas condições propostas é viável, mas não é garantido que as condições não irão mudar no futuro próximo.

Fazendo uma analogia com carros de corrida. Quando você analisa um carro de corrida antes da largada, confere se os pneus estão bons, motor funcionando perfeitamente, aerofólios, amortecedores, freios, caixa de marcha e se está tudo certo com o piloto. Porém, isso não significa que o carro vai ganhar a corrida, nem mesmo que vai chegar ao final. Por outro lado, se em sua análise você verificar que está faltando um pneu ou o motor não funciona, ou os freios não freiam, você pode desde já afirmar que esse carro, nessas condições, não vai ter sucesso.

Então, a racionalidade da análise de projetos é de tentar detectar se existem problemas que podemos vislumbrar agora, antes de investir. O conhecimento proveniente das análises serve para corrigir, adiar para modificar, ou, se não for possível corrigir, sustar os investimentos. Se nossas análises conseguirem evitar os prejuízos que teríamos por não analisar, já estaremos em melhores condições do que nossos concorrentes que não sabem analisar.

Nossos amigos se interessaram muito por essas possibilidades de aprenderem a analisar os resultados futuros, hoje. Neste capítulo vamos viajar com eles nessas novas rodadas de análises e decisões empresariais.

Análise de projetos

Vamos conversar um pouco sobre os critérios, mais utilizados no mercado, para analisar projetos. José disse que ia explicar "tim tim por tim tim". Poderemos observar que cada critério mede, afere, verifica e analisa um aspecto diferente do projeto. Por essa razão, devemos usar todos os critérios para fazer uma análise mais completa.

Podemos fazer uma analogia com o seu médico. Quando você vai a uma consulta para verificar seu estado geral de saúde (analisar sua "máquina"), o médico mede sua pressão, mede seus batimentos cardíacos, toma sua temperatura, verifica seu peso, solicita exames de sangue, urina, raios X, ouve pelo estetoscópio seus pulmões... e mais uma infinidade de outros exames. Imagine qual seria sua reação se um médico medisse sua temperatura ou seu peso apenas e dissesse: "Más notícias, temos que operar você!!!".

Quando analisamos uma empresa ou projeto é a mesma coisa. Você não pode usar apenas um critério. O analista tem de usar todos os critérios para poder ter uma visão mais ampla do comportamento do projeto e então poder indicar, recomendar ou decidir algo. Os critérios mais utilizados no mercado:

- taxa média de retorno
- *payback* simples
- *payback* descontado
- valor presente líquido (VPL)
- taxa interna de retorno (TIR)
- TIR modificada (TIRM)
- índice de lucratividade líquida (ILL)
- *break even* (ponto de equilíbrio)

E José foi explicando todos os critérios um a um!!!

Critério da taxa média de retorno

Existe um critério muito utilizado no mercado e muito antigo, mas que é errado, pois baseia-se em intuições e crendices erradas e também é conceitualmente errado. Esse é chamado de critério da taxa de retorno, que conduz a decisões equivocadas. Esse critério simplesmente compara quanto você recebe ao final de um investimento com o que você investiu inicialmente sem considerar nem se preocupar com o tempo, duração do investimento e muito menos com o valor do dinheiro no tempo. Algo tão equivocado quanto investir R$ 1.000,00 para 10 anos e depois receber R$ 1.100,00 e então alguém afirmar que esse investimento deu uma taxa de retorno de 10%.

Critério do payback simples e payback descontado

Payback é tempo, é prazo, é respondido em meses ou anos. *Payback* mede o tempo. Durante o período *payback* é como se o projeto estivesse "se pagando"; o que o projeto distribuir aos investidores depois desse período é o lucro. O *payback* é uma medida de quanto tempo o projeto demora para se pagar considerando que todo o resultado do projeto é usado para pagar o capital investido corrigido pela taxa adequada. Obviamente, no mundo real ao longo do tempo parte dos exulados é distribuída aos sócios como lucros (dividendos) e parte é reinvestida para pagar os investimentos dos projetos. O período *payback* descontado é exatamente esse raciocínio, com a diferença que é o menor tempo, ou seja, como se TODO o resultado fosse usado para reembolsar o mais rapidamente possível os investimentos feitos e, depois, o projeto já estaria pago e TODO o resultado seria lucro.

Critério do valor presente líquido (VPL)

VPL é dinheiro, grana, com sinal positivo que significa lucro ou sinal negativo que significa prejuízo. VPL mede o VP do lucro ou prejuízo que o projeto vai proporcionar durante toda a sua vida útil, que pode inclusive ser uma perpetuidade. O VPL é um critério muito utilizado pois é conceitualmente bem embasado e correto, seus cálculos são fáceis de fazer e "todos" os gestores e executivos do mercado conhecem e entendem o que significa. Na prática, usamos como um primeiro teste o VPL; se o VPL der negativo, já podemos parar o projeto. VPL negativo significa que, nas condições propostas, o projeto vai dar prejuízo; quando na análise o VPL dá um resultado negativo, voltamos à "prancheta" do projeto e fazemos as mudanças necessárias para ver se conseguimos fazer com outras condições que o projeto "dê" certo.

Critério da taxa interna de retorno (TIR)

A TIR é uma taxa e, portanto, expressa em percentual. A taxa interna de retorno (TIR) é função da capacidade "física" do projeto, ou da empresa, de produzir bens ou serviços. Por exemplo: uma barbearia com uma cadeira de barbeiro apenas terá uma TIR menor do que a mesma barbearia se tivesse dois, três ou quatro cadeiras de barbeiro.

Atenção: veja bem a diferença entre taxa do custo do capital e taxa interna de retorno. A TIR depende unicamente de características internas, endógenas, do projeto, enquanto a taxa do custo do capital depende de aspectos externos, exógenos, ao projeto, tais como taxa de juros dos bancos, taxa de retorno que os sócios esperam obter, estrutura de capital que financia a empresa, benefícios fiscais...

Critério da taxa interna de retorno modificada (TIRM)

A taxa interna de retorno modificada (TIRM) vem como uma solução para vários problemas da TIR. Um dos problemas da TIR é que, pelo conceito da TIR, a TIR é a taxa pela qual os resultados do projeto devem ser reaplicados, período após período. Na prática, não conseguimos aplicar a mesma taxa que captamos, o que coloca um importante ponto de ineficiência desse critério, TIR.

O critério da TIRM é mais lógico e razoável do ponto de vista da prática. Consideramos que todos os fluxos de caixa positivos (lucros distribuídos) de um projeto devem ser levados a seu VF no último período de vida do projeto pela taxa de aplicação, que qualquer empresa pode fazer. Consideramos que todos os fluxos de caixa negativos (investimentos no projeto) de um projeto devem ser trazidos a seu VP pela taxa de captação, que qualquer empresa pode fazer. Assim procedemos e transformamos qualquer conjunto de fluxos de caixa na seguinte forma de fluxo de caixa ajustado:

t=0	t=1	t=2	t=3	t=4	t=n
VP	0	0	0	0	VF

E então procedemos ao cálculo da TIR normal sobre esse fluxo de caixa ajustado.

Critério do ILL

O ILL é um índice, é adimensional, não tem unidade de medida, não é tempo, não é taxa, não é dinheiro, não é largura, não é peso, é apenas um índice. O ILL é a sigla para índice de lucratividade líquida, é um índice que mede a relação entre quanto vamos ganhar e quanto investimos a valor presente. Em outras palavras, é um índice que indica a relação entre quanto vamos ganhar ou perder para cada unidade monetária investida no projeto. A fórmula do ILL é:

$$ILL = VP / Io$$

Fazendo uma breve lembrança do VPL para comparar. O VPL é uma medida absoluta de lucro ou prejuízo. O ILL é uma medida relativa. O VPL, cuja fórmula vimos, é: VPL = VP – IO.

O ILL mede aquilo que o VPL não consegue medir, consegue medir a relação.

Critério do ponto de equilíbrio (PE)

O ponto de equilíbrio é um critério muito importante e muito utilizado. Mede a quantidade, é expresso em número de unidades de produtos, bens ou serviços. O ponto de equilíbrio PE (ou *break even* em inglês) é um critério muito interessante e muito utilizado. É um critério que mede a quantidade de bens que precisamos produzir e vender para pagar pelo menos nossas contas; o que vendemos acima, ou além, do ponto de equilíbrio traz lucros para os investidores.

A análise da viabilidade que devemos fazer após obter o número do ponto de equilíbrio é verificar se nossas máquinas são capazes de produzir e se existe demanda para nossos produtos acima do *break even*. O critério do ponto de equilíbrio faz o gestor da empresa medir a capacidade de produção das suas máquinas, das suas esteiras, dos seus caminhões, capacidade dos fornecedores de entregar a matéria-prima necessária... O critério do ponto de equilíbrio faz o gestor da empresa cobrar dos seus vendedores vendas para hoje, metas de vendas para o futuro próximo, possibilidades e expectativas de vendas para o futuro mais distante.

Exemplo da fábrica de sanduíches: análise

Vamos analisar o nosso projeto da fábrica de sanduíches e verificar se é viável ou não.

Análise de viabilidade do projeto da empresa Sanduíches Voadores

Suposição inicial = operações em condições de perpetuidade — sem crescimento

Posto que foi decido rolar a dívida em condições de perpetuidade.

A dívida somente será paga em caso de encerramento da empresa e venda dos ativos restantes, em nosso caso estamos considerando 60 meses.

Então somente tem sentido falar em período *payback* para o pagamento do investimento dos sócios. Não dos credores, pois o pagamento dos credores se dará exatamente no mês 60.

Cálculo do período *payback* descontado — acionistas
Taxa de desconto: Ks = 1,24451%

Data (mês)	0 1 2 3	4	5	6	7	8
Dividendos	- - - -	23.061,43	23.502,63	23.946,05	24.391,68	24.839,54
VP (@1,24451%)	--	21.948,26	22.093,22	22.233,35	22.368,73	22.499,44
Acumulado	-	21.948,26	44.041,48	66.274,83	88.643,56	111.143,00

Período para *payback* é de 35 meses, ou seja, 2,9 anos.
Análise: posto que o projeto é perpétuo e se paga em 2,9 anos, o projeto é viável.

Cálculo do VPL — acionistas (para cinco anos)
Taxa de desconto: Ks = 1,24451%
VP = 1.368.963,52
Io = 750.000,00
VPL = VP – Io = 618.963,52
Análise: posto que o VPL é positivo, o projeto é viável.

Cálculo da TIR — acionistas
   Tempo = 5 anos, ou seja, 60 meses
   TIR =   3,3088%   ao mês
             47,7911%   ao ano

Cálculo da TIR — acionistas
Considerando, a título de exercício, que a empresa fosse uma perpetuidade.
Tempo = perpetuidade
No caso da perpetuidade, o VP é dado por: VP = FC1 / (Ks – g).

A fórmula do VPL é VPL = VP − Io; então podemos fazer:
VPL = FC1/(Ks − g) − Io = 0
FC1 / (Ks − g) = Io
FC1 / (TIR − g) = Io   FC1 = 21.948,26
TIR − g = FC1 / Io
TIR − g = 2,93% ao mês
TIR = 41,36% ao ano

Cálculo da TIRM — acionistas
Posto que não temos fluxos de caixa com sinais diferentes, é possível determinar a TIR. É muito importante saber determinar a TIRM quando não conseguimos determinar a TIR convencional por problemas nos sinais dos fluxos de caixa, por exemplo.
E obviamente podemos determinar também a TIRM.
Vamos considerar nossa taxa de aplicação como: CDI = 0,9% ao mês.
E vamos considerar nossa taxa de captação como: Ks = 1,24451% ao mês.
Vamos fazer na planilha eletrônica.
Obtemos os seguintes valores (você pode aproveitar e testar depois ou agora):

Data (mês)	t=0	t=1, 2, 3, 4, 5, 6,	t=59	t=60
FCs	− 750.000,00	49.654,37		50.231,14
VP e VF	− 750.000,00	2.536.051,60		

TIRM é 17,61% a.a.

Cálculo do ILL — acionistas
A fórmula do ILL é ILL = VP/ Io.
Io = 1.116.607,02   VP = 1.736.462,00
ILL = 1,555123661
Análise: ILL é maior do que 1. O projeto é viável.

Cálculo do ponto de equilíbrio (PE) — *break even*
Fórmula do ponto de equilíbrio
Os três pontos de equilíbrio mais utilizados são:
Medida de caixa operacional: P.Q = CV.Q + CF

Medida de custos contábeis: P.Q = CV.Q + CF + Depreciação + IR.(base tributável)
Medida de custos econômicos: P.Q = CV.Q + CF + Custo Capital + IR.(base tributável)

Medida de caixa operacional: P.Q = CV.Q + CF
P =   R$ 1,57
CV =   0,6950
CF =   89.400,00
Q = ????   Q = 102.171,43 sanduíches por mês

Medida de custos contábeis: P.Q = CV.Q + CF + depreciação + IR.(base tributável)
Considerando depreciação linear ao longo da vida útil da fábrica considerada em 60 meses.
Investimentos depreciáveis são de R$ 1.000.000,00.
Depreciação mensal então é de R$ 16.666,67 ao mês (60 meses).

Q = [CF + Depreciação − IR CF − IR Depreciação] / [P − CV − IR. P + IR CV]

P = R$ 1,57   CV = R$ 0,70
CF = R$ 89.400,00   Depreciação = R$ 16.666,67
IR = 25%

[CF + Depreciação − IR CF − IR Depreciação] = 79.550,00
[P − CV − IR. P + IR CV] = 0,656250
Q = ???? Q = 114.608,45 sanduíches por mês

Cálculo do custo do capital
O principal do empréstimo estará sendo pago apenas no final do período. Durante o período da operação serão pagos apenas os juros. E obviamente mais os dividendos. Então o custo total do capital = juros + dividendos =

Juros = R$ 7.932,20
Dividendos = R$ 17.816,54
Total = R$ 25.748,54

Medida de custos econômicos: P.Q = CV.Q + CF + custo capital + IR.(base tributável)
P =   1,57
CV =   0,6950
CF =   89.400,00
Depreciação =   16.666,67
IR =   25,00%
Custo do capital total é R$ 25.748,54

A fórmula é:
Q = [CF + C.Cap. − IR CF − IR Depreciação] / [P − CV − IR. P + IR CV]

O numerador é: [CF + C.Cap. − IR CF − IR Depreciação] = 90.078,14
O denominador é: [P − CV − IR. P + IR CV] = 0,6562500

Q = 90.078,14 / 0,6562500
Q = 137.261,92 sanduíches por mês

Análise do ponto e equilíbrio: o ponto de equilíbrio é 137.262 sanduíches/mês. Posto que as vendas esperadas são de 150 mil sanduíches/mês, podemos concluir que o projeto é viável.

Capítulo 6-B
Critérios para análise de projetos de investimentos

Para podermos tomar as decisões ótimas, que são as melhores decisões de investimento possíveis, precisamos, primeiro, obter todas as informações sobre o projeto onde pretendemos investir. Segundo, precisamos projetar as vendas, calcular as taxas de desconto, determinar os fluxos de caixa futuros e fazer as avaliações (cálculo de quanto valem) dos projetos ou empresas, conforme já vimos nos capítulos anteriores. Terceiro, precisamos agora analisar se o investimento vai ser lucrativo ou não, precisamos analisar em quanto tempo o projeto se paga (quanto demora para pagar de volta aos investidores o capital investido), precisamos analisar quantos produtos precisamos vender por mês para garantir uma lucratividade mínima... e muitas outras análises. As análises é que vão dar subsídios ao executivo financeiro para decidir se investe ou não investe.

Para realizar as análises, os critérios mais utilizados no mercado pelos executivos financeiros são estes a seguir:

- taxa média de retorno
- *payback* simples e descontado
- valor presente líquido (VPL)
- taxa interna de retorno (TIR)
- TIR modificada (TIRM)
- índice de lucratividade líquida (ILL)
- *break even* (ponto de equilíbrio)

Taxa média de retorno aritmética: um critério errado

É um critério errado que conduz a conclusões equivocadas e a prejuízos. Não deve ser usado. Apesar disso, esse critério ainda é utilizado no mercado. Esse critério foi colocado aqui como uma recomendação do que NÃO fazer.

A taxa média de retorno contábil mede em valores absolutos (valor histórico sem correção nem remuneração do capital) a relação entre quanto investimos e quanto recebemos.

Taxa média = (VF / VP) – 1

Exemplo 1): Joaquim investiu R$ 100.000,00 há muito tempo, ele nem se lembra há quantos anos. Joaquim vendeu hoje o terreno por R$ 120.000,00. Joaquim está feliz, ele diz que "ganhou" 20% nessa operação.

A conta de Joaquim: investiu 100.000,00 e vendeu por 120.000,00.
Então ganhou: 120.000 – 100.000,00 = 20.000,00
Ganhou esses 20.000 sobre um investimento de 100.000,00
Ou seja, ganhou 20.000/100.000 = 0,2 = 20%

Usando a fórmula que o mercado usa:
Taxa média = (VF / VP) – 1 = (120/100) – 1 = 1,2 – 1 = 0,2 = 20%

O problema: somente podemos fazer comparações entre valores na mesma data base.

Temos que conhecer a taxa de desconto apropriada para podermos trazer todos os valores que queremos comparar para as mesmas datas para somente então podermos comparar e verificar quem vale mais e quem vale menos.

É um critério conceitualmente errado. Esse método compara valores financeiros em tempos diferentes sem nenhum ajuste, correção monetária, nem taxa de retorno. Uma vez que esse critério não considera o valor do dinheiro no tempo (custo do capital), as informações que esse critério fornece não são precisas e levam a decisões equivocadas.

Exemplo 2): você comprou em 1990 um automóvel novo por R$ 2.000.000, vendeu esse automóvel em 1992 por R$ 14.000.000. Qual é a taxa média de retorno aritmética?

Solução: a taxa é (14.000.000 / 2.000.000) − 1 = 7 − 1 = 6 = 600%.

Na realidade, sabemos que esse projeto não oferece um retorno de 600%, pois muito provavelmente R$ 2.000.000,00 na data da compra do veículo valeria mais do que R$ 14.000.000,00 em 1992 (devemos lembrar que naquela época a inflação atingia 80% ao mês).

Exemplo 3): você comprou em 2000 um terreno no centro da cidade por R$ 100.000,00 e vendeu esse terreno em 2014 por R$ 150.000.000. Qual é a taxa média de retorno aritmética desse investimento?

Solução: A taxa é (150.000 / 100.000) − 1 = 1,5 − 1 = 0,5 = 50%.

Na realidade, sabemos que esse investimento no terreno projeto não ofereceu um retorno de 50%, pelo contrário, foi um prejuízo. No ano da compra (2000), os R$ 100.000,00 valiam muito mais do que R$ 150.000,00 na data da venda (2014).

Análise: esse é um critério conceitualmente errado. Uma vez que esse critério não considera o valor do dinheiro no tempo (custo do capital), as informações que esse critério fornece não são precisas e podem levar a decisões equivocadas.

Cálculo do período *payback* (inglês): período para pagar de volta — mede o tempo

O critério do período para *payback* é um critério que mede quanto tempo um projeto de investimento demora para pagar de volta ao investidor os recursos aplicados, incorporando os custos do capital.

Para efeitos didáticos, vamos apresentar inicialmente uma versão simplificada do critério do período *payback* sem incorporar o custo do capital. Vamos chamar essa versão simplificada de *payback* simples.

O critério do período para payback simples

O critério do período para *payback* simples serve para medir quanto tempo um projeto demora para pagar aos investidores o capital investido, sem remuneração alguma do capital.

O critério do *payback* simples conta o número de fluxos de caixa (períodos) a valores de face que um projeto leva para pagar seus custos de implantação. Esse critério não serve para nossas análises pois não considera o valor do dinheiro no tempo.

Exemplo: seja um projeto de investimento na área de agricultura. O projeto custa R$ 2.000.000 para ser implantado hoje e promete pagar uma sequência e fluxos de caixa durante cinco anos e então encerrar atividades. Qual é o período *payback* simples desse projeto?

t=0	t=1	t=2	t=3	t=4	t=5
-2.000.000	500.000	600.000	900.000	1.800.000	1.900.000

Solução:

Trata-se de período de *payback* simples. Então, fazendo a soma aritmética dos valores de face dos pagamentos (fluxos de caixa) projetados para serem pagos ao longo do tempo (valores sem qualquer forma de remuneração ou atualização), verificamos que:

- ao final do primeiro ano teremos recebido R$ 500.000,00, que é insuficiente para pagar o investimento inicial de R$ 2.000.000,00.
- ao final do segundo ano teremos recebido mais R$ 600.000,00 que, com os R$ 500.000,00 recebidos no final do ano 1, monta R$ 1.100.000,00, que continua sendo insuficiente para pagar o investimento inicial de R$ 2.000.000,00.
- ao final do terceiro ano teremos recebido mais R$ 900.000,00 que, com os R$ 500.000,00 recebidos no final do ano 1 mais os R$ 600.000,00 recebidos ao final do segundo ano, monta exatos R$ 2.000.000,000 suficientes para pagar o investimento inicial de R$ 2.000.000,00.

Uma vez que, nessa data (fim do terceiro ano), conseguimos realizar integralmente o ressarcimento do investimento inicial de R$ 2.000.000,00, dizemos que esse é o período *payback*. O período *payback* simples para este projeto é três anos.

Análise do *payback* simples: uma vez que esse critério não considera o valor do dinheiro no tempo (custo do capital), as informações que esse critério fornece não são precisas e podem levar a decisões equivocadas.

O critério do período para payback descontado

Uma vez apresentado o conceito do critério *payback*, vamos apresentar a versão completa e correta desse importante critério.

❑ O critério do período para *payback* descontado serve para medir quanto tempo um projeto demora para pagar aos investidores o capital investido, incluindo a remuneração do capital.
❑ O período *payback* descontado é o número de fluxos de caixa (períodos) a valores descontados que um projeto leva para pagar de volta aos investidores os investimentos para aquisição ou implantação do projeto.

Uma vez determinado quanto tempo um projeto demora para se pagar, devemos comparar este período para *payback* com o prazo de vida útil econômica do projeto ou com a data-limite estipulada pelos investidores. Se o projeto se pagar antes da data-limite ou ainda dentro da vida útil do projeto, o projeto é viável. Se a vida útil do projeto termina e o projeto ainda não pagou aos investidores todo o capital investido com a remuneração do custo desse capital, é porque o projeto não se paga, ou seja, é inviável.

Exemplo Leblon: você deve analisar e indicar se o projeto Leblon é financeiramente viável, ou não. Considere que a taxa do custo do capital que financia esse projeto seja 10% ao ano. Considere que o tempo máximo para recuperação do capital investido (data-limite) seja dois anos. Calcule o período *payback* descontado do projeto Leblon. Realize uma análise desse investimento.

Fluxos de caixa projetados do projeto Leblon:
t=0	t=1	t=2	t=3	t=4	t=5
– 200.000	60.000	60.000	80.000	80.000	100.000

Solução:

Data	FC	VP	VPL acumulado
0	–200.000	–200.000	–200.000
1	60.000	54.545	–145.455
2	60.000	49.587	–95.868
3	80.000	60.105	–35.763
4	80.000	54.641	18.878
5	100.000	62.092	80.971

Podemos observar que o VPL acumulado muda de negativo para positivo entre o terceiro ano e o quarto ano. Ou seja, o pagamento completo (descontado o custo do capital) ocorre no terceiro ano. Precisamos é determinar em que ponto do terceiro ano.

Um cálculo simples de regra de três pode nos dar uma resposta aproximada se o fluxo de caixa do projeto Leblon for mais ou menos constante ao longo do ano. Vejamos: suponha que o fluxo de caixa seja constante; então podemos observar que no final do ano três ainda falta pagar R$ 35.763,00 aos investidores. Posto que no quarto ano teremos entrada positiva de R$ 54.641,00, considerados uniformes ao longo do ano.

Podemos então fazer a conta de regra de três:

$$1 \text{ ano} / X\% \text{ ano} = R\$ 54.641,00 / 35.763,00$$

Desenvolvendo, obtemos:

$$X \% \text{ do ano} = 35.763 / 54.641 = 0,6545$$

Essa será a fração do terceiro ano necessária para quitar a dívida.

Então, agregando os três anos anteriores: 3 + 0,6545 = 3.6545 = 3,7 anos.

Análise do *payback* descontado: queremos saber se o projeto se paga dentro de sua vida útil. Sabendo pelos dados do enunciado que o tempo máximo para recuperação do capital investido (ponto de corte) é dois anos e, comparando com o período *payback* calculado de 3,7 anos, podemos concluir que o projeto não se paga dentro do prazo esperado pelos investidores.

Resposta: projeto inviável. O período *payback* de 3,7 anos excede o máximo desejado de dois anos.

Lista de exercício 6.1: *payback* descontado

1) Você quer montar uma loja de franquia famosa. Os investimentos iniciais, antes de se começar a operação do negócio, são de R$ 1.207.590,00. E esse número inclui: taxa da franqueadora, preparação da loja, abertura da empresa, alvará, estoque inicial e tudo o mais. Os resultados líquidos (fluxos de caixa líquidos) dos primeiros anos estão na tabela a seguir. Você pode considerar que a taxa de retorno adequada a esse tipo de investimento é 16% ao ano. Calcular quanto tempo de operação esse projeto (de montar a loja de franquia) precisa para se pagar de volta. Em outras palavras: de quanto tempo de operação regular esse projeto precisa para pagar o valor de R$ 1.207.590,00 aos investidores, incluindo a taxa de remuneração do capital de 16% ao ano.
Fluxos de caixa líquidos do projeto de franquia:

T=0	t=1	t=2	t=3	t=4	t=5
0	300.000,00	400.000,00	500.000,00	600.000,00	600.000,00

2) O projeto Gama custa hoje R$ 10.000,00. Projeta um pagamento anual perpétuo de R$ 3.333,33. Trata-se de um projeto gerador perpétuo de fluxos de caixa. A taxa de desconto adequada é 12,5898% a.a. Calcular o *payback* simples, *payback* descontado.

3) Considere um projeto na área de turismo, com uma taxa K_p = 10% ao ano, que apresente um custo inicial para sua implantação de R$ 3.500,00 e que apresente a perspectiva de retorno seguinte. Determinar o período de *payback* descontado desse projeto:

t=0	t=1	t=2	t=3	t=4	t=5
-3.500,00	1.100,00	1.210,00	1.331,00	1.464,10	1.610,51

Solução da lista de exercício 6.1: *payback* descontado

1) Você quer montar uma loja de franquia famosa. Os investimentos iniciais, antes de se começar a operação do negócio, são de R$ 1.207.590,00.

E esse número inclui: taxa da franqueadora, preparação da loja, abertura da empresa, alvará, estoque inicial e tudo o mais. Os resultados líquidos (fluxos de caixa líquidos) dos primeiros anos estão na tabela a seguir. Você pode considerar que a taxa de retorno adequada a esse tipo de investimento é 16% ao ano. Calcular quanto tempo de operação esse projeto (de montar a loja de franquia) precisa para se pagar de volta. Em outras palavras: de quanto tempo de operação regular esse projeto precisa para pagar o valor de R$ 1.207.590,00 aos investidores, incluindo a taxa de remuneração do capital de 16% ao ano.

Fluxos de caixa líquidos do projeto de franquia:

T=0	t=1	t=2	t=3	t=4	t=5
0	300.000,00	400.000,00	500.000,00	600.000,00	600.000,00

Solução:
Calculando o valor presente (VP) de cada um dos fluxos de caixa desse projeto, usando a taxa de desconto de 16%, obtemos:

T=0	t=1	t=2	t=3	t=4	t=5
0	300.000,00	400.000,00	500.000,00	600.000,00	600.000,00
VP é	258.620,69	297.265,16	320.328,84	331.374,66	285.667,81

Fazendo as contas período a período, podemos observar que somente após o quarto período (quarto ano) o investimento é completamente reembolsado aos investidores. Veja na tabela seguinte:

T=0	t=1	t=2	t=3	t=4	t=5
0	300.000	400.000	500.000	600.000	600.000
VP é	258.620	297.265	320.328	331.374	285.667

Saldo do investimento:

T=0	t=1	t=2	t=3	t=4	t=5
1.207.590,00	-948.969	-651.704	-331.375	0,00	285.667

Resposta: o período de *payback* descontado para o projeto da loja de franquia é de quatro anos.

2) O projeto Gama custa hoje R$ 10.000,00. Projeta um pagamento anual perpétuo de R$ 3.333,33. Trata-se de um projeto gerador perpétuo de

fluxos de caixa. A taxa de desconto adequada é 12,5898% a.a. Calcular o *payback* simples, *payback* descontado.

Solução:

Payback simples

T=0	t=1	t=2	t=3	t=infinito
-10.000	3.333,33	3.333,33	3.333,33	3.333,33

Basta contar quantos pagamentos precisamos. Verificamos que, com três períodos de pagamentos, "pagamos" o investimento de R$ 10.000,00.

Cálculo do *payback* descontado

T=0	t=1	t=2	t=3	t=infinito
-10.000	3.333,33	3.333,33	3.333,33	3.333,33
	t=1	t=2	t=3	t=4	t=5
VP de cada FC	2.960,60	2.629,54	2.335,51	2.074,35	1.842,40

Basta contar quantos pagamentos, já descontado o VP, precisamos. Verificamos que, com quatro períodos de pagamentos, "pagamos" o investimento de R$ 10.000,00.

Resposta: *payback* simples = 3; *payback* descontado = 4

3) Considere um projeto na área de turismo, com uma taxa K_p = 10% ao ano, que apresente um custo inicial para sua implantação de R$ 3.500,00 e que apresente a perspectiva de retorno seguinte. Determinar o período de *payback* descontado desse projeto:

t=0	t=1	t=2	t=3	t=4	t=5
-3.500,00	1.100,00	1.210,00	1.331,00	1.464,10	1.610,51

Solução:

FC absoluto: -3500,00 1100,00 1210,00 1331,00 1464,10 1610,51
FC descontado: -3500,00 1000,00 1000,00 1000,00 1000,00 1000,00

Se os fluxos de caixa forem gerados continuamente ao longo do tempo, empresas que operam, pagam e recebem fluxos de caixa diariamente, tais como supermercados, empresas de aviação e bancos, podemos considerar que o fluxo de caixa gerado por esse negócio é um fluxo contínuo, ou seja, que tem todo dia útil.

Se os fluxos de caixa não forem gerados continuamente ao longo do tempo, empresas que não operam, nem pagam e nem recebem fluxos de caixa diariamente, tais como estaleiros e fabricantes de aviões, aplicações em ações que pagam dividendos uma vez ao ano... não podemos considerar que o fluxo de caixa gerado por esse negócio é um fluxo contínuo, ou seja, os fluxos de caixa desse tipo de projeto são anuais, por exemplo.

Fazendo as contas para determinar o *payback*, encontramos:
Payback descontado = 3,5 anos se FCs do projeto são contínuos
Payback descontado = 4 anos   se FCs do projeto são periódicos (discretos)
Resposta:
Se os fluxos de caixa forem contínuos, o *payback* descontado é 3,5 anos.
Se os fluxos de caixa forem periódicos, o *payback* descontado é 4 anos.

Cálculo do valor presente líquido (VPL)

Em inglês e nas calculadoras financeiras: *net present value* (NPV).

O critério do VPL serve para medir qual é o lucro ou o prejuízo que pode ser esperado de um projeto de investimentos. O VPL é um critério muito utilizado para tomada de decisão sobre investimentos.

Queremos saber se o projeto custa mais do que vale ou vale mais do que custa. VPL positivo é o lucro. VPL negativo é o prejuízo. VPL é a medida do lucro ou do prejuízo que um projeto proporciona a seus investidores. Para calcular o VPL fazemos a diferença entre o valor presente do projeto e o valor dos investimentos necessários, na data zero.

Para fazer análise de viabilidade do projeto utilizando o critério do VPL, devemos comparar o VP-Valor (valor presente do projeto) com o investimento necessário para implantar o projeto. Se o projeto valer mais do que o investimento necessário, o VPL é positivo e o projeto é viável.

Fórmula do VPL:
VPL = Valor do ativo − investimento no ativo
VPL = VP − Io
VP é o valor presente de tudo que você recebe do projeto (entradas).
Io é o investimento que você aplicou ou investiu para implantar o projeto (saídas).

Exemplo TOP: para investir no projeto TOP, hoje, são necessários R$ 1.200.000,00. Avaliadores afirmam que o projeto tem um valor presente de R$ 2.000.000,00. Qual é o VPL do projeto TOP?
Solução:
VPL = VP − investimento
VPL = 2.000.000 − 1.200.000 = 800.000
O VPL é positivo. Então o projeto é lucrativo!
Resposta:
VPL de R$ 800.000,00 é positivo. Então o projeto é lucrativo!

Exemplo Tabajara: o projeto Tabajara custa hoje R$ 3.000,00. Esse projeto tem uma previsão de gerar os seguintes resultados líquidos pelos próximos três anos: R$ 1.100,00 em t=1, R$ 1.210,00 em t=2, R$ 1.331,00 em t=3. Calcule o VPL do projeto Tabajara, considerando uma taxa de custo do capital de 15% ao ano e uma taxa de custo do capital de 5% ao ano.
Solução:
Esta é a representação dos FCs do projeto Tabajara:

t=0	t=1	t=2	t=3
-3000	1100	1210	1331

Considerando a taxa de 15% a.a.
VPL = VP − Custo
VPL = [1100 / (1+0,15)^1 + 1210 / (1+0,15)^2 + 1331 / (1+0,15)^3] − 3.000
VPL = (253,39)
Considerando a taxa do custo do capital de 15% ao ano. O projeto é inviável pois apresenta um VPL negativo.
Resposta: considerando a taxa do custo do capital de 15% ao ano. O projeto é inviável, pois apresenta um VPL negativo de − R$ 253,39 (o sinal menos significa prejuízo).
Considerando a taxa de 5% a.a.
VPL = VP − Custo
VPL = [1100 / (1+0,05) + 1210 / (1+0,05)^2 + 1331 / (1+0,05)^3] − 3.000
VPL = 294,89
Considerando a taxa do custo do capital de 5% ao ano. O projeto é viável pois apresenta um VPL positivo.

Resposta: considerando a taxa do custo do capital de 5% ao ano. O projeto é viável, pois apresenta um VPL positivo de R$ 294,89.

Exemplo Santiago: para ser implantando, em t=0, o projeto Santiago demanda investimentos na data zero de R$ 1.000.000,00. O projeto Santiago promete pagar aos seus investidores o seguinte fluxo de pagamentos ao longo dos próximos cinco anos: R$ 200.000,00 em t=1, R$ 200.000,00 em t=2, R$ 200.000,00 em t=3, R$ 400.000,00 em t=4, R$ 500.000,00 em t=5. Determine o VPL do projeto Santiago. A taxa de retorno adequada a esse projeto é 8% a.a.

Solução usando a fórmula: VPL = VP − Io
VP = $200.000/(1+0,08)^1 + 200.000/(1+0,08)^2 + 200.000/(1+0,08)^3$
$\quad\quad + 400.000/(1+0,08)^4 + 500.000/(1+0,08)^5 =$
VP = 1.149.722,94
Io = 1.000.000,00 (já está na data zero)
VPL = VP − Io = 1.149.722,94 − 1.000.000,00 = 149.722,94 (positivo)

Solução usando a calculadora:
− 1.000.000,00   CFo
200.000,00   CFj
200.000,00   CFj
200.000,00   CFj
400.000,00   CFj
500.000,00   CFj
8%   i   >>>   f NPV obtemos 149.722,94 (positivo)

Resposta: o projeto Santiago é viável, pois apresenta um VPL positivo R$ 149.722,94.

Exemplo Aymore: VPL.
O projeto Aymore custa, hoje, R$ 3.000.000,00. Esse projeto é totalmente financiado por capital próprio, sem qualquer tipo de financiamento com capital de terceiros. Esse projeto tem uma previsão de gerar os seguintes resultados líquidos, pelos próximos três anos: R$ 1.500.000 em t=1, R$

1.750.000 em t=2, R$ 2.100.000 em t=3. Considere as seguintes informações levantadas pelos investidores: beta (desalavancado) = 0,85. Taxa RF é 5% a.a. Prêmio de risco de mercado é 7,5%. Calcule o VPL do projeto Aymore.

Solução:

Primeiro, vamos determinar a taxa adequada para desconto dos fluxos de caixa utilizando o modelo do CAPM: K = RF + beta (Erm − RF).
K = 0,05 + 0,85 (0,075) = 0,11375 = 11,375% a.a.
Segundo, vamos calcular o VPL: onde VPL = VP − Io
Io = 3.000.000
VP = 1.500.000/(1+0,11375)^1 + 1.750.000/(1+0,11375)^2 + 2.100.000/(1+0,11375)^3
VP = 4.277.636,08
Substituindo na fórmula e fazendo as contas obtemos:
VPL = 4.277.636,08 − 3.000.000,00 = 1.277.636,08
Resposta: o VPL do projeto Aymore é R$ 1.277.636,08 (positivo).

Lista de exercícios 6.2: análise de projetos de investimentos

1) Robertão (o Beto), seu amigo de infância, te propôs um negócio relâmpago para fazer durante os três dias de carnaval e ganhar um "bom" dinheiro: aluguel de fantasias! A ideia de Robertão é a seguinte: vocês investem, um mês antes do carnaval, R$ 100.000,00 para pagarem pela confecção de 1.000 fantasias de carnaval e pagarem pela operação toda. Cada fantasia pode ser alugada por um valor tal que, fora as taxas e custos operacionais, vai deixar um lucro líquido de R$ 50,00 livres por dia para cada fantasia alugada. Robertão fez várias considerações para te convencer:

- Considerando que vocês aluguem 80% das fantasias.
- Considerando que o pagamento é via cartão de crédito, o que implica garantia de recebimento.
- Considerando que após o carnaval não vai sobrar fantasia alguma.
- Considerando que em um mês a operação inicia e termina.

❑ Considerando que as taxas de retorno para os "negócios" de carnaval são de 25% ao mês.

O que você acha? É um bom negócio? Você resolveu fazer uma análise usando o VPL para verificar se esta ideia é viável (lucrativa) ou não.

2) Ana Matilde Maria, engenheira de uma tradicional empresa, optante por um PDV, está pensando em investir os recursos que receber em uma empresa prestadora de serviços. Ela tem uma proposta para montar uma empresa X investindo R$ 250.000,00 à vista, hoje. Com essa empresa, ela espera receber resultados líquidos (lucros) durante os próximos três anos de R$ 60.000,00 ao final do primeiro ano, R$ 80.000,00 ao final do segundo ano e, finalmente, R$ 120.000,00 no final do terceiro ano. Ao final do terceiro ano, Ana Maria pretende vender sua participação na empresa por R$ 300.000,00. Considere que a taxa adequada para seus cálculos seja 18% ao ano. Qual deve ser a decisão de Ana Maria? Investir ou não? Qual é o VPL desse projeto?

3) Você é o diretor financeiro. Hoje à tarde você terá uma reunião com a presidência da empresa para indicar suas recomendações de investimentos da ordem de R$ 4.000,00. Você mapeou quatro alternativas: a, b, c & d. Utilizando o critério do VPL, responda: quais são viáveis? Qual é a melhor?

Alternativa A) Investir R$ 4.000 em um único projeto A para receber R$ 2.000 durante os próximos três anos. A taxa do custo de capital é 24% ao ano.

Alternativa B) Investir em uma série de projetos B, que custam R$ 1.000 cada um, para receber R$ 240 (em t=1), R$ 820 (em t=2) e R$ 410 (em t=3). A taxa do custo de capital é 19% ao ano.

Alternativa C) Investir no projeto C R$ 4.000 para receber R$ 1.800 durante os próximos seis anos. A taxa do custo de capital é 14% ao ano.

Alternativa D) Investir R$ 4.000,00 em um projeto que vai pagar R$ 1.000,00 anual a cada fim de ano durante os próximos sete anos. A taxa do custo do capital desse projeto é 12% ao ano.

Solução da lista de exercícios 6.2: análise de projetos de investimentos

1) Robertão (o Beto), seu amigo de infância, te propôs um negócio relâmpago para fazer durante os três dias de carnaval e ganhar um "bom" dinheiro: aluguel de fantasias! A ideia de Robertão é a seguinte: vocês investem, um mês antes do carnaval, R$ 100.000,00 para pagarem pela confecção de 1.000 fantasias de carnaval e pagarem pela operação toda. Cada fantasia pode ser alugada por um valor tal que, fora as taxas e custos operacionais, vai deixar um lucro líquido de R$ 50,00 livres por dia para cada fantasia alugada. Robertão fez várias considerações para te convencer:
   - Considerando que vocês aluguem 80% das fantasias.
   - Considerando que o pagamento é via cartão de crédito, o que implica garantia de recebimento.
   - Considerando que após o carnaval não vai sobrar fantasia alguma.
   - Considerando que em um mês a operação inicia e termina.
   - Considerando que as taxas de retorno para os "negócios" de carnaval são de 25% ao mês.

   O que você acha? É um bom negócio? Você resolveu fazer uma análise usando o VPL para verificar se esta ideia é viável (lucrativa) ou não.

Solução:
Vamos anotar quanto vamos investir: investimento é R$ 100.000,00.
Vamos fazer as contas de quanto vamos receber: vamos alugar 80% das 1.000 fantasias, por três dias, e ganhar líquido R$ 50,00 por fantasia = 80% × 1.000 × 3 × 40 = R$ 120.000,00.
Colocando esses números na escala do tempo para melhor visualização do projeto financeiro:

T=0   t=30 dias (1 mês)
– 100.000,00   120.000,00

Fazendo a conta do VPL usando a taxa de 25% ao mês:
VPL = VP – Io
Io = – 100.000,00

$VP = 120.000/(1+0,25)^1 = 96.000,00$

$VPL = 96.000,00 - 100.000,00 = -4.000,00$

Resposta: concluímos que a ideia de Robertão é inviável, pois apresenta VPL negativo de menos R$ 4.000,00. Ou seja, não paga a taxa de retorno esperada para negócios de carnaval de 25% ao mês.

2) Ana Matilde Maria, engenheira de uma tradicional empresa, optante por um PDV, está pensando em investir os recursos que receber em uma empresa prestadora de serviços. Ela tem uma proposta para montar uma empresa X investindo R$ 250.000,00 à vista, hoje. Com essa empresa, ela espera receber resultados líquidos (lucros) durante os próximos três anos de R$ 60.000,00 ao final do primeiro ano, R$ 80.000,00 ao final do segundo ano e, finalmente, R$ 120.000,00 no final do terceiro ano. Ao final do terceiro ano, Ana Maria pretende vender sua participação na empresa por R$ 300.000,00. Considere que a taxa adequada para seus cálculos seja 18% ao ano. Qual deve ser a decisão de Ana Maria? Investir ou não? Qual é o VPL desse projeto?

Solução na calculadora financeira HP 12 C:
Fluxo de caixa da empresa de engenheira Ana Matilde:

t=0	t=1	t=2	t=3
– 250	60	80	120+300

Colocando na calculadora financeira HP 12 C:

– 250	g	Cfo
60	g	Cfj
80	g	Cfj
420	g	Cfj
18%	i	

obtemos f NPV = 113.927,18

VPL é positivo, o que significa lucro.

Resposta: VPL positivo de 113.927,18. Conclusão: SIM!!! Pode investir.

3) Você é o diretor financeiro. Hoje à tarde você terá uma reunião com a presidência da empresa para indicar suas recomendações de investimentos da ordem de R$ 4.000,00. Você mapeou quatro alternativas: a, b, c

& d. Utilizando o critério do VPL, responda: quais são viáveis? Qual é a melhor?

Alternativa A) Investir R$ 4.000 em um único projeto A para receber R$ 2.000 durante os próximos três anos. A taxa do custo de capital é 24% ao ano.

Alternativa B) Investir em uma série de projetos B, que custam R$ 1.000 cada um, para receber R$ 240 (em t=1), R$ 820 (em t=2) e R$ 410 (em t=3). A taxa do custo de capital é 19% ao ano.

Alternativa C) Investir no projeto C R$ 4.000 para receber R$ 1.800 durante os próximos seis anos. A taxa do custo de capital é 14% ao ano.

Alternativa D) Investir R$ 4.000,00 em um projeto que vai pagar R$ 1.000,00 anual a cada fim de ano durante os próximos sete anos. A taxa do custo do capital desse projeto é 12% ao ano.

Solução:
Alternativa A:

t=0	t=1	t=2	t=3
– 4.000	2.000	2.000	2.000

Colocando na calculadora financeira HP 12 C:

– 4.000	Cfo
2.000	Cfj
3	Nj
24	i	NPV = – 37,39

VPL negativo, é prejuízo.

Alternativa B:

t=0	t=1	t=2	t=3
– 1.000	240	820	410

Colocando na calculadora financeira HP 12 C:

– 1.000	Cfo
240	Cfj
820	Cfj
410	Cfj
19	i	NPV × 4 = 96,15

VPL positivo é lucro.

Alternativa C:

t=0	t=1	t=2	....	t=6
– 4.000	1.800	1.800		1.800

Colocando na calculadora financeira HP 12 C:

– 4.000   Cfo
1.800   Cfj
6   Nj
14   i   NPV = 2.999,60

VPL positivo é lucro.

Alternativa D:

t=0	t=1	t=2	....	t=7
– 4.000	1000	1000	....	1000

Colocando na calculadora financeira HP 12 C:

– 4.000   Cfo
1.000   Cfj
7   Nj
12   i

Conclusão: VPL = 563,76

Tomada de decisão: o VPL dos investimentos é respectivamente:
VPL (a) = – 37,39
VPL (b) = 96, 15 (investindo em quatro projetos B)
VPL (c) = 2.999,60
VPL (d) = 563,76
Resposta: o melhor investimento é C.

Taxa interna de retorno (TIR)

O critério da TIR serve para determinar a taxa que um projeto de investimentos é capaz de proporcionar aos seus investidores. Por exemplo: suponha que você investe R$ 100,00 hoje em um projeto e recebe daqui a um ano R$ 120,00. Então podemos dizer que você ganhou 20% como taxa de retorno desse investimento. A TIR desse investimento é 20% ao ano.

TIR em inglês e nas calculadoras financeiras é *internal rate of return* (IRR). As calculadoras financeiras calculam a TIR. Você vai encontrar a tecla IRR em sua calculadora financeira. Essa tecla serve para a sua calculadora determinar a TIR de um projeto.

A TIR de um projeto depende unicamente de aspectos internos ao projeto, tais como capacidade, tamanho, instalações. TIR é a taxa de retorno intrínseca de um projeto. Por essa razão chamamos taxa interna. A TIR é um critério muito utilizado para tomada de decisão sobre investimentos.

A análise usando a TIR. Para analisar um projeto utilizando o critério da TIR, primeiro calculamos a TIR e depois comparamos a TIR com a taxa do custo do capital do projeto. Se a TIR for maior do que a taxa do custo de capital do projeto, podemos dizer que o projeto é bom. Se, por outro lado, a TIR for menor do que a taxa do custo de capital, o projeto não é capaz de se pagar, esse projeto seria inviável. Quando usamos a TIR como critério para análise de investimentos, queremos saber se o projeto apresenta taxas de retorno maiores ou menores do que a taxa de seu custo de capital.

O critério da TIR serve para medir a taxa de retorno de um projeto

A TIR deve ser maior que a taxa do custo de capital do projeto (CMPC) para o projeto ser viável.

TIR deve ser maior do que o custo de capital ou taxa de retorno esperada do projeto. Comparando a TIR com o VPL: quando usamos a TIR como taxa de desconto, o VPL é zerado.

Fórmula da TIR

Sendo a fórmula da taxa que faz o VPL ser zero, temos:
VPL $= VP - Io$
Onde VP $= \sum (FC / (1+TIR))$ e VPL $= 0$
Substituindo, obtemos
$0 = \sum (FC / (1+TIR)) - Io$

Somente é possível calcular a TIR de um projeto que apresente fluxos de caixa convencionais. Fluxos de caixa convencionais são fluxos de caixa da seguinte forma: primeiro os fluxos de caixa são do bolso do investidor para o projeto (fluxo negativo) e depois os fluxos de caixa são do projeto para o bolso do investidor (fluxo positivo).

Ou seja: no fluxo de caixa convencional existe uma e apenas uma inversão no sinal dos fluxos de caixa de projeto (de negativo para positivo).

Exemplo a): qual é a TIR do projeto Brasil?
Este projeto de investimentos em construção civil custa hoje R$ 1.000.000,00. Promete pagar aos seus investidores um único fluxo de caixa no valor de R$ 1.300.000,00 em t=1ano. Considerando que o CMPC desse projeto seja 20% ao ano, você investiria?
Solução:
VPL = VP – Io
$0 = \sum (FC / (1+TIR)) - Io$
$0 = 1.300.000 / (1+TIR) - 1.000.000$
$1.000.000 = 1.300.000 / (1+TIR)$
$(1+TIR) = 1,3$, então obtemos TIR = 0,3 = 30%

Análise da TIR: Considerando que a TIR de 30% ao ano é maior do que a taxa do custo do capital, que é 20% a.a., o projeto é viável.
Resposta: sim, você pode investir. A TIR é 30%, maior do que a taxa do custo do capital.

Exemplo b) O projeto B2B custa R$ 1.000. Esse projeto deve durar apenas um ano. Ao final desse único ano o projeto B2B deverá fornecer um resultado líquido final de R$ 1.200. Qual é a TIR desse projeto?
Solução:
Partindo da definição de que a TIR é taxa que faz o VPL = 0
VPL = VP – CUSTOS (Io)
Substituindo, obtemos:
$VPL = \sum FCt / (1 + K)^t - CUSTOS (Io)$
TIR = 20% ao ano

Análise da TIR: não é possível fazer análise nesse exemplo, pois não temos o parâmetro (taxa do CMPC) para fazer a comparação. No enunciado somente foi solicitado para determinar a TIR.
Resposta: conforme solicitado no enunciado do problema, a taxa interna de retorno é 20%.

Exemplo c) Calcule a TIR do projeto QQ, usando o conceito e resolvendo pela fórmula. O projeto QQ custa hoje R$ 4.000 e possui FC1 = 2.000 e FC2 = 4.000.
Solução:
Partindo da definição de que a TIR é taxa que faz o VPL = 0
VPL = VP – CUSTOS (Io)
VPL = $\sum FCt / (1 + K)^t$ – CUSTOS (Io)
$\sum FCt / (1 + TIR)^t$ – Io = 0
$\sum FCt / (1 + TIR)^t$ = Io

Solução QQ:
Agora temos uma equação do segundo grau, pois existem dois períodos de tempo:
2000/(1+TIR) + 4.000/(1+TIR)² = 4.000
4000   = 2000 / (1+tir) + 4000 / (1+tir)²
4000(1+tir)² / (1+tir)² = 2000 (1+tir) / (1+tir)² + 4000 / (1+tir)²
4000(1+tir)² – 2000 (1+tir) – 4000   =   0
4000 (1 + 2tir + tir²) – 2000 (1 + tir) – 4000   =   0
4 tir² + 6 tir – 2   =   0

Solução QQ:
Agora temos uma equação do segundo grau, pois existem dois períodos de tempo:
4 tir² + 6 tir – 2   =   0
Lembre-se de que: [–b (+/–)√(b² – 4ac)] / 2a
[–6 +/– √(36 + 32)] / 8 = [–6 +/– √(68)] / 8   = [–6 +/– 8,24] / 8
[–14,24 / 8]   = –1,78 e [2,24 / 8]   = +0,28

Análise da TIR: não é possível fazer análise nesse exemplo, pois não temos o parâmetro (taxa do CMPC) para fazer a comparação. No enunciado somente foi solicitado para determinar a TIR.
Resposta: a taxa TIR é 28% ao ano.
Aceitar projeto se o custo do capital for menor do que a TIR.

Exemplo Tupy: TIR
Calcular a TIR do projeto Tupy, representada pelo fluxo de caixa abaixo em milhões de reais, e verifique se o projeto é viável considerando que a taxa do custo do capital que vai financiar o projeto Tupy é 15% ao ano.

t0	t1	t2	t3	t4	t5
− 3.500	1.000	1.000	1.250	1.250	1.500

Solução: com a calculadora financeira HP 12 C:
− 3.500   g   Cf0
1.000   g   Cfj
1.000   g   Cfj
1.250   g   Cfj
1.250   g   Cfj
1.500   g   Cfj
f   IRR,   obtemos IRR = 19,48%

A análise da TIR: posto que a TIR é 19,48% e a taxa do custo do capital é menor, 15% ao ano, o projeto é viável.

Atenção: problemas com a TIR. Às vezes a TIR falha

A TIR não é um critério perfeito. Vamos fazer um exemplo para ilustrar alguns dos problemas que a TIR pode causar aos administradores quando é usada. Calcular o VPL e a TIR dos projetos ABC e XYZ seguintes. Considere taxa de 10% ao ano. Qual é o melhor projeto A ou B?

Projeto	t=0	t=1
ABC	- 100.000	121.000
XYZ	100.000	- 133.100

Solução:
Calcular o VPL e a TIR dos projetos ABC e XYZ. Considere a taxa do custo do capital deste projeto de 10% ao ano?
Resolvendo na calculadora financeira HP 12 C obtemos:
VPL (ABC) = 10.000   TIR (ABC) = 21%
VPL (XYZ) = – 21.000   TIR (XYZ) = 33,1%

Tomada de decisão: conclusão e resposta
i) O projeto A é nitidamente superior, entretanto a TIR elege o projeto B como apresentando a maior Taxa de retorno.
ii) Quando comparamos ambos os projetos, vemos que a TIR indica o projeto B como o melhor. Apesar de o projeto B proporcionar um prejuízo.
iii) A TIR não consegue diferenciar projetos de aplicação (ABC) dos projetos de captação (XYZ).
iv) A TIR não diferencia taxa que você paga da taxa que você recebe.
Conclusão: a TIR não é um critério muito confiável.

Taxa interna de retorno modificada (TIRM)

A TIRM é a taxa interna de retorno modificada e serve para quando não é possível calcular a TIR convencional. A TIRM serve para determinar "uma" TIR na presença de fluxos de caixa não convencionais (quando existe mais de uma mudança no sinal do fluxo de caixa do projeto).

Muitos analistas consideram que a TIRM é mais realista do que a TIR por incorporar na análise as taxas de captação e aplicação do mercado.

TIRM é obtida trazendo a valor presente, pela taxa de captação, todos os fluxos de caixa relativos a investimentos (fluxos negativos) e levando a valor futuro, pela taxa de aplicação, todos os fluxos de caixa relativos aos lucros e resultados (fluxos positivos).

Tal como a TIR, a TIRM deve ser maior que a taxa do custo de capital do projeto (CMPC) para o projeto ser viável.

Exemplo Rio Novo: TIRM
Determine a TIR e a TIRM do projeto Rio Novo. Os fluxos de caixa desse projeto estão logo a seguir. Os executivos do projeto Rio Novo podem aplicar recursos obtendo uma taxa de retorno de 10% ao ano para suas aplicações e podem captar recursos à taxa de 15% ao ano.
Os fluxos de caixa da Rio Novo são:

t=0	t=1	t=2	t=3	t=4	t=5
– 100	30	30	40	40	50

Solução:
VP dos investimentos (FCs negativos) pela taxa de captação: VP = 100/$(1+0,15)^0$ = 100
VF dos resultados líquidos (FCs positivos) pela taxa de aplicação
VF = $30(1+0,10)^5$ + $30(1+0,10)^4$ + $40(1+0,10)^3$ + $40(1+0,10)^2$ + $50(1+0,10)^1$ = 226,25

Então, para calcular a TIRM, fazemos:

t=0	t=1	t=2	t=3	t=4	t=5
– 100	0	0	0	0	226,25

Podemos fazer na fórmula da TIRM:
226,25 / $(1+ TIRM)^5$ = 100
$(1+ TIRM)^5$ = 2,22625
1 + TIRM = 1,173585 onde então TIRM é 17,35%
A TIR convencional, fazendo pela calculadora financeira, nos fornece: TIR = 23,41% a.a.

A análise da TIRM: posto que a TIRM é maior do que a taxa do custo do capital, o projeto é viável.

Resposta: posto que a TIRM é 17,35% ao ano e a taxa do custo do capital é menor, 15% ao ano, o projeto é viável. A TIR convencional, fazendo pela calculadora financeira, é 23,41% a.a.

Exemplo Netuno: TIRM

Determine a TIR e a TIRM do projeto Netuno. As taxas de captação são 12% a.a. e as taxas de aplicação são 10% a.a.

t=0	t=1	t=2	t=3	t=4	t=5
24.000	24.000	– 116.000	24.000	24.000	24.000

Esses fluxos de caixa que mudam de sinal mais do que uma vez ao longo da vida do projeto são chamados de fluxos de caixa "não convencionais".

VP dos investimentos (FCs negativos): $VP = 116.000/(1+0,12)^2 = 92.474,48982$

VF dos resultados líquidos (FCs positivos);
$VF = 24 (1+0,10)^5 + 24 (1+0,10)^4$
$\qquad + 24 (1+0,10)^2 + 24 (1+0,10)^1 + 24 (1+0,10)^0 = 153.230,64$

Então, para calcular a TIRM, fazemos:

t=0	t=1	t=2	t=3	t=4	t=5
– 92.474,49	0	0	0	0	153.230,64

Podemos fazer na fórmula da TIRM:
$153.230,64 / (1+ TIRM)^5 = 92.474,49$
$(1+ TIRM)^5 = 1,657004694$
$1 + TIRM = 1,10627920 = 10,63\%$

A análise da TIRM: posto que a TIRM é menor do que a taxa do custo do capital, o projeto é inviável.

Resposta: posto que a TIRM é 10,63% ao ano e a taxa do custo do capital é maior, 12% ao ano, o projeto é inviável. Tentando fazer esse exemplo na calculadora financeira pela TIR convencional, você obtém "Error 3". Error 3 na HP 12 C significa que os fluxos de caixa não são convencionais, ou seja, a calculadora estará dizendo para você com essa mensagem de "Error 3" que o fluxo de caixa que você inseriu muda de sinal mais que uma única vez.

Índice de lucratividade líquida (ILL)

Cálculo do índice de lucratividade líquida (ILL)

O critério do ILL serve para medir qual é a relação entre valor e custo dos investimentos necessários para implantar um projeto. Queremos saber se o projeto apresenta ILL maior ou menor do que 1. ILL maior do que 1 significa que o investidor vai receber mais do que investiu.

O ILL é um índice. Serve para medir quanto o investidor vai receber por unidade monetária investida. ILL deve ser maior do que UM.

Fórmula do ILL: ILL = VP / Io

Comparação entre VPL e ILL:
Observe que o VPL mede a diferença entre VP e Io; por outro lado, o ILL mede relação entre VP e Io. Vamos lembrar das fórmulas para observarmos melhor essa comparação:

- Fórmula do VPL: VPL = VP – Io
- Fórmula do ILL: ILL = VP / Io

Exemplo Leblon: índice e lucratividade líquida (ILL)
Calcule o ILL do projeto Leblon. Considere que a taxa do custo do capital que financia esse projeto seja 10% ao ano. Considere que o tempo máximo para recuperação do capital investido (ponto e corte) seja dois anos.

Fluxos de caixa projetados do projeto Leblon:

t=0	t=1	t=2	t=3	t=4	t=5
– 200.000	60.000	60.000	80.000	80.000	100.000

Solução:

Data	FC	VP
0	–200.000	–200.000
1	60.000	54.545
2	60.000	49.587

3	80.000	60.105
4	80.000	54.641
5	100.000	62.092

ILL = VP / Io = 280.971 / 200.000 = 1,4

Análise do ILL: posto que o ILL é maior do que 1, o projeto é viável.
Resposta: o projeto é viável, pois o ILL é 1,4, ou seja, maior do que 1.

Lista de exercícios 6.3: análise de projetos de investimentos — VPL, TIR, ILL

1) Você tem uma empresa de aluguel de máquinas. Sua empresa aluga máquinas para empresas de construção civil. Uma máquina de terraplanagem custa R$ 100.000,00. Se sua empresa tiver uma máquina dessas, poderá alugá-la a clientes. Essa máquina pode ser alugada por R$ 20.000,00 por mês aos seus clientes. Os custos de manutenção, que correm por conta da sua empresa, são da ordem de R$ 12.000,00 mensais. Ao final de três anos você pode vender essa máquina (para outra empresa, por exemplo) por R$ 50.000,00. Qual é a TIR dessa máquina?

2) O projeto Gama custa hoje R$ 10.000,00. Projeta um pagamento anual perpétuo de R$ 3.333,33. A taxa de desconto adequada é 12,5898% a.a. Calcular a TIR do projeto Gama.

3) Aplicação do critério da TIRM.
Determinar a taxa interna de retorno modificada (TIRM) do projeto Tagli. Esse projeto custa R$ 420.000,00 hoje e tem uma taxa de custo de capital de 18% ao ano (taxa para captação de empréstimos). O projeto Tagli promete pagar os seguintes fluxos de caixa: R$ 240.000,00 em t=1, – R$ 120.000,00 (negativo) em t=2 e, finalmente, R$ 480.000,00 em t=3. Considere que a taxa para aplicação de recursos é 12% ao ano.

4) A TIR não é um critério perfeito. Esse exercício é para entendermos alguns dos problemas que a TIR pode causar aos administradores quando é usada. Calcular o VPL e a TIR dos projetos A e B seguintes. Considere taxa de 10% ao ano. Qual é o melhor projeto: A ou B?

Projeto	t=0	t=1
A	- 1.000	1.210
B	1.000	- 1.331

5) O projeto Tabajara custa hoje R$ 3.000,00. Esse projeto tem uma previsão de gerar os seguintes resultados líquidos pelos próximos três anos: R$ 1.100,00 em t=1, R$ 1.210,00 em t=2, R$ 1.331,00 em t=3. Calcule a TIR do projeto Tabajara.

6) Projeto de intermediar vendas de Blocos X. Você vai assinar um contrato para quatro anos. As vendas para o ano 1 serão de 1.000 blocos. O crescimento previsto das vendas é 10% ao ano. O preço de venda do bloco é R$ 1.000,00. O CV de cada bloco é R$ 480,00. Os custos fixos anuais são de R$ 230.000,00. O risco beta desta operação é 1,7. A taxa RF é 18% a.a. A taxa de retorno do mercado é 25% ao ano. O custo para implantar esse projeto é, hoje, R$ 400.000,00. Esse projeto é viável? Calcular o VPL, TIR, *payback* e ILL.

7) Aplicação do critério da TIRM

Determinar a taxa interna de retorno modificada (TIRM) do projeto Vaivém. Esse projeto custa R$ 100.000,00 hoje e tem uma taxa de custo de capital de 14% ao ano (taxa para captação de empréstimos). O projeto Vaivém promete pagar os seguintes fluxos de caixa: R$ 40.000,00 em t=1, – R$ 60.000,00 (negativo) em t=2 e, finalmente, R$ 180.000,00 em t=3. Considere que a taxa para aplicação de recursos é 8% ao ano.

8) Aplicação dos critérios do VPL e do ILL

Projeto Albatroz é viável? Determinar o FC da empresa prestadora de serviços Albatroz, para os seus sócios. A empresa Albatroz tem serviços contratados pelos próximos três anos de 20 contratos em t=1, 30 contratos em t=2 e 40 contratos em t=3. Os preços de venda desses contratos são, respectivamente: R$ 1.400,00, R$ 1.500,00 e R$ 1.600,00 pelos próximos três anos. O custo variável unitário é R$ 700,00, R$ 800,00 e R$ 900,00 em t=1, t=2 e t=3, respectivamente. Os custos fixos são de R$ 3.200,00 ao ano pelos próximos três anos. A alíquota do IR é 30%. Os investimentos totais necessários para o perfeito atendimento desses contratos são da ordem de R$ 20.000,00, hoje. Os sócios só têm

R$ 12.000,00. As taxas de juros disponíveis são de 22% ao ano. Assuma que somente serão feitos os pagamentos dos juros dos empréstimos, ficando o principal para o final. O risco beta para os acionistas é 1,4. A taxa RF é 19% a.a. O Erm é 26% a.a. Calcule o VPL e o ILL para os sócios e determine se a empresa Albatroz é viável. Desconsidere a depreciação.

9) Aplicação do critério do *payback* descontado

Determine o período *payback* descontado do projeto GFX. Esse projeto apresenta um custo de R$ 47.199,07 (em t=0) e tem previsão de fornecer os seguintes fluxos de caixa: R$ 14.000 (em t=1ano), R$ 32.000 (em t=2anos), R$ 23.000 (em t=3anos) e, finalmente, R$ 14.500 (em t=4anos). Considere que a taxa de desconto adequada ao risco do projeto GFX é de 20% por ano.

10) Aplicação do critério do VPL

Você quer analisar se deve ou não investir em um projeto industrial na área de metalurgia que fornece ao investidor fluxos de caixa líquidos anuais de R$ 640.000,00 durante toda a vida útil do projeto, a qual é oito anos. Ao final da vida útil do projeto as instalações poderão ser vendidas por um valor terminal (valor para venda no fim do ano 8) igual a R$ 6.000.000,00. A taxa de retorno adequada para projetos industriais na área metalurgia é de 16% ao ano. O projeto industrial tem um custo estimado em R$ 3.800.000,00 na data zero. Utilize o critério do VPL para tomar sua decisão.

11) Aplicação do critério da TIR

Determinar a taxa interna de retorno (TIR) do projeto Harpus. Esse projeto custa R$ 420.000,00 hoje, tem uma taxa de custo de capital de 22% ao ano e paga os seguintes fluxos de caixa: R$ 240.000,00 em t=1, R$ 260.000,00 em t=2 e, finalmente, R$ 230.000,00 em t=3. O projeto Harpus é viável?

12) Aplicação do critério do ILL

A empresa prestadora de serviços Servix está planejando um novo produto que custará hoje R$ 400.000,00. Esse novo produto projeta resultados líquidos de R$ 90.000,00 em condições de perpetuidade. Assuma que a taxa de retorno adequada a esse projeto seja de 26% ao ano.

13) Aplicação do critério da TIRM

Determinar a taxa interna de retorno modificada (TIRM) do projeto Adamastor. Esse projeto custa R$ 200.000,00 hoje e tem uma taxa de custo de capital de 16% ao ano (taxa para captação de empréstimos). O projeto Adamastor promete pagar os seguintes fluxos de caixa: R$ 120.000,00 em t=1, – R$ 120.000,00 (negativo) em t=2 e, finalmente, R$ 300.000,00 em t=3. Considere que a taxa para aplicação de recursos é 9% ao ano.

14) Aplicação do critério do ILL

Você quer analisar se deve ou não investir em um projeto industrial na área de metalurgia que fornece ao investidor fluxos de caixa líquidos anuais de R$ 700.000,00 durante toda a vida útil do projeto, a qual é oito anos. Ao final da vida útil do projeto as instalações poderão ser vendidas por um valor terminal (valor para venda no fim do ano 8) igual a R$ 6.000.000,00. A taxa de retorno adequada para projetos industriais na área metalurgia é de 15% ao ano. O projeto industrial tem um custo estimado em R$ 4.000.000,00 na data zero. Utilize o critério do VPL para tomar sua decisão.

Solução da lista de exercícios 6.3: análise de projetos de investimentos — VPL, TIR, ILL

1) Você tem uma empresa de aluguel de máquinas. Sua empresa aluga máquinas para empresas de construção civil. Uma máquina de terraplanagem custa R$ 100.000,00. Se sua empresa tiver uma máquina dessas, poderá alugá-la a clientes. Essa máquina pode ser alugada por R$ 20.000,00 por mês aos seus clientes. Os custos de manutenção, que correm por conta da sua empresa, são da ordem de R$ 12.000,00 mensais. Ao final de três anos você pode vender essa máquina (para outra empresa, por exemplo) por R$ 50.000,00. Qual é a TIR dessa máquina?

Solução:

t=0	t=1	t=2	t=3	...	t=35	t=36
-100	8	8	8	8	8	8+50

Com a calculadora financeira HP 12 C:
- 100   g   Cfo
8   g   Cfj
35   g   Nj
58   g   Cfj
TIR = 7,71% ao mês
Resposta: tomada de decisão. Dado que a TIR (7,71% ao ano) é menor do que a taxa do custo de capital que financia o projeto (12% ao ano), a tomada de decisão deve ser rejeitar o projeto.

2) O projeto Gama custa hoje R$ 10.000,00. Projeta um pagamento anual perpétuo de R$ 3.333,33. A taxa de desconto adequada é 12,5898% a.a. Calcular a TIR do projeto Gama.
Solução:

T=0	t=1	t=2	t=infinito
-10.000	3.333,33	3.333,33	3.333,33

É uma perpetuidade; VP de uma perpetuidade é VP = FC1 / (K – g)
VPL = VP – Io
VPL = {FC1/(tir-0)} – Io = 0
VPL = {3.333,33 / (tir-0)} – 10.000,00 = 0
{3.333,33 / (tir-0)} = 10.000,00
{3.333,33 / tir} = 10.000,00
Tir = 33,33%
Resposta: tomada de decisão. Posto que a TIR (33,33% ao ano) é maior do que a taxa do custo de capital que financia o projeto (12,5898% ao ano), a tomada de decisão deve ser aceitar o projeto Gama.

3) Aplicação do critério da TIRM.
Determinar a taxa interna de retorno modificada (TIRM) do projeto Tagli. Esse projeto custa R$ 420.000,00 hoje e tem uma taxa de custo de capital de 18% ao ano (taxa para captação de empréstimos). O projeto Tagli promete pagar os seguintes fluxos de caixa: R$ 240.000,00 em t=1, – R$ 120.000,00 (negativo) em t=2 e, finalmente, R$ 480.000,00 em t=3. Considere que a taxa para aplicação de recursos é 12% ao ano.

Solução:
Primeiro, vamos colocar esses fluxos de caixa na linha do tempo, seguindo a sequência cronológica para melhor visualização.

T=0	t=1	t=2	t=3
– 420.000	240.000	– 120.000	480.000

Segundo, vamos trazer todos os fluxos de caixa negativos a VP pela taxa de captação e vamos levar a VF (no último período) todos os fluxos de caixa positivos pela taxa de aplicação.

Em t=0 ficaremos com $420.000 + 120.000/(1+0,18)^2 = 506.182,13$ (negativo)

Em t=3 ficaremos com $240.000 (1+0,12)^2 + 480.000 = 842.112,00$

Terceiro, vamos calcular a TIR tradicional:

T=0	t=1	t=2	t=3
– 506.182,13	0	0	842.112,00

Obtemos a TIR = 18,49% ao ano.
Resposta: a TIRM, isto é, a TIR modificada é 18,49% ao ano.

4) A TIR não é um critério perfeito. Esse exercício é para entendermos alguns dos problemas que a TIR pode causar aos administradores quando é usada. Calcular o VPL e a TIR dos projetos A e B seguintes. Considere taxa de 10% ao ano. Qual é o melhor projeto: A ou B?

Projeto	t=0	t=1
A	- 1.000	1.210
B	1.000	- 1.331

Solução:
Calcular o VPL e a TIR dos projetos A e B. Considere taxa de 10% ao ano.

Projeto	t=0	t=1
A	– 1.000	1.210
B	1.000	– 1.331

Resolvendo na HP 12 C, obtemos:
VPL (A) = 100   TIR (A) = 21%
VPL (B) = – 210   TIR (B) = 33,1%

Tomada de decisão: conclusão e resposta
A TIR não é um critério confiável.
i) O projeto A é nitidamente superior, entretanto a TIR elege o projeto B como apresentando a maior Taxa de retorno.
ii) Quando comparamos ambos os projetos, vemos que a TIR indica o projeto B como o melhor. Apesar de o projeto B proporcionar um prejuízo.
Resposta: a TIR não é um critério confiável.

5) O projeto Tabajara custa hoje R$ 3.000,00. Esse projeto tem uma previsão de gerar os seguintes resultados líquidos pelos próximos três anos: R$ 1.100,00 em t=1, R$ 1.210,00 em t=2, R$ 1.331,00 em t=3. Calcule a TIR do projeto Tabajara.
Solução:
Primeiro, vamos colocar estes fluxos de caixa na linha do tempo, seguindo a sequência cronológica para melhor visualização. Fluxos de caixa do projeto Tabajara:

T=0	t=1	t=2	t=3
– 3.000	1.100	1.210	1.331

Calcular a TIR na HP 12 C:

– 3.000	g	Cfo
1.100	g	Cfj
1.210	g	Cfj
1.331	g	Cfj

f   IRR obtemos 10% ao ano.
Resposta: IRR obtemos 10% ao ano.

6) Projeto de intermediar vendas de Blocos X. Você vai assinar um contrato para quatro anos. As vendas para o ano 1 serão de 1.000 blocos. O crescimento previsto das vendas é 10% ao ano. O preço de venda do bloco é R$ 1.000,00. O CV de cada bloco é R$ 480,00. Os custos fixos anuais são de R$ 230.000,00. O risco beta desta operação é 1,7. A taxa RF é

18% a.a. A taxa de retorno do mercado é 25% ao ano. O custo para implantar esse projeto é, hoje, R$ 400.000,00. Esse projeto é viável? Calcular o VPL, TIR, *payback* e ILL.

Solução:

Primeiro, determinar os fluxos de caixa do projeto:

Data	1	2	3	4
Vendas	1000	1100	1210	1331
Faturamento	1.000.000	1.100.000	1.210.000	1.331.000
CV	480.000	528.000	580.800	638.880,00
CF	230.000	230.000	230.000	230.000,00
Lajir	290.000	342.000	399.200	462.120,00
Juros	-	-	-	-
Lair	290.000	342.000	399.200	462.120,00
IR	-	-	-	-
Lucro líq.	290.000	342.000	399.200,00	462.120,00
Reinvestimento	-	-	-	-
Dividendos	290.000	342.000	399.200,00	462.120,00

Segundo, vamos calcular a taxa:

K = RF + beta (Erm – RF) = 0,18 + 1,7 (0,25 – 0,18) = 0,299 = 29,9%

Terceiro, vamos inserir esses dados na calculadora HP 12 C:

CFs:		
	–400.000	CFo
	290.000	CFj
	342.000	CFj
	399.200	CFj
	462.120	CFj
	29,9	i

Obtemos na calculadora: NPV = 370.349,35 IRR = 75,24% ILL = 1,9258

Quarto, vamos calcular o período para *payback*.

Começamos pelos fluxos de caixa de cada período:

t=0	t=1	t=2	t=3	t=4
-400.000	290.000	342.000	399.200	462.120

Calculamos o seu valor presente (VP). Podemos calcular usando a fórmula; é fácil, veja:

290.000 / (1+29,9%)^1 = 223.248,65
342.000 / (1+29,9%)^2 = 202.678,55
399.200 / (1+29,9%)^3 = 182.122,28
462.120 / (1+29,9%)^4 = 162.299,86

Agora vamos ver quantos períodos precisamos "receber" para pagar os investimentos.

Considerando um investimento inicial de R$ 400.000,00.

Com o primeiro pagamento de 223.248,65, fica faltando ainda um saldo devedor de 176.751,35.

Ou seja, vamos precisar do primeiro ano inteiro e ainda fica devendo.

Com o segundo pagamento de 202.678,55 ficam sobrando R$ 25.927,20.

Então devemos fazer um rateio para ver quanto do segundo ano vamos precisar "usar" do seu fluxo de caixa para pagar os investimentos iniciais. No segundo ano vamos receber 202.678,55 para pagar 176.751,35; em outras palavras, vamos precisar usar a seguinte percentagem deste segundo ano para quitar os investimentos: 176.751,35 / 202.678,55 = 0,87.

Payback = 1 ano + 0,87 do segundo ano = *Payback* = 1,87 ano

Resposta:

NPV = 370.349,35   IRR = 75,24%   ILL = 1,9258   *Payback* = 1,87 ano

Tomada de decisão: dado que a TIR (75,24% ao ano) é maior do que a taxa do custo de capital que financia o projeto (29,90% ao ano), dado que o VPL (R$ 370.349,35) é maior do que zero, dado que o ILL (1,9258) é maior do que zero, dado que o *payback* (1,87) é menor do que a vida útil do projeto (quatro anos), a tomada de decisão deve ser aceitar o projeto de vender blocos X.

7) Aplicação do critério da TIRM

Determinar a taxa interna de retorno modificada (TIRM) do projeto Vaivém. Esse projeto custa R$ 100.000,00 hoje e tem uma taxa de custo

de capital de 14% ao ano (taxa para captação de empréstimos). O projeto Vaivém promete pagar os seguintes fluxos de caixa: R$ 40.000,00 em t=1, – R$ 60.000,00 (negativo) em t=2 e, finalmente, R$ 180.000,00 em t=3. Considere que a taxa para aplicação de recursos é 8% ao ano.
Solução:
Primeiro, vamos colocar estes fluxos de caixa na linha do tempo, seguindo a sequência cronológica para melhor visualização:

T=0	t=1	t=2	t=3
– 100.000	40.000	– 60.000	180.000

Segundo, vamos trazer todos os fluxos de caixa negativos a VP pela taxa de captação e vamos levar a VF (no último período) todos os fluxos de caixa positivos pela taxa de aplicação:
Em t=0 ficaremos com: $100.000 + 60.000/(1+0,14)^2 = 146.168,05$ (negativo)
Em t=3 ficaremos com: $40.000 \cdot (1+0,08)^2 + 180.000 = 249.952,00$

Terceiro, vamos calcular a TIR tradicional:

T=0	t=1	t=2	t=3
– 146.168,05	0	0	249.952,00

Obtemos a TIR = 19,58% ao ano.
Resposta: a TIRM, isto é, a TIR modificada é 19,58% ao ano.

8) Aplicação dos critérios do VPL e do ILL
Projeto Albatroz é viável? Determinar o FC da empresa prestadora de serviços Albatroz, para os seus sócios. A empresa Albatroz tem serviços contratados pelos próximos três anos de 20 contratos em t=1, 30 contratos em t=2 e 40 contratos em t=3. Os preços de venda desses contratos são, respectivamente: R$ 1.400,00, R$ 1.500,00 e R$ 1.600,00 pelos próximos três anos. O custo variável unitário é R$ 700,00, R$ 800,00 e R$ 900,00 em t=1, t=2 e t=3, respectivamente. Os custos fixos são de R$ 3.200,00 ao ano pelos próximos três anos. A alíquota do IR é 30%. Os investimentos totais necessários para o perfeito atendimento desses contratos são da ordem de

R$ 20.000,00, hoje. Os sócios só têm R$ 12.000,00. As taxas de juros disponíveis são de 22% ao ano. Assuma que somente serão feitos os pagamentos dos juros dos empréstimos, ficando o principal para o final. O risco beta para os acionistas é 1,4. A taxa RF é 19% a.a. O Erm é 26% a.a. Calcule o VPL e o ILL para os sócios e determine se a empresa Albatroz é viável. Desconsidere a depreciação.

Solução:

O projeto Albatroz: demonstrativo de resultados projetados

Data	Ano 1	Ano 2	Ano 3
Vendas (Q)	20	30	40
Preço	1.400	1.500	1.600
Faturamento	28.000,00	45.000,00	64.000,00
CV	700	800	900
CV Q	14.000,00	24.000,00	36.000,00
CF	3.200,00	3.200,00	3.200,00
Lajir	10.800,00	17.800,00	24.800,00
Juros	1.760,00	1.760,00	1.760,00
Lair	9.040,00	16.040,00	23.040,00
IR 30%	2.712,00	4.812,00	6.912,00
LL	6.328,00	11.228,00	16.128,00
Reinvst	0	0	8.000,00
Dividendos	6.328,00	11.228,00	8.128,00

Data	Ano 0	Ano 1	Ano 2	Ano 3
FC Sócios	-12.000,00	6.328,00	11.228,00	8.128,00

Cálculo da Taxa de desconto: Ks = RF + bs (Erm − RF) = 0,19 + 1,4 (0,26 − 0,19) = 28,8%

Fluxos de caixa dos acionistas:

Data	Ano 1	Ano 2	Ano 3
Dividendos	6.328,00	11.228,00	8.128,00

VP = $6.328,00/(1+0,288)^1$ + $11.228,00/(1+0,288)^2$ + $8.128,00/(1+0,288)^3$

VP = Valor (ações) = R$ 15.485,17
Tendo o VP, podemos calcular o VPL: VPL = 15.485,17 − 12.000 = 3.485,17
Tendo o VP e o Io, podemos calcular o ILL: ILL = 15.485,17 / 12.000 = 1,29
Resposta: o VPL do projeto Albatroz é R$ 3.485,17. Sim, a empresa Albatroz é viável, pois o VPL é positivo. Tomada de decisão: dado que o VPL (R$ 3.485,17) é maior do que zero, a tomada de decisão deve ser aceitar o projeto Albatroz. Pelo critério do ILL encontramos também que o projeto é viável, pois o ILL de 1,29 é maior do que UM.

9) Aplicação do critério do *payback* descontado
   Determine o período *payback* descontado do projeto GFX. Esse projeto apresenta um custo de R$ 47.199,07 (em t=0) e tem previsão de fornecer os seguintes fluxos de caixa: R$ 14.000 (em t=1 ano), R$ 32.000 (em t=2 anos), R$ 23.000 (em t=3 anos) e, finalmente, R$ 14.500 (em t=4anos). Considere que a taxa de desconto adequada ao risco do projeto GFX é de 20% por ano.
   Solução:
   Primeiro, vamos colocar estes fluxos de caixa na linha do tempo, seguindo a sequência cronológica para melhor visualização:

T=0	t=1	t=2	t=3	t=4
− 47.199,07	14.000	32.000	23.000	14.500

Segundo, vamos calcular o valor presente de cada um dos fluxos de caixa para poder observar quantos fluxos de caixa serão necessários para "pagar" de volta os investimentos:

	T=0	t=1	t=2	t=3	t=4
VP	− 47.199,07	$14.000/1,2^1$	$32.000/1,2^2$	$23.000/1,2^3$	$14.500/1,2^4$
VP	− 47.199,07	14.000/1,2	32.000/1,44	23.000/1,728	14.500/2,0736
VP	− 47.199,07	11.666,67	22.222,22	13.310,19	6.992,67

Saldo do investimento:

T=0	t=1	t=2	t=3	t=4
	−35.532,40	−13.310,18	0,00	6.992,67

Resposta: o período de *payback* descontado para o projeto GFX é de três anos.

10) Aplicação do critério do VPL

Você quer analisar se deve ou não investir em um projeto industrial na área de metalurgia que fornece ao investidor fluxos de caixa líquidos anuais de R$ 640.000,00 durante toda a vida útil do projeto, a qual é oito anos. Ao final da vida útil do projeto as instalações poderão ser vendidas por um valor terminal (valor para venda no fim do ano 8) igual a R$ 6.000.000,00. A taxa de retorno adequada para projetos industriais na área metalurgia é de 16% ao ano. O projeto industrial tem um custo estimado em R$ 3.800.000,00 na data zero. Utilize o critério do VPL para tomar sua decisão.

Solução:

Primeiro, vamos colocar estes fluxos de caixa na linha do tempo, seguindo a sequência cronológica para melhor visualização:

T=0	t=1	t=2	t=3	....	t=8
– 3.800.000	640.000	640.000	640.000		640.000
					6.000.000

Segundo, vamos calcular o VP desse projeto industrial:

VP = $640.000/(1+0,16)^1$ + $640.000/(1+0,16)^2$ + ... + $(640.000+6.000.000)/(1+0,16)^8$

VP = 551.724,14 + 475.624,26 + 410.020,91 + ... = 4.610.050,91

Terceiro, vamos calcular o VPL. Onde VPL = VP – Io
VPL = 4.610.050,91 – 3.800.000,00 = 810.050,91 (positivo!!!)
Resposta: pode investir no projeto industrial, pois o VPL é de R$ 810.050,91, positivo.

11) Aplicação do critério da TIR

Determinar a taxa interna de retorno (TIR) do projeto Harpus. Esse projeto custa R$ 420.000,00 hoje, tem uma taxa de custo de capital de 22% ao ano e paga os seguintes fluxos de caixa: R$ 240.000,00 em

t=1, R$ 260.000,00 em t=2 e, finalmente, R$ 230.000,00 em t=3. O projeto Harpus é viável?
Solução:
Primeiro, vamos colocar estes fluxos de caixa na linha do tempo, seguindo a sequência cronológica para melhor visualização:

T=0	t=1	t=2	t=3
– 420.000	240.000	260.000	230.000

Segundo, vamos calcular a TIR na HP 12 C:

– 420.000	g	Cfo
240.000	g	Cfj
260.000	g	Cfj
230.000	g	Cfj
f	IRR	obtemos 33,91% ao ano.

Resposta: sim, o projeto Harpus é viável, pois a TIR de 33,91% ao ano é superior à taxa do custo de capital que é de 22% ao ano.

12) Aplicação do critério do ILL

A empresa prestadora de serviços Servix está planejando um novo produto que custará hoje R$ 400.000,00. Esse novo produto projeta resultados líquidos de R$ 90.000,00 em condições de perpetuidade. Assuma que a taxa de retorno adequada a esse projeto seja de 26% ao ano.
Solução:
Primeiro, vamos colocar estes fluxos de caixa na linha do tempo, seguindo a sequência cronológica para melhor visualização:

T=0	t=1	t=2	t=3	t = infinito
– 400.000	90.000	90.000	90.000	90.000

Segundo, vamos calcular o VP da empresa Servix, que é perpétua:
VP = FC1 / (K – g)
VP = 90.000 / (0,26 – 0)
VP = 346.153,85

Terceiro, vamos calcular o ILL. Onde ILL = VP / Io
ILL = 346.153,85 / 400.000 = 0,865384615

Resposta: não devemos investir no projeto Servix, pois o ILL é 0,86, ou seja, é menor do que 1, o que significa que vamos receber apenas R$ 0,86 para cada R$ 1,00 investido. Teremos prejuízo.

13) Aplicação do critério da TIRM
Determinar a taxa interna de retorno modificada (TIRM) do projeto Adamastor. Esse projeto custa R$ 200.000,00 hoje e tem uma taxa de custo de capital de 16% ao ano (taxa para captação de empréstimos). O projeto Adamastor promete pagar os seguintes fluxos de caixa: R$ 120.000,00 em t=1, – R$ 120.000,00 (negativo) em t=2 e, finalmente, R$ 300.000,00 em t=3. Considere que a taxa para aplicação de recursos é 9% ao ano.
Solução:
Primeiro, vamos colocar estes fluxos de caixa na linha do tempo, seguindo a sequência cronológica para melhor visualização:
T=0   t=1   t=2   t=3
– 200.000   120.000   – 120.000   300.000

Segundo, vamos trazer todos os fluxos de caixa negativos a VP pela taxa de captação e vamos levar a VF (no último período) todos os fluxos de caixa positivos pela taxa de aplicação:
Em t=0 ficaremos com: 200.000 + 120.000/(1+0,16)² = 289.179,55 (negativo)
Em t=3 ficaremos com: 120.000 (1+0,09)² + 300.000 = 476.430,00

Terceiro, vamos calcular a TIR tradicional:
T=0   t=1   t=2   t=3
– 289.179,55   0   0   476.430,00
Obtemos a TIR = 18,10% ao ano.
Resposta: a TIRM, isto é, a TIR modificada é 18,10% ao ano.

14) Aplicação do critério do ILL
Você quer analisar se deve ou não investir em um projeto industrial na área de metalurgia que fornece ao investidor fluxos de caixa líquidos

anuais de R$ 700.000,00 durante toda a vida útil do projeto, a qual é oito anos. Ao final da vida útil do projeto as instalações poderão ser vendidas por um valor terminal (valor para venda no fim do ano 8) igual a R$ 6.000.000,00. A taxa de retorno adequada para projetos industriais na área metalurgia é de 15% ao ano. O projeto industrial tem um custo estimado em R$ 4.000.000,00 na data zero. Utilize o critério do VPL para tomar sua decisão.

Solução:

Primeiro, vamos colocar estes fluxos de caixa na linha do tempo, seguindo a sequência cronológica para melhor visualização:

T=0	t=1	t=2	t=3	....	t=8
– 4.000.000	700.000	700.000	700.000		700.000
					6.000.000

Segundo, vamos calcular o VP desse projeto industrial:

$VP = 700.000/(1+0,15)^1 + 700.000/(1+0,15)^2 + \ldots\ldots + (700.000+6.000.000)/(1+0,15)^8$

$VP = 608.695,65 + 529.300,57 + 460.261,36 + \ldots = 5.102.535,70$

Terceiro, vamos calcular o ILL. Onde ILL = VP – Io

ILL = 5.102.535,70 / 4.000.000,00 = 1,2756 (maior do que UM)

Resposta: pode investir no projeto industrial, pois o ILL é 1,2756, maior do que UM.

Break even (ponto de equilíbrio — PE)

Cálculo do ponto de equilíbrio (PE)

O critério do ponto de equilíbrio (PE), *break even* em inglês, serve para medir qual é a quantidade mínima que devemos produzir e vender para pagarmos os custos do projeto.

PE mede a quantidade Q que devemos produzir e vender de um bem (produto ou serviço) para pagarmos pelo menos os nossos custos.

Para um projeto ser viável devemos verificar se ele apresenta capacidade de produção e se o mercado apresenta demanda acima do ponto de equilíbrio (PE).

Exemplo:
Você fabrica bolas de tênis. Cada bola é vendida por R$ 10,00. O custo variável de cada bola é R$ 4,00. Os custos fixos são de R$ 60.000,00 mensais. Pergunta-se: qual é o *break even*?

Solução:
$P\,Q = CF + CV\,Q$
$10\,Q = 60.000 + 4\,Q$
$Q = 10.000$ bolas mensais

A quantidade para ponto de equilíbrio é de 10 mil bolas por mês.

Tomada de decisão: apenas com os dados do problema anterior não é possível tomar uma decisão. Precisamos conhecer a capacidade de produção mensal de bolas de tênis e também conhecer a demanda de mercado para nossas bolas de tênis.

Continuação do exemplo anterior: considere que a demanda para bolas de tênis seja de 18 mil bolas mensais. Considere que sua capacidade de produção seja de 9 mil bolas de tênis por mês. E agora? Você já pode tomar uma decisão? Qual deve ser sua decisão?

Análise:
Considerando que a demanda (18 mil) é maior do que o ponto e equilíbrio, o projeto é bom. Porém, considerando que a sua capacidade de produção é de apenas 9 mil bolas de tênis mensais, tomamos a decisão de não aceitar o projeto.

Resposta: o projeto é inviável. O ponto de equilíbrio do projeto é de 10 mil bolas de tênis, porém a capacidade de produção é de apenas 9 mil. Ou seja, o projeto vendendo 9 mil bolas de tênis não conseguira pagar seus custos fixos e variáveis.

Fórmula do ponto de equilíbrio
Os três pontos de equilíbrio mais utilizados são:
Medida de caixa operacional: $P.Q = CV.Q + CF$

Medida de custos contábeis: P.Q = CV.Q + CF + Depreciação + IR.(base tributável)

Medida de custos econômicos: P.Q = CV.Q + CF + Custo Capital + IR.(base tributável)

Onde:

a) Depreciação, se for linear, é simplesmente dividir o investimento depreciável pelo número de períodos da depreciação.

b) Custo do capital (C.Cap.) é quanto custa periodicamente o capital empregado no projeto em espécie ($). Você deve considerar o tempo, e a taxa de retorno do projeto.

c) Onde a base tributável no lucro REAL é:

Base tributável = Lajir – benefícios fiscais – incentivos fiscais – deduções

Base tributável = PQ – CF – CV Q – benefícios fiscais – incentivos fiscais – deduções

d) Onde a base tributável no lucro PRESUMIDO é:

Base tributável = faturamento × índice

Base tributável = PQ × índice

Lista de exercícios 6.4: análise de projetos de investimentos — ponto de equilíbrio

1) Você quer analisar a viabilidade de um negócio de venda de cachorro-quente em carrocinhas espalhadas pela cidade. O preço de cada sanduíche (praticado no mercado) é R$ 2,00. Os custos variáveis são de R$ 0,80 (pão a R$ 0,30 e salsicha a R$ 0,50). Os custos fixos para você manter a carrocinha são de R$ 1.500,00 mensais (limpeza, gás, pneus, garagem). Você só vende cachorro-quente! A carrocinha nova custa R$ 4.000,00. A vida útil da carrocinha é de cinco anos, sem valor de revenda. A taxa de retorno esperada é 4% ao mês. O seu negócio é formal e seu IR é 20% sobre o lucro real. Determinar o *break even* operacional, contábil e econômico. A depreciação é linear em 60 meses. As carrocinhas são compradas com capital próprio.

2) Continuação do negócio de venda de cachorro-quente em carrocinhas. Cada carrocinha pode preparar até 10 sanduíches de cada vez. O tempo

de preparo de cada lote de 10 sanduíches é 20 minutos. Pesquisas de mercado e entrevistas com seus vendedores indicam que você poderá vender entre 40 e 45 sanduíches por hora em cada carrocinha. As carrocinhas trabalham entre seis e oito horas por dia. As carrocinhas operam todos os 30 dias do mês. Determinar se o negócio é viável. Como você vai decidir (investe ou não investe)?

3) Um fabricante asiático (cujo nome omitimos) de veículos está com a firme intenção de estabelecer sua nova fábrica de automóveis na região centro-sul do Brasil. Após intensa negociação com as autoridades locais, foi acordado que o município fornecerá o terreno para implantação da fábrica por um prazo de 10 anos. A fábrica de automóveis estará isenta de todos os impostos à exceção do IR (imposto de renda), cuja alíquota está fixada em 40%. O valor dos investimentos diretos (valores de hoje) para implantação da fábrica está orçado em R$ 150.000.000,00. Considere todos os investimentos como totalmente depreciáveis. Após 10 anos a fábrica deverá comprar o terreno ou fechar a fábrica e devolver o terreno ao governo local. O preço de venda de cada automóvel está estimado em R$ 3.800,00. O tamanho do mercado para essa classe de automóvel é de 10 milhões de autos por ano. A intenção é obter logo de início e manter uma *market share* de 1% desse mercado. Os custos variáveis por unidade (automóvel produzido) são estimados em R$ 3.000,00. Os custos fixos serão de R$ 32 milhões por ano. A depreciação é linear e a taxa de retorno que os investidores esperam obter com os investimentos nessa fábrica é 12% ao ano. Considere que não haverá crescimento nas vendas durante esses 10 anos. A partir dessas premissas fundamentais fornecidas (valores em dólares), calcule o VPL, TIR, ILL, período *payback* descontado desse projeto de investimento e seu *break even* operacional, contábil e econômico.

Solução da lista de exercícios 6.4: análise de projetos de investimentos — ponto de equilíbrio

1) Você quer analisar a viabilidade de um negócio de venda de cachorro-quente em carrocinhas espalhadas pela cidade. O preço de cada sanduí-

che (praticado no mercado) é R$ 2,00. Os custos variáveis são de R$ 0,80 (pão a R$ 0,30 e salsicha a R$ 0,50). Os custos fixos para você manter a carrocinha são de R$ 1.500,00 mensais (limpeza, gás, pneus, garagem). Você só vende cachorro-quente! A carrocinha nova custa R$ 4.000,00. A vida útil da carrocinha é de cinco anos, sem valor de revenda. A taxa de retorno esperada é 4% ao mês. O seu negócio é formal e seu IR é 20% sobre o lucro real. Determinar o *break even* operacional, contábil e econômico. A depreciação é linear em 60 meses. As carrocinhas são compradas com capital próprio.

Solução:
Cálculo do ponto de equilíbrio operacional, medida de caixa operacional:
A fórmula é: P Q = CF + CV Q
2 Q = 1.500 + 0,8 Q
2 Q – 0,8 Q = 1.500
1,2 Q = 1.500
Q = 1.500 / 1,2 = 1.250
Resposta = 1.250 sanduíches

Cálculo do ponto de equilíbrio contábil, medida de custos contábeis:
A fórmula é: P Q = CF + CV Q + Depreciação + IR (base tributável)
2Q=1500+0,8Q+(4000/60)+0,2 [2Q-1500-0,8Q- (4000/60)]
Q = 1.253,333 / 0,96 = 1.305,555
Resposta = 1.306 sanduíches

Cálculo do ponto de equilíbrio econômico, medida de custos econômicos:
A fórmula é: P Q = CF + CV Q + C Cap + IR (base tributável)

Precisamos antes calcular o custo periódico de capital para os investidores.
Cálculo do custo periódico do capital:
PV = 4.000   FV = 0,00
I = 4 % ao mês   N = 60 meses

Obtemos o custo periódico do capital (PMT) = R$ 176,81.

Substituindo na fórmula:
2Q=1500+0,8Q+(176,81)+0,2 [2Q-1500-0,8Q- (4000/60)]
0,96 Q = 1.363,47666
Q = 1.363,47666 / 0,96 = 1.420,288
Resposta = 1.421 sanduíches

Resposta consolidada:
Medida de caixa operacional:	1.250 *hot dogs* mensais
Medida de custos contábeis:	1.306 *hot dogs* mensais
Medida de custos econômicos:	1.421 *hot dogs* mensais

2) Continuação do negócio de venda de cachorro-quente em carrocinhas. Cada carrocinha pode preparar até 10 sanduíches de cada vez. O tempo de preparo de cada lote de 10 sanduíches é 20 minutos. Pesquisas de mercado e entrevistas com seus vendedores indicam que você poderá vender entre 40 e 45 sanduíches por hora em cada carrocinha. As carrocinhas trabalham entre seis e oito horas por dia. As carrocinhas operam todos os 30 dias do mês. Determinar se o negócio é viável. Como você vai decidir (investe ou não investe)?
Solução (continuação do problema do *hot dog*):
Já calculamos o ponto de equilíbrio que nos interessa, que é o ponto de equilíbrio econômico, e encontramos 1.421 sanduíches. Agora, com base no ponto de equilíbrio, vamos analisar a viabilidade do projeto. Precisamos de analisar dois aspectos: capacidade de produção do seu negócio e a demanda do mercado.
Observação: as recomendações que faremos baseadas em nossas análises irão orientar muitos investimentos. Então precisamos estar seguros (conhecer os conceitos, saber calcular e saber conferir as contas) e também devemos ser conservadores. Se temos dois possíveis valores para receber, vamos trabalhar em nossa análise com o valor menor. Vice-versa o contrário, se temos dois possíveis valores para pagar, vamos trabalhar em nossa análise com o valor maior.

Capacidade de Produção:
Pelo enunciado, vemos que podemos produzir 10 sanduíches de cada vez. Considerando que isso leva 20 minutos, podemos dizer que produzimos 30 sanduíches por hora. As carrocinhas trabalham seis horas por dia e trabalham 30 dias por mês.
Fazendo as contas: 30 × 6 × 30 = 5.400 sanduíches por mês.

Demanda do mercado:
Pelo enunciado vemos que podemos vender entre 40 e 45 sanduíches por hora. Vamos considerar 40 sanduíches para ficar do lado mais conservador. As carrocinhas trabalham seis horas por dia e trabalham 30 dias por mês.
Fazendo as contas: 40 × 6 × 30 = 7.200 sanduíches por mês.

Conclusão 1: sendo o ponto de equilíbrio 1.421 sanduíches, vemos que o negócio é viável, pois tanto a demanda como nossa capacidade de produção são bem superiores.
Conclusão 2: os leitores mais observadores perceberam que existe uma demanda não atendida de 7.200 (demanda do mercado) − 5.400 (nossa capacidade) = 1.800 sanduíches.
Sendo o ponto de equilíbrio 1.421 sanduíches, vemos que é viável a colocação de uma segunda carrocinha de sanduíches. E, caso não coloquemos, algum concorrente mais esperto que faça essas contas certamente colocará.
Resposta: o projeto é viável!!!

3) Um fabricante asiático (cujo nome omitimos) de veículos está com a firme intenção de estabelecer sua nova fábrica de automóveis na região centro-sul do Brasil. Após intensa negociação com as autoridades locais, foi acordado que o município fornecerá o terreno para implantação da fábrica por um prazo de 10 anos. A fábrica de automóveis estará isenta de todos os impostos à exceção do IR (imposto de renda), cuja alíquota está fixada em 40%. O valor dos investimentos diretos (valores de hoje) para implantação da fábrica está orçado em

R$ 150.000.000,00. Considere todos os investimentos como totalmente depreciáveis. Após 10 anos a fábrica deverá comprar o terreno ou fechar a fábrica e devolver o terreno ao governo local. O preço de venda de cada automóvel está estimado em R$ 3.800,00. O tamanho do mercado para essa classe de automóvel é de 10 milhões de autos por ano. A intenção é obter logo de início e manter uma *market share* de 1% desse mercado. Os custos variáveis por unidade (automóvel produzido) são estimados em R$ 3.000,00. Os custos fixos serão de R$ 32 milhões por ano. A depreciação é linear e a taxa de retorno que os investidores esperam obter com os investimentos nessa fábrica é 12% ao ano. Considere que não haverá crescimento nas vendas durante esses 10 anos. A partir dessas premissas fundamentais fornecidas (valores em dólares), calcule o VPL, TIR, ILL, período *payback* descontado desse projeto de investimento e seu *break even* operacional, contábil e econômico.

Solução:
Fluxo de caixa operacional esperado (baseado nas premissas esperadas):
E(FC)t = receitas totais – custos variáveis totais – custo fixo total – imposto de Renda
E(FC)t = P.X – CV.X + CF + C.Cap. + IR.(P.X - CV.X – CF – D) em t = 1, ..., 10

Solução:
Podemos montar então a seguinte tabela para os resultados esperados:

	ANO 0	ANO 1	ANO 2..., 10
Investimento (em milhões)	-150.000		
Receitas (faturamento)		380.000	380.000
Custos variáveis totais		300.000	300.000
Custo fixo		32.000	32.000
Lajir		48.000	48.000
Imposto de Renda		13.200	13.200
Fluxo de caixa operacional		34.800	34.800
Fluxo líquido de caixa	-150.000	34.800	34.800

Atenção para o cálculo da base tributável:
Base tributável = Lajir – depreciação

Cálculo do VP: VP = Somatório de t=1 ate t=10   34,8 / (1,12) t = R$ 196.627.761,39
Cálculo do VPL: VPL = – 1 50 + [Somatório de t=1 ate t=10] 34,8 / (1,12) t = R$ 46.627.761,39
TIR   = 19,91% ao ano
Pay back   = 7 anos (6 anos e 5 meses)
ILL   = 1,31

Cálculo do ponto de equilíbrio (*break even*):
Comparação com medidas tradicionais de ponto de equilíbrio, *break even*:
Medida de caixa operacional: P.Q= CV.Q + CF
Onde Q = 40.000 ano.   Caixa Operacional = 0

Medida de custos contábeis: P.Q= CV.Q + CF + D + IR.(P.Q – CV.Q – CF – D)
Onde Q = 58.750 ano.   Lucro Contábil = 0

Medida de custos econômicos: P.Q= CV.Q + CF + C.Cap. + IR.(P.Q – CV.Q – CF – D)
Onde Q = 82.808 ano   VPL = 0

Observação: quando você estiver calculando o número mínimo de produtos, por exemplo, automóveis, não é admissível uma resposta fracionária. Arredonde para o próximo inteiro. Logicamente, se você estiver calculando o número máximo de produtos que caberiam em algum lugar, arredonde para o inteiro anterior!!!
Exemplo: Confirmar os valores encontrados para os diversos pontos de equilíbrio do caso do fabricante de veículos.
Solução:
1) Cálculo do ponto de equilíbrio operacional:
P.Q= CV.Q + CF
Q = CF / (P – CV) = 32.000.000,00 / (3.800,00 – 3.000,00) = 40.000

2) Cálculo do ponto de equilíbrio contábil:
P.Q = CV.Q + CF + D + IR (P.Q − CV.Q − CF − D)
P.Q = CV.Q + CF + D + IR P.Q − IR CV.Q − IR CF − IR D
P.Q − CV.Q − IR. P.Q + IR CV.Q = CF + D − IR CF − IR D
Q = [CF + D − IR CF − IR D] / [P − CV − IR. P + IR CV]

Cálculo da depreciação:
Taxa de depreciação do imobilizado: linear durante 10 anos:
R$ 150.000.000,00 / 10 = R$ 15.000.000,00

Voltando à fórmula:
Q = [CF + D − IR CF − IR D] / [P − CV − IR. P + IR CV]
 = [32 + 15 − (0,4) 32 − (0,4) 15] (106) / [3.800 − 3.000 − (0,4) 3.800 + (0,4) 3.000]
 = 28.200.000 / 480 = 58.750

3) Cálculo do ponto de equilíbrio econômico:
P.Q = CV.Q + CF + C.Cap. + IR (P.Q − CV.Q − CF − D)
P.Q = CV.Q + CF + C.Cap. + IR. P.Q − IR CV.Q − IR CF − IR D
P.Q − CV.Q − IR. P.Q + IR CV.Q = CF + C.Cap. − IR CF − IR D
Q = [CF + C.Cap. − IR CF − IR D] / [P − CV − IR. P + IR CV]

Cálculo do custo de oportunidade periódico do capital:
PV = 150.000,00   N = 1 0
K = 12%   FV = 0
PMT = ??? = 26.547.624,62

Voltando à fórmula:
Q = [CF + C.Cap. − IR CF − IR D] / [P − CV − IR. P + IR CV]
Q = [32 + 26,54762462 − (0,4)32 − (0,4)15](106) / [3.800 − 3.000 − (0,4)3.800 + (0,4)3.000]
 = 32.747.624,62 / 480 = 82.807,55 (Esta resposta é inaceitável!!)
 = 82.808   Esta é a resposta correta

Conferência dos resultados obtidos:
Ponto de equilíbrio operacional:

Vendas:	40.000 veículos		
(+) Faturamento	40.000 × 3.800	=	152.000.000,00
(-) Custos variáveis	40.000 × 3.000	=	120.000.000,00
(-) Custos fixos		=	32.000.000,00
(=) Resultado operacional		=	0,00

Ponto de equilíbrio contábil:

Vendas:	58.750 veículos		
(+) Faturamento	58.750 × 3.800	=	223.250.000,00
(-) Custos variáveis	58.750 × 3.000	=	176.250.000,00
(-) Custos fixos		=	32.000.000,00
(-) Pagamento de impostos	IR (P.Q − CV.Q − CF − D)		
	(0,4) (223,25 − 176,25 − 32 − 15) 106 = 0,00		
(-) Despesas de depreciação:		=	15.000.000,00
(=) Resultado contábil:		=	0,00

Ponto de equilíbrio econômico:

Vendas:	82.808 veículos		
(+) Faturamento	82.808 × 3.800	=	314.670.400,00
(-) Custos variáveis	82.808 × 3.000	=	248.424.000,00
(-) Custos fixos		=	32.000.000,00
(-) Pagamento de impostos	IR (P.Q − CV.Q − CF − D)		
	(0,4) (314.670.400 − 248.424.000 − 32.000.000 − 15.000.000)		
	(0,4) (19.246.400)	=	7.698.560,00
(-) Custo anual do oportunidade		=	26.547.624,62
(=) Resultado econômico		=	215,38

Deveria ser zero. Essa diferença é devida à aproximação feita: ao invés de utilizarmos 82.807,55 veículos, utilizamos em nossos cálculos 82.808 veículos, pois não encontraríamos consumidor interessado em comprar 0,55 de um veículo. Dado que fabricamos 0,45 veículo a mais, obtivemos um resultado de R$ 215,38 positivo que é o lucro líquido dessa fração de veículo após pagamento dos impostos proporcionais.

Resposta consolidada:
Ponto de equilíbrio operacional é 40 mil por ano.
Ponto de equilíbrio contábil é 58.750 por ano.
Ponto de equilíbrio financeiro é 82.808 por ano.

Conclusão do capítulo 6

Quando usamos critérios para analisar projetos, não há um critério melhor do que outro. Cada critério mede um aspecto diferente de um projeto. Por essa razão, devemos usar todos os critérios para nos auxiliar a tomar decisões.

O objetivo do estudo de finanças é adquirirmos o ferramental que nos permita a tomada de decisão que leva à CRIAÇÃO DE VALOR & MAXIMIZAÇÃO DE RIQUEZA dos investidores.

Finanças corporativas significa na prática:
i) Identificar TODAS as alternativas de projetos de investimentos disponíveis.
ii) Saber analisar quais alternativas oferecem as MELHORES relações risco × retorno para os investidores.
iii) RECOMENDAR investir nas melhores alternativas.

Resumindo, o que buscamos em finanças?
- O que buscamos quando estudamos FINANÇAS é a tomada da decisão ótima.
- Decisão ótima é aquela que maximiza a riqueza do investidor.
- Tomando decisões ótimas maximizamos o valor das nossas empresas.

Como maximizar riqueza e/ou criar valor?
Conhecendo todas as alternativas e oportunidades disponíveis que o mercado oferece para investimentos, aplicações, financiamentos, operações, negócios...

E então analisar para poder tomar a decisão ótima, que é investir nas melhores oportunidades.

Então podemos dizer que o essencial do trabalho do executivo financeiro é: o executivo financeiro deve saber determinar a taxa de retorno adequada ao negócio e o fluxo de caixa para poder avaliar. Pois avaliando podemos analisar. Pois analisando podemos tomar decisões que maximizem a riqueza do acionista e criem valor . E ser um executivo financeiro é dominar a arte de maximizar riqueza e criar valor.

Lista de exercícios 6.5: conceituais

1) Preencha as lacunas:
Taxa média de retorno aritmética — um critério errado. É um critério _____ que conduz a conclusões equivocadas e a prejuízos. Não deve ser usado. Apesar disso, esse critério ainda é utilizado no mercado. Esse critério foi colocado aqui como uma recomendação do que ____ fazer. A taxa média de retorno contábil mede em valores _____ (valor histórico sem correção nem remuneração do capital) a relação entre quanto investimos e quanto recebemos.

2) Preencha as lacunas:
O critério do período para *payback* é um critério que mede quanto _____ um projeto de investimento demora para _____ de volta ao investidor os recursos aplicados, incorporando _____ do capital.

3) Preencha as lacunas:
O critério do período para *payback* _____ serve para medir quanto tempo um projeto demora para pagar aos investidores o capital investido, _____ remuneração alguma do capital. Esse critério mede simplesmente o número de fluxos de _____ a valores de face que um projeto leva para pagar seus custos de implantação. Esse critério não serve para nossas análises, pois não considera o _____ do dinheiro no tempo.

4) Correlacione as colunas:
    a) mede tempo   1) Critério da TIR
    b) mede lucro ou prejuízo   2) Critério do ILL
    c) mede taxa   3) Critério do período *payback*

d) é um índice
e) mede quantidades

4) Critério do VPL
5) Critério do ponto de equilíbrio

5) Preencha as lacunas:

Uma vez determinado quanto tempo um projeto demora para se pagar, devemos comparar esse período para *payback* com o prazo de _____ projeto ou com a _____ limite estipulada pelos investidores. Se o projeto se pagar antes da data-limite ou ainda dentro da vida útil do projeto, ele é viável. Se a vida útil do projeto termina e o projeto ainda não pagou aos investidores todo o _____ investido com a remuneração do custo deste capital, é porque o projeto não se paga, ou seja, é _____.

6) Preencha as lacunas:

Cálculo do valor presente líquido (VPL). Em inglês e nas calculadoras financeiras, *net present value* (NPV). O critério do VPL serve para medir qual é o _____ ou o _____ que pode ser esperado de um projeto de investimentos. O VPL é um critério _____ utilizado para tomada de decisão sobre _____.

7) Preencha as lacunas:

Quando analisamos um projeto usando o critério do VPL, queremos saber se o projeto custa mais do que vale ou vale mais do que custa. VPL _____ é lucro. VPL _____ é prejuízo. VPL é a _____ do lucro ou do prejuízo que um projeto proporciona a seus investidores. Para calcular o VPL fazemos a _____ entre o valor presente do projeto e o valor dos investimentos necessários, na data _____.

8) Preencha as lacunas:

Para fazer análise de viabilidade do projeto utilizando o critério do VPL, devemos comparar o _____ com o _____ necessário para implantar o projeto. Se o projeto _____ mais do que o investimento necessário o VPL é _____ e o projeto é _____.

9) Preencha as lacunas:

Estudando a fórmula do _____ podemos escrever que VPL = _____ – Io. Onde VP é o valor _____ de tudo que você recebe do projeto (entradas).

Onde Io é o investimento que você aplicou ou investiu para implantar o projeto (saídas).

Ou, em outras palavras: VPL = Valor do _____ – Investimento no _____.

10) Preencha as lacunas:
Critério da taxa _____ de retorno (TIR). O critério da TIR serve para medir qual é a taxa de retorno interna do projeto. A TIR de um projeto depende unicamente de aspectos _____ ao projeto, tais como capacidade, tamanho e instalações. Por essa razão, chamamos taxa interna. A TIR é um critério muito utilizado para tomada de decisão sobre investimentos. Porém, atenção, às vezes a TIR pode _____.

11) Preencha as lacunas:
A TIR é um critério que serve para analisarmos se um projeto apresenta taxa interna de retorno maior ou menor do que a taxa do _____. TIR é a taxa de retorno intrínseca de um projeto. A TIR deve ser _____ que taxa do custo de capital do projeto (CMPC) para o projeto ser viável. Comparando com o VPL a TIR: a TIR, quando é utilizada como taxa de desconto, faz o VPL ser igual a _____.

12) Preencha as lacunas:
A taxa interna de retorno _____ (TIRM) é obtida trazendo a valor presente, pela taxa de _____, todos os fluxos de caixa relativos a investimentos (fluxos _____) e levando a valor futuro, pela taxa de _____, todos os fluxos de caixa relativos aos lucros e resultados (fluxos _____).

13) Correlacione as colunas:

a) deve ser maior do que UM   1) Critério do ponto de equilíbrio
b) deve ser maior do que zero   2) Critério do ILL
c) deve ser maior do que a taxa do CMPC 3) Critério do período *payback*
d) deve ser menor do que a vida útil do projeto   4) Critério do TIR
e) deve ser menor do que a quantidade de vendas   5) Critério do VPL

14) Preencha as lacunas:
   O critério do ILL serve para medir qual é a _____ entre valor e custo dos investimentos necessários para implantar um projeto. Queremos saber se o projeto apresenta ILL _____ ou menor do que 1. ILL maior do que 1 significa que o investidor vai receber _____ do que investiu. O ILL é um índice. Serve para medir quanto o investidor vai _____ por unidade monetária investida. ILL deve ser maior do que ____.

15) Preencha as lacunas:
   O critério do Ponto de _____ (PE) (*break even*) serve para medir qual é a _____ mínima que devemos _____ e _____ para pagarmos os custos do projeto.

16) Preencha as lacunas:
   Para um projeto ser _____ devemos verificar se o projeto apresenta capacidade de _____ e se o mercado apresenta _____ acima do ponto de equilíbrio (PE).

17) Correlacione as colunas:
   a) P Q = CF + CV Q
   b) P.Q = CV.Q + CF + depreciação + IR.(base tributável)
   c) VPL = VP − Io
   d) P.Q = CV.Q + CF + custo capital + IR.(base tributável)
   e) ILL = VP / Io

   1) Fórmula para cálculo do valor presente líquido
   2) Fórmula para cálculo do índice de lucratividade líquida
   3) Fórmula para cálculo do ponto de equilíbrio operacional
   4) Fórmula para cálculo do ponto de equilíbrio contábil
   5) Fórmula para cálculo do ponto de equilíbrio econômico

18) Coloque falso (F) ou verdadeiro (V):
   a) O melhor critério para se analisar projetos é a TIR.
   b) Os critérios do VPL e do *payback* medem praticamente a mesma coisa.
   c) O critério da taxa média de retorno aritmética deve ser usado com cautela, pois apresenta algumas imperfeições.

d) O critério do ponto de equilíbrio econômico é mais completo do que o critério do ponto de equilíbrio contábil.

e) Quando analisamos projetos, não existe um critério melhor. Devemos usar todos os critérios para ter uma ideia ampla e geral do projeto.

19) Preencha as lacunas:
O executivo financeiro deve saber determinar a _____ adequada ao negócio e o _____ para poder avaliar. Pois _____ podemos analisar. Pois _____ podemos tomar decisões que _____ a riqueza do acionista e criem _____. E ser um executivo financeiro é dominar a arte de maximizar riqueza e criar valor.

Solução da lista de exercícios 6.5: conceituais

1) Preencha as lacunas:
Taxa média de retorno aritmética — um critério errado. É um critério _____ que conduz a conclusões equivocadas e a prejuízos. Não deve ser usado. Apesar disso, esse critério ainda é utilizado no mercado. Esse critério foi colocado aqui como uma recomendação do que ____ fazer. A taxa média de retorno contábil mede em valores _____ (valor histórico sem correção nem remuneração do capital) a relação entre quanto investimos e quanto recebemos.
Resposta: errado, não, absolutos.

2) Preencha as lacunas:
O critério do período para *payback* é um critério que mede quanto _____ um projeto de investimento demora para _____ de volta ao investidor os recursos aplicados, incorporando _____ do capital.
Resposta: tempo, pagar, os custos.

3) Preencha as lacunas:
O critério do período para *payback* _____ serve para medir quanto tempo um projeto demora para pagar aos investidores o capital investi-

do, _____ remuneração alguma do capital. Esse critério mede simplesmente o número de fluxos de _____ a valores de face que um projeto leva para pagar seus custos de implantação. Esse critério não serve para nossas análises, pois não considera o _____ do dinheiro no tempo.
Resposta: simples, sem, caixa, valor.

4) Correlacione as colunas:
   a) mede tempo
   b) mede lucro ou prejuízo
   c) mede taxa
   d) é um índice
   e) mede quantidades

   1) Critério da TIR
   2) Critério do ILL
   3) Critério do período *payback*
   4) Critério do VPL
   5) Critério do ponto de equilíbrio

   Resposta: a=3, b=4, c=1, d=2, e=5.

5) Preencha as lacunas:
   Uma vez determinado quanto tempo um projeto demora para se pagar, devemos comparar esse período para *payback* com o prazo de _____ projeto ou com a _____ limite estipulada pelos investidores. Se o projeto se pagar antes da data-limite ou ainda dentro da vida útil do projeto, ele é viável. Se a vida útil do projeto termina e o projeto ainda não pagou aos investidores todo o _____ investido com a remuneração do custo deste capital, é porque o projeto não se paga, ou seja, é _____.
   Resposta: vida útil econômica, data, capital, inviável.

6) Preencha as lacunas:
   Cálculo do valor presente líquido (VPL). Em inglês e nas calculadoras financeiras, *net present value* (NPV). O critério do VPL serve para medir qual é o _____ ou o _____ que pode ser esperado de um projeto de investimentos. O VPL é um critério _____ utilizado para tomada de decisão sobre _____.
   Resposta: lucro, prejuízo, muito, investimentos.

7) Preencha as lacunas:
Quando analisamos um projeto usando o critério do VPL, queremos saber se o projeto custa mais do que vale ou vale mais do que custa. VPL _____ é lucro. VPL _____ é prejuízo. VPL é a _____ do lucro ou do prejuízo que um projeto proporciona a seus investidores. Para calcular o VPL fazemos a _____ entre o valor presente do projeto e o valor dos investimentos necessários, na data _____.
Resposta: positivo, negativo, medida, diferença, zero.

8) Preencha as lacunas:
Para fazer análise de viabilidade do projeto utilizando o critério do VPL, devemos comparar o _____ com o _____ necessário para implantar o projeto. Se o projeto _____ mais do que o investimento necessário o VPL é _____ e o projeto é _____.
Resposta: valor presente do projeto, investimento, valer, positivo, viável.

9) Preencha as lacunas:
Estudando a fórmula do _____ podemos escrever que VPL = _____ – Io.
Onde VP é o valor _____ de tudo que você recebe do projeto (entradas).
Onde Io é o investimento que você aplicou ou investiu para implantar o projeto (saídas).
Ou, em outras palavras: VPL = Valor do _____ – Investimento no _____.
Resposta: VPL, VP, presente, ativo, ativo.

10) Preencha as lacunas:
Critério da taxa _____ de retorno (TIR). O critério da TIR serve para medir qual é a taxa de retorno interna do projeto. A TIR de um projeto depende unicamente de aspectos _____ ao projeto, tais como capacidade, tamanho e instalações. Por essa razão, chamamos taxa interna. A TIR é um critério muito utilizado para tomada de decisão sobre investimentos. Porém, atenção, às vezes a TIR pode _____.
Resposta: interna, internos (ou endógenos), falhar.

11) Preencha as lacunas:

A TIR é um critério que serve para analisarmos se um projeto apresenta taxa interna de retorno maior ou menor do que a taxa do _____. TIR é a taxa de retorno intrínseca de um projeto. A TIR deve ser _____ que taxa do custo de capital do projeto (CMPC) para o projeto ser viável. Comparando com o VPL a TIR: a TIR, quando é utilizada como taxa de desconto, faz o VPL ser igual a _____.

Resposta: seu custo de capital, maior, zero.

12) Preencha as lacunas:

A taxa interna de retorno _____ (TIRM) é obtida trazendo a valor presente, pela taxa de _____, todos os fluxos de caixa relativos a investimentos (fluxos _____) e levando a valor futuro, pela taxa de _____, todos os fluxos de caixa relativos aos lucros e resultados (fluxos _____).

Resposta: modificada, captação, negativos, aplicação, positivos.

13) Correlacione as colunas:

a) deve ser maior do que UM
b) deve ser maior do que zero
c) deve ser maior do que a taxa do CMPC
d) deve ser menor do que a vida útil do projeto
e) deve ser menor do que a quantidade de vendas

1) Critério do ponto de equilíbrio
2) Critério do ILL
3) Critério do período *payback*
4) Critério do TIR
5) Critério do VPL

Resposta: a=2, b=5, c=4, d=3, e=1.

14) Preencha as lacunas:

O critério do ILL serve para medir qual é a _____ entre valor e custo dos investimentos necessários para implantar um projeto. Queremos saber se o projeto apresenta ILL _____ ou menor do que 1. ILL maior do que 1 significa que o investidor vai receber _____ do que investiu.

O ILL é um índice. Serve para medir quanto o investidor vai _____ por unidade monetária investida. ILL deve ser maior do que ____.
Resposta: relação, maior, mais, receber, um.

15) Preencha as lacunas:
O critério do Ponto de _____ (PE) (*break even*) serve para medir qual é a _____ mínima que devemos _____ e _____ para pagarmos os custos do projeto.
Resposta: equilíbrio, quantidade, produzir, vender.

16) Preencha as lacunas:
Para um projeto ser _____ devemos verificar se o projeto apresenta capacidade de _____ e se o mercado apresenta _____ acima do ponto de equilíbrio (PE).
Resposta: viável, produção, demanda.

17) Correlacione as colunas:
a) P Q = CF + CV Q
b) P.Q = CV.Q + CF + depreciação + IR.(base tributável)
c) VPL = VP – Io
d) P.Q = CV.Q + CF + custo capital + IR.(base tributável)
e) ILL = VP / Io

1) Fórmula para cálculo do valor presente líquido
2) Fórmula para cálculo do índice de lucratividade líquida
3) Fórmula para cálculo do ponto de equilíbrio operacional
4) Fórmula para cálculo do ponto de equilíbrio contábil
5) Fórmula para cálculo do ponto de equilíbrio econômico
Resposta: a=3, b=4, c=1, d=5, e=2.

18) Coloque falso (F) ou verdadeiro (V):
   a) O melhor critério para se analisar projetos é a TIR.
   b) Os critérios do VPL e do *payback* medem praticamente a mesma coisa.

c) O critério da taxa média de retorno aritmética deve ser usado com cautela pois apresenta algumas imperfeições.
d) O critério do ponto de equilíbrio econômico é mais completo do que o critério do ponto de equilíbrio contábil.
e) Quando analisamos projetos, não existe um critério melhor. Devemos usar todos os critérios para ter uma ideia ampla e geral do projeto.

Resposta: a) falso, b) falso, c) falso, d) verdadeiro, e) verdadeiro.

19) Preencha as lacunas:

O executivo financeiro deve saber determinar a _____ adequada ao negócio e o _____ para poder avaliar. Pois _____ podemos analisar. Pois _____ podemos tomar decisões que _____ a riqueza do acionista e criem _____. E ser um executivo financeiro é dominar a arte de maximizar riqueza e criar valor.

Resposta: taxa de retorno, fluxo de caixa, avaliando, analisando, maximizem, valor.

Capítulo 7-A

Os personagens discutem como praticar mais

Maria, José, Ana, Paulo e Isabel montaram uma empresa. Chegou a hora de praticar os assuntos que tratamos nos capítulos anteriores. Neste capítulo vamos encontrar muitos exercícios de situações reais de empresas e projetos do mundo real. Teremos, portanto, a oportunidade de praticar o que aprendemos com os conceitos em problemas de empresas de verdade.

Capítulo 7-B

Exercícios de aplicação das finanças: prática no dia a dia do mercado

Os exercícios deste capítulo foram adaptações baseadas em perguntas e problemas trazidos para a sala de aula pelos alunos na disciplina finanças.

Lista de exercícios 7.1

Todos os exercícios da lista 7.1 envolvem determinação ou cálculo de: fluxo de caixa, taxa de retorno, valor presente de ativos, VPL, TIR, ILL e análise de projetos com emissão de parecer de viabilidade ou não viabilidade de projetos.

1) Seja um imóvel que é comprado por R$ 100.000,00. Os aluguéis líquidos que podemos receber no futuro são no valor de R$ 12.000,00 para cada um dos próximos quatro anos. Após recebermos os quatro aluguéis (um ao final de cada ano), no final do quarto ano vendemos o imóvel por R$ 125.000,00. Considere que a taxa RF é 6% ao ano e que a taxa esperada de retorno do mercado seja 12% ao ano. Assuma que o risco relativo beta (β) adequado ao risco do investimento no imóvel é 1 (Beta UM). Represente financeiramente esse imóvel. Qual deve ser a taxa de retorno anual adequada ao risco desse imóvel? Qual é o valor desse imóvel? Determinar o VPL, o ILL e a TIR desse investimento. Analisando com auxílio desses critérios, qual é seu parecer? O projeto é viável ou inviável?

2) Seja uma máquina que podemos comprar em t=0 por R$ 10.000,00. A máquina produz um único tipo de produto que tem um valor de venda igual a R$ 47,00. A capacidade de produção da máquina é 200 unidades por ano. O custo de produção de cada produto é R$ 27,00. Não existem custos fixos. A vida útil da máquina é cinco anos. Considere que a taxa RF é 6% ao ano e que a taxa esperada de retorno do mercado seja 14% ao ano. Assuma que o risco relativo beta (β) adequado ao risco desse investimento é 1,25. Represente financeiramente essa máquina. Qual deve ser a taxa de retorno anual adequada? Qual é o valor operacional dessa máquina? Determinar o VPL, o ILL e a TIR desse investimento. Analisando com auxílio desses critérios, qual é seu parecer? O projeto é viável ou inviável?

3) Seja uma firma que tem um faturamento bruto de R$ 2.000,00 por ano. Os custos fixos e variáveis são de R$ 1.200,00 por ano. Dessa forma, o resultado líquido dessa firma é de R$ 800,00 por ano. Essa firma tem uma vida útil operacional estimada em 10 anos. O custo para se construir (ou comprar) essa firma é R$ 5.000,00. O valor da firma após o décimo ano é zero, isto é, não tem valor algum para revenda, nem produzirá mais fluxos de caixa. Considere que a taxa RF é 6% ao ano e que a taxa esperada de retorno do mercado seja 12% ao ano. Assuma que o risco relativo beta (β) da firma é 2. Represente financeiramente essa firma. Qual deve ser a taxa de retorno anual adequada ao risco dessa firma? Qual é o valor dessa firma? Determinar o VPL, o ILL e a TIR desse investimento. Analisando com auxílio desses critérios, qual é seu parecer? O projeto é viável ou inviável?

4) Seja uma firma que tem um faturamento bruto de R$ 2.000,00 por ano. Os custos fixos e variáveis são de R$ 1.200,00 por ano. Não existem impostos nem dívidas. Dessa forma, o resultado líquido dessa firma é de R$ 800,00 por ano. Essa firma tem uma vida útil operacional estimada em 10 anos. O custo para se construir essa firma é R$ 5.000,00. A firma será vendida no final do décimo ano por R$ 2.500,00. Considere a taxa RF=8% ao ano e a taxa esperada de retorno do mercado seja 18% ao

ano. Assuma que o risco relativo beta (β) adequado ao risco da firma é 1. Represente essa firma. Qual deve ser a taxa de retorno anual adequada ao risco dessa firma? Qual é o valor dessa firma? Determinar o VPL, o ILL e a TIR desse investimento. Analisando com auxílio desses critérios, qual é seu parecer? O projeto é viável ou inviável?

5) Um projeto produz um fluxo de caixa líquido (após taxas e impostos) de R$ 10,00 ao ano sem crescimento, em regime de perpetuidade. O custo para implementar-se esse projeto é de R$ 80,00. Não existe valor terminal. Considere que a taxa RF é 5% ao ano e que a taxa esperada de retorno do mercado seja 15% ao ano. Assuma que o risco relativo beta (β) desse projeto é 1,5. Represente financeiramente esse projeto. Qual deve ser a taxa de retorno anual adequada ao risco desse projeto? Determinar o VPL, o ILL e a TIR desse investimento. Analisando com auxílio desses critérios, qual é seu parecer? O projeto é viável ou inviável?

6) Um projeto produz um fluxo de caixa líquido (após taxas e impostos) de R$ 10,00 ao ano no primeiro ano, R$ 11,00 no segundo ano, R$ 12,10 no terceiro ano e assim sucessivamente em regime de perpetuidade. O custo para implementarmos esse projeto é R$ 80,00. Não existe valor terminal. Considere que a taxa RF é 7% ao ano e que a taxa esperada de retorno do mercado seja 13,5% ao ano. Assuma que o risco relativo beta (β) adequado ao risco do investimento é 2. Represente financeiramente esse projeto. Qual deve ser a taxa de retorno anual adequada ao risco desse projeto? Qual é o valor desse projeto? Determinar o VPL, o ILL e a TIR desse investimento. Analisando com auxílio desses critérios, qual é seu parecer? O projeto é viável ou inviável?

7) Um projeto produz um fluxo de caixa líquido (após taxas e impostos) de R$ 10,00 ao ano no final do primeiro ano, R$ 11,00 no final do segundo ano, R$ 12,10 no final do terceiro ano e, finalmente, R$ 13,31 no final do quarto ano. O custo para implementarmos esse projeto é R$ 80,00. Não existe valor terminal. Considere que a taxa RF é 8% ao ano e que a taxa esperada de retorno do mercado seja 12,8% ao ano.

Assuma que o risco relativo beta (β) adequado ao risco do projeto é 2,5. Represente financeiramente esse projeto. Qual deve ser a taxa de retorno anual adequada ao risco desse projeto? Qual é o valor desse projeto? Determinar o VPL, o ILL e a TIR desse investimento. Analisando com auxílio desses critérios, qual é seu parecer? O projeto é viável ou inviável?

Solução da lista de exercícios 7.1

1) Seja um imóvel que é comprado por R$ 100.000,00. Os aluguéis líquidos que podemos receber no futuro são no valor de R$ 12.000,00 para cada um dos próximos quatro anos. Após recebermos os quatro aluguéis (um ao final de cada ano), no final do quarto ano vendemos o imóvel por R$ 125.000,00. Considere que a taxa RF é 6% ao ano e que a taxa esperada de retorno do mercado seja 12% ao ano. Assuma que o risco relativo beta (β) adequado ao risco do investimento no imóvel é 1 (Beta UM). Represente financeiramente esse imóvel. Qual deve ser a taxa de retorno anual adequada ao risco desse imóvel? Qual é o valor desse imóvel? Determinar o VPL, o ILL e a TIR desse investimento. Analisando com auxílio desses critérios, qual é seu parecer? O projeto é viável ou inviável?

Solução:

Primeiro, vamos ler o enunciado do exercício e colocar os fluxos de caixa na linha do tempo seguindo a sequência cronológica, para melhor visualização e facilitar o entendimento da questão. Em outras palavras, vamos representar financeiramente esse investimento:

t=0	t=1	t=2	t=3	t=4
-100.000	12.000	12.000	12.000	137.000

Segundo, vamos calcular taxa de desconto adequada ao risco desse investimento.

Usando o modelo CAPM, podemos determinar:

K= RF + beta (Erm – RF) = 0,06 + 1 (0,12 – 0,06) = 0,12 = 12% ao ano

A taxa de desconto adequada ao risco desses FCs é: 12%.

Terceiro, vamos calcular o valor presente (VP) desse empreendimento.
Fazendo os cálculos usando a fórmula:
VP = $12.000/(1+0,12)^1$ + $12.000/(1+0,12)^2$ + $12.000/(1+0,12)^3$ + $137.000/(1+0,12)^4$
VP = 115.887,95

Fazendo os cálculos usando a calculadora financeira HP 12 C:
PMT = 12.000   n = 4   FV = 125.000   i = 12%
Teclar PV para obter o valor presente: PV = 115.887,95

Quarto, vamos calcular o VPL, o ILL e a TIR.
A fórmula é: VPL = VP − Io.
Fazendo os cálculos usando a fórmula:
VPL = VP − Io = 115.887,95 − 100.000 = 15.887,95 (positivo)
A fórmula é ILL = VP / Io.
Fazendo os cálculos usando a fórmula:
ILL = VP / Io = 115.887,95 / 100.000 = 1,1588 (maior do que UM)
Fazendo os cálculos usando a calculadora financeira HP 12 C:

100.000 CHS	g	Cfo
12.000	g	Cfj
12.000	g	Cfj
12.000	g	Cfj
137.000	g	Cfj
12%		i

Teclar f NPV para obter o VPL no visor da calculadora: NPV e obtemos 15.887,95.
Teclar f IRR para obter a TIR no visor da calculadora: IRR e obtemos 16,872% ao ano.

Resposta: representação financeira do investimento:

t=0	t=1	t=2	t=3	t=4
-100.000	12.000	12.000	12.000	137.000

A taxa de desconto adequada ao risco destes FCs é: 12%.
O valor presente do investimento é R$ 115.887,95.
O VPL é R$ 15.887,95   O ILL é 1,1588
A TIR é 16,872% ao ano.
Conclusão: sim, o projeto é viável.

2) Seja uma máquina que podemos comprar em t=0 por R$ 10.000,00. A máquina produz um único tipo de produto que tem um valor de venda igual a R$ 47,00. A capacidade de produção da máquina é 200 unidades por ano. O custo de produção de cada produto é R$ 27,00. Não existem custos fixos. A vida útil da máquina é cinco anos. Considere que a taxa RF é 6% ao ano e que a taxa esperada de retorno do mercado seja 14% ao ano. Assuma que o risco relativo beta (β) adequado ao risco desse investimento é 1,25. Represente financeiramente essa máquina. Qual deve ser a taxa de retorno anual adequada? Qual é o valor operacional dessa máquina? Determinar o VPL, o ILL e a TIR desse investimento. Analisando com auxílio desses critérios, qual é seu parecer? O projeto é viável ou inviável?

Solução:
Primeiro, vamos ler o enunciado do exercício e colocar os fluxos de caixa na linha do tempo seguindo a sequência cronológica, para melhor visualização e facilitar o entendimento da questão. Em outras palavras, vamos representar financeiramente esse investimento:

t=0	t=1	t=2	t=3	t=4	t=5
-10.000	4.000	4.000	4.000	4.000	4.000

Segundo, vamos calcular taxa de desconto adequada ao risco deste investimento.
Usando o modelo CAPM podemos determinar:
K= RF + beta (Erm – RF) = 0,06 + 1,25 (0,14 – 0,06) = 0,16 = 16% ao ano
A taxa de desconto adequada ao risco desses FCs é: 12%.

Terceiro, vamos calcular o valor presente (VP) desse empreendimento.

Exercícios de aplicação das finanças

Fazendo os cálculos usando a fórmula:
VP = $4.000/(1+0,16)^1 + 4.000/(1,16)^2 + 4.000/(1,16)^3 + 4.000/(1,16)^4 + 4.000/(1,16)^5$
VP = 13.097,17

Fazendo os cálculos usando a calculadora financeira HP 12 C:
PMT = 4.000   n = 5   FV = 0   i = 16%
Teclar PV para obter o valor presente: PV = 13.097,17.

Quarto, vamos calcular o VPL, o ILL e a TIR.
A fórmula é: VPL = VP – Io.
Fazendo os cálculos usando a fórmula:
VPL = VP – Io = 13.097,17 – 10.000 = 3.097,17 (positivo)
A fórmula é: ILL = VP / Io.
Fazendo os cálculos usando a fórmula:
ILL = VP / Io = 13.097,17 / 10.000 = 1,3097 (maior do que UM)
Fazendo os cálculos usando a calculadora financeira HP 12 C:

10.000 CHS	g	Cfo
4.000	g	Cfj
4.000	g	Cfj
4.000	g	Cfj
4.000	g	Cfj
4.000	g	Cfj
16%		i

Teclar f NPV para obter o VPL no visor da calculadora: NPV e obtemos 3.097,17.
Teclar f IRR para obter a TIR no visor da calculadora: IRR e obtemos 28,649% ao ano.

Resposta: representação financeira do investimento:

t=0	t=1	t=2	t=3	t=4	t=5
-10.000	4.000	4.000	4.000	4.000	4.000

A taxa de desconto adequada ao risco desses FCs é: 16%.
O valor presente do investimento é R$ 13.097,17.
O VPL é R$ 3.097,17   O ILL é 1,3097
A TIR é 28,649% ao ano
Conclusão: sim, o projeto é viável.

3) Seja uma firma que tem um faturamento bruto de R$ 2.000,00 por ano. Os custos fixos e variáveis são de R$ 1.200,00 por ano. Dessa forma, o resultado líquido dessa firma é de R$ 800,00 por ano. Essa firma tem uma vida útil operacional estimada em 10 anos. O custo para se construir (ou comprar) essa firma é R$ 5.000,00. O valor da firma após o décimo ano é zero, isto é, não tem valor algum para revenda, nem produzirá mais fluxos de caixa. Considere que a taxa RF é 6% ao ano e que a taxa esperada de retorno do mercado seja 12% ao ano. Assuma que o risco relativo beta (β) da firma é 2. Represente financeiramente essa firma. Qual deve ser a taxa de retorno anual adequada ao risco dessa firma? Qual é o valor dessa firma? Determinar o VPL, o ILL e a TIR desse investimento. Analisando com auxílio desses critérios, qual é seu parecer? O projeto é viável ou inviável?

Solução:

Primeiro, vamos ler o enunciado do exercício e colocar os fluxos de caixa na linha do tempo seguindo a sequência cronológica, para melhor visualização e facilitar o entendimento da questão. Em outras palavras, vamos representar financeiramente esse investimento:

t=0	t=1	t=2	t=3	t=4	t=5	t=6	t=7	t=8	t=9	t=10
-5.000	800	800	800	800	800	800	800	800	800	800

Segundo, vamos calcular taxa de desconto adequada ao risco deste investimento.

Usando o modelo CAPM podemos determinar:

K= RF + beta (Erm – RF) = 0,06 + 2 (0,12 – 0,06) = 0,18 = 18% ao ano
A taxa de desconto adequada ao risco desses FCs é: 18%.

Terceiro, vamos calcular o valor presente (VP) desse empreendimento.

Fazendo os cálculos usando a fórmula:
VP = 800/(1+0,18)^1 + 800/(1+0,18)^2 + 800/(1+0,18)^3 + ... + 800/(1+0,18)^{10}
VP = 3.595,27

Fazendo os cálculos usando a calculadora financeira HP 12 C:
PMT = 800   n = 10   FV = 0   i = 18%
Teclar PV para obter o valor presente: PV = 3.595,27

Quarto, vamos calcular o VPL, o ILL e a TIR.
A fórmula é: VPL = VP – Io.
Fazendo os cálculos usando a fórmula:
VPL = VP – Io = 3.595,27 – 5.000 = (R$ 1.404,73) negativo (prejuízo)
A fórmula é: ILL = VP / Io.
Fazendo os cálculos usando a fórmula:
ILL = VP / Io = 3.595,27 / 5.000 = 0,7190 (menor do que UM)
Fazendo os cálculos usando a calculadora financeira HP 12 C:

5.000 CHS	g	Cfo
800	g	Cfj
10	g	Nj
18%		i

Teclar f NPV para obter o VPL no visor da calculadora: NPV e obtemos –R$ 1.404,73 (negativo)
Teclar f IRR para obter a TIR no visor da calculadora: IRR e obtemos 9,6059% ao ano

Resposta: representação financeira do investimento:

t=0	t=1	t=2	t=3	t=4	t=5	t=6	t=7	t=8	t=9	t=10
-5.000	800	800	800	800	800	800	800	800	800	800

A taxa de desconto adequada ao risco desses FCs é: 18%.
O valor presente do investimento é R$ 3.595,27.
O VPL é – R$ 1.404,73 (negativo)   O ILL é 0,7190 (menor do que UM)

A TIR é 9,6059% ao ano
Conclusão: Não. O projeto não é viável.

4) Seja uma firma que tem um faturamento bruto de R$ 2.000,00 por ano. Os custos fixos e variáveis são de R$ 1.200,00 por ano. Não existem impostos nem dívidas. Dessa forma, o resultado líquido dessa firma é de R$ 800,00 por ano. Essa firma tem uma vida útil operacional estimada em 10 anos. O custo para se construir essa firma é R$ 5.000,00. A firma será vendida no final do décimo ano por R$ 2.500,00. Considere a taxa RF=8% ao ano e a taxa esperada de retorno do mercado seja 18% ao ano. Assuma que o risco relativo beta (β) adequado ao risco da firma é 1. Represente essa firma. Qual deve ser a taxa de retorno anual adequada ao risco dessa firma? Qual é o valor dessa firma? Determinar o VPL, o ILL e a TIR desse investimento. Analisando com auxílio desses critérios, qual é seu parecer? O projeto é viável ou inviável?

Solução:
Primeiro, vamos ler o enunciado do exercício e determinar os fluxos de caixa:

Faturamento bruto	2.000,00
Custos fixos e variáveis	1.200,00
Lajir	800,00
Impostos	0,00
Juros	0,00
Resultado líquido	800,00

Uma vez tendo determinado os fluxos de caixa como R$ 800,00 pelos próximos 10 meses, vamos colocar os fluxos de caixa na linha do tempo seguindo a sequência cronológica, para melhor visualização e facilitar o entendimento da questão. Em outras palavras, vamos representar financeiramente esse investimento:

t=0	t=1	t=2	t=3	t=4	t=5	t=6	t=7	t=8	t=9	t=10
-5.000	800	800	800	800	800	800	800	800	800	3.300

Segundo, vamos calcular taxa de desconto adequada ao risco desse investimento.

Usando o modelo CAPM podemos determinar:
K= RF + beta (Erm − RF)
K = 0,08 + 1 (0,18 − 0,08) = 0,18 = 18% ao ano
A taxa de desconto adequada ao risco desses FCs é: 18%.

Terceiro, vamos calcular o valor presente (VP) desse empreendimento.
Fazendo os cálculos usando a fórmula:
VP = $800/(1+0,18)^1$ + $800/(1+0,18)^2$ + $800/(1+0,18)^3$ + ... + $3.300/(1+0,18)^{10}$
VP = 4.072,93
Fazendo os cálculos usando a calculadora financeira HP 12 C:
PMT = 800   n = 10   FV = 3.300   i = 18%
Teclar PV para obter o valor presente: PV = 4.072,93.

Quarto, vamos calcular o VPL, o ILL e a TIR.
A fórmula é: VPL = VP − Io.
Fazendo os cálculos usando a fórmula:
VPL = VP − Io = 4.072,93 − 5.000 = − R$ 927,07 (negativo)
A fórmula é: ILL = VP / Io.
Fazendo os cálculos usando a fórmula:
ILL = VP / Io = 4.072,93 / 5.000 = 0,8145 (menor do que UM)
Fazendo os cálculos usando a calculadora financeira HP 12 C:

5.000 CHS	g	Cfo
800	g	Cfj
9	g	Nj
3.300	g	Cfj
18%		i

Teclar f NPV para obter o VPL no visor da calculadora: NPV e obtemos − R$ 927,07.
Teclar f IRR para obter a TIR no visor da calculadora: IRR e obtemos 13,3285% ao ano.

Resposta: representação financeira do investimento:

t=0	t=1	t=2	t=3	t=4	t=5	t=6	t=7	t=8	t=9	t=10
-5.000	800	800	800	800	800	800	800	800	800	3.300

A taxa de desconto adequada ao risco desses FCs é: 18%.
O valor presente do investimento é R$ 4.072,93.
O VPL é – R$ 927,07 (negativo)   O ILL é 0,8145
A TIR é 13,3285% ao ano
Conclusão: não. O projeto não é viável.

5) Um projeto produz um fluxo de caixa líquido (após taxas e impostos) de R$ 10,00 ao ano sem crescimento, em regime de perpetuidade. O custo para implementar esse projeto é de R$ 80,00. Não existe valor terminal. Considere que a taxa RF é 5% ao ano e que a taxa esperada de retorno do mercado seja 15% ao ano. Assuma que o risco relativo beta (β) desse projeto é 1,5. Represente financeiramente esse projeto. Qual deve ser a taxa de retorno anual adequada ao risco desse projeto? Determinar o VPL, o ILL e a TIR desse investimento. Analisando com auxílio desses critérios, qual é seu parecer? O projeto é viável ou inviável?
Solução:
Primeiro, vamos ler o enunciado do exercício e colocar os fluxos de caixa na linha do tempo seguindo a sequência cronológica, para melhor visualização e facilitar o entendimento da questão. Em outras palavras, vamos representar financeiramente este investimento:

t=0	t=1	t=2	t=3	....	t=infinito
-80	10	10	10	10	10

Segundo, vamos calcular taxa de desconto adequada ao risco deste investimento.
Usando o modelo CAPM podemos determinar:
K= RF + beta (Erm – RF)
K = 0,05 + 1,5 (0,15 – 0,05) = 0,2 = 20% ao ano
A taxa de desconto adequada ao risco desses FCs é: 20%.

Terceiro, vamos calcular o valor presente (VP) desse empreendimento.

Fazendo os cálculos usando a fórmula:
VP = FC1 / (K – g)
VP = 10 / (0,2 – 0) = 50
Fazendo os cálculos usando a calculadora financeira HP 12 C:
A calculadora financeira não faz cálculos de perpetuidade. Podemos é usar um "truque" para enganar a máquina. Coloque na calculadora um prazo muito grande para simular uma perpetuidade. Coloque o prazo "n"; por exemplo: n = 10.000 ou n = 5.000.
PMT = 10   n = 10.000   FV = 0   i = 20%
Teclar PV para obter o valor presente: PV = 50.

Quarto, vamos calcular o VPL, o ILL e a TIR.
A fórmula é: VPL = VP – Io.
Fazendo os cálculos usando a fórmula:
VPL = VP – Io = 50 – 80 = – 30 (negativo)
A fórmula é: ILL = VP / Io.
Fazendo os cálculos usando a fórmula:
ILL = VP / Io = 50 / 80 = 0,625 (menor do que UM)
Fazendo os cálculos do VPL e da TIR usando a calculadora financeira HP 12 C:
A calculadora financeira não faz cálculos de perpetuidade. E nessas funções NPV e IRR não conseguimos usar o "truque", anterior, de enganar a máquina. A razão é que no "truque" anterior usávamos um "n" muito grande e a calculadora financeira tem capacidade para aceitar um "n" muito grande. Porém a memória do "Nj" é muito pequena e não suporta um número e repetições muito grande para simular uma perpetuidade. Já calculamos o VPL fazendo as contas usando fórmula. Agora vamos fazer as contas para determinar a TIR usando a fórmula da perpetuidade. Sabendo que, quando usamos a TIR como taxa de desconto para calcular o VPL zeramos o VPL, podemos fazer:
VPL = VP – Io
Onde VP = FC1/(K – g)

Substituindo uma fórmula na outra obtemos:
VPL = FC1/(K – g) – Io

Substituindo a taxa K pela TIR:
VPL = FC1/(TIR − g) − Io

E agora substituindo os valores para fazer as contas:
VPL = FC1/(TIR − g) − Io
0 = 10/TIR − 80
80 = 10/TIR
TIR = 10/80 = 0,1250 = 12,50% ao ano

Resposta: representação financeira do investimento:

t=0	t=1	t=2	t=3	....	t=infinito
−80	10	10	10	10	10

A taxa de desconto adequada ao risco desses FCs é: 20%.
O valor presente do investimento é R$ 50,00
O VPL é − R$ 30,00   O ILL é 0,625
A TIR é 12,50% ao ano
Conclusão: não. O projeto não é viável.

6) Um projeto produz um fluxo de caixa líquido (após taxas e impostos) de R$ 10,00 ao ano no primeiro ano, R$ 11,00 no segundo ano, R$ 12,10 no terceiro ano e assim sucessivamente em regime de perpetuidade. O custo para implementarmos esse projeto é R$ 80,00. Não existe valor terminal. Considere que a taxa RF é 7% ao ano e que a taxa esperada de retorno do mercado seja 13,5% ao ano. Assuma que o risco relativo beta (β) adequado ao risco do investimento é 2. Represente financeiramente esse projeto. Qual deve ser a taxa de retorno anual adequada ao risco desse projeto? Qual é o valor desse projeto? Determinar o VPL, o ILL e a TIR desse investimento. Analisando com auxílio desses critérios, qual é seu parecer? O projeto é viável ou inviável?
Solução:
Primeiro, vamos ler o enunciado do exercício e colocar os fluxos de caixa na linha do tempo seguindo a sequência cronológica, para melhor

visualização e facilitar o entendimento da questão. Em outras palavras, vamos representar financeiramente esse investimento:

t=0	t=1	t=2	t=3	....	t=infinito
-80	10,00	11,00	12,10	13,31	Infinito

Segundo, vamos calcular taxa de desconto adequada ao risco desse investimento.
Usando o modelo CAPM podemos determinar:
K= RF + beta (Erm – RF)
K = 0,07 + 2 (0,135 – 0,07) = 0,20 = 20% ao ano
A taxa de desconto adequada ao risco desses FCs é: 20%.

Terceiro, vamos calcular o valor presente (VP) desse empreendimento.
Fazendo os cálculos usando a fórmula da perpetuidade (modelo de Gordon). Podemos observar que existe uma taxa de crescimento no fluxo de caixa de 10% de um ano para o outro. Essa é a taxa "g" da nossa fórmula. Esse "g" vem do inglês e significa a abreviação de "*growth*", que significa crescimento.
VP = FC1 / (K – g)
VP = 10 / (0,2 – 0,1) = 100,00

Fazendo os cálculos usando a calculadora financeira HP 12 C:
A calculadora financeira não faz cálculos de perpetuidade. E não adianta tentar usar o truque, pois dessa vez os fluxos de caixa não são iguais. Eles têm um crescimento. Somente quando os fluxos de caixa da perpetuidade são idênticos, isto é, sem crescimento, é que podemos colocar na tecla PMT e usar o truque de colocar um "n" muito grande. Com a taxa de crescimento de 10% deste exercício, não podemos usar a tecla PMT.

Quarto, vamos calcular o VPL, o ILL e a TIR.
A fórmula é: VPL = VP – Io.
Fazendo os cálculos usando a fórmula:
VPL = VP – Io = 100 – 80 = 20 (positivo)
A fórmula é: ILL = VP / Io.

Fazendo os cálculos usando a fórmula:
ILL = VP / Io = 100 / 80 = 1,25 (maior do que UM)
Fazendo os cálculos do VPL e da TIR usando a calculadora financeira HP 12 C:
A calculadora financeira não faz cálculos de perpetuidade. Já calculamos o VPL fazendo as contas usando a fórmula. Agora vamos fazer as contas para determinar a TIR usando a fórmula da perpetuidade. Sabendo que, quando usamos a TIR como taxa de desconto para calcular o VPL zeramos o VPL, podemos fazer:

VPL = VP – Io   Onde VP = FC1/(K – g)
Substituindo um fórmula na outra, obtemos: VPL = FC1/(K – g) – Io
Substituindo a taxa K pela TIR   VPL = FC1/(TIR – g) – Io

E agora substituindo os valores para fazer as contas:
VPL = FC1/(TIR – g) – Io
0 = [10/(TIR – 0,1)] – 80
80 = [10/(TIR – 0,1)]
TIR – 0,1 = 10/80
TIR = 10/80 + 0,1 = 0,1250 + 0,1 = 22,50% ao ano

Resposta: representação financeira do investimento:

t=0	t=1	t=2	t=3	....	t=infinito
-80	10,00	11,00	12,10	13,31	Infinito

A taxa de desconto adequada ao risco desses FCs é: 20%.
O valor presente do investimento é R$ 100,00
O VPL é R$ 20,00   O ILL é 1,25
A TIR é 22,50% ao ano
Conclusão: sim, o projeto é viável.

7) Um projeto produz um fluxo de caixa líquido (após taxas e impostos) de R$ 10,00 ao ano no final do primeiro ano, R$ 11,00 no final do segundo ano, R$ 12,10 no final do terceiro ano e, finalmente, R$ 13,31 no final do quarto ano. O custo para implementarmos esse projeto é

R$ 80,00. Não existe valor terminal. Considere que a taxa RF é 8% ao ano e que a taxa esperada de retorno do mercado seja 12,8% ao ano. Assuma que o risco relativo beta (β) adequado ao risco do projeto é 2,5. Represente financeiramente esse projeto. Qual deve ser a taxa de retorno anual adequada ao risco desse projeto? Qual é o valor desse projeto? Determinar o VPL, o ILL e a TIR desse investimento. Analisando com auxílio desses critérios, qual é seu parecer? O projeto é viável ou inviável?
Solução:
Primeiro, vamos ler o enunciado do exercício e colocar os fluxos de caixa na linha do tempo seguindo a sequência cronológica, para melhor visualização e facilitar o entendimento da questão. Em outras palavras, vamos representar financeiramente esse investimento:

t=0	t=1	t=2	t=3	t=4
-80	10,00	11,00	12,10	13,31

Segundo, vamos calcular taxa de desconto adequada ao risco deste investimento.
Usando o modelo CAPM podemos determinar:
K= RF + beta (Erm – RF)
K = 0,08 + 2,5 (0,128 – 0,08) = 0,20 = 20% ao ano
A taxa de desconto adequada ao risco desses FCs é: 20%.

Terceiro vamos calcular o valor presente (VP) desse empreendimento.
Fazendo os cálculos usando a fórmula:
VP = $10,00/(1+0,2)^1$ + $11,00/(1+0,2)^2$ + $12,10/(1+0,2)^3$ + $13,31/(1+0,2)^4$ = R$ 29,39

Fazendo os cálculos usando a calculadora financeira: posto que os fluxos de caixa são diferentes (apresentam crescimento), devemos usar as teclas "CFj" para fazer essas contas. Vamos ver como fazer logo a seguir.

Quarto, vamos calcular o VPL, o ILL e a TIR.
A fórmula é: VPL = VP – Io.
Fazendo os cálculos usando a fórmula:

VPL = VP − Io = 29,39 − 80,00 = − 50,61 (negativo)

A fórmula é: ILL = VP / Io.

Fazendo os cálculos usando a fórmula:

ILL = VP / Io = 29,39 / 80,00 = 0,367375 (menor do que UM)

Fazendo os cálculos usando a calculadora financeira HP 12 C:

80 CHS	g	Cfo
10	g	Cfj
11	g	Cfj
12,10	g	Cfj
13,31	g	Cfj
20%		i

Teclar f NPV para obter o VPL no visor da calculadora: NPV e obtemos − 50,61 (negativo).

Teclar f IRR para obter a TIR no visor da calculadora: IRR e obtemos 18,0219% ao ano.

Resposta: representação financeira do investimento:

t=0	t=1	t=2	t=3	t=4
-80	10,00	11,00	12,10	13,31

A taxa de desconto adequada ao risco desses FCs é: 20%.

O valor presente do investimento é R$ 29,39

O VPL é – R$ 50,61 (negativo)   O ILL é 0,367375 (menor do que UM)

A TIR é 18,0219% ao ano

Conclusão: não. O projeto não é viável.

Lista de exercícios 7.2

Os cinco exercícios da lista 7.2 envolvem respectivamente os seguintes assuntos e temas:

1) Exercício sobre elaboração de fluxo de caixa
2) Exercício de avaliação de ativos
3) Exercício de análise de projetos usando o VPL

4) Exercício de análise de projetos usando o ponto de equilíbrio econômico
5) Exercício sobre cálculo do imposto de renda com base em lucro presumido e real

1) Exercício sobre elaboração de fluxo de caixa

A empresa Mambo-já produz e vende três produtos: A, B e C. As vendas projetadas do produto A para o próximo ano são de 20 mil unidades. As vendas projetadas do produto B para o próximo ano são de 15 mil unidades. As vendas projetadas do produto C para o próximo ano são de 12 mil unidades. O produto A é vendido por R$ 22,00 a unidade. O produto B é vendido por R$ 25,00 a unidade. O produto C é vendido por R$ 28,00 a unidade. O produto A apresenta um custo variável de R$ 6,00 por unidade. O produto B apresenta um custo variável de R$ 9,00 por unidade. O produto C apresenta um custo variável de R$ 10,00 por unidade. Os custos fixos da Mambo-já são de R$ 300.000,00 por ano. A dívida da empresa é R$ 500.000,00, sobre a qual paga uma taxa de juros anual de 10,00%. A alíquota do IR é 23%. A empresa Mambo-já paga apenas os juros da dívida, não amortiza o principal. Desconsidere a depreciação. Os custos e valores são constantes e as vendas têm um crescimento de 10% ao ano pelos próximos anos. Determine os resultados líquidos para os sócios dessa empresa para os próximos quatro anos. Em outras palavras: determinar o fluxo de caixa para os sócios da empresa Mambo pelos próximos quatro anos.

2) Exercício de avaliação de ativos

Você deve avaliar o valor das ações da empresa brasileira de óleo para saladas Óleo. O risco beta das ações é $\beta s=1,4$. Os dividendos projetados para o próximo período são de R$ 20,00 por ação ao ano. Existe uma previsão de que esses dividendos cresçam em condições de perpetuidade a uma taxa $g = 4\%$. Considere que você consultou o Bloomberg e obteve as seguintes informações: Taxa RF = 8% ao ano; esperado retorno do mercado (Erm) = 14% ao ano. Qual é o valor de cada ação da Óleo?

3) Exercício de análise de se projetos usando o VPL

Seus sócios acreditam que devem investir na compra de uma fábrica de computadores que produz um único modelo "Noteboook Executivo". As vendas previstas são de 10 mil unidades desse notebook por ano durante cinco anos. Os custos variáveis são de R$ 680,00 por unidade. Os custos fixos são de R$ 3.200.000,00 por ano. Acredita-se que a vida útil deste modelo seja de cinco anos. Após esses cinco anos você pretende vender a fábrica de computadores por R$ 2.000.000,00. Considere que a taxa de desconto adequada ao risco desse negócio seja de 25% ao ano. A alíquota do imposto de renda é 30%. Sua equipe de vendas acredita que possa vender cada computador por R$ 1.800,00. A fábrica de computadores está à venda por R$ 10.000.000,00. Afinal, qual é sua decisão? Compra a fábrica ou não? Use o VPL para tomar sua decisão. Desconsidere os efeitos da depreciação.

4) Exercício de análise de projetos usando o ponto de equilíbrio econômico

Investidores têm o projeto de abrir uma fábrica de escovas de dente. Os investimentos necessários são R$ 500.000,00. Os custos fixos anuais são de R$ 80.000,00. Os custos variáveis são de R$ 1,20 por cada escova produzida. O custo do capital é 20% ao ano. O preço de venda de cada escova é R$ 2,00. A vida econômica útil desse projeto é de cinco anos. A alíquota do imposto de renda é 30%. Não existe valor terminal (residual) algum. Considere a depreciação linear, para todos os ativos, ao longo da vida útil da fábrica. Qual é a quantidade mínima de escovas que você deve produzir e vender a cada ano para atingir o ponto de equilíbrio econômico? Considere que a previsão de vendas seja estável, sem crescimento. Considere que os investidores desejam receber o retorno dos seus investimentos em parcelas iguais e periódicas ao longo da vida útil do projeto.

5) Exercício sobre cálculo do imposto de renda com base em lucro presumido e real

A empresa Reagge opera com base no lucro presumido. As vendas da Reagge este ano são da ordem de 40 mil horas de serviços de consultoria.

A Reagge cobra R$ 250,00 por hora de consultoria. O governo assume que o lucro presumido será 35% do seu faturamento. O governo tributa 28% sobre o lucro presumido. Calcular o IR devido esse ano, com base no lucro presumido.

Continuação 5) A empresa Reagge quer mudar para operar com base no lucro real. As vendas da Reagge este ano são da ordem de 40 mil horas de serviços de consultoria. A Reagge cobra R$ 250,00 por hora de consultoria. O custo fixo é R$ 3.500.000,00 por ano. O custo variável é R$ 90,00 por hora. O governo tributa 28% sobre o lucro real. Calcular o IR devido esse ano, com base no lucro real. É melhor para a Reagge optar pelo lucro real ou pelo lucro presumido?

Solução da lista de exercícios 7.2

1) Exercício sobre elaboração de fluxo de caixa

A empresa Mambo-já produz e vende três produtos: A, B e C. As vendas projetadas do produto A para o próximo ano são de 20 mil unidades. As vendas projetadas do produto B para o próximo ano são de 15 mil unidades. As vendas projetadas do produto C para o próximo ano são de 12 mil unidades. O produto A é vendido por R$ 22,00 a unidade. O produto B é vendido por R$ 25,00 a unidade. O produto C é vendido por R$ 28,00 a unidade. O produto A apresenta um custo variável de R$ 6,00 por unidade. O produto B apresenta um custo variável de R$ 9,00 por unidade. O produto C apresenta um custo variável de R$ 10,00 por unidade. Os custos fixos da Mambo-já são de R$ 300.000,00 por ano. A dívida da empresa é R$ 500.000,00, sobre a qual paga uma taxa de juros anual de 10,00%. A alíquota do IR é 23%. A empresa Mambo-já paga apenas os juros da dívida, não amortiza o principal. Desconsidere a depreciação. Os custos e valores são constantes e as vendas têm um crescimento de 10% ao ano pelos próximos anos. Determine os resultados líquidos para os sócios dessa empresa para os próximos quatro anos. Em outras palavras: determinar o fluxo de caixa para os sócios da empresa Mambo pelos próximos quatro anos.

Solução:
Vamos fazer a projeção anos após ano, pelos próximos quatro anos, começando pelas informações do enunciado do problema:

Ano	1	2	3	4
Vendas A	20.000	22.000	24.200	26.620
Vendas B	15.000	16.500	18.150	19.965
Vendas C	12.000	13.200	14.520	15.972
Faturamento	1.151.000,00	1.266.100,00	1.392.710,00	1.531.981,00
CV A	120.000,00	132.000,00	145.200,00	159.720,00
CV B	135.000,00	148.500,00	163.350,00	179.685,00
CV C	120.000,00	132.000,00	145.200,00	159.720,00
CF	300.000,00	300.000,00	300.000,00	300.000,00
Lajir	476.000,00	553.600,00	638.960,00	732.856,00
Juros	50.000,00	50.000,00	50.000,00	50.000,00
Lair	426.000,00	503.600,00	588.960,00	682.856,00
IR	97.980,00	115.828,00	135.460,80	157.056,88
Lucro Líquido	328.020,00	387.772,00	453.499,20	525.799,12

Resposta: o resultado líquido para os próximos quatro anos é:

Ano	1	2	3	4
Fluxo de caixa	328.020,00	387.772,00	453.499,20	525.799,12

2) Exercício de avaliação de ativos

Você deve avaliar o valor das ações da empresa brasileira de óleo para saladas Óleo. O risco beta das ações é $\beta s=1,4$. Os dividendos projetados para o próximo período são de R$ 20,00 por ação ao ano. Existe uma previsão de que esses dividendos cresçam em condições de perpetuidade a uma taxa $g = 4\%$. Considere que você consultou o Bloomberg e obteve as seguintes informações: Taxa RF = 8% ao ano; esperado retorno do mercado (Erm) = 14% ao ano. Qual é o valor de cada ação da Óleo?

Solução:
$Po^* = D1 / (Ks – g)$
Onde: $D1 = 20,00$
Onde: $Ks = RF + \beta s (Erm – RF) = 0,08 + 1,4 (0,14 – 0,08) = 0,164 = 16,40\%$

Onde: g = 4% = 0,04
Po* = 20 / (0,164 − 0,04) = 161,29
Resposta: o valor de cada ação da Óleo é R$ 161,29.

3) Exercício de análise de projetos usando o VPL

   Seus sócios acreditam que devem investir na compra de uma fábrica de computadores que produz um único modelo "Noteboook Executivo". As vendas previstas são de 10 mil unidades desse notebook por ano durante cinco anos. Os custos variáveis são de R$ 680,00 por unidade. Os custos fixos são de R$ 3.200.000,00 por ano. Acredita-se que a vida útil desse modelo seja de cinco anos. Após esses cinco anos você pretende vender a fábrica de computadores por R$ 2.000.000,00. Considere que a taxa de desconto adequada ao risco desse negócio seja de 25% ao ano. A alíquota do imposto de renda é 30%. Sua equipe de vendas acredita que possa vender cada computador por R$ 1.800,00. A fábrica de computadores está à venda por R$ 10.000.000,00. Afinal, qual é sua decisão? Compra a fábrica ou não? Use o VPL para tomar sua decisão. Desconsidere os efeitos da depreciação.

   Solução:

Faturamento	10.000 × 1.800,00	=	18.000.000,00
Custos variáveis	10.000 × 680,00	=	6.800.000,00
Custos fixos			3.200.000,00
Lajir			8.000.000,00
IR (Lajir)			2.400.000,00
FCO			5.600.000,00

   Fluxos de caixa:

T=0	t=1	t=2	t=3	t=4	t=5
	5.600	5.600	5.600	5.600	5.600
					2.000

   Valor: PMT = 5.600.000   FV = 2.000.000
   I = 25   N = 5   PV = ? = 15.715.328,00

Valor = 15.715.328,00
Custo = 10.000.000,00
VPL = 15.715.328,00 − 10.000.000,00 = 5.715.328,00
Resposta: sim. Investe VPL = R$ 5.715.328,00.

4) Exercício de análise de se projetos usando o ponto de equilíbrio econômico
Investidores têm o projeto de abrir uma fábrica de escovas de dente. Os investimentos necessários são R$ 500.000,00. Os custos fixos anuais são de R$ 80.000,00. Os custos variáveis são de R$ 1,20 por cada escova produzida. O custo do capital é 20% ao ano. O preço de venda de cada escova é R$ 2,00. A vida econômica útil desse projeto é de cinco anos. A alíquota do imposto de renda é 30%. Não existe valor terminal (residual) algum. Considere a depreciação linear, para todos os ativos, ao longo da vida útil da fábrica. Qual é a quantidade mínima de escovas que você deve produzir e vender a cada ano para atingir o ponto de equilíbrio econômico? Considere que a previsão de vendas seja estável, sem crescimento. Considere que os investidores desejam receber o retorno dos seus investimentos em parcelas iguais e periódicas ao longo da vida útil do projeto.
Solução:
P.Q = CV.Q + CF + C.Cap. + IR.(P.Q − CV.Q − CF − D)
Q = [CF + C.Cap. − IR CF − IR Depreciação] / [P − CV − IR. P + IR CV]
Cálculo do Custo do Capital:
PV = 500.000,00   N = 5 anos
I = 20% ao ano   FV = 0 (zero, pois não tem valor residual)
Solicitar o PMT = ? obtemos PMT = 167.189,85
C.Cap. = custo do capital = 167.189,85
Q = [80 + 167,18985 − (0,3) 80 − (0,3) 100] 10^6 / [2 − 1,20 − (0,3) 2 + (0,3) 1,20]
Q = 344.981,88
Resposta: a quantidade que coloca o projeto no ponto de equilíbrio econômico é 344.982 escovas de dente produzidas e vendidas.

5) Exercício sobre cálculo do imposto de renda com base em lucro presumido e real

A empresa Reagge opera com base no lucro presumido. As vendas da Reagge este ano são da ordem de 40 mil horas de serviços de consultoria. A Reagge cobra R$ 250,00 por hora de consultoria. O governo assume que o lucro presumido será 35% do seu faturamento. O governo tributa 28% sobre o lucro presumido. Calcular o IR devido esse ano, com base no lucro presumido.

Solução:

IR Presumido

Faturamento = 40.000 vezes R$ 250,00 é igual a R$ 10.000.000,00

O lucro presumido é 35% de R$ 10.000.000,00, ou seja, R$ 3.500.000,00

O IR (imposto de renda) será 28% de R$ 3.500.000,00, ou seja, R$ 980.000,00

Resposta: o valor do IR este ano é R$ 980.000,00.

Continuação 5) A empresa Reagge quer mudar para operar com base no lucro real. As vendas da Reagge este ano são da ordem de 40 mil horas de serviços de consultoria. A Reagge cobra R$ 250,00 por hora de consultoria. O custo fixo é R$ 3.500.000,00 por ano. O custo variável é R$ 90,00 por hora. O governo tributa 28% sobre o lucro real. Calcular o IR devido esse ano, com base no lucro real. É melhor para a Reagge optar pelo lucro real ou pelo lucro presumido?

Solução:

Faturamento 40.000 × R$ 250,00 = 10.000.000

CF		3.500.000
CV		3.600.000
Lajir		2.900.000
IR de	28%	812.000

Resposta: o valor do IR este ano é R$ 812.000,00. É melhor optar pelo lucro real.

ANEXO
Fórmulas para resolver anuidades para quem não gosta de usar calculadora

$PV = PMT \{ [(1 + i)^n - 1] / i (1 + i)^n \}$
$PMT = PV \{ i (1 + i)^n / [(1 + i)^n - 1] \}$
$FV = PMT \{ [(1 + i)^n - 1] / i \}$
$PMT = FV \{ i / [(1 + i)^n - 1] \}$
$n = \text{Log} (FV / PV) / \text{Log} (1 + i)$

Onde: **i** é a taxa de juros composta,
n é o período de duração do financiamento ou empréstimo.

Esta obra foi produzida nas
oficinas da Imos Gráfica e Editora na
cidade do Rio de Janeiro